LE TEMPS DES OMNIBUS

Didier LEROY

avec la participation de

Jean FLORIN et Jean-Louis POGGI

Les Editions du Cabri

*A Pavillon-les-Grancey le 24 septembre 1974, la 140 C 51 traverse le plus antique passage à niveau de la ligne d'Is-sur-Tille à Châtillon-sur-Seine.
Photo Eric Martin*

*En couverture :
Vision d'artiste d'un croisement imaginaire entre l'omnibus Troyes – Châtillon-sur-Seine tracté par une 140 C et l'autorail Renault VH de la ligne vosgienne de Rambervillers : deux trains emblématiques des lignes rurales dans l'Est de la France.
Peinture Franck Destouesses.*

*En dos de couverture :
L'autorail « Picasso » X 4030 assurant un omnibus Lunéville – Bruyères marque l'arrêt en gare d'Autrey-Sainte Hélène en mai 1980, peu avant la fermeture de cette ligne vosgienne.
Photo Jean-Louis Poggi.*

A mes grands-pères,
anciens de la Compagnie de l'Est,
Albert LEROY et
Louis JACQUEMIN.

PRÉFACE

Didier LEROY est un homme de fidélité à l'Est. Sa dédicace envers ses deux grands-pères « anciens de la Compagnie de l'Est » en atteste, tout autant que la dévotion qu'il porte à Albert HENRY (1877-1966), archétype du cheminot de l'Est. Cette double filiation, au sens propre comme au figuré, ne peut mieux caractériser l'attachement de l'auteur pour tout ce qui touche... aux marches de l'Est.

Né en 1961 à Romilly-sur-Seine, localité de l'Aube où Albert HENRY fut sous-chef de gare un demi-siècle auparavant, Didier LEROY a manifesté dès la petite enfance un intérêt certain pour la chose ferroviaire. Non content de jouer au petit train comme tous les enfants de l'ère pré-informatique (sic !), il s'est dès l'adolescence passionné pour le chemin de fer en général, et celui de l'Est en particulier. C'est en outre à l'Est que disparurent il y a une trentaine d'années les dernières locomotives à vapeur de France. Il est donc naturel que l'auteur, autant fasciné par les panaches de fumée qu'attaché à ses origines vosgiennes, réunisse en un même ouvrage le « grand » réseau franc-comtois et la « petite » ligne des Vosges remontant la vallée de la Mortagne, tous deux confiés longtemps au même exploitant.

Ayant extrait de sa collection de nombreux documents, photographies, objets, tout comme de sa mémoire de multiples anecdotes (il a rencontré beaucoup d'anciens et d'actuels cheminots), Didier LEROY met ici à disposition du plus grand nombre la substantifique moelle de ses trésors estampillés « Est », amassés au fil des ans et des voyages. Suite logique des expositions qu'il a déjà organisées dans l'Est de la France, l'initiateur de ce livre apporte là un regard à la fois humain et historique sur les petites lignes de chemin de fer d'antan... qu'il affectionne tant ! Mariant sa passion à une rigueur toute professionnelle (il exerce le difficile métier de Conseiller Principal d'Education), l'auteur nous entraîne sur le chemin de sa foi, suivons-le donc au fil du rail et des pages : de l'Est vient la lumière... et le chemin de fer aussi !

Jean-Louis POGGI

Clérey : « Un petit train s'en va dans la campagne... » avec la 140 C 51 sur l'omnibus Troyes - Châtillon-sur-Seine en mai 1971. Photo Jean-Louis Poggi.

Sous la marquise de la gare de Troyes, scènes typiques des années soixante : de nombreux voyageurs, des colis, un chef de sécurité à casquette à coiffe blanche, avant le départ de la batterie des omnibus du soir... Toute une vie aujourd'hui disparue !
24 juin 1966.
Photos François Fontaine.

AVANT-PROPOS

Au début des années soixante-dix, lorsque mon grand-père m'a parlé d'un voyage « avec un petit train à vapeur », celle-ci avait déjà pratiquement quitté la scène ferroviaire ; c'est la raison pour laquelle mes grands-parents, connaissant mon intérêt insatiable pour le chemin de fer, avaient pensé faire plaisir à leur petit garçon avide de panaches.

Ce voyage de 105 kilomètres entre Romilly-sur-Seine et Châtillon-sur-Seine, en cette fin d'année, fut sans nul doute, le plus beau cadeau de Noël de mon enfance : une 140 C sous pression avec sa rame de voitures « boîtes à tonnerre » !

Arrivés à la nuit tombante sous la solennelle verrière de l'imposante gare de Troyes, nous nous rendîmes, pour prendre l'omnibus de Châtillon, quai 4, ce dernier lui étant attribué depuis des décennies.

La 140 C était bien là et le rêve devint réalité, odeur, bruit ; le petit garçon avait cette étrange sensation mêlée d'attirance, de crainte et d'admiration.

Mon grand-père me prit dans ses bras et me confia au mécanicien : j'étais dans la cabine de la locomotive, la porte du foyer ouverte laissant apparaître la puissance d'un feu qu'une force humaine avait bien maîtrisé.

Pendant plusieurs années, je fus voyageur sur cette ligne aux couleurs d'une certaine France, celle des petites gares aux massifs de fleurs plantées dans des pneus rouges et blancs, des gardes-barrières ou encore des conversations conviviales après une journée de travail, à la lueur des lampes à incandescence dans des voitures voyageurs peintes en « vert wagon ».

La vapeur a disparu et avec elle toute une manière de vivre le chemin de fer.

Des années sont passées, beaucoup de rails ont rouillé, le quai 4 de la déserte grande gare de Troyes est aussi desséché que les feuilles desséchées d'un arbre sans vie, mais l'omnibus de Châtillon continue à hanter ma vie, provoquer des rencontres, créer des amitiés nouvelles, à m'emmener en voyage sur les rails de l'histoire s'écrivant sans cesse au quotidien.

Ce livre, fruit de plusieurs années de recherches, veut avant tout être un témoignage fidèle et privilégié de la vie de ces lignes de caractère, que sont celles des « Economiques » de Franche Comté et du « Nord-Est » de Mont-sur-Meurthe à Bruyères.

Mes racines familiales me lient de manière irréfutable à cette belle terre des Vosges ; c'est l'une des raisons pour laquelle la ligne de Mont-sur-Meurthe à Bruyères est traitée dans cet ouvrage, l'autre étant le fait qu'elle fut confiée très tôt à une société privée comme celle du « Réseau de Franche-Comté ». L'histoire les réunira à partir de 1966 au sein de la même société et la Direction de Gray prendra en charge à compter de 1971 celle de Rambervillers.

Le lecteur est invité au fil des pages, un peu comme un voyageur le ferait en parcourant ces lignes, à découvrir ou redécouvrir le chemin de fer, en s'arrêtant ici et là pour approfondir un sujet, à travers une étude passionnée et grâce à une iconographie de plus de six-cents clichés pour la plupart inédits. Des documents originaux choisis parmi les plus représentatifs, agrémentés d'objets spécifiques, sont des choix que l'auteur a désiré faire pour relier cet ouvrage à la vie quotidienne de ce chemin de fer à visage humain.

Comment ne pas mentionner en leur offrant ce livre, tous les cheminots rencontrés lors des différents séjours franc-comtois et vosgiens : mécaniciens, chauffeurs, chefs de gare, intérimaires, gérantes, chefs de train, agents de la voie... grâce auxquels rien de ce qui fut n'eut pu l'être et qui m'ont accordé leur temps, leur générosité et même souvent m'ont accueilli à leur table... ou offert le gîte.

Comment ne pas avoir une pensée particulière pour ceux, hélas, qui sont partis pour un très long voyage dans l'éternité de l'histoire.

Aujourd'hui, toutes ces lignes ont perdu leur service voyageurs, et beaucoup d'entre elles n'ont plus de desserte marchandises ; si des aménagements sont nécessaires, le fait que des régions entières soient dépourvues du moyen de transport aux vastes qualités qu'est le rail est difficile à accepter !

Un regret donc, celui de ne pouvoir présenter un autorail TER, signe du renouveau des dessertes régionales, dans une des gares de ce livre !

Je vous invite donc, cher lecteur, à monter sur la plateforme d'une voiture « boîte à tonnerre » et à vous laisser emmener, pour un voyage à l'odeur d'huile chaude et de charbon, en direction de Châtillon-sur-Seine, Gray et Rambervillers.

Didier LEROY

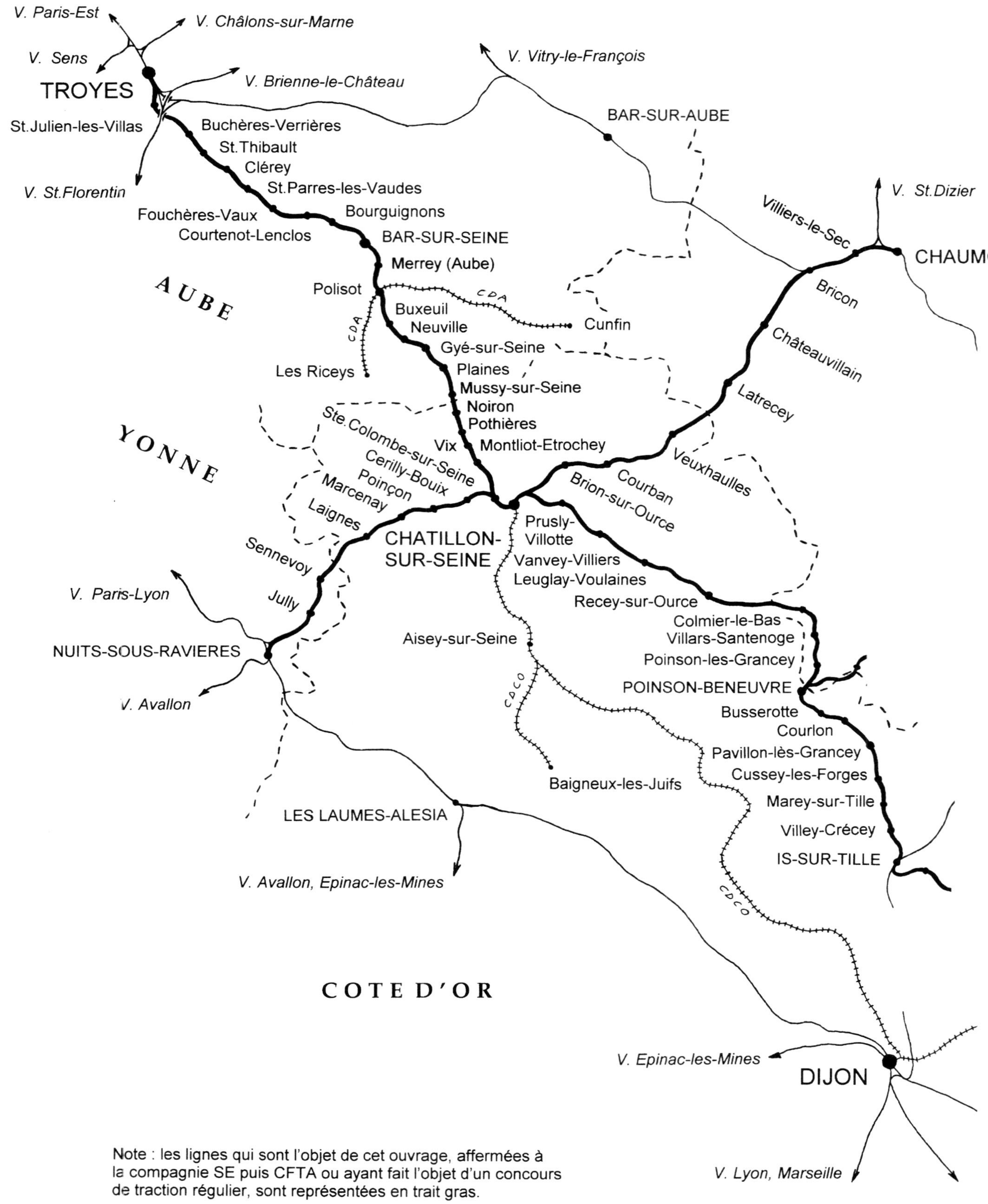

Note : les lignes qui sont l'objet de cet ouvrage, affermées à la compagnie SE puis CFTA ou ayant fait l'objet d'un concours de traction régulier, sont représentées en trait gras.

LE RÉSEAU DE FRANCHE-COMTÉ

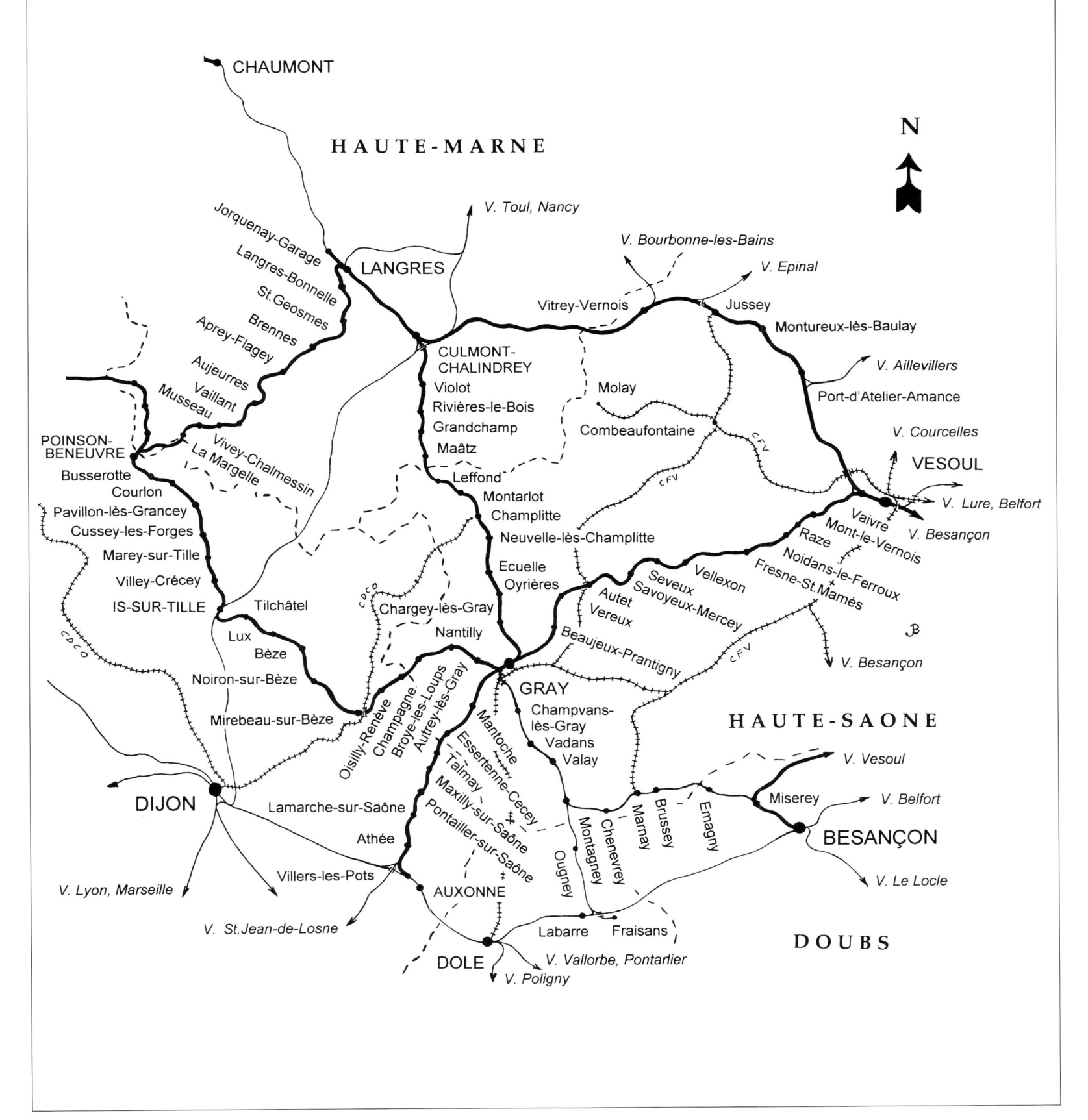

AMBIANCE AU TEMPS DES OMNIBUS...

Manœuvre de wagons lors de la desserte de l'embranchement particulier de l'usine de cageots à Mussy-sur-Seine, le 25 juin 1966. Le chef de gare dirige la manœuvre de la 130 B 465 au moyen du drapeau rouge réglementaire. La casquette est toujours de rigueur ! Photo François Fontaine.

En mai 1972, la 140 C 216 en tête de l'omnibus du soir marque l'arrêt en gare de Saint-Parres-les-Vaudes. Photo Jean-Louis Poggi.

« Crains qu'un jour un train ne t'émeuve plus » écrivit Guillaume Apollinaire... Par un petit matin hivernal de 1967, la vapeur et la brume se mêlent au passage d'une 130 B entre Châtillon et Troyes.
Collection Robert Nobécourt.

Ci-dessus, une scène aujourd'hui disparue du paysage ferroviaire français : une BB 66000 avec fourgon chaudière tracte la rame de « boîtes à tonnerre » de l'omnibus 7962 Châtillon – Troyes, le 31 mars 1973 aux aurores dans la vallée de la Seine.
Collection Robert Nobécourt.

Ambiance nocturne en gare de Gyé-sur-Seine le 31 mars 1973. Le chef de gare donne le départ de l'omnibus Troyes - Châtillon, d'où s'échappe la vapeur issue des accouplements de la conduite de chauffage.
Collection Robert Nobécourt.

En gare de Gray en 1954, le train 1587 arrive de Chalindrey. L'autorail est un De Dietrich 210 ch dit « Glou-glou » en raison du bruit caractéristique de son moteur. Photo Yves Broncard.

A Brouvelieures en 1966, la 130 B 439 tender en avant est en tête du MV pour Rambervillers. C'est presque l'illustration d'un conte de la Bibliothèque Rose avec la fillette au serre-tête penchée à la fenêtre d'une voiture à plateformes ouvertes... Photo André Artur.

LES SOCIÉTÉS PRIVÉES D'EXPLOITATION DE LIGNES DE CHEMIN DE FER

Tout au long de ce livre, des noms de sociétés privées d'exploitation de lignes de chemin de fer sont mentionnés.

Les premières sont apparues à la suite de la loi Freycinet adoptée le 17 juillet 1879 par le ministre des Travaux Publics, classant plus de 8 800 km de lignes d'intérêt général auxquels devaient s'ajouter 2 500 km de lignes d'intérêt local déjà concédées, à intégrer au réseau d'intérêt général. La loi du 11 juin 1880 sur les chemins de fer d'intérêt local et les tramways devait ensuite favoriser considérablement le développement des réseaux départementaux.

Au milieu des années trente, les grandes compagnies de chemin de fer confièrent l'exploitation d'un certain nombre de lignes secondaires à de telles sociétés, sous le régime de l'affermage.

Ces sociétés privées ont pris en charge des lignes secondaires pour plusieurs raisons.

A la suite de la fermeture de nombreuses lignes départementales, souvent à voie métrique, le ministère de tutelle a demandé aux grandes compagnies de confier l'exploitation de certaines de leurs lignes aux compagnies privées touchées par ces disparitions.

Les grandes compagnies, tout en conservant la tutelle de celles-ci, ont ainsi pu se dessaisir de certaines lignes de leur réseau qui continuaient cependant à assurer une mission indispensable de service public en milieu rural.

Grâce à cette situation, de nombreuses petites lignes de chemin de fer ont conservé une exploitation voyageurs et marchandises par fer jusqu'à la fin des années soixante, voire au seuil des années quatre-vingts.

De nos jours, certaines de ces sociétés, issues de fusions ou de rachats, existent toujours. Pratiquement toutes exploitent les lignes de chemin de fer sous le régime du forfait et non plus celui de l'affermage.

Les régimes d'exploitation

L'affermage

L'affermage consiste à donner un bien pour son exploitation à un tiers suivant un bail.

Très tôt, les grandes compagnies de chemins de fer, et par la suite la SNCF, ont confié à des sociétés privées spécialisées un certain nombre de lignes, afin de rendre leur exploitation plus économique. Ce but pouvait être atteint grâce à un personnel moins important et même, lorsque les besoins l'exigeaient, polyvalent, du fait d'un règlement simplifié, plus adapté à la gestion de petites lignes.

Le grand avantage pour les sociétés fermières résidait dans la prise en charge financière par les grandes compagnies (puis la SNCF) de tous les frais d'exploitation (de la fourniture des traverses au mobilier des gares en passant par l'encre, les imprimés, ou encore les divers travaux d'entretien...). Le charbon et l'huile utilisés pour les locomotives à vapeur, le gas-oil des autres moyens de traction provenaient des magasins généraux de la SNCF ou des compagnies qui l'ont précédée.

Lorsque la traction et le matériel roulant appartenaient aux sociétés fermières, les frais de fonctionnement et d'entretien de ceux-ci étaient également pris en charge.

Des locomotives étaient « louées » aux sociétés fermières, mais dans les faits mises à disposition sans frais. Lorsque celles-ci avaient besoin d'entretien et de réparation, la société exploitante facturaient les frais engagés quand les travaux étaient réalisés dans ses ateliers.

La rémunération des affermages s'effectuait en fin d'année civile, par référence aux économies réalisées sur le personnel. Les affermages étaient évidemment très avantageux pour les sociétés concernées, qui tiraient des bénéfices importants de leur prestation.

Force est de reconnaître cependant que ce régime a permis de maintenir en exploitation de nombreuses lignes pendant plusieurs décennies.

Le forfait

De nos jours, la SNCF fait toujours appel à des sociétés privées pour l'exploitation de quelques unes de ces lignes régionales, mais uniquement sous le régime du « forfait ». Celui-ci consiste à verser à l'exploitant une somme globale pour les services effectués. Ces forfaits, dont la durée est variable, sont mis en concurrence lors d'appels d'offres. Il va de soi que ce système est beaucoup moins avantageux pour la société exploitante, qui arrive cependant à tirer quelques bénéfices. Ceux-ci proviennent principalement des salaires : le régime des employés de ces sociétés étant celui de la convention collective des personnels des Voies Ferrées d'Intérêt Local, beaucoup moins avantageux que celui de leurs collègues de la SNCF au régime particulier.

Les sociétés concernées

La SE : Société Générale des Chemins de Fer Economiques

C'est dans le contexte précédemment défini qu'elle se constitue le 15 juillet 1880, suivie par la Compagnie des Chemins de fer Départementaux le 4 août 1881. Son objectif est alors de « *faire en France, en Algérie et dans les diverses colonies françaises toutes les opérations se rattachant à l'industrie des chemins de fer et des tramways* ». Son activité se limitera en fait à la France métropolitaine.

Dès l'origine, les statuts prévoient que la société pourrait « *adjoindre à son entreprise l'exploitation de voitures roulant sur les routes ordinaires* ». Au cours de sa première décennie d'exploitation la SE ouvre plusieurs réseaux départementaux, notamment ceux de la Somme, de la Haute-Marne, de la Gironde, de l'Allier, du Cher et de Bretagne. La construction de lignes d'intérêt local se poursuit jusqu'en 1914, date à laquelle le total des lignes exploitées par la SE atteint 2 672 km.

Après la première guerre mondiale, la SE procède à la reconstruction de ses lignes endommagées par le conflit et se voit confier l'exploitation de lignes d'intérêt local, de 1922 à 1934, puis d'intérêt général à partir de 1934. Le réseau de la SE atteint son apogée en 1936 avec 3 779 km de lignes. Puis vient le déclin avec de nombreux transferts sur route. En 1939, 12 réseaux exploités par les Economiques ont déjà fermé. L'activité routière se développe. La SE change alors de dénomination et devient en 1963 la Société Générale des Chemins de Fer et Transports Automobiles.

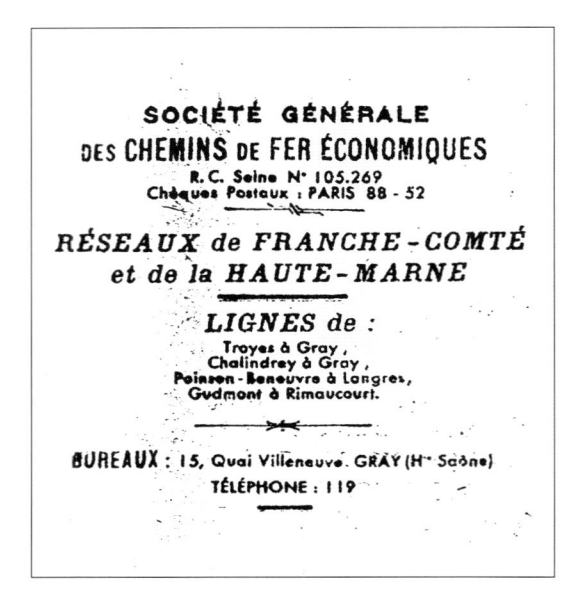

COMPAGNIE DE CHEMINS DE FER SECONDAIRES

EXPLOITATION DE RAMBERVILLERS

La CFS-NE : Compagnie des Chemins de Fer Secondaires du Nord-Est

La CFS-NE est née en 1922 de la fusion de deux compagnies :
- la CF Saint-Quentin à Guise (Compagnie du Chemin de Fer de Saint Quentin à Guise) créée le 18 janvier 1869 ;
- la CDA (Compagnie des Chemins de Fer Départementaux de l'Aisne) créée en 1905.

La CFS-NE verra en 1956 l'arrivée en son sein de la CFIL/NF (Compagnie des Chemins de Fer d'intérêt local du Nord de la France) créée en 1900.

La CFIL du NF avait à sa création repris la CF de Guise au Catelet créée en 1898

Le 29 février 1960, la CFS-NE fusionne avec sa filiale la CFS, le siège social et les administrateurs des deux compagnies étant les mêmes.

La CFS : Compagnie des Chemins de fer Secondaires

La CFS, créée en 1927, est issue de la CBR (Compagnie des Chemins de Fer de la banlieue de Reims et extensions) créée le 5 mai 1894.

La CFSTA : Compagnie des Chemins de fer Secondaires et Transports Automobiles
(à ne pas confondre avec CFTA)

Le 21 mars 1960, la CFS absorbe la MM (Compagnie du Chemin de Fer de Marles à Montcornet) créée en 1902.

A cette occasion, la CFS prend la dénomination de CFSTA, dans le but d'ajouter à sa raison sociale l'activité des transports automobiles qui se développe à l'intérieur de l'entreprise.

La CFTA : Société Générale de Chemins de fer et Transports Automobiles

Le 22 février 1963, la SE va prendre la dénomination CFTA pour être plus conforme à la diversité de ses activités, qui comportent une part importante de transports automobiles.

Elle fusionne, lors de l'assemblée générale extraordinaire du 6 juin 1966, avec la CFSTA, issue elle-même du regroupement de la CFS-NE et de la CFS en 1960. La société prend alors le sigle CFTA.

En 1979, la Société Générale de Chemins de Fer et de Transports Automobiles devient « Chemins de Fer et Transports Automobiles ». En 1988, CFTA intègre la CGEA, compagnie de transports urbains et de services aux collectivités. CFTA fait partie de CGEA-Connex, aujourd'hui groupe Veolia-Environnement et précédemment Vivendi-Environnement, qui exploite plusieurs réseaux en France métropolitaine.

Les lignes affermées

Dates d'affermage des lignes concernées par cet ouvrage :

A la SE :
- 1° janvier 1934 : Poinson-Beneuvre à Langres
  Châtillon-sur-Seine à Gray
  Chalindrey à Gray
- 1° janvier 1938 : Troyes à Châtillon-sur-Seine

A la CFS :
- 1° janvier 1934 : Charmes à Rambervillers
  Mont-sur-Meurthe à Bruyères

A compter de 1947, la CFS confiera l'exploitation de la ligne de Mont-sur-Meurthe à Bruyères à sa filiale la CFS-NE.

Toutes ces raisons entraîneront des marquages différents sur le même matériel. A titre d'exemple, les automotrices VH apparaissent ainsi avec sur leurs flancs les inscriptions Nord-Est, CFS puis CFTA.

En l'an 2000, la ligne de chemin de fer de Mont-sur-Meurthe à Bruyères a disparu et le réseau CFTA de Franche-Comté, désormais sous le régime du forfait, s'est considérablement réduit ; il ne possède plus aucun service voyageurs par fer.

A Gray reste l'atelier national des CFTA, mais la traction est reprise par la SNCF. Les CFTA apportent cependant leur concours pour l'entretien des voies jusqu'à Villers-les-Pots (bifurcation d'Auxonne) et l'accompagnement des trains.

A Châtillon-sur-Seine, leur présence est restée conséquente puisqu'ils effectuent tous les services : exploitation, traction et équipement.

En 2003 la raison sociale est devenue CFTA-Cargo pour l'Agence de Gray – Châtillon.

Le 1er mai 2005, la SNCF va reprendre directement l'exploitation de la ligne de Troyes à Châtillon-sur-Seine, actuellement limitée à Polisot.

Cette photo reflète bien le visage actuel de l'exploitation CFTA sur le territoire de son agence de Châtillon. Le 29 juillet 1991, un TOM Châtillon – Troyes, remorqué par la BB 66499 SNCF et la BB 4502 CFTA, traverse la gare de Sainte-Colombe désertée par les voyageurs. Photo Fabrice Lanoue.

CONCORDANCE EST/SNCF DES NUMÉROTATIONS DES LIGNES CONCERNÉES

La compagnie de l'Est a désigné ses lignes par un numéro ou par des lettres. Le réseau Est de la SNCF a conservé cette règle jusqu'à nos jours.

Notons d'une part que pour certaines la numérotation d'origine a changé et d'autre part que l'Est est la seule des six régions SNCF à procéder ainsi.

LIGNES	Compagnie de l'EST	SNCF RÉGION EST
Paris – Avricourt (Strasbourg)	PA	1
Epinal – Saint-Dié	18	18
Charmes - Rambervillers	16^3	16^3
Laveline-devant-Bruyères – Gérardmer	18^7	18^5
Lunéville - Bruyères	35	23^7
Paris – Belfort (Bâle)	40	4
Troyes – Gray	45	25
Chalindrey – Is-sur-Tille	46	15^5
Chalindrey - Gray	48	15^8
Vesoul - Gray	49	25^5
Nuits-sous-Ravières - Chaumont	53	25^7
Poinson-Beneuvre - Langres	54	25^9
Gray - Talmay	PLM	25^8
Loulans-les-Forges - Vesoul	PLM	28^2

NUMÉROTATION DES TRAINS À LA COMPAGNIE DE L'EST

Elle comporte le numéro ou les lettres de la ligne entre parenthèses, suivis par le numéro ou les lettres du train voyageurs, ou la lettre avec le numéro du train marchandises.

Exemple : (45)11, le train 11 de la ligne 45 « Troyes à Gray ».

Comme il est d'usage pour le matériel automoteur, avant 1939 le terme « automotrice » est utilisé, tandis que pour la période SNCF, le terme « autorail » est retenu.

LE RÉSEAU DE FRANCHE-COMTÉ

Présentation

La ligne de Troyes à Gray, longue de 185,700 kilomètres, prend naissance dans le chef-lieu de l'Aube en Champagne, traverse la Bourgogne et se termine en Franche-Comté, dans le Val de Saône.

Concédée dès sa construction à la Compagnie des Chemins de fer de l'Est, cette ligne voit son exploitation affermée en 1934 à la Société Générale des Chemins de Fer Economiques (SE), pour la partie de Châtillon-sur-Seine à Gray, puis en 1938 pour celle de Troyes à Châtillon-sur-Seine.

En 1864, le viaduc de Sainte-Colombe en construction, sur la ligne PLM Nuits-sous-Ravières – Châtillon-sur-Seine. Collection Archives départementales de la Côte d'Or.

Vers 1900, un train de voyageurs quittant Gray vers Is-sur-Tille longe la ligne PLM à double voie d'Auxonne (au premier plan) au pied du petit mamelon boisé du Bois-Diot. La locomotive est une 120 de la série 189 à 222 et 243 à 258 de 1855-57. Le fourgon à caisse tôlé est de type 1858-64-65, série entre Df 6022 et 6581. Suivent deux voitures de 3ème classe C type 1878 puis une de 2ème classe B type 1879. Collection Didier Leroy.

La mise en service de la ligne Est n°4 (Région Est SNCF n° 25) est réalisée par étapes :
- de Troyes (bifurcation de Saint-Julien-les-Villas) à Bar-sur-Seine, le 20 juillet 1862,
- de Bar-sur-Seine à Châtillon-sur-Seine, le 19 octobre 1868,
- de Châtillon-sur-Seine à Is-sur-Tille, le 9 décembre 1882,
- d'Is-sur-Tille à Gray, le 27 octobre 1888.

Les ouvertures successives de la ligne par section demeurent perceptibles, notamment par l'architecture différente des bâtiments voyageurs des gares.

Les gares de Châtillon-sur-Seine, Is-sur-Tille et Gray étaient communes aux deux grandes compagnies Est et PLM.

La ligne 25 rencontre celle de l'ancien PLM à :
- Châtillon-sur-Seine (bifurcation à Sainte-Colombe-sur-Seine de la ligne vers Nuits-sous-Ravières ouverte en 1864),
- Is-sur-Tille (vers Dijon, ligne ouverte en 1872),
- Gray (vers Auxonne, ouverte en 1856, et vers Besançon, ouverte en 1878).

Les gares de Sainte-Colombe-sur-Seine et de Châtillon-sur-Seine sont gérées par le PLM qui y a imposé son architecture. Celles d'Is-sur-Tille et de Gray se trouvent sous l'autorité de la compagnie de l'Est.

A Poinson-Beneuvre, la ligne 25[9] ouverte le 1er septembre 1883 vers Langres-Marne, permet de rejoindre la célèbre ligne 4 de Paris à Mulhouse. Poinson-Beneuvre est dotée d'une annexe-traction à deux voies avec plaque tournante de 14 mètres. La 130 B 476, aujourd'hui au dépôt de l'Ajecta de Longueville, fut longtemps pensionnaire de cette petite succursale. Une Micheline [1] de type 11 à 24 places, de couleur marron, a circulé dès 1932 sur la ligne 25^9.

A Châtillon-sur-Seine, la ligne 25^7 ouverte le 1er septembre 1886 permet de rejoindre Chaumont, par Bricon, sur la ligne 4.

A Gray, l'étoile ferroviaire retrouve les lignes Est de :
- Chalindrey, ouverte en 1858,
- Vesoul (Vaivre), ouverte en 1863, formant la ligne de Nancy à Gray par Blainville-Damelevières, Epinal, Aillevillers, Port-d'Atelier-Amance et Vaivre.

La ligne 25 de Troyes à Gray peut être étudiée en trois tronçons :
- Troyes - Châtillon-sur-Seine,
- Châtillon-sur-Seine – Is-sur-Tille,
- Is-sur-Tille – Gray.

C'est, du reste, cette division qui sera mise en pratique pour son exploitation dans les années cinquante.

Une photographie du poste C de La Taverne à Epinal. La plaque émaillé bleue indique : « Km 57,250 de la ligne Nancy à Gray - 4,160 du raccordement direct de Dinozé ». La ligne de Nancy à Gray est tracée par Blainville-Damelevières, Epinal, Aillevillers, Port d'Atelier-Amance et Vesoul.
Photo François Fontaine.

Le profil

Entre Troyes et Châtillon-sur-Seine :

La ligne a un profil relativement facile, restant fidèle au cours de la Seine avec cinq franchissements du fleuve. Elle rencontre seulement une petite rampe de 9 mm/m entre Pothières et Sainte-Colombe-sur-Seine, sur 5 kilomètres environ, qui a connu la double-traction du temps de la vapeur.

Entre Châtillon-sur-Seine et Is-sur-Tille :

Le profil est nettement plus difficile sur cette section avec des rampes de 10 mm/m jusqu'à Prusly-Villotte sur 7 km, suivies d'une longue rampe de 8 mm/m entre Prusly-Villotte et Poinson-Beneuvre sur 20 km, puis d'une pente de 12 mm/m entre Poinson-Beneuvre et Pavillon-les-Grancey sur 10 km.

Entre Is-sur-Tille et Gray :

La ligne présente de courtes rampes de 9 mm/m avec un profil en dents de scie car perpendiculaire aux rivières Tille, Bèze, Vingeanne (franchie sur un viaduc de 295 m à Oisilly-Renève), Soufroide et Saône.

Embranchement de Poinson-Beneuvre à Langres :

La ligne quitte Poinson-Beneuvre pour se diriger vers le nord-est par une rampe de 12 mm/m. Elle reste ensuite en quasi-palier, traversant le plateau boisé jusqu'à la gare de Langres-Ville (rebaptisée ultérieurement Langres-Bonnelle). Elle plonge ensuite par une longue courbe en pente de 15 mm/m vers son terminus de Langres-Marne, sur l'artère Paris – Bâle.

[1] Automotrice équipée de roues à bandages pneumatiques

Ligne 25 — TROYES — GRAY

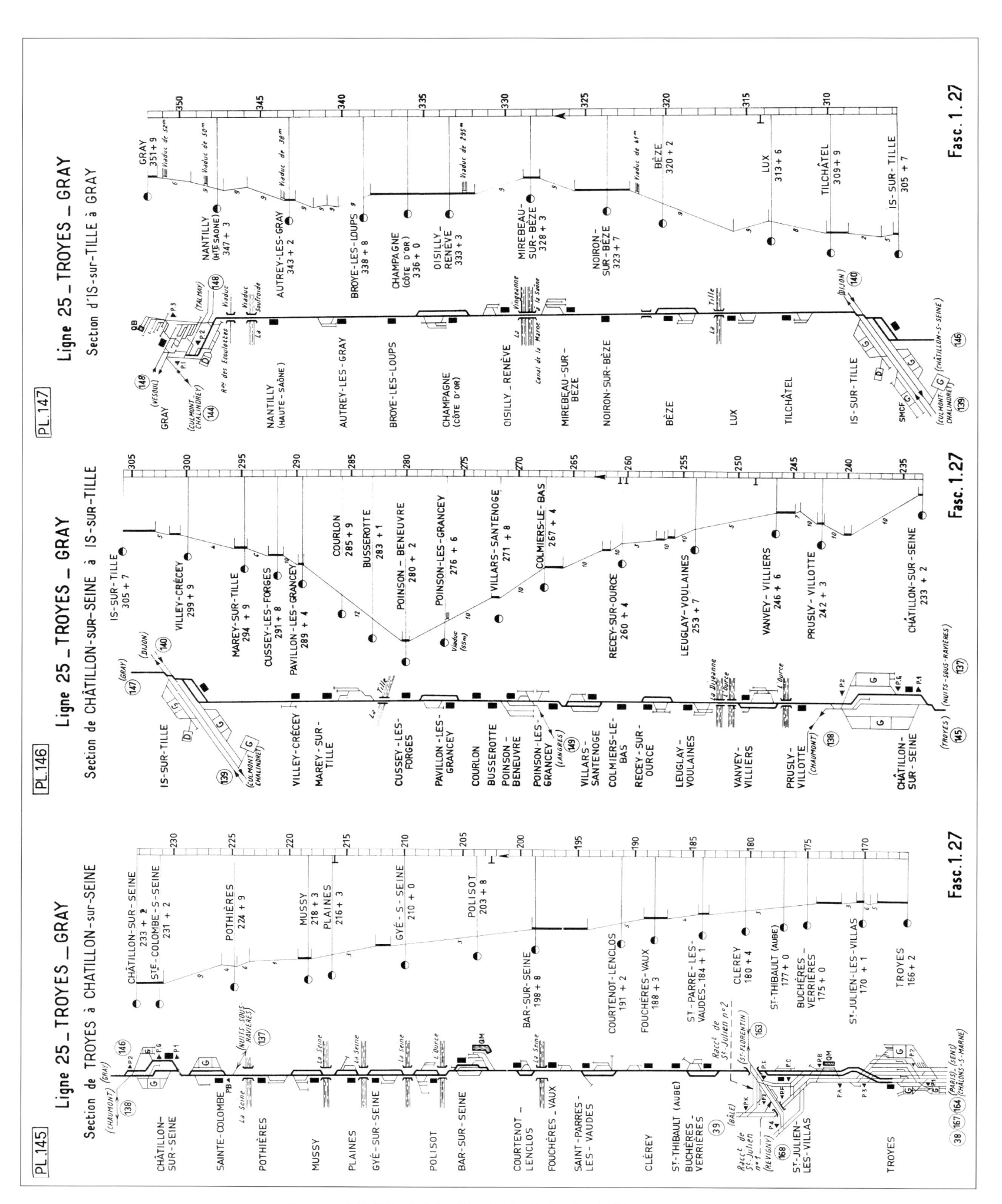

PL. 147 — Section d'IS-sur-TILLE à GRAY — Fasc. 1.27

- GRAY 351+9
- NANTILLY (HTE SAÔNE) 347+3
- AUTREY-LES-GRAY 343+2
- BROYE-LES-LOUPS 338+8
- CHAMPAGNE (CÔTE D'OR) 336+0
- OISILLY-RENÈVE 333+3
- MIREBEAU-SUR-BÈZE 328+3
- NOIRON-SUR-BÈZE 323+7
- BÈZE 320+2
- LUX 313+6
- TILCHÂTEL 309+9
- IS-SUR-TILLE 305+7

Viaduc de 52m, Viaduc de 50m, Viaduc de 78m, Viaduc de 295m, Viaduc de 81m

Embranchements : (148) (TALMAY), (148) (VESOUL), (144) (CULMONT-CHALINDREY), (140) (DIJON), (139) (CULMONT-CHALINDREY / CHÂTILLON-S-SEINE)

PL. 146 — Section de CHÂTILLON-SUR-SEINE à IS-SUR-TILLE — Fasc. 1.27

- IS-SUR-TILLE 305+7
- VILLEY-CRÉCEY 299+9
- MAREY-SUR-TILLE 294+9
- CUSSEY-LES-FORGES 291+8
- PAVILLON-LES-GRANCEY 289+4
- COURLON 285+9
- BUSSEROTTE 283+1
- POINSON-BENEUVRE 280+2
- POINSON-LES-GRANCEY 276+6
- VILLARS-SANTENOGE 271+8
- COLMIERS-LE-BAS 267+4
- RECEY-SUR-OURCE 260+4
- LEUGLAY-VOULAINES 253+7
- VANVEY-VILLIERS 246+6
- PRUSLY-VILLOTTE 242+3
- CHÂTILLON-SUR-SEINE 233+2

Viaduc (55m)

Embranchements : (140) (DIJON), (147) (GRAY), (139) (CULMONT-CHALINDREY), (149) (LANGRES), (138) (CHAUMONT), (145) (TROYES), (137) (NUITS-SOUS-RAVIÈRES)

PL. 145 — Section de TROYES à CHÂTILLON-sur-SEINE — Fasc. 1.27

- CHÂTILLON-SUR-SEINE 233+2
- STE-COLOMBE-S-SEINE 231+2
- POTHIÈRES 224+9
- MUSSY 218+3
- PLAINES 216+3
- GYÉ-SUR-SEINE 210+0
- POLISOT 203+8
- BAR-SUR-SEINE 198+8
- COURTENOT-LENCLOS 191+2
- FOUCHÈRES-VAUX 188+3
- SAINT-PARRES-LES-VAUDES 184+1
- CLÉREY 180+4
- ST-THIBAULT (AUBE) 177+0
- BUCHÈRES-VERRIÈRES 175+0
- ST-JULIEN-LES-VILLAS 170+1
- TROYES 166+2

Embranchements : (138) (CHAUMONT), (146) (GRAY), (137) (NUITS-SOUS-RAVIÈRES), (39) (BÂLE), (163) (ST-FLORENTIN), Racct de St-Julien n°1 et n°2, (168) (REVIGNY), (38) (PARIS / SENS), (167) (164) (CHÂLONS-S-MARNE)

Document SNCF - Région Est 1962 - Collection Editions du Cabri.

PL.144 Ligne 15⁸ — (LANGRES) CHALINDREY — GRAY

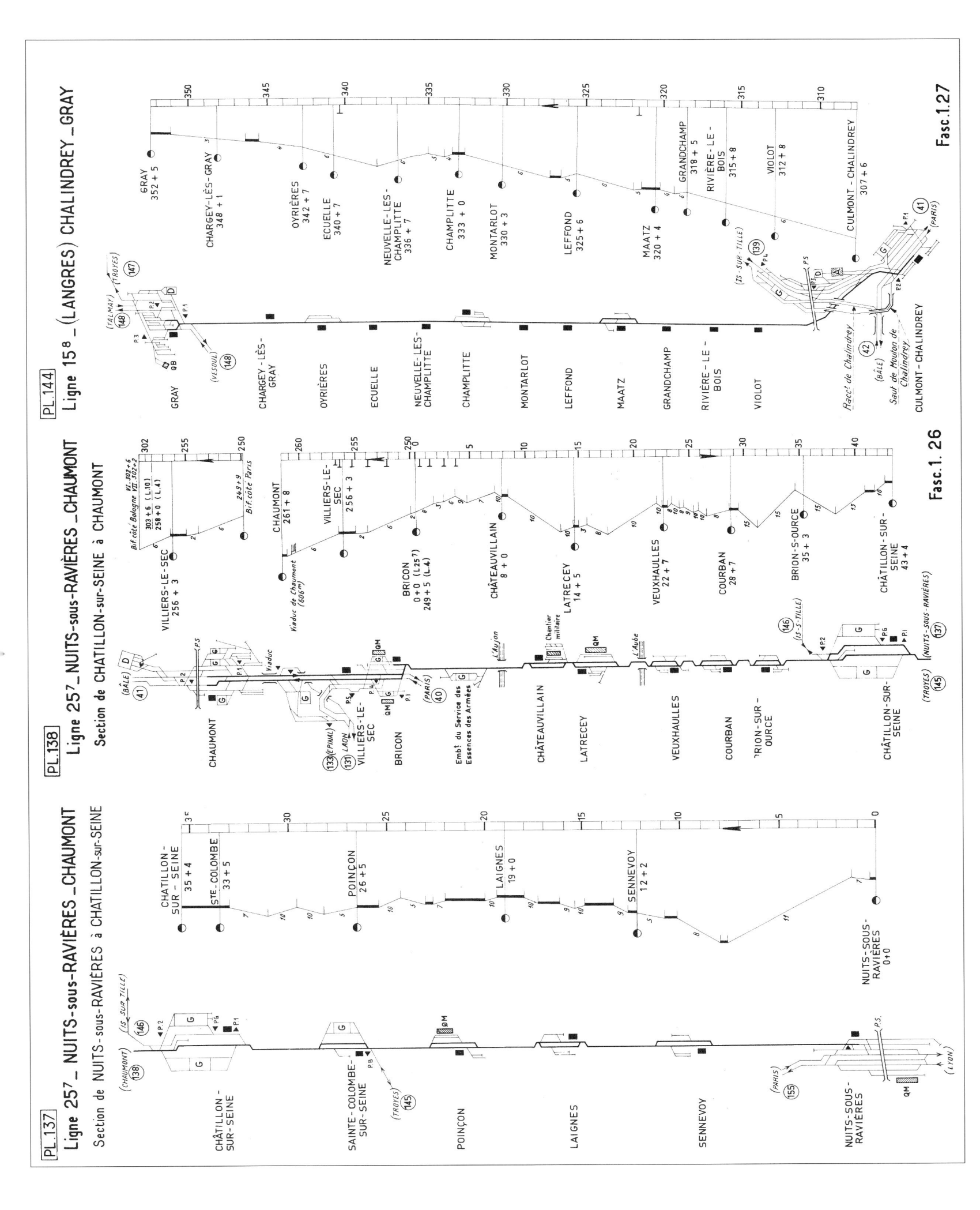

Station	PK
GRAY	352+5
CHARGEY-LÈS-GRAY	348+1
OYRIÈRES	342+7
ECUELLE	340+7
NEUVELLE-LÈS-CHAMPLITTE	336+7
CHAMPLITTE	333+0
MONTARLOT	330+3
LEFFOND	325+6
MAATZ	320+4
GRANDCHAMP	318+5
RIVIÈRE-LE-BOIS	315+8
VIOLOT	312+8
CULMONT-CHALINDREY	307+6

Fasc.1.27

PL.138 Ligne 25⁷ — NUITS-sous-RAVIÈRES — CHAUMONT
Section de CHÂTILLON-sur-SEINE à CHAUMONT

Station	PK
VILLIERS-LE-SEC	302 / 303+6 (VL.302+6 L.10) / 258+0 (L.4) / 249+9 Bif.côté Paris / Bif.côté Bologne VII.302+2
VILLIERS-LE-SEC	256+3
CHAUMONT	261+8
BRICON	0+0 (L.25⁷) / 249+5 (L.4)
CHÂTEAUVILLAIN	8+0
LATRECEY	14+5
VEUXHAULLES	22+7
COURBAN	28+7
BRION-S-OURCE	35+3
CHÂTILLON-SUR-SEINE	43+4

Viaduc de Chaumont (606 m)
Embt du Service des Essences des Armées
Chantier militaire
L'Aujon
L'Aube

Fasc.1.26

PL.137 Ligne 25⁷ — NUITS-sous-RAVIÈRES — CHAUMONT
Section de NUITS-sous-RAVIÈRES à CHÂTILLON-sur-SEINE

Station	PK
CHÂTILLON-SUR-SEINE	35+4
STE-COLOMBE	33+5
POINÇON	26+5
LAIGNES	19+0
SENNEVOY	12+2
NUITS-SOUS-RAVIÈRES	0+0

17

L'exploitation

A son apogée en 1938, la SE prend la suite de la compagnie de l'Est et assure l'exploitation de 278 km de lignes :
- Troyes – Châtillon-sur-Seine : 67 km,
- Châtillon-sur-Seine – Gray : 119 km,
- Chalindrey – Chalindrey : 45 km,
- Poinson-Beneuvre – Langres : 47 km.

La SE apportera après-guerre, à la demande de la SNCF, des concours de traction sur :
- Vesoul – Besançon avec un aller-retour voyageurs assuré par un autorail De Dion ;
- Gray – Vesoul pour les voyageurs et les marchandises, ainsi que sur la ligne 4 pour les marchandises de Vesoul à Langres-Jorquenay avec le « train tournant » Gray – Vesoul – Langres – Gray ;
- Nuits-sous-Ravières – Châtillon-sur-Seine pour les marchandises ;
- Châtillon-sur Seine – Chaumont pour les marchandises, jusqu'au 2 juin 1973 ;
- Gray – Essertenne-Cecey (ligne d'Auxonne) pour les marchandises.

Notons que pour la ligne de Chalindrey à Gray, le service voyageurs fut toujours confié aux conducteurs et agents de trains SNCF, les gares étant tenues par du personnel SE, comme l'entretien des voies et le service des marchandises.

Force est de reconnaître qu'il n'est pas toujours aisé de comprendre la situation de la SE par rapport à celle de la SNCF sur certaines lignes, en fait exploitées avec des personnels des deux sociétés.

TROYES – CHATILLON-SUR-SEINE

Pour permettre au lecteur d'avoir un aperçu des lignes traitées dans cet ouvrage, débutons leur découverte par l'image :

*Ci-contre, en 1963 au dépôt de La Chapelle-Saint-Luc à Troyes, une 130 B de Châtillon fait le plein de charbon au moyen de la grue à vapeur.
Photo Guy Laforgerie.*

*A Troyes, en 1966, la 130 B 709 attend l'heure du départ en tête de l'omnibus 2539 pour Châtillon-sur-Seine.
Photo Jean Florin.*

POLISOT. - La Gare - Le Quai

*Polisot, gare de correspondance entre la ligne Est Troyes – Châtillon-sur-Seine et celles des Chemins de fer Départementaux de l'Aube vers Les Riceys et Cunfin. Un train tracté par une 130 série 30.000 Est y arrive de Châtillon. L'élégante marquise de quai sera déposée vers 1950.
Collection Didier Leroy.*

*Contemporain des gares, le café-hôtel des Chemins de fer de Polisot traduit agréablement l'ambiance « début du XXème siècle ». La maison Martin existe encore en 2004 !
Collection Didier Leroy.*

*Ci-contre, le chef de gare de Gyé-sur-Seine attend l'arrivée du train de marchandises en provenance de Troyes. Le bâtiment des voyageurs très sobre construit en 1868 correspond au type B de la compagnie de l'Est.
Collection Didier Leroy.*

Un cas rare de double traction avec les 140 C 141 et 208 à Mussy-sur-Seine en juillet 1969, pour affronter la bosse de Vix en tête d'un train pour Châtillon lourdement chargé. Photo Jean-Louis Poggi.

Ci-contre, la 130 B 476 avec le train de marchandises omnibus pour Châtillon, aux environs de Pothières en mars 1967. Le fourgon placé réglementaire-ment en tête du train abrite le chef de train et le serre-frein. Photo Dieudonné-Michel Costes.

Ci-dessous, le dernier train de voyageurs régulier assuré en traction à vapeur en France ! Le Troyes – Châtillon-sur-Seine est vu le samedi 27 mai 1972 entre Clerey et Saint-Parres-les-Vaudes, avec la 140 C 216. Photo Jean-Louis Poggi.

NUITS-SOUS-RAVIÈRES – CHATILLON-SUR-SEINE

La bifurcation de Sainte-Colombe-sur-Seine au début des années soixante, avec son petit poste Vignier PLM. A droite la ligne de Troyes, à gauche celle de Nuits-sous-Ravières.
Photo François Fontaine.

POINÇON-les-LARREY (Côte-d'Or) - La Gare

Le Guyader, photo éditeur, Châtillon-sur-Seine.

Le beau BV de Poinçon-les-Larrey, avec ses lucarnes à œil de bœuf et sa marquise aux festons en zinc, est bien luxueux pour un petit village. Notons la présence d'un sémaphore PLM double type LP 1912. Sur la carte ci-contre figure le cachet du convoyeur des postes de la ligne.
Collection Gabriel Bachet.

CHATILLON-SUR-SEINE – CHAUMONT

*Les petits BV à deux portes, comme celui de Brion (type A) furent moins fréquents à l'Est qu'au PLM.
Collection Gabriel Bachet.*

*La 130 B 256 dessert la gare de Châteauvillain avec le TOM Châtillon – Chaumont le 2 juillet 1966. Noter derrière le fourgon le wagon frigorifique STEF.
Photo Jean Florin.*

*Le train 22577 en provenance de Châtillon arrive en gare de Chaumont le 24 mars 1967 avec la 130 B 348.
Photo Pierre Debano.*

*En décembre 1970, le train de marchandises en provenance de Châtillon emmené par la 140 C 51 passe la bifurcation de Bricon encore pourvue de signaux mécaniques, dont un sémaphore de couverture typiquement Est. Jusqu'à Chaumont, le convoi emprunte la grande ligne 4 Paris – Bâle.
Photo Jean-Louis Poggi.*

*Ci-dessous, sous le grand portique à charbon du dépôt de Chaumont, la 130 B 475 fait le plein d'eau avant de repartir pour Châtillon-sur-Seine en tête du train de marchandises journalier.
Collection Didier Leroy.*

CHATILLON-SUR-SEINE – IS-SUR-TILLE

La halte de Prusly-Villotte a été gérée jusqu'au 31 décembre 1965. La laiterie locale y expédiait sa production et un raccordement à deux voies desservait la Compagnie d'Electricité de la Côte d'Or en face du BV.
Collection Didier Leroy.

Vers 1909, un train en direction d'Is-sur-Tille arrive à Recey-sur-Ource avec une 230 série 3500 de l'Est. A cette époque, la gare occupait cinq agents : le chef de gare, deux facteurs-enregistrants et deux hommes d'équipe. Notons la disposition des locaux à partir de la gauche : Chef de gare, Bagages, Messageries, 1ère-2ème classes, 3ème classe.
Collection Bernard Minot.

Plaque de cuivre issue d'une burette de la gare de Recey-sur-Ource.

Le café-restaurant faisait partie du proche environnement des gares ; il offrait ses chambres principalement aux représentants de commerce qui séjournaient dans les communes pour y présenter leurs produits. Noter la présence du chef de gare de Recey-sur-Ource et le pavillon du phonographe à la fenêtre, qui servait à l'animation. Le cachet de convoyeur postal de la ligne est daté du 17 avril 1909. Collection Bernard Minot.

La 140 C 22 en gare de Poinson-Benoeuvre en juin 1974, avec un diesel Coferna pour Châtillon et deux fourgons encadrant un tombereau.
Photo Jean-Louis Poggi.

*Desserte rurale à Pavillon-les-Grancey en 1974 avec le train 2253 pour Châtillon. Noter le quai central avec son cordon de pierres inclinées selon une disposition typique de l'Est.
Photo Jean-Claude Roca -
La Vie du Rail.*

*En gare de Marey-sur-Tille, au cours de l'été 1910, comme en témoigne le cachet cranté du convoyeur postal « Châtillon à Is-sur-Tille », les voyageurs attendent l'arrivée du train 17 de 11 h 37 à destination d'Is-sur-Tille.
Collection
Jean-Pierre Rigouard.*

*Rencontre de deux époques en gare d'Is-sur-Tille le samedi 25 juin 1966, lors de l'arrivée d'un autorail X 5500 assurant le train 2503 en provenance de Châtillon-sur-Seine au côté d'une BB 25100 de Chalindrey.
Photo François Fontaine.*

IS-SUR-TILLE – GRAY

TIL-CHATEL (Côte-d'Or) — La Gare

Arrivée d'un train pour Is-sur-Tille en gare de Tilchâtel, avec une locomotive série 3700 de l'Est (future 230 B). Collection Jean-Pierre Rigouard.

Griffe de la gare d'Autrey-les-Gray.

Scène d'attente d'un train à l'ombre des tilleuls, prise à Autrey-les-Gray vers 1906 : la douce quiétude de la gare sera bientôt troublée par l'arrivée du train… Collection Didier Leroy.

Les tympans en maçonnerie du viaduc d'Oisilly, évidés par des « voûtelettes d'élégissement » dans le style de l'ingénieur Paul Séjourné. Juin 1973. Photo Jean Metz.

VIADUC D'OISILLY

Le viaduc d'Oisilly, également appelé viaduc de la Vingeanne, est situé sur la ligne 25 à voie unique de Troyes à Gray peu avant la gare d'Oisilly-Renève dans le sens Is-sur-Tille – Gray. Avec ses 295 mètres de longueur, c'est le plus grand ouvrage d'art de la ligne de Franche-Comté. Il traverse la vallée de la rivière Vingeanne ainsi que le canal de la Marne à la Saône par sept arches en maçonnerie de pierre de taille.

Ce beau viaduc est immortalisé avec le passage d'une 140 C dans une scène du film de Pierre Granier-Defferre tourné en 1971, « La veuve Couderc ».

Le style de cet ouvrage porte la marque de l'ingénieur Séjourné, qui avait mis au point une méthode particulière de construction des voûtes économisant le volume de maçonnerie, et qui portait son nom.

Pour soulager le cintre en bois supportant une voûte en maçonnerie en cours de construction, l'ingénieur Séjourné imagina de construire d'abord sur le cintre un premier rouleau de maçonnerie représentant environ le tiers de l'épaisseur de l'arc. Ce dernier, une fois fait, servait avec le cintre de support au deuxième rouleau. A l'achèvement de celui-ci, le troisième rouleau en cours de construction était supporté par le cintre en bois et les deux premiers rouleaux. Le cintre n'avait pratiquement à supporter que le poids du premier rouleau et une fraction du poids des suivants, ce qui simplifiait sa construction et en diminuait le coût.

Afin de réduire le poids reposant sur les arcs, monsieur Séjourné ajoura les tympans, supprimant ainsi le remplissage de sable ou de béton maigre qui y était habituellement déversé et dont la seule fonction était de servir d'assise au tablier. L'économie de volume de maçonnerie résultant de cette disposition réduisait aussi le coût de l'ouvrage.

Si la méthode de construction des voûtes, ou plus exactement des arcs, n'est pas visible à l'œil, les tympans du viaduc de la Vingeanne sont ajourés par de petites voûtes ou « voûtelettes d'élégissement » [1] ; les piles transversales les séparant sont elles-mêmes allégées par une voûte.

L'économie de volume de maçonnerie et la diminution de poids sur les arches mise à part, l'ensemble dégage à la fois une indéniable impression de légèreté et une réelle élégance sans nuire à la qualité du viaduc et tout en s'adaptant parfaitement au site. Le qualificatif d'ouvrage d'art pour le viaduc de la Vingeanne n'est donc pas usurpé.

[1] Elégissement : opération consistant à diminuer l'épaisseur d'une pièce.

Vers 1920, arrêt en gare d'Autrey-les-Gray de l'omnibus 12 toutes classes pour Châtillon-sur-Seine, avec la locomotive n° 3509 Est (future 230 B 509).
Collection Didier Leroy.

CHALINDREY – GRAY

En septembre 1967, la 140 C 205 manœuvre en gare d'Oyrières le train 21582 avec le mécanicien Stimac et le chauffeur Ménétrier.
Photo Jean Florin.

MAATZ (Hte-Marne). — La Gare

Le train 42 pour Chalindrey arrive à Maatz derrière une 120 transformée série 2500 de l'Est. La carte porte le cachet du convoyeur de ligne daté du 21 septembre 1915.
Collection Jean-Pierre Rigouard.

La petite halte de Leffond lors d'une belle journée d'été vers 1920, au passage d'un train de marchandises tracté par une 130 série 30.000. La cloche d'annonce Siemens, l'éclairage par appliques à pétrole et le cordon de pierre inclinée du trottoir sont caractéristiques de la compagnie de l'Est.
Collection Didier Leroy.

GRAY – AUXONNE

Le train 1135 pour Chalon-sur-Saône vient de quitter Mantoche à 8h48. L'applique de quai au pétrole et le sémaphore double sont de facture PLM. La transversale Gray – Chalon-sur-Saône ayant été équipée de 1905 à 1912 du bloc PLM n° 3, permettait la circulation d'un train toute les 12 minutes.
Collection Didier Leroy.

Les installations de la gare de Pontailler-sur-Saône lors du passage d'un train Gray – Dole-Triage derrière la 040 type G8¹ prussienne n° 4-E-60 du PLM. Les petites plaques tournantes permettent aisément la manœuvre des wagons sur des voies transversales.
Collection Georges et Christian Faivre.

GRAY – BESANÇON

Une locomotive 121 série 51 à 100 du PLM à Champvans-les-Gray, avec un omnibus pour Besançon vers 1905. Collection Didier Leroy.

CHAMPVANS-les-GRAY. – Vue générale

Ci-contre, un train omnibus PLM Gray – Besançon marque l'arrêt en gare de Valay avec la 220 B 118. Le convoi est composé d'un fourgon Df, deux voitures C à 50 places, une voiture C ou CC à 50 places et deux voitures de 1ère ou 2ème classe. Collection Jean Florin.

Sur la ligne de Gray à Fraisans (Besançon), ci-dessus la passerelle pour piétons du kilomètre 38,773, vue côté Gray le 4 octobre 1945 ; ci-contre le petit pont du PK 30,723, lors d'une tournée d'inspection le 8 octobre 1948. Collection Didier Leroy.

GRAY – VESOUL

En gare de Gray le 22 mai 1963, deux autorails De Dion-Bouton encadrant une remorque à essieux assurent un train omnibus à destination de Vesoul. Le triporteur des PTT en livrée vert sombre apporte le courrier à expédier. Photo Bernard Rozé.

La gare de Seveux au début du XXème siècle. On aperçoit sur la gauche un signal carré sur pointe. Collection Didier Leroy.

Le quai à marchandises de la gare de Seveux vers 1965, avec des wagons plats TP à bords hauts équipés de ranchers Lyw. On aperçoit le chef de gare, monsieur Villemaux, en conversation avec les clients. A l'arrière-plan, un camion GMC type CCKW. Collection Didier Leroy.

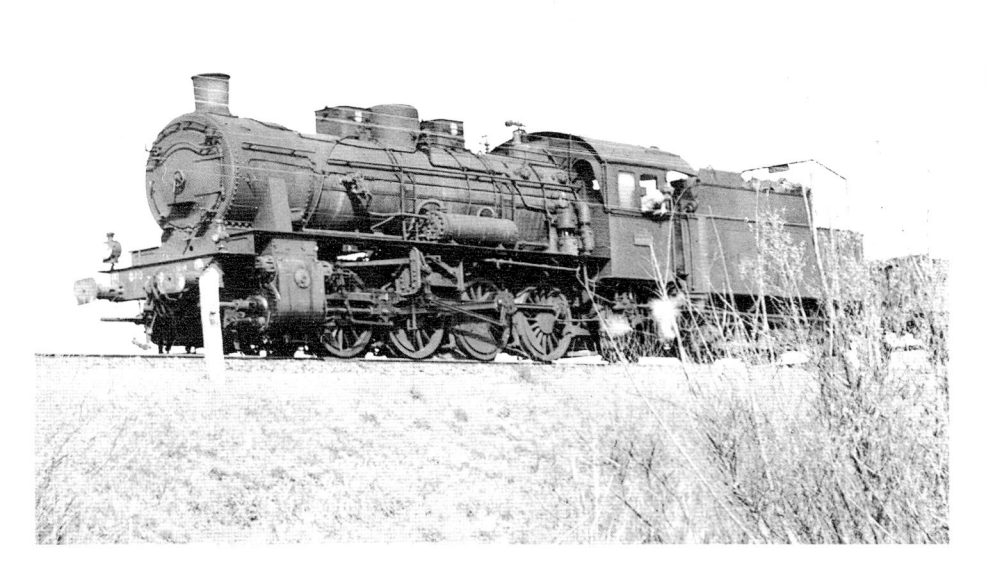

En 1957, la 040 D 494 manœuvre à Vesoul avant d'assurer le « train tournant » 5046 pour Chalindrey.
Photo Raymond Crinquand - collection Francis Villemaux.

A l'automne 1968, le train 2560 pour Vesoul assuré par un autorail X 5500 et une remorque Verney marque l'arrêt à 16 h 44 en gare de Mont-le-Vernois.
Photo Jean-Bernard Lemoine.

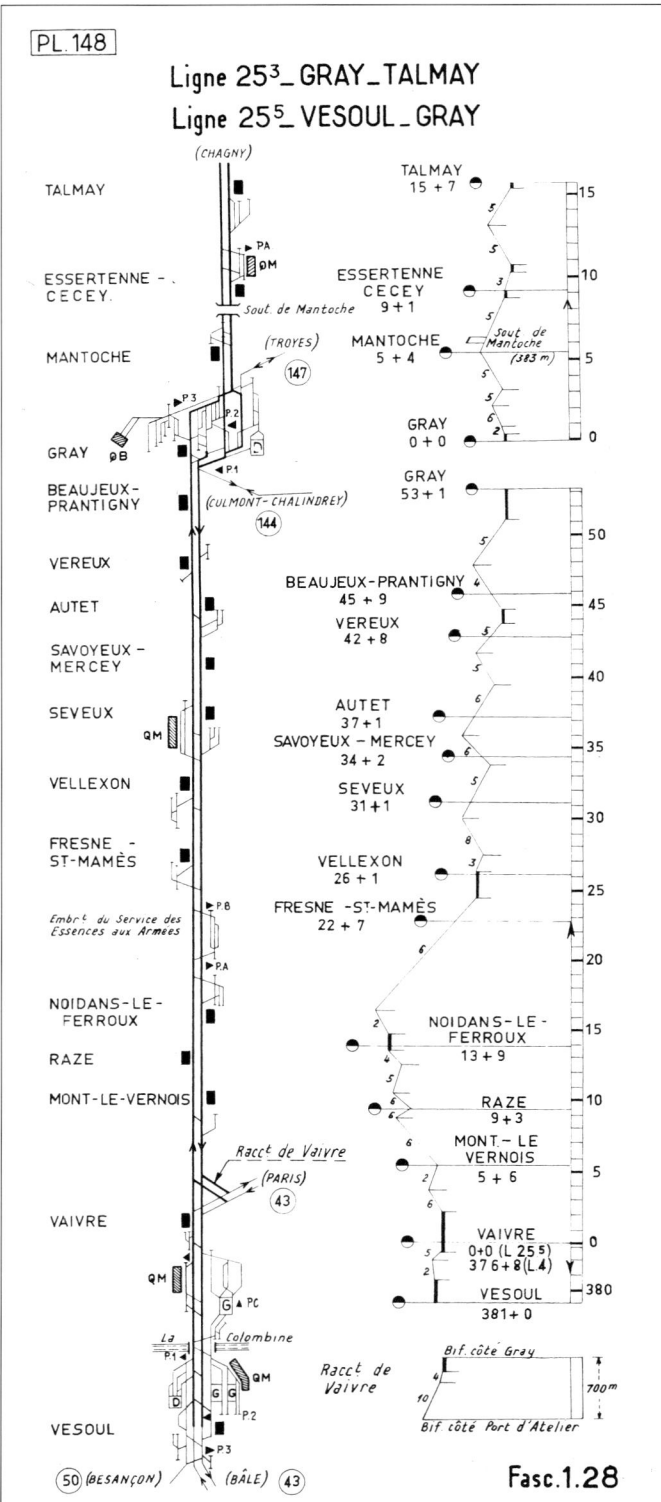

PL. 148

Ligne 25³ _ GRAY _ TALMAY
Ligne 25⁵ _ VESOUL _ GRAY

Fasc. 1.28

*En 1947 à Vesoul, la 230 A 412 est en tête d'un train omnibus pour Gray.
Photo Raymond Crinquand - collection Jean Florin.*

VESOUL – BESANÇON

*La gare de Vesoul connaît une activité omnibus encore importante au milieu des années cinquante. L'autorail De Dion de la SE stationne ici au quai 3, alors qu'il assure un aller-retour sur Besançon au titre des concours de traction effectués par la SE pour le compte de la SNCF. Le panneau « Besançon - Autorail omnibus 2ème classe » posé au pied d'une des colonnes de la marquise indique avec précision sa destination.
Photo Guy Rannou.*

La signalisation

D'origine, les lignes à voie unique de la compagnie de l'Est sont dotées, pour celles qui possèdent une voie d'évitement, de gares « type voie directe » avec deux disques.

Au cours des années 50, toutes les lignes ont été assujetties à la réglementation SNCF des « lignes à voie unique à signalisation simplifiée » avec arrêt obligatoire dans toutes les gares et annonce par une pancarte « GARE » en lettres noires sur fond blanc et un repère d'entrée constitué par un chevron noir sur fond blanc. Les établissements SS (Sans Sécurité) comportent une plaque rectangulaire mi-noire mi-blanche et un repère d'entrée constitué par un chevron noir sur fond blanc impose le ralentissement à 30 km/h sur les aiguilles.

Cependant, des établissements tels ceux de Châtillon-sur-Seine et Gray ont longtemps comporté une signalisation mécanique (disparue au début des années 1990), tout comme celui de Poinson-Beneuvre qui, avec sa bifurcation, possédait des disques rouges.

La ligne à double voie de Gray à Vaivre (Vesoul) était dotée de disques jusqu'à sa mise à voie unique en 1970, les leviers de type Vignier [1] se trouvant à l'extérieur des BV, les sonneries de contrôle de fermeture des disques étant de type Damond [2] à tintement lent.

Les lignes affermées à la SE (CFTA) avaient un règlement spécifique. Les signaux fixes indiquant l'approche d'une gare gérée se composaient d'une plaque ronde ou carrée, située à 1,50 m au dessus du rail et peinte du côté opposé à la gare en blanc avec un encadrement en jaune. Ils commandaient le ralentissement, même si la circulation ne devait pas marquer l'arrêt en gare. La nuit, les signaux étaient munis d'une lanterne donnant un feu blanc et si la gare n'était pas gardée, la lanterne devait être éteinte et les aiguilles d'entrée cadenassées. Ce signal indiquait au mécanicien de réduire sa vitesse, dès qu'il l'apercevait, à 15 km/h (train de marchandises, mixte ou de service) ou à 30 km/h pour les circulations voyageurs, avec obéissance aux signaux qui lui seraient faits.

La consigne RG 1 1C [3] du réseau CFTA de Franche-Comté en date du 16 septembre 1986 note que « *par dérogation à l'article 10 du Règlement Général n°1 Signaux, le voisinage des gares peut-être signalé aux agents de conduite des trains dans les conditions ci-après* » :

Cette dérogation utilise la pancarte « GARE » et le chevron pour les établissements ouverts à la sécurité ainsi que la plaque rectangulaire mi-noire - mi-blanche et le chevron pour les autres établissements qui peuvent être franchis sans arrêt. Ces repères sont implantés dans les établissements autres que les gares de Gray et Châtillon-sur-Seine.

[1] Ingénieur ayant inventé un type de poste d'aiguillage.
[2] Ingénieur ayant conçu le type de sonneries.
[3] Règlement Général n° 1 Signaux.

LA « TABLE DE DIRECTION » DE CLÉREY (1905 - 1925) - Alain Gernigon

1 – Historique et bibliographie

Un essai de poste électrique original a été fait par la Compagnie de l'Est à la gare de Clérey (Aube), localité proche de Troyes. La conception de ce poste appelé « table de direction » est due à monsieur Chailloux, ingénieur au Matériel Fixe de la compagnie de l'Est.

L'essai a porté sur une période de vingt ans, la table de direction de Clérey, installée en 1905, ayant subsisté jusqu'en 1925.

2 – Caractéristiques d'exploitation

Clérey est situé sur la ligne à voie unique reliant Saint-Julien-les-Villas (Troyes) à Châtillon-sur-Seine. Comme les autres gares de lignes à voie unique de l'Est, Clérey était, à l'époque, probablement équipée en gare à régime de voie directe, la signalisation (hors signaux et pancartes fixes) se limitant au seul disque rouge de protection de la gare de part et d'autre de celle-ci (figure 1 en page ci-contre).

Outre les deux disques, les appareils à manoeuvrer (à pied d'oeuvre) sont les aiguilles et taquets d'arrêt de la gare.

3 – La table de direction

L'idée maîtresse de la table de direction est le repérage des aiguilles parcourues dans un itinéraire déterminé et la commande de celles-ci dans la position requise, à l'aide d'un cordon souple engagé dans une rainure d'un plan géographique, et reliant les deux extrémités de l'itinéraire à établir. Le plan géographique « en creux » reflète le plan des voies réel, d'où la notion de maquette (figure 2 en page ci-contre).

Exemple [1] : Disposition de deux cordons (rouge et vert) établissant les itinéraires A-Q et Z-H, correspondant au croisement à gauche de deux trains de sens inverse. Les cordons doivent, au passage, commander des contacts électriques susceptibles d'actionner les moteurs des aiguilles intéressées, comme les aiguilles 1 et 3 d'une part, 2 et 5 d'autre part, qui auraient été munies de moteurs s'il ne s'était agi d'une simple expérience. En fin de course, chaque cordon établit les contacts permettant la commande du signal origine (s'il existe), sous réserve du contrôle de ces aiguilles.

4 – La réalisation de Clérey

Les documents connus concernant la table de direction de Clérey insistent sur le caractère d'essai du système : cela semble évident dès lors qu'aucune aiguille n'était manoeuvrée à distance, c'est-à-dire par moteur électrique. Comme par ailleurs, les enclenchements d'une telle gare sont élémentaires et peu nombreux (disque ouvert et aiguille en pointe et verrou lancé -s'il existe- en direction de la voie directe), on peut se demander si la table n'intervenait pas uniquement en complément des enclenchements ou même des cadenassements ordinaires [2]. Cet essai se situe à l'époque où les idées abondent en matière de postes à commande d'itinéraire à l'aide de fluides comme l'eau, l'air comprimé ou l'électricité : postes Bleynie-Ducousso, postes MDM de l'Aster, postes Westinghouse et surtout Descubes, pour l'Est.

5 – La notion de poste géographique

Le principe défini par M. Chailloux rejoint celui d'Albert Descubes, inventeur des postes qui portent son nom, c'est-à-dire la recherche électrique des aiguilles intéressées par l'itinéraire, à partir de la définition de ce dernier par ses points extrêmes :
- dans la table Chailloux, c'est la pose du cordon sur un plan géographique qui « relève » au passage les aiguilles du parcours ;
- dans le poste Descubes, où un itinéraire est commandé à l'aide de deux leviers, l'un de sortie et l'autre d'entrée, la recherche des aiguilles s'effectue par « parcours électriques » successifs, entre les deux leviers, du schéma électrique géographique des voies.

Ces deux types de postes constituent les premières réalisations de postes dits « à structure géographique », en abrégé : postes géographiques, architecture reprise par un grand nombre de pays européens à partir de 1956, Allemagne et Suisse notamment (Lorentz, Siemens et Integra). Ils sont aussi les ancêtres des postes français modernes géographiques que sont les PRG (postes relais à câblage géographique standard) et PRCI (poste à relais et à commande informatique).

6 – Enseignements tirés de Clérey

La réalisation à partir de 1908 des postes Descubes électromécaniques à Nancy, suivie de celles des postes électriques de Charleville en 1913, concernant des plans de voies importants et fréquentés, a permis de vérifier la qualité du système Descubes et a entraîné son essor immédiat sur la Compagnie de l'Est.

En comparaison, la table de Clérey, réalisation inachevée et relative à une gare de voie unique, a été considérée comme une simple maquette dont l'intérêt était la présentation d'un concept nouveau en matière de poste d'aiguillage utilisant des fluides (poste à pouvoir, traduction du terme anglais de « power working »). De plus, l'absence de relations adaptées aux commandes d'appareils en campagne (aiguilles, signaux), et de la technologie nécessairement associée ne permettait pas de porter un jugement d'ensemble.

Tout au plus peut-on s'étonner de la longévité (20 ans) d'une telle installation, dès lors qu'elle avait perdu tout intérêt et si, comme il a déjà été dit, elle n'assurait pas en totalité la sécurité de la gare.

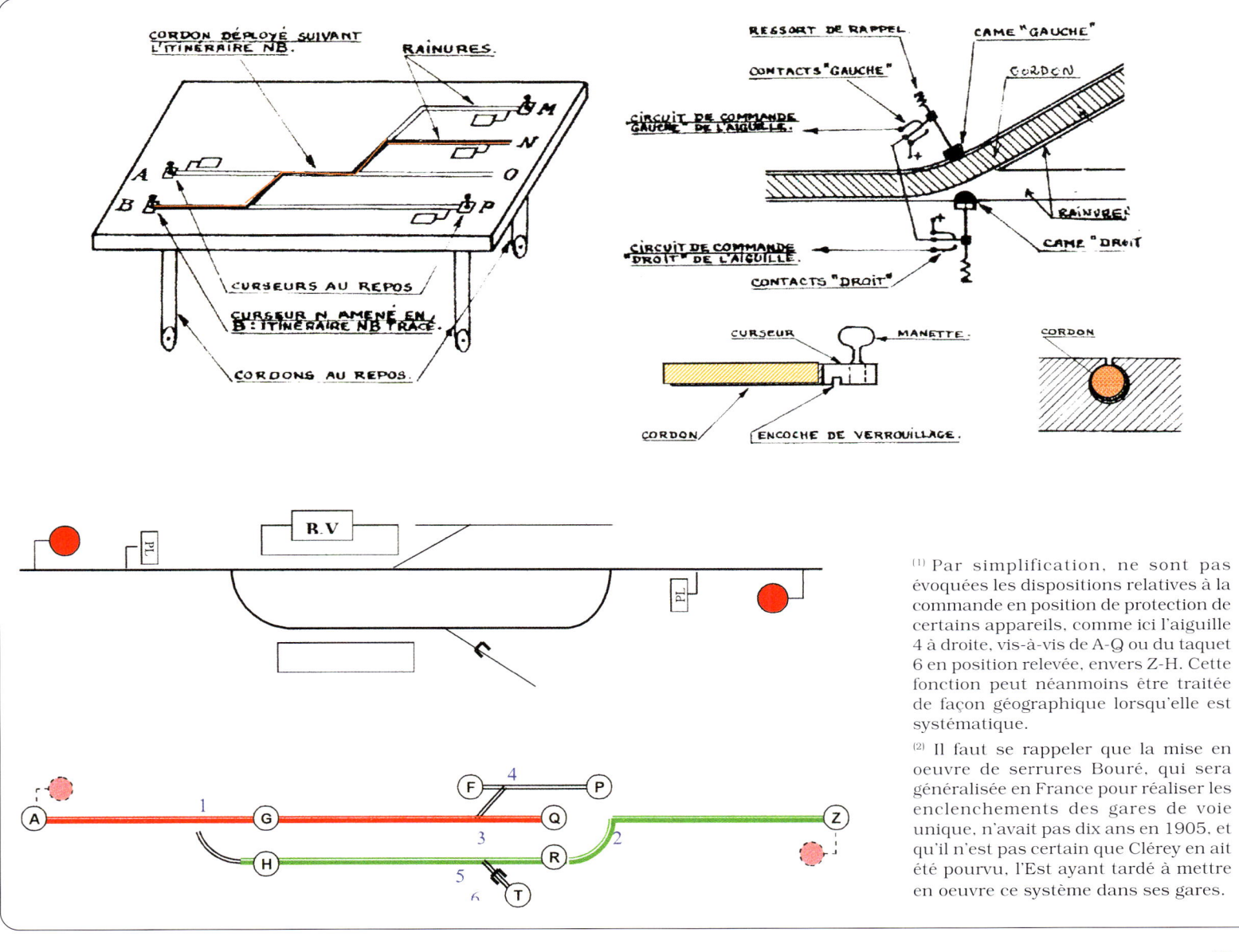

[1] Par simplification, ne sont pas évoquées les dispositions relatives à la commande en position de protection de certains appareils, comme ici l'aiguille 4 à droite, vis-à-vis de A-Q ou du taquet 6 en position relevée, envers Z-H. Cette fonction peut néanmoins être traitée de façon géographique lorsqu'elle est systématique.

[2] Il faut se rappeler que la mise en oeuvre de serrures Bouré, qui sera généralisée en France pour réaliser les enclenchements des gares de voie unique, n'avait pas dix ans en 1905, et qu'il n'est pas certain que Clérey en ait été pourvu, l'Est ayant tardé à mettre en oeuvre ce système dans ses gares.

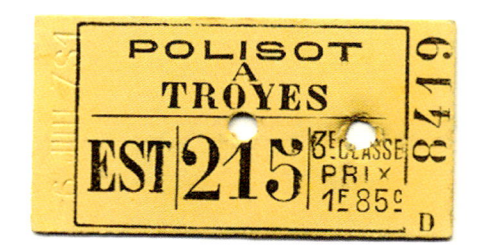

Tout voyage débute par l'achat d'un titre de transport. En France, le billet cartonné Edmonson fut utilisé de 1836 jusque vers le milieu des années 1980. Grâce à un collectionneur avisé, Pierre-François Offret, l'époque de la compagnie de l'Est est bien représentée !

Casquette Est du chef de gare de Gray en 1935.

LIGNE DE CHALINDREY A GRAY

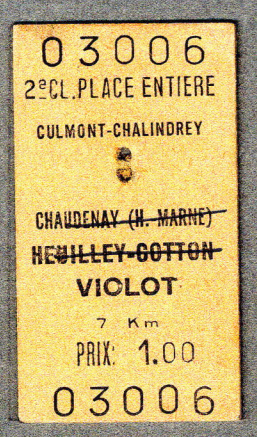

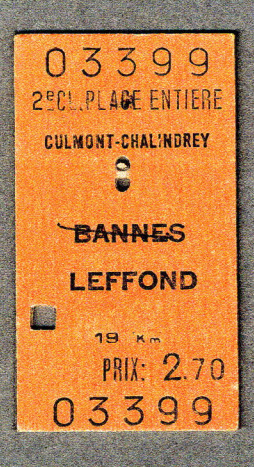

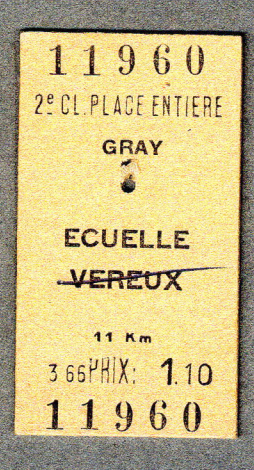

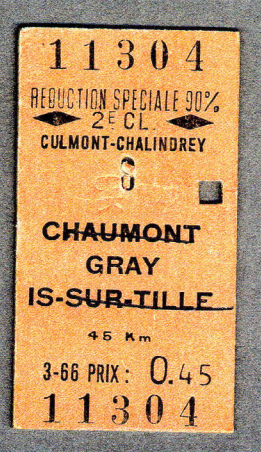

Billets Edmonson
Collection Didier Leroy

LIGNE DE VESOUL A GRAY

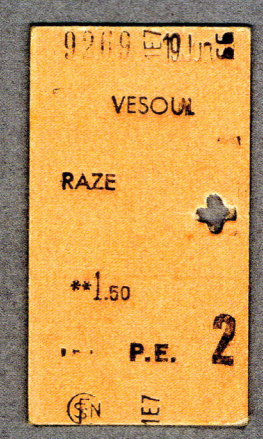

Billets Edmonson
Collection Didier Leroy

LIGNE DE GRAY A IS-SUR-TILLE

LE BILLET EDMONSON

Le titre de transport fixe cartonné (avec destination et taxation imprimées) dont les dimensions sont standardisées (57 x 30 mm), fut inventé en Angleterre en 1836 par Thomas Edmonson (1752-1851), chef de gare de Milton, sur le réseau Newcastle and Carlisle Railway.

Billets Edmonson
Collection Didier Leroy

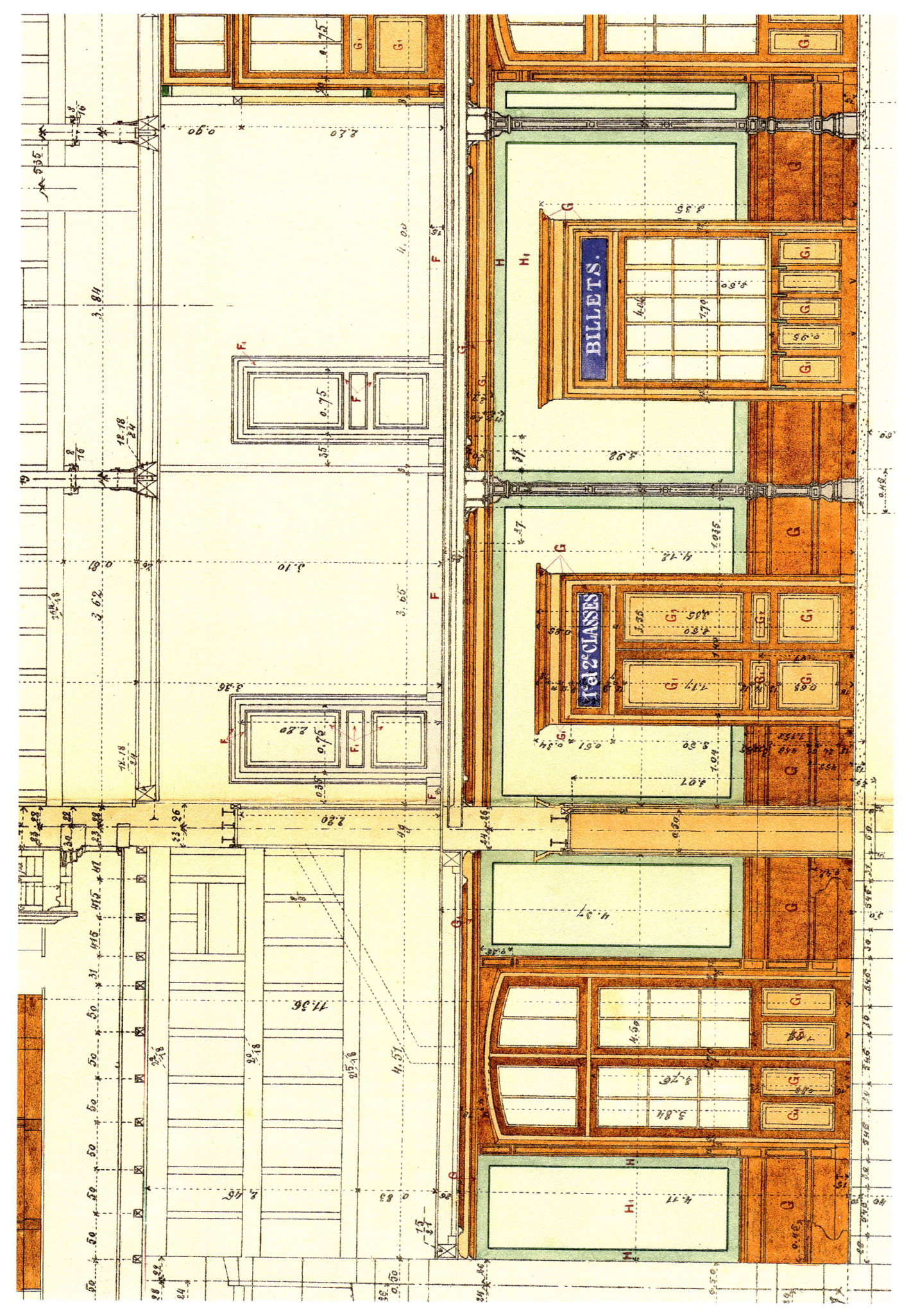

*Bâtiment des voyageurs type C « Ton des peintures », 9 janvier 1894.
Document Est - collection Didier Leroy.*

Le trafic

Les trains réguliers étaient les suivants au cours de l'année 1961 :

Autour de Châtillon-sur-Seine

- un aller-retour voyageurs omnibus Troyes – Châtillon-sur-Seine en semaine 2539 / 2506 sauf dimanches et fêtes (seule rame tractée) ;
- un aller-retour marchandises Troyes – Châtillon-sur-Seine TOM [1] 25517 / 25522 sauf dimanches et fêtes ;
- deux allers-retours voyageurs Châtillon-sur-Seine – Is-sur-Tille tri-hebdomadaires les lundis, jeudis et samedis 2503-2525 / 2510-2544 ;
- un aller-retour marchandises Châtillon-sur-Seine – Gray TOM 22505/ 22504 sauf dimanches et fêtes ;
- un aller-retour marchandises Nuits-sous-Ravières – Châtillon-sur-Seine – Chaumont TOM 22577 / 22572 sauf dimanches et fêtes ;
- au service du 26 septembre 1976, une marche supplémentaire marchandises a lieu du lundi au vendredi entre Troyes (triage de La Chapelle-Saint-Luc) et Polisot : trains 22523 à l'aller (8 h 52 - 11 h 06), 22522 au retour (11 h 19-15 h 25).

*Le 25 juin 1966, à bord de la 130 B 465. Le train de desserte Châtillon – Troyes vient de passer la bifurcation de Saint-Julien-les-Villas, dotée d'un indicateur de directions Est (de bas en haut les lignes de Saint-Florentin, Mulhouse et Vitry-le-François) et d'un sémaphore de couverture du bloc automatique mécanique Est.
Photo François Fontaine.*

*Ci-dessus, toujours le 25 juin 1966, l'autorail pour Is-sur-Tille dessert Poinson-Beneuvre. Aujourd'hui il ne reste plus qu'une gare abandonnée au milieu des herbes folles...
Photo François Fontaine.*

*Le 20 juin 1966, la 130 B 348 en charge du TOM Châtillon – Is-sur-Tille marque l'arrêt à Marey-sur-Tille.
Photo Herman-Gijsbert Hesselink - collection Editions du Cabri.*

[1] Train Omnibus Marchandises.

*Le 3 mars 1975, la 140 C 38 quitte Villars-Santenoge avec le train de marchandises Châtillon-sur-Seine – Gray.
Photo Jean-Louis Poggi.*

*Le 29 août 1958, la 130 B 303 marque l'arrêt en gare de Laignes avec le train 22572 Chaumont – Châtillon-sur-Seine – Nuits-sous-Ravières.
Photo François Fontaine.*

Autour de Poinson-Beneuvre
- un train de marchandises Poinson-Beneuvre – Langres les lundis, mercredis, vendredis avec retour les mardis, jeudis et samedis.

Autour de Gray
- un aller-retour marchandises sur Châtillon-sur-Seine, précédemment cité. Le roulement des équipes de ce train, lorsqu'il était en traction vapeur s'effectuait comme suit : dans les deux sens, les équipes de traction et d'accompagnement de Châtillon le prenaient en charge jusqu'à Is-sur-Tille puis ensuite celles de Gray ;
- un aller-retour voyageurs quotidien Belfort – Gray – Is-sur-Tille omnibus et Dijon direct, avec dans le sens pair pour origine Belfort et dans le sens impair terminus Vesoul (prise en charge par le dépôt de Vesoul) ;
- un aller-retour marchandises omnibus Gray – Chalindrey tous les jours sauf dimanches, fêtes et lendemain de fêtes ;
- quatre allers-retours voyageurs omnibus Gray – Chalindrey quotidiens, dont un ayant pour origine Langres (prise en charge par le dépôt de Vesoul) ;
- trois allers-retours voyageurs omnibus Gray – Vesoul quotidiens, dont un assurant la liaison Belfort – Dijon et retour Vesoul ;
- une navette de marchandises Gray – Autet tous les jours, sauf les dimanches et fêtes ;
- une navette de marchandises Gray – Talmay tri-hebdomadaire les mardis, jeudis, samedis ;
- le « train tournant » de marchandises (cf. le chapitre sur ce train) : jour A Gray – Vesoul – Chalindrey – Langres-Jorquenay, jour B : Langres-Jorquenay – Chalindrey – Gray.

Une scène évocatrice des dessertes ferroviaires en milieu rural : le 28 février 1969 en gare d'Oisilly-Renève, l'autorail X 3989 du centre de Vesoul assure l'avant-dernier mouvement voyageurs de la ligne avec le train 2557 Dijon – Vesoul par Gray. Collection Jean Marquis.

La gare de Oyrières, faiblement enneigée mais ensoleillée, voit passer le 10 décembre 1967 la desserte marchandises pour Gray tractée par la 140 C 216. Le petit pavillon à l'architecture soignée est attribué à la lampisterie et aux « commodités ». Photo Jean Metz.

En février 1969 l'autorail X 4047 assurant un des derniers mouvements voyageurs Dijon – Vesoul via Gray (train 2557) traverse la tranchée enneigée entre Lux et Bèze au km 316,500. Collection Jean Marquis.

Collection Jean Marquis.

*Le 10 décembre 1967, la 140 C 216 traverse la halte de Neuvelle-les-Champlitte en tête du train de marchandises direct 31581 Chalindrey – Gray, tarant ce jour-là 1150 tonnes.
Photo Jean Metz.*

Le trafic marchandises était principalement constitué de bois, (particulièrement bois de mines), de charbon, de céréales, d'engrais, de sable, de pierres, de fil de fer, de matériel agricole, etc.

*A Mirebeau-sur-Bèze le lundi 10 mars 1975, la 140 C 38 achemine le TOM Châtillon – Gray.
Photo Jean-Louis Poggi.*

Les horaires

Cinq périodes sont retenues pour présenter les horaires des trains de voyageurs sur les lignes de Franche-Comté par la publication en pages suivantes des Chaix des époques concernées, à savoir 1914, 1938, 1951, 1961 et 1979.

Les services suivants étaient en place le 1er janvier 1938, date de la fusion des grands réseaux au sein de la SNCF :
- Gray – Besançon : 2 A/R en train léger ° et 3ème classes.
- Gray – Auxonne : 3 A/R en train léger ° et 3ème classes (dont 2 Gray – Auxonne, 1 Gray – Chagny, 1 Auxonne – Gray et 2 Chagny – Gray.
- Gray – Vesoul : 4 A/R ° et 3ème classes (dont 1 le mardi et le jeudi).
- Gray – Chalindrey : 3 A/R.
- Troyes – Châtillon-sur-Seine : 6 A/R ° et 3ème classes (dont 3 en autorails). Pendant l'été, un mouvement autorail Châtillon – Troyes est transféré en rame tractée.
- Châtillon-sur-Seine – Gray : 2 Châtillon-sur-Seine – Gray, 1 Châtillon-sur-Seine – Is-sur-Tille, 1 Is-sur-Tille – Gray et 3 Gray – Châtillon-sur-Seine.
- Châtillon-sur-Seine – Nuits-sous-Ravières : 2 A/R en train léger ° et 3ème classes.
- Châtillon-sur-Seine – Chaumont : 2 A/R ° et 3ème classes, 2 A/R en autorail 3ème classe.
- Poinson-Beneuvre – Langres : 1 A/R autorail quotidien en classe unique, 1 aller autorail en classe unique (les lundis, mardis, jeudis, vendredis, dimanches et jours de foire à Langres), 1 aller par train mixte ° et 3ème classes (les mercredis et samedis), 1 retour autorail en classe unique (les mardis, mercredis, jeudis, samedis, dimanches et jours de foire à Langres) et 1 retour par train mixte ° et 3ème classes (les lundis et vendredis). La gare de Gray voyait circuler 30 mouvements voyageurs quotidiens et celle de Châtillon-sur-Seine 25.

69e ANNÉE
LIVRET-CHAIX
CONTINENTAL
CHEMINS DE FER FRANÇAIS
MAI 1914

C

GUIDE OFFICIEL DES VOYAGEURS

TROYES A GRAY

DIST.	STATIONS	41 Semi-dir. 1re2e3e	11 Omnibus 1re2e3e	51 Omnibus 1re2e3e	31 Omnibus 1re2e3e	31 Rapide 1re2ecl.	43 Omnibus 1re2e3e	33 Express 1re2ecl.	13 Omnibus 1re2e3e	45 Omnibus 1re2e3e	17 Omnibus 1re2e3e	57 Rapide 1re cl.
—	**Paris** (64) ..... dép.	0 20	...	...	8 3	8 55	8 58	13 »	...	15 30	20 15	21 15
—	Troyes .... arr.	3 11	...	...	10 28	10 54	12 22	14 53	...	18 12	22 58	23 9
	(114, 115)		Dim. et Fêtes									
kil.	● **Troyes** (B) ..... dép.	3 20	5 7	7 55	11 4	Ne prend en 2e classe que les voyageurs effectuant un parcours simple d'au moins 200 kilom. ou payant pour cette distance.	12 30	...	16 10	18 50	23 19	...
6	St-Julien (halte)	3 27	5 15	8 1	11 10		12 36	—	16 16	18 57	23 26	—
9	Buchères-Verrières ..	↓	22	8 8	11 17		12 43	...	16 23	19 4	23 33	...
11	St-Thibault (halte) ..		»	8 12	11 20		12 47	—	16 26	19 7	»	—
15	Clérey		5 30	8 18	11 27		12 56	...	16 33	19 15	23 41	...
18	St-Parres-les-Vaudes.		5 36	8 23	11 34		13 2	—	16 39	19 23	23 47	—
23	Fouchères-Vaux		5 43	8 30	11 41		13 9	...	16 46	19 30	23 54	...
25	Courtenot-Lenclos ...		5 48	8 35	11 46		13 14	—	16 51	19 36	23 59	—
33	**Bar-sur-Seine**	4 1	6 »	8 49	11 55		13 29	...	17 6	19 53	0 8	...
38	● Polisot (138)	4 9	6 8	8 59	═		13 37	—	17 20	20 4	═	—
44	Gyé-sur-Seine	4 18	Dimanches et fêtes. Jusqu'au **2 novembre** inclus.	9 7	...		13 44	...	17 30	20 19	...	...
51	Plaines	4 26		9 16	—		13 54	—	17 38	20 27	—	—
53	Mussy	4 31		9 20	...		13 59	...	17 44	20 33	...	...
59	Pothières	4 40		9 34	—		14 8	—	17 53	20 42	—	—
65	Ste-Colombe	4 49		9 43	...		14 17	...	18 2	20 51	...	...
67	● **Châtillon-** (112) arr.	4 53		9 47	—		14 21	—	18 6	20 55	—	—
	sur-Seine (b). dép.	5 1		9 58	...		14 26	...	18 28	═	...	...
77	Prusly-Villotte (h.) ..	5 15		10 12	—		14 40	—	18 43	—	—	—
81	Vanvey-Villiers	5 23		10 19	...		14 47	...	18 52	...	...	...
88	Leuglay-Voulaines ...	5 33		10 28	—		14 57	—	19 2	—	—	—
95	Recey-sur-Ource	5 43		10 39	...		15 8	...	19 14	...	...	...
102	Colmiers-l-Bas. (P.N.)	5 53		10 50	—		15 18	—	19 25	—	—	—
106	Villars-Santenoge ...	6 3		10 59	...		15 31	...	19 36	...	...	...
114	● Poinson- (113) arr.	6 18		11 14	—		15 46	—	19 53	—	—	—
	Beneuvre ...... dép.	6 19		11 17	...		15 48	...	19 58	...	...	...
124	Pavillon-les-Grancey	6 33		11 29	—		16 2	—	20 12	—	—	—
129	Marey	6 41		11 37	...		16 10	...	20 21	...	..	...
134	Villey-Crécey (halte).	6 48		11 44	—		16 17	—	20 28	—	—	—
140	● Is-sur-Tille (b) ... arr.	6 57	═	11 53	...		16 25	...	20 38	...	...	...
	(108)											
—	Dijon (B) .... arr.	8 26	...	12 36	...		17 33	...	22 21	...	...	...
—	Dijon (B) .... dép.	6 10	...	11b11	...	═	14b54	...	19 42	...	...	...
	(109)											
140	● Is-sur-Tille (b) ... dép.	7 17	...	13 7	...	...	17 5	...	21 1	...	...	...
144	Tilchâtel	7 24	—	13 14	—	—	17 13	—	21 8	—	—	—
148	Lux	7 30	...	13 20	...	...	17 19	...	21 14	...	...	...
154	Bèze	7 40	—	13 29	—	—	17 28	—	21 23	—	—	—
163	● Mirebeau-sur-Bèze ..	7 51	...	13 41	...	...	17 40	...	21 34	...	...	...
168	Oisilly-Renève	7 59	—	13 49	—	—	17 48	—	21 42	—	—	—
170	Champagne	8 4	...	13 54	...	...	17 53	...	21 47	...	...	...
178	Autrey-les-Gray	8 14	—	14 5	—	—	18 3	—	21 57	/	—	—
182	Nantilly (halte)	8 20	...	14 11	...	...	18 9	...	22⊙3	...	...	...
186	● **Gray** (B) .... arr.	8 28	...	14 19	...	...	18 16	...	22 11	...	...	...
	(73, 141, 142)											

(b) Départ de Dijon-Porte-Neuve.
⊙ Voir l'explication de ce signe page 21.

CHATILLON-SUR-SEINE A CHAUMONT

DIST.	STATIONS	41 1.2.3.	51 1re2e3e	73 1re2e3e	13 1re2e3e
	(b) (112)				
kil.	● **Châtillon-s-Seine**	5 42	9 55	12 55	18 25
9	Brion-sur-Ource	5 52	10 5	13 18	18 36
15	Courban	6 3	10 16	13 41	18 48
21	Veuxhaulles	6 14	10 27	14 13	19 »
29	Latrecey	6 25	10 40	14 41	19 12
36	Château-Villain	6 37	10 48	14 59	19 21
44	● Bricon (64) ..... arr.	6 47	10 59	15a27	19 33
	dép.	6 51	11 »	15a36	19 37
51	Villiers-le-Sec (h.) ...	7 2	»	15 47	19 48
56	● **Chaumont** (B). arr.	7 11	11 17	15 56	19 57
	(65, 105, 108)				

STATIONS	40 1.2.3.	42 1re2e3e	32 1re2e3e	34 1re2e3e
● **Chaumont** (B). dép.	7 36	11 48	15 »	18 15
Villiers-le-Sec (h.) ...	7 43	11 55	15 7	18 22
● Bricon .... arr.	7 53	12 5	15 17	18 32
dép.	8 »	12 6	15 18	18 33
Château-Villain	8 10	12 17	15 28	18 45
Latrecey	8 21	12 29	15 39	18 55
Veuxhaulles	8 32	12 40	15 51	19 7
Courban	8 40	12 49	15 59	19 15
Brion-sur-Ource	8 49	12 59	16 8	19 26
● **Châtillon-s-Seine**	9 »	13 10	16 19	19 36
(b)				

(a) Changement de train à Bricon.

GRAY A TROYES

DIST.	STATIONS	10 Omnibus 1re2e3e	38 Express 1re2ecl.	26 Omnibus 1re2e3e	40 Omnibus 1re2e3e	20 Omnibus 1re2e3e	42 Omnibus 1re2e3e	32 Omnibus 1re2e3e	14 Omnibus 1re2e3e	18 Omnibus 1re2e3e	34 Rapide 1re2ecl.	34 Omnibus 1re2e3e	36 Omnibus 1re2e3e
kil.	● **Gray** (B) .... dép.	...	...	...	5 45	...	...	11 29	15 »	...	...	...	19 25
6	Nantilly (halte)	—	—	—	5 52	—	—	11 36	15 7	—	—	—	19 32
9	Autrey-les-Gray	...	...	...	6 »	...	...	11 45	15 16	...	...	...	19 39
16	Champagne	—	—	—	6 10	—	—	11 55	15 27	—	—	—	19 49
19	Oisilly-Renève	...	...	...	6 15	...	...	12 »	15 33	...	...	...	19 54
24	● Mirebeau-sur-Bèze .	—	—	—	6 24	—	—	12 9	15 42	—	—	—	20 4
32	Bèze	...	...	...	6 35	...	...	12 20	15 54	...	...	...	20 15
39	Lux	—	—	—	6 46	—	—	12 31	16 6	—	—	—	20 25
42	Tilchâtel	...	...	...	6 52	...	...	12 37	16 13	...	...	...	20 33
47	● Is-sur-Tille (b) .. arr.	...	...	...	6 59	...	...	12 43	16 19	...	...	...	20 40
—	Dijon (B) .... arr.	...	Ne prend en 2e classe que les voyageurs effectuant un parcours simple d'au moins 200 kilomètres ou payant pour cette distance.	...	8 26	...	...	14 20	17 33	...	...	...	22 21
—	Dijon (B) .... dép.	...		...	6 10	...	9 9	13 27	...	...	...	...	19 42
47	● Is-sur-Tille (b) .. dép.	...		...	7 18	...	10 29	14 26	...	...	...	...	21 8
52	Villey-Crécey (halte).	—		—	7 25	—	10 37	14 33	—	Dimanches et fêtes. Jusqu'au **2 novembre** inclus.	—	—	21 16
58	Marey	...		...	7 34	...	10 45	14 42	...		...	...	21 25
63	Pavillon-les-Grancey	—		—	7 43	—	10 54	14 51	—		—	—	21 34
72	● Poinson - arr.	...		...	8 1	...	11 13	15 10	...		...	...	21 56
	Beneuvre ...... dép.	—		—	8 2	—	11 19	15 13	—		—	—	22 3
81	Villars-Santenoge ...	...		...	8 14	...	11 30	15 29	...		...	...	22 14
»	Colmiers-l-Bas. (P.N.)	—		—	8 20	—	11 37	15 35	—		—	—	22 20
99	Recey-sur-Ource	...		...	8 30	...	11 46	15 47	...		...	...	22 30
106	Leuglay-Voulaines ..	—		—	8 39	—	11 55	15 56	—		—	—	22 39
110	Vanvey-Villiers	...		...	8 50	...	12 4	16 7	...		...	...	22 49
119	Prusly-Villotte (h.) ..	—		—	8 56	—	12 11	16 13	—		—	—	⊙55
121	● **Châtillon-** arr.	...		...	9 9	...	12 25	16 26	...		...	...	23 8
	sur-Seine (b). dép.	—		5 22	9 14	—	12 31	16 30	—		—	19 41	═
127	Ste-Colombe	...		5 27	9 19	...	12 36	16 35	...		...	19 46	...
134	Pothières	—		5 36	9 30	—	12 45	16 44	—		—	19 55	—
136	Mussy	...		5 45	9 39	...	12 55	16 53	...		...	20 4	...
142	Plaines	—		5 48	9 42	—	12 59	16 56	—		—	20 8	—
149	Gyé-sur-Seine	...		5 59	9 53	...	13 8	17 7	..		...	20 21	...
154	● Polisot	—		6 9	10 3	—	13 17	17 17	—		—	20 30	—
161	**Bar-sur-Seine**	4 25		6 22	10 14	12 23	13 30	17 30	...	18 57	...	20 40	...
164	Courtenot-Lenclos ...	4 35		6 32	10 24	12 33	13 40	17 41	—	19 7	—	20 50	—
168	Fouchères-Vaux	4 40		6 37	10 29	12 38	13 45	17 46	...	19 13	...	20 55	...
172	St-Parres-les-Vaudes.	4 48		6 45	10 37	12 45	13 53	17 53	—	19 22	—	21 2	—
175	Clérey	4 54		6 51	10 43	12 54	14 »	17 59	...	19 28	...	21 8	...
177	St-Thibault (halte) ..	»		6 56	10 48	12 59	14 5	18 4	—	19 33	—	21 13	—
»	Buchères-Verrières ..	5 2		7 1	10 53	13 4	14 10	18 9	...	19 38	...	21 18	...
182	St-Julien (halte)	5 9		7 9	11 »	13 11	14 17	18 16	—	19 45	—	21 25	—
186	● **Troyes** (B) ..... arr.	5 15		7 15	11 6	13 16	14 23	18 21	...	19 51	...	21 30	...
—	Troyes .... dép.	...	5 39	7 25	12 51	...	14 36	18 32	...	...	21 55	23 14	...
—	**Paris** .... arr.	...	7 58	10 14	14 49	...	17 37	21 »	...	...	23 53	3 11	...

⊙ Voir l'explication de ce signe page 21.

POINSON-BENEUVRE A LANGRES

DIST.	STATIONS	71 Mixte 1re2e3e	51 Omnibus 1re2e3e	43 Omnibus 1re2e3e
	(112)			
kil.	● **Poinson-Ben.** . dép.	8 46	11 57	17 48
10	Vivey-Chalmessin ...	7 8	12 14	18 4
18	Vaillant	7 31	12 25	18 17
22	Aujeures (halte)	7 40	12 30	18 22
28	Aprey-Flagey	7 58	12 41	18 32
34	Brennes (halte)	8 9	12 49	18 41
41	Langres-Ville	8 31	13 »	18 53
47	● **Langres-** Marne (BH) .... arr.	8 41	13 8	19 1
	(65, 102, 108)			

STATIONS	42 Mixte 1re2e3e	32 Omnibus 1re2e3e	74 Omnibus 1re2e3e
(BH)			
● **Langres**-Marne dép.	9 7	16 3	20 15
Langres-Ville	9 32	16 18	20 31
Brennes (halte)	9 48	16 29	20 44
Aprey-Flagey	10 6	16 38	20 54
Aujeures (halte)	10 19	16 48	21 5
Vaillant	10 33	16 55	21 12
Vivey-Chalmessin ...	10 55	17 5	21 24
● **Poinson-** **Beneuvre** ..... arr.	11 12	17 18	21 37

PARIS, BELFORT, VESOUL, GRAY

DIST.	STATIONS	39 1re2e3e	53 1re2e3e	49 1re2e3e	29 1re2e3e	30 1re cl.	31 1re2ecl.	73 1re2e3e	33 1re2ecl.	43 1re2e3e	34 1re2ecl.
—	**Paris** (64) ..... dép.	21 55	22 5	...	8 »	...	8 55	...	13 »	...	...
»	Belfort (68) (B). dép.	»	Du **15 juin** au **14 septembre.**	6 47	10 43	11 41	═	14 27	»	17 10	18 11
	(90)										
kil.	● **Vesoul** (B) (90). dép.	6 »		9 25	12 50	═	...	16 45	...	19 29	═
6	● Vaivre (65, 90)	6 9		9 36	12 58	—	—	16 54	—	19 39	—
10	Mont-le-Vernois	6 16		9 43	13 5	...	...	17 2	...	19 46	...
14	Raze (halte)	6 24		9 51	13 13	—	—	17 8	—	19 54	—
18	Noidans-le-Ferroux .	6 31		9 58	13 20	...	...	17 17	...	20 1	...
27	Fresne-St-Mamès ...	6 42		10 9	13 31	—	—	17 28	—	20 12	—
31	Vellexon	6 52		10 18	13 39	...	...	17 36	...	20 20	...
36	Serveux	6 59		10 25	13 46	—	—	17 44	—	20 27	—
39	Savoyeux-Mercey (h)	7 4		10 30	13 51	...	...	17 49	...	20 32	...
42	Autet	7 11	═	10 38	13 58	—	—	17 55	—	20 39	—
47	Vereux	7 18	...	10 48	14 5	...	...	18 3	...	20 46	...
50	Beaujeux-Prant (h) ..	7 24	—	10 54	14 11	—	—	18 9	—	⊙52	—
58	● **Gray** (B) .... arr.	7 34	...	11 4	14 21	...	...	18 19	...	21 2	...
	(73, 112, 141, 142)										

STATIONS	50 1re2e3e	30 1re2ecl.	30 1re2e3e	1re2ecl.	44 1re2e3e	14 1re2e3e	36 1re2e3e
● **Gray** (B) .... dép.	5 21	...	9 28	...	14 30	17 50	20 2
Beaujeux-Prant. (h).	5 30	—	9 37	—	14 39	17 59	20 11
Vereux	5 35	...	9 42	...	14 45	18 5	20 17
Autet	5 44	—	9 51	—	14 54	18 14	20 26
Savoyeux-Mercey (h)	5 49	...	9 56	...	14 59	18 19	20 31
Serveux	5 54	—	10 1	—	15 4	18 24	20 36
Vellexon	6 2	...	10 9	...	15 13	18 32	20 45
Fresne-St-Mamès ...	6 7	—	10 14	—	15 18	18 37	20 50
Noidans-le-Ferroux .	6 20	...	10 27	...	15 32	18 51	21 4
Raze (halte)	6 27	—	10 34	—	15 38	18 57	21 10
Mont-le-Vernois	6 35	...	10 42	...	15 44	19 3	21 17
● Vaivre .... arr.	6 42	—	10 49	—	15 52	19 11	21 25
● **Vesoul** (B) ..... arr.	6 49	...	10 56	...	15 59	19 21	21 34
Belfort (B) ..... arr.	9 49	...	12 40	18 34	19 4	21 37	»
Paris .... arr.	14 49	17 45	21 »	23 53	3 11	...	4 53

Indicateur Chaix du 1er mai 1914.
Collection Editions du Cabri.

PARIS ET CULMONT-CHALINDREY A GRAY

DIST.	STATIONS	39 1re 2e 3e	37 1re 2e cl.	49 1re 2e 3e	29 1re 2e 3e	I 1re 2e cl. W.R.	73 1re 2e 3e	43 1re 2e 3e	33 1re 2e cl.
—	**Paris** (64) .... dép.	21 55	22 40	...	8 »	11 10	...	8 58	13 »
—	●Culmont-Chalind arr.	3 16	3 16	...	»	15 35	...	17 28	18 40
	(102, 108) (BH)				(a)				
»	Langres-Marne (BH dép.	»	Changement de train à Chaumont.	»	11 44	Du 25 mai au 20 septembre incl.	»	»	Changement de train à Langres.
kil.	●**Culmont-C** (BH dép.	3 31		6 35	11 57		15 55	18 46	
6	Violot (P. N.)	»		6 42	12 4		16 2	18 53	
13	Maâtz	3 46		6 53	12 14		16 13	19 3	
18	Leffond (halte)	»		7 »	12 21		16 20	19 10	
26	●Champlitte	4 1		7 14	12 31		16 33	19 23	
30	Neuvelle-les-Cham (h	»		7 20	12 37		16 40	19 31	
36	Oyrières	4 14		7 30	12 47		16 49	19 41	
41	Chargey-lès-Gray (h.)	4 22		7 37	12 54		16 56	19 48	
45	●**Gray** (B) .... arr.	4 28		7 44	13 »		17 3	19 54	
	(73, 112, 141, 142)								

STATIONS	40 1re 2e 3e	42 1re 2e 3e	28 1re 2e 3e	K 1re 2e cl.	32 1re 2e 3e	34 EXPRESS 1.2 cl.	44 1re 2e 3e	36 1re 2e 3e
●**Gray** (B) .... dép.	4 35	8 41	...	Du 26 mai au 21 sept. inclus.	13 2	Changement de train à Langres.	17 40	21 15
Chargey-lès-Gray (h.)	4 41	8 47	—		13 8		17 46	⊙21
Oyrières	4 51	8 56	...		13 17		17 54	21 30
Neuvelle-les-Cham. (h	5 »	9 4	—		13 25		18 3	21 38
●Champlitte	5 8	9 12	...		13 33		18 10	21 46
Leffond (halte)	5 18	9 21	—		13 42		18 18	⊙56
Maâtz	5 29	9 31	...		13 51		18 27	22 6
Violot (P. N.)	5 40	9 40	—		14 1		18 37	22 16
●**Culmont-Cha.** arr.	5 50	9 54	...		14 9		18 45	22 25
Langres-Marne ... arr.	»	10 9	—		14 28		»	»
(BH)								
●Culmont-Chalindrey (BH) .... dép.			(a) »	16 3	(a) »	19 12	19 12	23 20
Paris .... arr.	...	...	14 49	20 31	21 »	23 53	3 11	4 53

NOTA. — Les trains ne s'arrêtent aux points suivis de l'indication (P. N.) que pour y prendre ou laisser des voyageurs sans bagages ni chiens. (a) La correspondance se fait à Langres-Marne. — ⊙ Voir l'explication de ce signe page 21.

GRAY A BESANÇON — MONTAGNEY A LABARRE (TRAINS MIXTES)

1re classe	2e classe	3e classe	DIST.	STATIONS	1201 1re 2e 3e	1191 1re 2e 3e	1193 1re 2e 3e	1203 1re 2e 3e	1205 1re 2e 3e	1195 1re 2e 3e
fr. c.	fr. c.	fr. c.	kil.	(72)						
De ou pour Gray				●**Gray** (Bp) .... dép.	...	5 1	9 40	...	15 27	18 35
» 90	» 60	» 40	8	Champvans-l-Gray	—	5 14	9 54	—	15 41	18 49
»	»	»	»	Vadans	...	5 24	10 4	...	15 52	18 59
1 80	1 20	» 80	16	Valay	—	5 30	10 10	—	15 58	19 5
2 45	1 65	1 10	22	●Montagney (B) arr.	...	5 41	10 22	...	16 11	19 17
»	»	»	»	●Montagney (B) dép.	4 55	↓	↓	13 »	16 26	↓
3 25	2 20	1 45	29	Ougney	5 9			13 22	16 41	
3 70	2 50	1 65	33	Gendrey	5 19			13 38	16 52	
4 35	2 95	1 90	39	●Labarre (68) . arr.	5 31			13 50	17 4	
»	»	»	»	●Montagney (B) dép.	...	5 43	10 24	...	...	19 18
3 15	2 10	1 40	28	Chenevrey	—	5 54	10 35	—	—	19 29
3 70	2 50	1 65	33	●Marnay	...	6 3	10 44	...	...	19 42
»	»	»	»	Brussey	—	6 9	10 50	—	—	19 48
4 60	3 10	2 »	41	Emagny	...	6 18	10 59	...	...	19 57
5 60	3 80	2 45	50	●Miserey (89)	—	6 33	11 14	—	—	20 12
6 40	4 30	2 80	57	●**Besançon** (V arr.	...	6 44	11 25	...	...	20 23

STATIONS	1202 1re 2e 3e	1192 1re 2e 3e	1194 1re 2e 3e	1196 1re 2e 3e
(Viotte) (Bp)				
●**Besançon** ... dép.	...	7 36	12 15	18 45
●Miserey	—	7 49	12 27	18 59
Emagny	...	8 3	12 41	19 17
Brussey	—	8 12	12 50	19 26
●Marnay	...	8 19	12 57	19 40
Chenevrey	—	8 29	13 7	19 50
●Montagney (B) arr.	...	8 39	13 17	20 1
			1204	1206
●Labarre ...... dép.	6 16	↓	11 40	18 38
Gendrey	6 34		11 51	18 56
Ougney	6 53		12 1	19 18
●Montagney (B) arr.	7 5		12 11	19 30
			1194	1196
●Montagney (B) dép.	7 19	8 42	13 21	20 4
Valay	7 34	8 52	13 33	20 15
Vadans	7 41	8 58	13 39	»
Champvans-l-Gray	7 56	9 8	13 50	20 28
●**Gray** (Bp) .... arr.	8 10	9 20	14 2	20 40

De Besançon à Belfort, 68 ; Dole, Dijon, Paris, 69 ; Lods, Le Locle, 76 ; Vesoul, 89 ; Bourg, Ambérieu, 90.

CHALON-SUR-SAONE, AUXONNE, GRAY, CHAGNY ET DOLE

Voir, page 39, les renseignements concernant les trains légers.

1re classe	2e classe	3e classe	DIST.	STATIONS	4974 MARCH 1re 2e 3e	1134 OMNIBUS 1re 2e 3e	1136 OMNIBUS 1re 2e 3e	1140 OMNIBUS 1re 2e 3e	1142 OMNIBUS 1re 2e 3e	1144 OMNIBUS 1re 2e 3e	1148 OMNIBUS 1re 2e 3e	1150 OMNIBUS 1re 2e 3e	1152 OMNIBUS 1re 2e 3e
fr. c.	fr. c.	fr. c.	kil.	●**Chalon-sur-Saône** (Bp). dép.	...	4 30	6 58	...	12 30	...	16 35	...	18 55
De ou pour Chalon													
1 »	» 70	» 45	9	Sassenay (halte) ..	—	»	7 12	—	12 43	—	16 49	—	19 9
1 70	1 15	» 75	15	Gergy	...	4 48	7 21	...	12 51	...	16 58	...	19 18
2 15	1 45	» 95	19	●Allerey ...... arr.	—	4 54	7 27	—	12 57	—	17 4	—	19 24
				dép.	...	5 13	↓	...	13 39	...	17 31	...	↓
2 90	1 95	1 30	26	Ecuelles	—	5 26		—	13 55	—	17 47	—	
3 45	2 35	1 55	31	Chivres	...	5 33		...	14 5	...	17 56	...	
4 25	2 85	1 85	38	●Seurre .... arr.	—	5 43		—	14 17	—	18 10	—	
				dép.	...	5 46		...	14 23	...	18 16	...	
4 95	3 35	2 15	44	Pagny (Côte-d'Or)	—	5 56		—	14 32	—	18 25	—	
»	»	»	»	Chaugey	...	6 6		...	14 42	...	18 35	...	
5 80	3 95	2 55	52	●St-Jean-de-Losne (b) ... arr.	—	6 10		—	14 46	—	18 39	—	
				dép.	...	6 15		...	14 52	...	18 47	...	
6 50	4 40	2 85	58	Trouhans	—	6 24		—	15 1	—	18 56	—	
7 05	4 75	3 10	63	Champdôtre-Pont.	...	6 33		...	15 10	...	19 5	...	
7 50	5 05	3 30	67	Villers-les-Pots	—	6 42		—	15 19	—	19 14	—	
7 85	5 30	3 45	70	●Auxonne (Bp) arr.	...	6 49		...	15 25	...	19 20	...	
				dép.	3 »	7 31		10 22	—	16 30	—	20 8	
7 50	5 05	3 30	67	Villers-les-Pots ...	»	7 38		10 29	...	16 37	...	20 15	
8 60	5 80	3 80	77	Lamarche	»	7 50		10 41	—	16 49	—	20 26	
9 05	6 10	4 »	81	Pontailler-s-Saone	3 32	7 58		10 49	...	16 57	...	20 34	
9 65	6 50	4 25	86	Talmay	»	8 6		10 57	—	17 6	—	20 43	
10 40	7 05	4 60	93	Essertenne-Cecey.	»	8 15		11 6	...	17 15	...	20 52	
10 85	7 35	4 80	97	Mantoche	»	8 22		11 14	—	17 23	—	20 59	
11 40	7 70	5 05	102	●**Gray** (Bp) .... arr.	4 11	8 31	↓	11 22	...	17 32	...	21 7	

1re classe	2e classe	3e classe	DIST.	STATIONS	1131 OMNIBUS 1re 2e 3e	1133 OMNIBUS 1re 2e 3e	1135 OMNIBUS 1re 2e 3e	1141 OMNIBUS 1re 2e 3e	1145 OMNIBUS 1re 2e 3e	1143 OMNIBUS 1re 2e 3e	1147 OMNIBUS 1re 2e 3e
fr. c.	fr. c.	fr. c.	kil.	(75)							
De ou pour Gray				●**Gray** (Bp) ... dép.	↓	5 33	8 37	14 32	↓	18 29	21 10
» 65	» 45	» 30	6	Mantoche		5 42	8 48	14 43		18 39	21 19
1 10	» 75	» 50	10	Essertenne-Cecey.		5 48	8 55	14 50		18 46	21 26
1 80	1 20	» 80	16	Talmay		5 57	9 4	14 59		18 56	21 35
2 35	1 60	1 05	21	Pontailler-s-Saône		6 5	9 12	15 8		19 5	21 44
2 90	1 95	1 30	26	Lamarche		6 12	9 19	15 17		19 12	21 52
3 90	2 65	1 70	35	Villers-les-Pots ...		»	9 31	15 29		19 21	»
4 15	2 80	1 80	37	●Auxonne (Bp) arr.		6 26	9 37	15 35		19 30	22 8
Pontarlier, 64 ; Dijon, 66.				dép.		7 10	10 32	16 18		—	—
3 90	2 65	1 70	35	Villers-les-Pots ...		7 18	10 40	16 26		—	—
4 25	2 85	1 85	38	Champdôtre-Pont.		7 27	10 49	16 35		...	...
4 95	3 35	2 15	44	Trouhans		7 36	10 58	16 44		—	—
5 50	3 70	2 40	49	●St-Jean-de- arr.		7 44	11 6	16 52		...	...
				(70, 75) Losne (b) dép.		7 47	11 11	16 58		—	—
5 70	3 85	2 50	51	Chaugey		7 52	11 16	17 3		...	...
6 40	4 30	2 80	57	Pagny (Côte-d'Or)		8 2	11 26	17 13		—	—
7 15	4 85	3 15	64	●Seurre ...... arr.		8 11	11 35	17 22		...	...
Dijon, Saint-Amour, 70.				dép.		8 14	11 40	17 25		—	—
7 95	5 35	3 50	71	Chivres		8 25	11 54	17 37		...	...
8 40	5 65	3 70	75	Ecuelles		8 33	11 59	17 45		—	—
9 30	6 25	4 10	83	●Allerey ..... arr.	↓	8 45	12 11	17 57	↓	...	...
Beaune, 73.				dép.	6 29	8 56	12 27	18 28	22 24	—	—
9 75	6 60	4 30	87	Gergy	6 36	9 3	12 35	18 38	22 31	...	...
10 30	6 95	4 55	92	Sassenay (halte) ..	6 44	9 12	12 45	18 49	»	—	—
11 30	7 65	5 »	101	●**Chalon-s-Saône** .. (Bp)	6 56	9 25	13 »	19 5	22 48	...	...

Pour les trains que peuvent utiliser les ouvriers et ouvrières porteurs de cartes d'abonnement délivrées aux conditions du tarif spécial G.V. n° 3, consulter les affiches spéciales.

Voir, page 39, les renseignements concernant les trains légers.

De Chalon à Dijon, Paris, 52 ; à Lyon, 43 ; à Bourg, 93 ; à Lons-le-Saunier, 93 ; à Roanne, 125.

NUITS-SOUS-RAVIÈRES A CHATILLON-SUR-SEINE (Trains mixtes.)

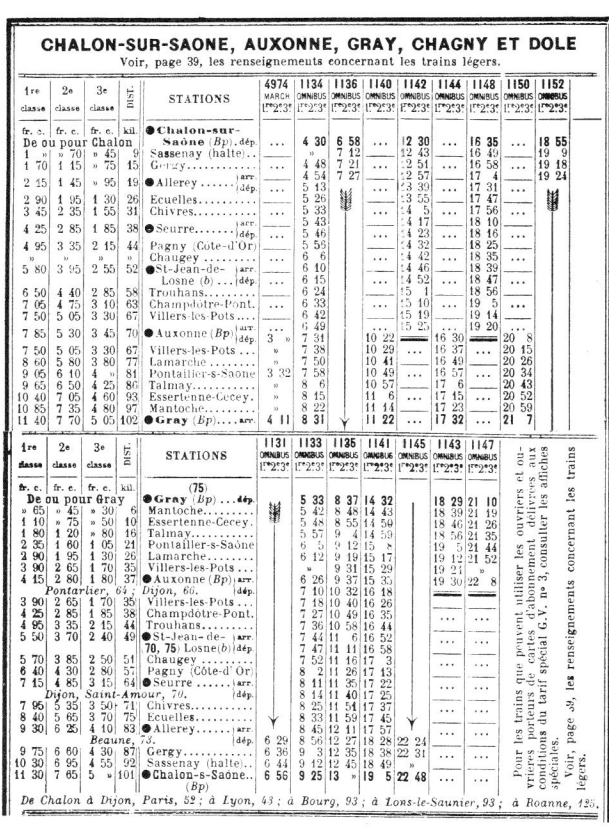

1re classe	2e classe	3e classe	DIST.	STATIONS	1101 1re 2e 3e	1103 1re 2e 3e	1105 1re 2e 3e	STATIONS	1102 1re 2e 3e	1104 1re 2e 3e	1106 1re 2e 3e
fr. c.	fr. c.	fr. c.	kil.	(42, 71)				(b)			
De ou pour Nuits				●**Nuits-s-Rav.** dép.	8 9	16 12	22 »	●**Châtillon-s-S** dép.	5 44	13 20	19 47
1 »	» 70	» 45	9	Jully (halte)	8 24	16 30	22 18	Ste-Colombe	5 57	13 26	19 53
1 45	1 »	» 65	13	Sennevoy	8 31	16 44	22 27	Cérilly-Bouix (halte	6 7	13 36	20 2
2 25	1 50	1 »	20	Laignes	8 42	17 4	22 45	Poinçon	6 17	13 43	20 8
2 60	1 75	1 15	23	Marcenay (halte) ...	8 49	17 12	22 53	Marcenay (halte) ...	6 26	13 52	20 16
3 »	2 05	1 35	27	Poinçon	8 57	17 26	23 1	Laignes	6 43	14 3	20 26
3 25	2 20	1 45	29	Cérilly-Bouix (halte	9 3	17 32	23 7	Sennevoy	7 2	14 19	20 39
3 80	2 55	1 70	34	Ste-Colombe	9 12	17 50	23 16	Jully (halte)	7 10	14 27	20 46
4 05	2 70	1 75	36	●**Châtillon-s-S** (b arr.	9 16	17 55	23 21	●**Nuits-s-Ray.** arr.	7 25	14 42	20 59

CARTE DES CHEMINS DE FER DE L'EST

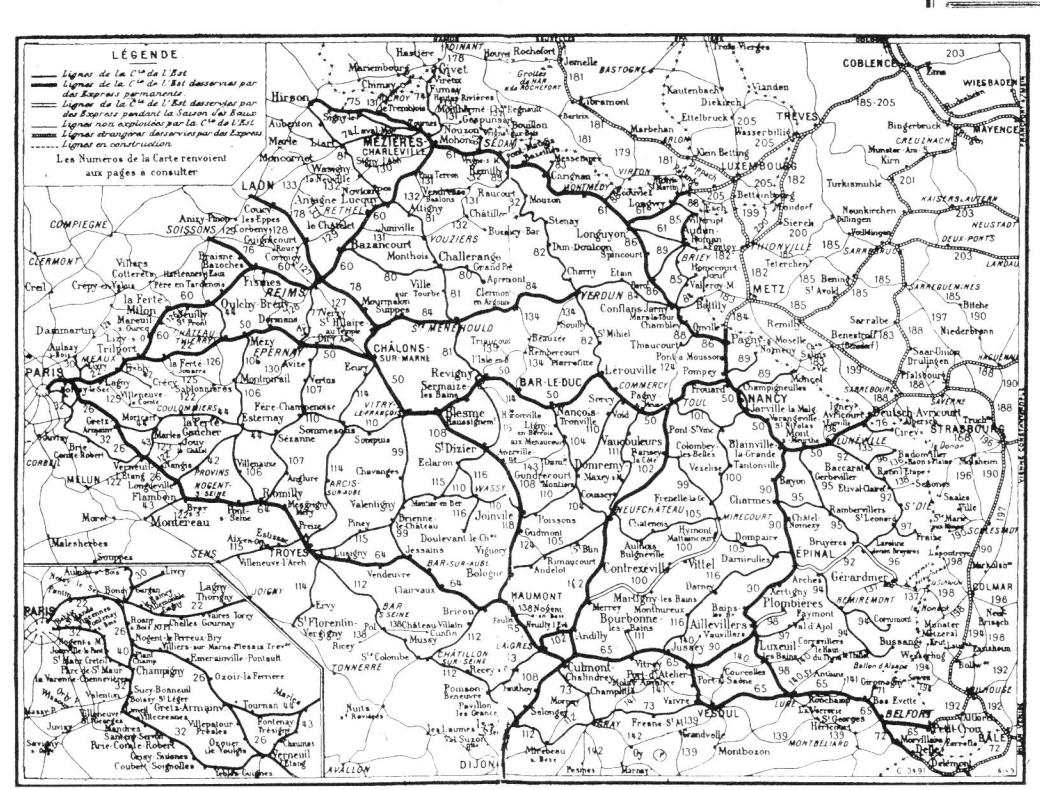

Indicateur Chaix du 1er mai 1914.
Collection Editions du Cabri.

1938 : Création de la SNCF

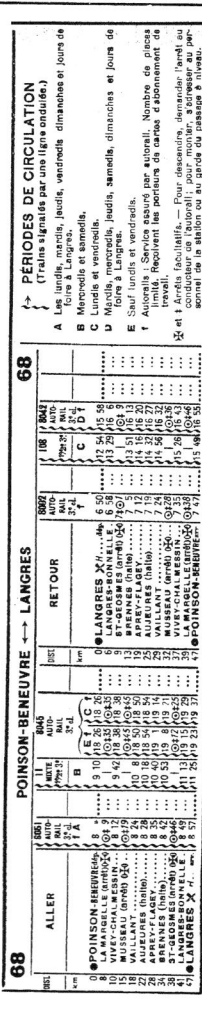

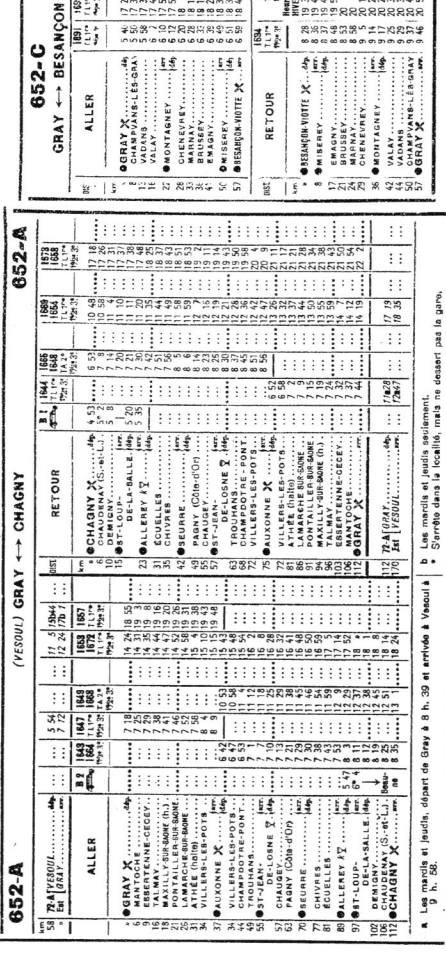

Indicateur Chaix, service du 1er janvier 1938
SNCF Région Est ex Réseau Est
SNCF Région Sud-Est ex-réseau P.L.M.

Collection Didier Leroy.

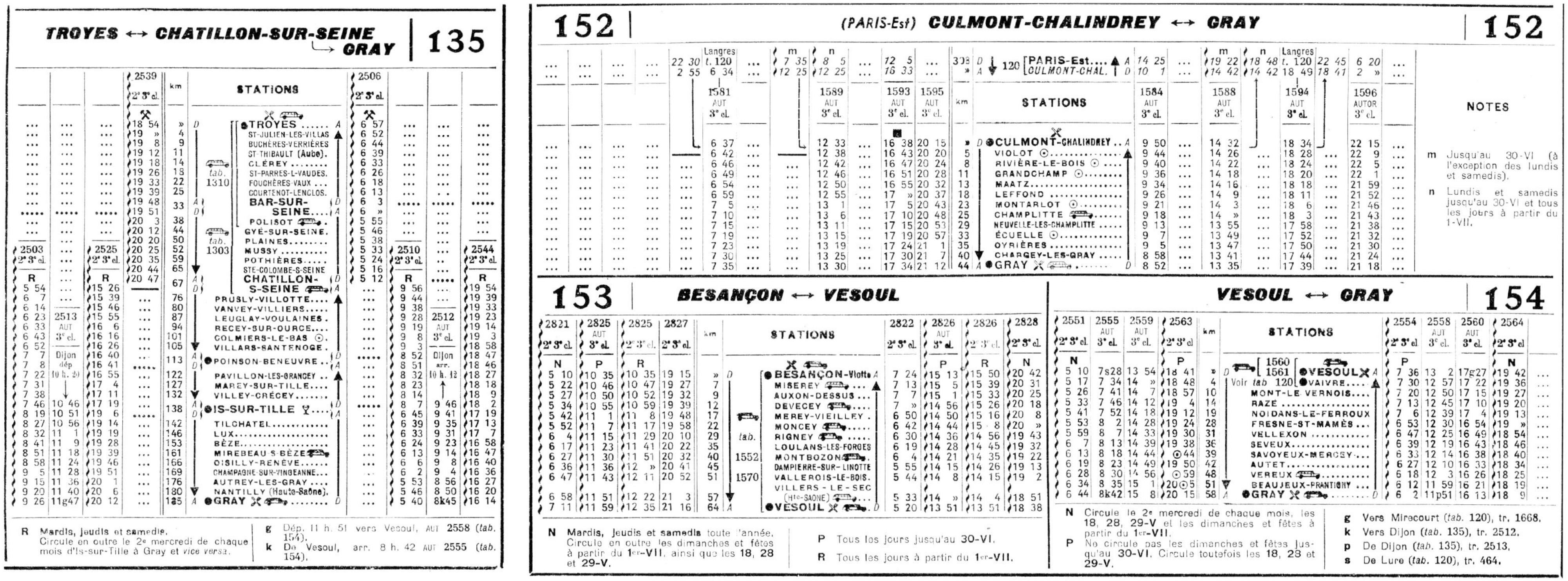

Ci-dessus : Indicateur Chaix Eté 1951, dernier service vapeur Châtillon-sur-Seine – Gray.

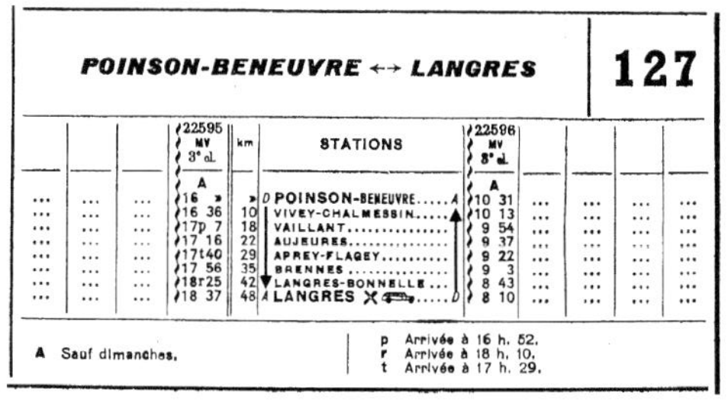

A gauche : Indicateur Chaix service d'hiver du 30 octobre 1954 au 21 mai 1955 inclus, dernier service voyageurs entre Langres et Poinson-Beneuvre.

A droite : Indicateur Chaix Horaire des vacances 1961.

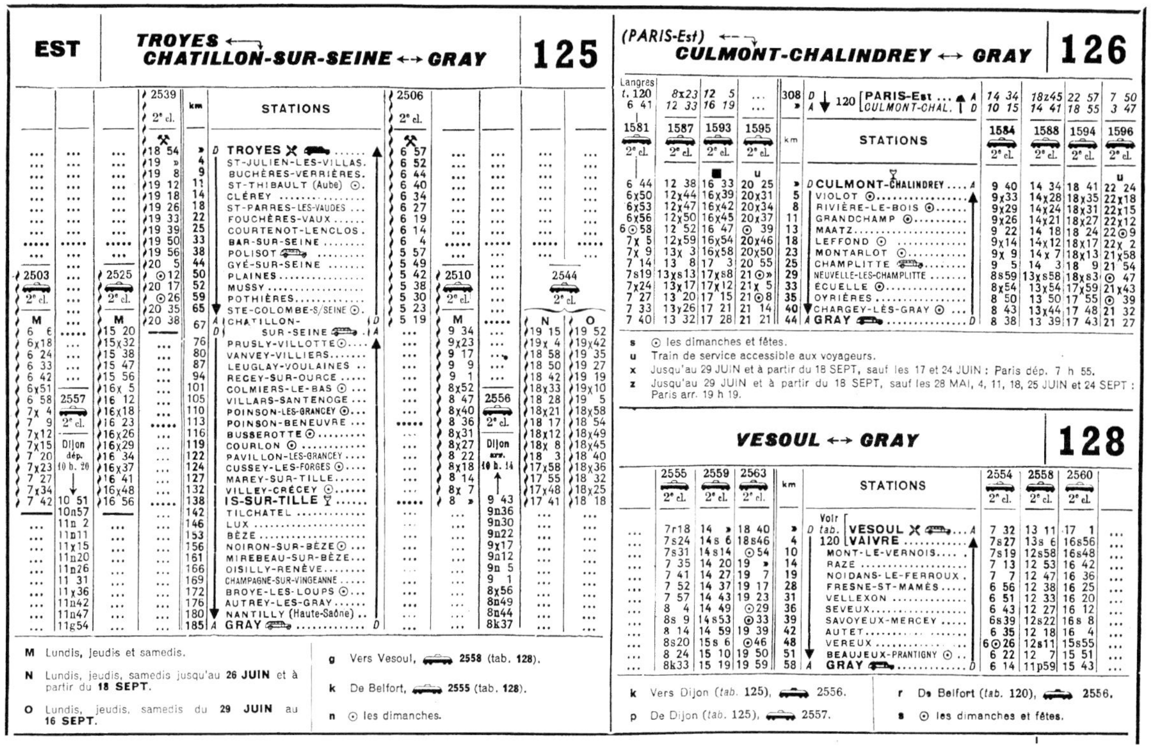

Ci-contre : Indicateur Chaix Horaire d'hiver du 30 septembre 1979.

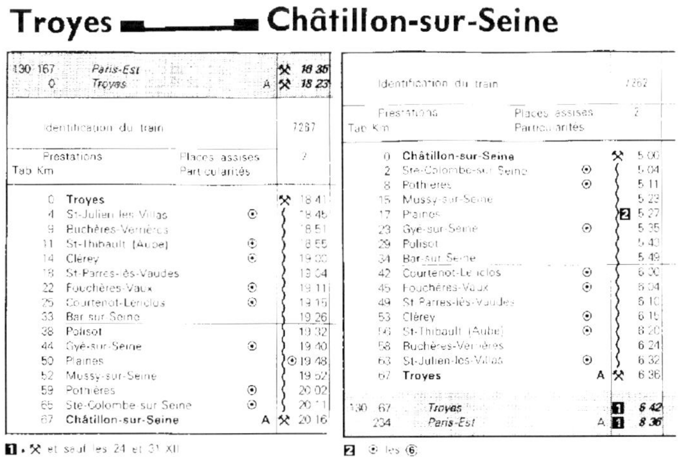

Dijon, le samedi 2 mars 1969 : ultime départ pour Vesoul via Gray, avec l'autorail X 4032 de 300 ch, sur lequel a été déposé un balai en signe de fermeture de la ligne au service voyageurs. Photo Jean-Bernard Lemoine.

Le temps des régressions

Le service voyageurs a été supprimé sur la ligne Poinson-Beneuvre – Langres-Marne le 1er avril 1955. Le service marchandises a survécu jusqu'au 1er décembre 1963. La ligne est aujourd'hui déclassée et déposée depuis 1967. La section de 6 km Langres-Bonnelle – Langres-Marne a été fermée le 3 avril 1972 et déposée l'année suivante.

A compter du 3 mars 1969, le service voyageurs a été supprimé sur la relation Châtillon-sur-Seine – Is-sur-Tille et sur Gray – Is-sur-Tille avec la disparition de l'autorail Belfort – Dijon via Gray et retour limité à Vesoul. Dans les dernières années, ce train était confié à un autorail X 3800 avec parfois une remorque Decauville du centre de Vesoul, après l'avoir été longtemps aux autorails De Dietrich. A titre anecdotique, Jean Marquis, alors conducteur au dépôt de Vesoul a retrouvé dans ses carnets la mention suivante : « 13 mai 1960, tournée assurée par le X 2840 » !

La ligne de Nuit-sous-Ravières à Chaumont a vu son service voyageurs disparaître dès le 1er juillet 1938. Sur cet axe, la desserte marchandises a été réorganisée en plusieurs étapes. De Nuits à Châtillon,

En gare de Polisot, à l'heure du passage du train de desserte pour Troyes derrière une BB 66400 SNCF et une BB 4500 CFTA, le locotracteur Y 2105 attend l'heure des manœuvres sur l'embranchement Soufflet. Photo Fabrice Lanoue.

Samedi 31 mai 1980. Dernière dépêche expédiée de la gare de Polisot pour un train de voyageurs vers Châtillon-sur-Seine : « Train 7267 part... 19 h 26 ». Collection Didier Leroy.

la SNCF a assuré un train de marchandises régulier Les Laumes – Châtillon avec une locomotive diesel BB 63000 de Dijon, de 1961 jusqu'au 1er juin 1975. Après cette date, elle a conservé une desserte en antenne de Nuits à Sennevoy, tandis que les CFTA poursuivaient l'exploitation de Châtillon à Laignes, où les 140 C s'illustrèrent une dernière fois en tête de lourds trains de céréales, durant l'été 1975.

La desserte Châtillon – Chaumont a été abandonnée de bout en bout le 2 juin 1973. La partie nord de la ligne étant desservie par la SNCF de Chaumont (Bricon) à Veuxhaulles et les CFTA conservant l'antenne de Châtillon-sur-Seine à Brion-sur-Ource.

C'est le samedi 31 mai 1980 que partit le dernier omnibus voyageurs 7267 sur la relation Troyes – Châtillon-sur-Seine avec la BB 66421 et trois voitures Bt dites « Romilly ».

Le service des marchandises subit par la suite des changements notoires qui donnèrent à la ligne 25 la physionomie suivante :

La section Troyes – Châtillon-sur-Seine est scindée en deux depuis le 1er juin 1992 : Troyes – Polisot et Sainte-Colombe-sur-Seine – Châtillon-sur-Seine.

La section intermédiaire est neutralisée mais maintenue en état pour les échanges des machines CFTA (BB 4800) avec l'annexe traction de Châtillon-sur-Seine.

Châtillon-sur-Seine – Is-sur-Tille est scindée en deux depuis le service d'été 1975 : Châtillon-sur-Seine – Villars-Santenoge avec desserte marchandises jusqu'au début 1993 et Poinson-Beneuvre – Is-sur-Tille avec desserte marchandises jusqu'au début 1993.

Is-sur-Tille – Gray est également scindée en deux à compter du service d'été 1975 : Is-sur-Tille – Mirebeau-sur-Bèze et Gray – Champagne-sur-Vingeanne. Sur la section intermédiaire Mirebeau-sur-Bèze – Champagne-sur-Vingeanne, la voie est neutralisée mais maintenue en état pour d'éventuels échanges de locomotives avec le dépôt de Gray. La dernière locomotive à vapeur qui est passée sur cet itinéraire est la 230 G 353 en 1995.

La ligne de Vesoul (Vaivre) à Gray a connu la fermeture de sa section centrale d'Autet à Noidans-le-Ferroux, le 1er juin 1987.

A compter de cette époque, la ligne fut exploitée depuis Vesoul (par la SNCF) pour la partie nord et depuis Gray (par la CFTA) pour la partie sud.

Samedi soir, 18 h 41..
"l'Est-Eclair" a pris

le dernier train pour Châtillon

L'omnibus 7267 a été conduit à sa "dernière demeure" avec fleurs et couronnes...

Samedi, en gare de Troyes, 18 heures 41 : « Attention, quai n° 2, le train omnibus 7267 Troyes-Châtillon-sur-Seine va partir ».

L'annonce retentissant au sort des haut-parleurs résonne pour la dernière fois sous le toit de la gare.

Sur le devant de la locomotive Diesel, deux balais ont été fixés, la brosse vers le haut.

Comme dans les courses cyclistes, la Diesel BB 66 421 est la loco-balai, la dernière loco à prendre le départ vers son but : Châtillon.

C'était samedi soir, le (véritable) dernier train pour Châtillon. Et si, en ce 31 mai qui tombait par hasard un samedi, le Troyes-Châtillon n'était pas ce que l'on appelait un « train ouvrier », il n'empêche qu'une vingtaine de voyageurs avaient pris place dans les trois voitures accrochées à la BB 66 421.

Un enterrement de seconde classe...

Il est maintenant sans objet de réalimenter les débats qui ont suivi l'annonce par la SNCF de la fermeture de la ligne voyageurs Troyes-Châtillon.

Dès hier, la route a remplacé le rail. Mais rien ne nous empêchait de prendre ce dernier train pour Châtillon-sur-Seine et on peut vous dire que la nostalgie est toujours un bon train.

Tout le monde avait l'air bien gai samedi soir, de Charles Laurençot, le conducteur, aux chefs des petites gares traversées, en passant par Roland Simonet, le chef de train... Mais s'ils avaient le sourire, on voyait bien qu'ils avaient le cœur serré.

Comme disait l'autre : « Hâtons-nous d'en rire, pour n'avoir pas à en pleurer ».

Le 7267 Troyes-Châtillon, c'était toute sa vie à Charles Laurençot, conducteur du dépôt de Châtillon.

Voilà 24 ans qu'il assurait le service et il se rappelle du temps où il était debout sur sa vieille locomotive à vapeur 140C.

Car le train Troyes-Châtillon fut le dernier train de tout le réseau français SNCF (en service commercial) à être tracté par une locomotive à vapeur.

C'était il y a presque cinq ans, le 28 septembre 1975.

D'ailleurs, cela permit à Charles de faire une incursion dans le cinéma : il participa pendant un mois au tournage du fameux film comique de Robert Lamoureux « On a retrouvé la septième compagnie », avec Jean Lefebvre, Pierre Mondy, Pierre Tornade, Henry Guybet et bien d'autres.

Sa loco 140 C, c'était un peu sa « Lison » !

Dans la voiture postale, Roland Simonet, le chef de train, n'est pas moins amer.

Il y a déjà sept ans, il avait « fermé » comme chef de train la ligne Châtillon-sur-Seine – Is-sur-Tille (Côte-d'Or) qui permettait d'assurer la correspondance avec le Nancy-Dijon-Lyon.

Et puis, maintenant, Roland Simonet, qui demeure à Châtillon-sur-Seine, ne pourra plus passer que cinq jours sur sept en quatre semaines (sans tenir compte des week-ends).

Arrêt à Buchères : c'est maintenant le drapeau noir qui est hissé sur la BB.

« La loco est en berne » explique son conducteur.

Toujours est-il que le 7627 Troyes-Châtillon de ce 31 mai 1980 n'est pas conduit à sa dernière demeure sans fleurs ni couronnes.

A Bar-sur-Seine, sur le quai, un ardent défenseur de la ligne : le chef de gare de Buchères, Lucien Thurot, et deux jeunes accrochent une branche de seringa le long du drapeau noir.

Et le convoi (funèbre) s'ébranle de nouveau.

St-Parres-les-Vaudes, Fouchères, Virey-sous-Bar : à chaque arrêt — étrange manège — un homme jeune descend du train quelques instants et remonte... juste le temps de faire plusieurs photos.

De la loco, du train, des gens sur le quai.

Claude, 28 ans, est professeur de physique-chimie à Paris. Mais, surtout, c'est ce que l'on peut appeler un « mordu », un passionné des chemins de fer.

Qu'on en juge : de temps en temps, il va passer un week-end dans la maison de ses grands-parents à Jully, hameau des Forges, entre Châtillon et Nuits-sous-Ravières. « A quelque 800 mètres passe la voie ferrée, ma ligne fermée, hélas ! précise-t-il et il avait choisi spécialement ce week-end pour monter dans le dernier Troyes-Châtillon ».

Et pour cela, il lui a fallu, samedi matin, rallier Châtillon et prendre le car pour remonter à Troyes.

Bar-sur-Seine n'est plus loin. Et, maintenant l'omnibus — le même omnibus — n'a en tout cas de quoi étonner. Pour une ligne qui ne s'arrêtait pas depuis 55-60 km/heure, le train ne dépasse pas 75 km/heure, ce qui ne peut évidemment qu'allonger le temps du trajet.

« C'est comme ça que l'on dégoûte les voyageurs » lance un cheminot.

« Oui, quand on veut tuer son chien, on l'accuse de la rage » surenchérit Claude.

A Bar-sur-Seine, sur le quai, les commentaires vont bon train (!!!) sur le nouveau service de car :

« Les chauffeurs des cars ne pourront pas délivrer de billets au-delà de la gare de...

Un reportage de
François ALEXANDRE

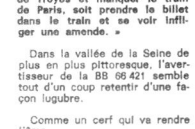

Troyes. Or, comme les horaires d'arrivée à Troyes ont été calculés au plus juste pour avoir la correspondance avec Paris, les voyageurs se trouvent devant cette alternative : soit faire la queue aux guichets de la gare de Troyes et manquer le train de Paris, soit prendre le billet dans le train et se voir infliger une amende.

Dans la vallée de la Seine de plus en plus pittoresque, l'avertisseur de la BB 66 421 semble tout d'un coup retentir d'une façon lugubre.

Comme un cerf qui va rendre l'âme.

Sur le parcours — et pas seulement aux maisons des gardes-barrières —, les riveraines sont sorties sur le pas de leur porte et font des grands signes à Charles et à sa BB qui leur répondent.

« Eh oui ! » ne cesse de dire Charles sur un ton qui en dit long sur son sentiment de l'heure, le pied posé sur son veilleur automatique.

Aujourd'hui, il sera affecté aux manœuvres de cars « bouts de lignes » à Châtillon-sur-Seine.

A Mussy, accueil « en fanfare » : les boogies de la BB font éclater des pétards qui avaient été posés sur les rails.

Et, quelques kilomètres plus loin, l'omnibus 7627 a quitté l'Aube avec son œil rouge à l'arrière.

Sans se retourner... Et il ne reviendra pas.

Le chemin de fer, d'abord de Troyes à Bar-sur-Seine, fut inauguré le 20 juillet 1862. Son prolongement jusqu'à Châtillon-sur-Seine le 19 octobre 1868.

Ce chemin de fer permettait aux Troyens de se rendre de façon alternative jusqu'à Lyon avec un seul changement à Châtillon-sur-Seine.

Fanny Poinsotte, 1 an tout juste, la plus jeune passagère du dernier Troyes-Châtillon : c'était la première fois qu'elle prenait le train ! Son père, Philippe Poinsotte s'est fait prendre en photo avec sa fille par son épouse, devant la pancarte Troyes - Châtillon : un nostalgique que Philippe Poinsotte qui prenait le train quand il était petit pour aller voir ses grands-parents à Polisot, le week-end.

Extrait de « L'Est-Eclair » du lundi 2 juin 1980.

*Le samedi 31 mai 1980, l'omnibus 7267 arrive pour la dernière fois en gare de Châtillon-sur-Seine derrière la BB 66421. Quelques amis de ce train, victime des conséquences du funeste « rapport Guillaumat » sont venus l'accueillir !
Photo Claude Garino.*

Au milieu de l'année 1988, le ministère de la Défense Nationale demande la remise en exploitation de la ligne depuis Gray, pour desservir par trains complets de 1500 tonnes l'embranchement des « essences » à Soing près de Fresne-Saint-Mamès, cette desserte étant confiée aux CFTA. C'est à cette occasion que la SNCF ferme la partie nord au delà de Noidans-le-Ferroux. En février 1990, elle procède au démontage des aiguilles la raccordant à la ligne 4 Paris – Mulhouse.

Depuis l'été 1989, l'embranchement militaire des « essences » ne reçoit plus aucun train. Suite à des changements importants, l'armée abandonne le site de Fresne, qu'elle vendra en 1993.

La ligne est actuellement neutralisée au-delà d'Autet et ne subit plus d'entretien depuis son abandon par les militaires comme itinéraire stratégique. Notons qu'au-delà de Vaivre, la voie est utilisé par des vélos-rails jusqu'à Mont-le-Vernois. L'installation envisagée d'une usine régionale d'incinération avec desserte par fer près de Noidans-le-Ferroux devrait réactiver la ligne.

Actuellement, la SNCF écoule tout le trafic de Gray par la ligne d'Auxonne, depuis la fermeture de celle de Culmont-Chalindrey le 1er juin 1991.

La ligne de Gray à Auxonne, fermée au trafic voyageurs à l'été 1938, le fut pour les marchandises en 1952, avec neutralisation de la partie d'Essertenne-Cecey à Talmay. Des dessertes en antenne eurent néanmoins lieu depuis Gray et Auxonne. Elle fut réouverte aux marchandises dans son intégralité le lundi 3 juin 1991, le premier train venant d'Auxonne étant arrivé à Gray à 8h26.

La gare de Châtillon-sur-Seine a quant à elle un trafic important, avec des céréales et du bois : elle est actuellement une des plus importantes gares bois de France. Tous les trains empruntent à compter du 1er juin 1992 la ligne de Nuits-sous-Ravières.

Notons que l'exploitation économique de la ligne 25 sur la partie Châtillon-sur-Seine – Is-sur-Tille a entraîné la disparition des chefs de gare titulaires des établissements qui sont transformés en gérance (PAG) pour :
- Vanvey-Villiers, le 25 novembre 1969,
- Leuglay-Voulaines, le 1er mai 1970,
- Villars-Santenoge, le 1er novembre 1969,
- Pavillon-les-Grancey, le 1er novembre 1969,
- Marey-sur-Tille : projet de fermeture définitive en décembre 1969,
- Villey-Crécey : idem.

A ces mesures s'ajoutèrent des simplifications d'installations, comme par exemple en gare de Vanvey-Villiers : la halle est louée et la suppression de la voie I d'évitement avec soudure de l'embranchement particulier sur voie II, ainsi que la dépose du pont-bascule de 25 tonnes font partie des transformations demandées par le 3ème arrondissement de la Région Est SNCF, le 1er décembre 1969.

Par contre, les réservoirs d'eau métalliques de 100 m^3 de Recey-sur-Ource, Poinson-Beneuvre et Mirebeau-sur-Bèze, ainsi que les grues hydrauliques, furent maintenus en service jusqu'à la diésélisation totale.

L'essor des céréales, le temps du renouveau ?

De nos jours, les céréales constituent l'essentiel du trafic des lignes de Franche-Comté. Des silos sont implantés à Brion-sur-Ource, Poinçon-les-Larrey, Laignes, Is-sur-Tille, Mirebeau-sur-Bèze, Lux, Autrey-les-Gray, Autet et Pontailler. Les embranchements expédient des trains entiers de céréales d'un tonnage moyen de 1 200 tonnes, certains reçoivent également de l'engrais. A Lux se trouve une usine de conditionnement d'engrais.

Ce développement du trafic céréalier remonte aux années 1970. La SNCF a alors engagé une politique orientée vers le marché céréalier, plus particulièrement avec les plus gros transformateurs de céréales et de grains, en participant au financement d'embranchements ferroviaires. De plus, l'utilisation de matières issues de céréales comme l'amidon s'est beaucoup développée.

Durant les derniers mois de la traction vapeur en France, la 140 C 38 passe le 18 juillet 1975 la bifurcation quadruple de Saint-Julien-les-Villas avec un train complet de céréales pour Troyes.
Photo Jean Florin.

Les dernières circulations vapeur sur le « Réseau de Franche-Comté »

Sur Châtillon-sur-Seine – Gray a eu lieu le 30 mai 1975 le dernier échange de machines avec les 140 C 22 et 287, la 140 C 22, à chute de timbre le 16 juin 1975 rejoignant le dépôt de Gray. C'est à cette occasion que le tender (18 B 22) de la 140 C 22 en meilleur état que celui (18 B 513) de la 140 C 38 fut échangé, celle-ci ayant encore quelques mois d'activité. Cette machine, encore attelée de nos jours au tender 18 B 22, se trouve à Limoges Puy-Imbert où l'association CFTLP [1] travaille avec sérieux à sa remise en service. Les 140 C 287 et 38 restèrent seules en activité à l'annexe de Châtillon-sur-Seine durant le service d'été 1975.

[1] Chemin de fer touristique Limousin-Périgord.

Prise d'eau à la grue à col tournant en gare de Troyes pour la 140 C 22 qui va assurer un train facultatif vers Châtillon-sur-Seine, le 23 février 1974.
Photo André Presle.

Ci-contre, ambiance hivernale à Troyes en février 1975, avec un express pour Bâle tracté par un diesel A1A-A1A 68000 avec chauffage vapeur et la 140 C 22 en partance pour Châtillon. La fin de la vapeur est proche et une installation provisoire d'alimentation en eau a remplacé la grue hydraulique à col tournant, dont l'efficacité n'a jamais été démentie.
Photo Jacques Andreu.

Leuglay-Voulaines le 26 mai 1975, dernier train de la 140 C 22 de Châtillon-sur-Seine à Gray. Photo Eric Martin.

La 140 C 287 abondamment fleurie et pavoisée arrive à Poinson-Beneuvre avec le diesel Coferna DE 5 sur le train Gray – Châtillon du 30 mai 1975, à l'occasion du dernier échange de machines du lundi. En sens inverse, la 140 C 22 effectue ce jour-là son dernier trajet en service commercial ! Photo José Banaudo.

En août 1975, un train de céréales Laignes – Châtillon traverse la gare aujourd'hui disparue de Poinçon-les-Larrey avec la 140 C 38. Ce service très éphémère (été 1975) et très difficile (trains longs sur un profil en rampe) a marqué la fin du règne de la vapeur en France.
Photo Jean-Louis Poggi.

Vers Cussey-les-Forges, entre Is-sur-Tille et Châtillon-sur-Seine, la 140 C 287 tracte le 5 août 1975 un convoi exceptionnel acheminant un transformateur électrique à destination de la Pologne.
Photo José Banaudo.

L'ultime prise d'eau d'une locomotive à vapeur en service commercial en France a eu lieu à la grue hydraulique de Mussy-sur-Seine, le 24 septembre 1975. La 140 C 287 acheminait ce jour-là le dernier train vapeur français de Troyes à Sainte-Colombe-sur-Seine.
Photo José Banaudo.

Moment historique s'il en est ! Le jeudi 20 novembre 1975, après avoir remorqué la 140 C 287 depuis Gray, la 140 C 38 bascule son dernier feu tandis qu'une soupape chantonne... sur la voie de l'oubli derrière la rotonde du dépôt de Chalindrey. C'est la dernière fois qu'une locomotive à vapeur a circulé pour le compte de la SNCF. Photo Jean-Louis Poggi.

LA FIN D'UN REGNE

Après la dernière prestation des 141 R du dépôt SNCF de Sarreguemines fin 1974, la traction vapeur ne subsistait en France qu'en trois endroits fort distincts :
- voie métrique industrielle aux forges de Gueugnon (Saône et Loire) ;
- voie normale d'intérêt local sur la ligne d'Etival à Senones (Vosges) ;
- grand réseau, sur les lignes affermées de Franche-Comté.

Ces trois bastions disparurent quasi simultanément l'année suivante, durant l'été.

En ce qui concerne le réseau CFTA de Franche-Comté, celui-ci n'utilisait plus que quatre 140 C qui disparurent au fil de l'année 1975. Elle portaient les numéros 22, 38, 51 et 287, représentant encore toutes les origines de cette série:
- ALVF-Est pour la C 22 (ex-40.022 de l'Est), bientôt âgée de soixante ans ; c'était la plus ancienne du quatuor ;
- ALVF-PLM pour les C 38 et 51 (ex-140 K 3 et K 16 du PLM) ;
- Etat pour la C 287, la seule des quatre à avoir une large cheminée (échappement Lemaître) et une porte de boîte à fumée munie de pentures unifiées SNCF en Y d'origine Nord.

La 140 C 51 fut éliminée la première dès le 12 février 1975 (chute de timbre), après avoir assuré un ultime service deux jours auparavant, en tête du traditionnel TOM de Châtillon à Gray.

La 140 C 22 disparut le 30 mai, date du dernier échange de machines entre Gray et Châtillon, en effectuant le même trajet de la « Haute » Seine à la Haute-Saône.

Désormais cantonnées à l'annexe de Châtillon-sur-Seine, les 140 C 38 et 287 allaient durant l'été 1975 fournir d'ultimes efforts sur la ligne de Troyes et sur l'antenne vers Laignes, essentiellement en tête de trains complets de céréales, ceci malgré leur âge vénérable et le manque de soin propre aux machines condamnées à brève échéance... preuve encore de leur légendaire robustesse.

La 140 C 287 tracta (tender en avant, infamie suprême) un dernier convoi de fil de fer au départ du triage de Troyes-Preize et à destination de Sainte-Colombe-sur-Seine, le mercredi 24 septembre 1975. C'en était fini de la traction vapeur commerciale en France !

La 140 C 38 rapatria la C 287 désormais froide à Gray le 6 novembre 1975 et les deux locomotives, dans le même attelage tender contre tender, furent restituées à la SNCF, sous couvert d'une dernière circulation de service « assurée vapeur » par la même machine, le 20 novembre. Feue la vapeur, vive la vapeur !

On notera que les 140 C nées du premier conflit mondial, ont survécu plus de dix-huit mois aux 141 R pourtant issues du second... Ironie de l'histoire, ajoutée à la tristesse engendrée par la disparition d'un mode de traction, la vapeur, sans lequel le chemin de fer n'aurait pas connu l'essor qui fut le sien durant un siècle et demi, avant que la nouvelle déesse automobile ne le dépasse à la fin du XXème siècle, tout comme il avait lui-même surpassé l'antique navigation fluviale cent ans auparavant.

En toute chose, et particulièrement en ce qui concerne l'évolution des techniques, la « substantielle quintessence » n'est jamais éloignée du « chant du cygne » et les volutes de fumées ne remplissent plus le ciel empanaché par les locomotives à vapeur. Nostalgie, quand tu nous tiens !

Les trains spéciaux

De nombreux trains spéciaux furent mis en marche sur le réseau de Franche Comté à partir de 1966. Ces circulations ont pu avoir lieu car la traction à vapeur y était encore omniprésente jusqu'en 1972, et de façon quasi-régulière sur la ligne 25 jusqu'en 1975.

L'exploitation de ces lignes par la CFTA a incontestablement simplifié la mise en marche de ces trains. Le personnel a toujours réservé un accueil des plus chaleureux aux amateurs, ce qui a contribué à faire connaître au-delà des frontières les dernières 140 C.

La région SNCF de Dijon, en la personne du responsable des services concernés, a grandement encouragé, au cours des années 80, les « trains d'agence » [1], ce qui a permis de voir des circulations pour le moins inhabituelles sur ces petites lignes bientôt oubliées.

En dernier lieu, le réseau de Franche-Comté n'avait pas subi de transformations radicales, ce qui conférait à ces sorties une ambiance de musée vivant, agrémentées par la traversée de régions rurales elles-mêmes protégées des destructions et constructions des années soixante.

Le train spécial FACS du dimanche 24 septembre 1966 au PN de la route nationale 71 à Polisot, derrière la 130 B 465. Il fut le premier d'une longue série de trains affrétés par les amateurs sur le réseau de Franche-Comté.
Photo Marc Dahlström - collection Jean Metz.

Aux environs de Recey-sur-Ource, le 24 septembre 1966, la 130 B 465 emmène le train spécial FACS de Troyes à Is-sur-Tille, constitué de la rame habituelle de l'omnibus de Châtillon.
Photo Marc Dahlström - collection Jean Metz.

[1] Appellation officielle de la SNCF pour les trains affrétés.

TRAINS SPECIAUX SUR LE RESEAU DE FRANCHE-COMTE

DATE	PARCOURS	TRACTION	AFFRETEMENT	REMARQUES
24 septembre 1966	Troyes - Châtillon - Is-sur-Tille	130 B 465	FACS [1]	-
6 juin 1970 10 octobre 1970	Langres - Gray - Is-sur-Tille Chalindrey - Gray - Is-sur-Tille	140 C 343 130 B 476	FACS Loc. Club of Great Britain	- dernier train de la 130 B 476
14 mars 1972	Chalindrey - Gray	140 C 349	TEF [2]	voiture métallisée Sud-Est sur train de marchandises régulier
31 mars 1973	Troyes - Châtillon (AR)	140 C 38	FACS	-
24 mars 1974 28 septembre 1974	Dijon - Is-sur-Tille - Châtillon (AR) Vesoul - Gray - Chalindrey	140 C 22 140 C 22	CFVO [3] FACS	- -
5 août 1975 12 octobre 1975	Is-sur-Tille - Châtillon - Chaumont Nuits - Châtillon - Chaumont	140 C 287 140 C 38	SNCF AAATV-RP	convoi exceptionnel [4] adieu à la vapeur
7 octobre 1978	Chalindrey - Gray - Is-sur-Tille	VH 24	AAATV-RP	-
9 juin 1979	Dijon - Is-sur-Tille - Châtillon (AR)	VH 24	AAATV-RP	-
29 novembre 1981	Chalindrey - Gray Gray - Vesoul	BB 66441 141 R 568	FACS	-
24-25 avril 1982 22-24 octobre 1982	Gray - Autet (navettes AR) Châtillon (présentation en gare)	140 C 27 141 R 568 141 R 420 voiture expo	CITEV [5] SNCF	festival vapeur à Gray exposition 150 ans ch. de fer
9 avril 1983 11-12 juin 1983 23 août 1983	Dijon - Is - Gray - Auxonne - Dijon Vesoul - Gray (3 AR) Châtil. - Is - Dijon - Beaune (AR)	140 C 27 141 R 568 BB 66400	CITEV CITEV -	5 voit. Bruhat + 1 mixte B⁴D 5 B¹⁰ Est, ptes. ouvertes Vesoul rame de voitures Corail
17-18 mai 1984 19 mai 1984 5 au 7 juin 1984	Mirebeau-sur-Bèze - Lux (AR) Mirebeau - Is - Poinson-Bvre. (AR) Châtillon - Dijon - Valence (AR) [7]	X 4025 + 4039 X 4025 + 4039 BB 66400	SNCF ABFC [6] Sortie scolaire	- - rame de voitures Corail
4 mars 1985 26 avril 1985 12-13 août 1985 14-15 août 1985	Gray - Chalindrey Dijon - Is - Mirebeau PN (AR) Châtillon-sur-Seine (via Nuits) Gray (acheminée via Is-sur-Tille)	230 G 353 X 4039 - -	IFC [8] SNCF SNCF SNCF	- - opération « Un été, un train » opération « Un été, un train »
Année 1987	Dijon - Is-sur-Tille - Châtillon [9]	X 4300	SNCF	-
25 septembre 1989	PN 36 ligne Is-sur-Tille - Châtillon	X 4039	ABFC	photos pub. lunettes Ray-Ban
10 janvier 2001	Dijon - Is - Gray - Auxonne - Dijon	X 4039	RFF	tournée d'inspection
5 avril 2003	Dijon - Auxonne - Gray - Autet (AR)	X 4039	FACS	-

[1] Fédération des Amis des Chemins de fer Secondaires.
[2] Tourisme et Etudes Ferroviaires.
[3] Chemin de Fer touristique de la Vallée de l'Ouche.
[4] Acheminement par convoi exceptionnel d'un transformateur en provenance du Creusot et à destination de la Pologne avec la 140 C 287, une B⁹tz, une voiture GL et le wagon porte-transformateur à 4 bogies. D'autres convois similaires avaient circulé lors de la construction de la centrale EDF de Fessenheim (Haut-Rhin) en 1974.
[5] Compagnie internationale des trains express à vapeur.
[6] Autorails Bourgogne Franche-Comté.
[7] La circulation Châtillon-sur-Seine – Valence du 7 juin 1984, organisée par la division commerciale voyageurs SNCF de Dijon pour un voyage scolaire mérite un éclairage particulier, car elle a entraîné la réouverture de la ligne en partie neutralisée, qui plus est de nuit ! Qui peut imaginer aujourd'hui le passage d'un tel train Corail sous les étoiles à Prusly-Villotte ou à Poinson-Beneuvre ?
[8] International Ferroviaire Club.
[9] Au cours de l'année 1987, la division commerciale voyageurs de Dijon proposait « *les mercredis et jeudis au départ de Dijon, en autorail circulant sur la ligne Gray - Châtillon via Is-sur-Tille et Recey* », la découverte du Châtillonnais avec des arrêts photos ! Départ 8h30, retour à 19h30 avec un élément automoteur diesel (EAD) X 4300.

*Chargey-les-Gray, le 10 octobre 1970 : la 140 B 476 emmène le « train des Anglais » de Chalindrey à Gray.
Photo Claude Nicollier.*

*Le train spécial CFVO Dijon – Châtillon-sur-Seine du 24 mars 1974 marque l'arrêt en gare de Leuglay-Voulaines. La 140 C 22, soupapes chantantes, va bientôt s'élancer sur l'ordre de départ annoncé au sifflet par le chef de train Gaëtan Pronier.
Photo Christian Fonnet.*

Collection Claude Garino.

Le 12 octobre 1975, un train spécial d'adieu à la vapeur sur le Réseau de Franche-Comté a circulé de Nuits-sous-Ravières à Chaumont avec la 140 C 38, que l'on voit à la sortie de Châtillon-sur-Seine au niveau de la bifurcation de la ligne d'Is-sur-Tille (voie de gauche).
Photo Jean-Louis Poggi.

Le train spécial Corail Châtillon-sur-Seine – Beaune et retour du 23 août 1983, avec une UM de 66400, de passage en gare de Pavillon-les-Grancey. Qui peut imaginer de nos jours de telles circulations sur des lignes secondaires ?!
Photo Gabriel Bachet.

Composition originale avec la BB 4032 des CFTA près de Noiron-sur-Bèze lors de l'acheminement du train exposition « Un été, un train » présenté en gare de Gray les 14 et 15 août 1985.
Photo Gabriel Bachet.

Le célèbre autorail X 4039 de l'ABFC a fréquenté régulièrement les lignes de Franche-Comté autour de Gray : on le voit ci-dessus dans la tranchée entre Lux et Bèze en avril 1985.
Photo Gabriel Bachet.

```
S.N.C.F.                                    Dijon, le 28 mai 1984
-----
Direction Régionale
de DIJON
-----                              Note relative à la mise en marche
DIVISION DU TRANSPORT
-----                                       d'un train spécial
D.T.22 - Tél. 53.11.78.                            ------

Tirage = 55 ex
┌─────────────────────────────────────────┐
│         DISTRIBUTION                    │   Date de circulation : Jeudi 7 juin 1984
│                                         │   Organisateur : DCV DIJON
│ CRT PARIS ST LAZARE           2 ex      │                  "clés en mains scolaires"
│ Direction du Transport                  │   Parcours :
│ 20, rue de Rome                         │   aller : de CHATILLON S/SEINE à
│ TV02                          1 ex      │           ST VALLIER SUR RHONE
│ TV03                          1 ex      │   retour : de ST RAMBERT à CHATILLON S/SEINE
│                                         │            via IS SUR TILLE et DIJON VILLE.
│ CRT PARIS SUD EST             6 ex      │
│ Contrôle des recettes                   │   Conditions de circulation :
│ voyageurs, 6ème bureau -                │
│ 212 rue de Bercy              1 ex      │   Spécial 17912/13          Spécial 17914/15
│ RT1                           1 ex      │   4:41   CHATILLON S/SEINE     23.29
│ RT2                           1 ex      │   5.26/28 RECEY SUR OURCE      22.40/42
│ RT32                          2 ex      │   6.42/45 IS SUR TILLE         21.22/24
│ RMO 21 sonorisation           1 ex      │   7.25/38 DIJON VILLE          20.44/54
│                                         │   7.46/47 GEVREY CHAMBERTIN    20.36/37
│ CRT LYON                     15 ex      │   9.25/26 S. LYON PERRACHE     19.04/05 S.
│ DT1                           1 ex      │   --      ST RAMBERT D'ALBON   18.05/30 )
│ DT11                          2 ex      │ w(10.05/15 ST VALLIER S/RHONE    --     ) w
│ DT22                          4 ex      │  (10.35   VALENCE              17.40    )
│ Gares de LYON PERRACHE        2 ex      │
│  ---      ST RAMBERT          2 ex      │   Mise en place de matériel :
│  ---      ST VALLIER          2 ex      │
│  ---      VALENCE             2 ex      │   w17911 le 6 juin DIJON VILLE   16.15
│                                         │                    CHATILLON S/SEINE 18.49
│ CRT DIJON                    31 ex      │
│ DT1                           1 ex      │   w17916 le 7/8 juin
│ DT11                          2 ex      │                    CHATILLON S/SEINE 23.45
│ DT22                          5 ex      │                    DIJON VILLE        2.22
│ DM                            1 ex      │
│ DCV2                          2 ex      │   Les horaires détaillés font l'objet de
│ CE Trains                     3 ex      │   l'art. n°5 édité par la région de DIJON
│ CEX DIJON                     1 ex      │
│ Gares de DIJON VILLE          4 ex      │   Composition : rame Corail 05 R06 +
│  ---      IS SUR TILLE        1 ex      │   1 B11 Corail du 5745 de BESANCON soit :
│  ---      GEVREY CHAMBERTIN   1 ex      │   6 B11 + 2 A10
│  ---      BESANCON VIOTTE     2 ex      │   8 voit. 400 t - c 160
│ Dépôt de PERRIGNY             1 ex      │
│ PMR DIJON                     1 ex      │   Nettoyage : à DIJON VILLE à l'aller
│ Entretien de PERRIGNY         3 ex      │               à LYON au retour
│ C.F.T.A. GRAY                 5 ex      │
└─────────────────────────────────────────┘   Sonorisation : assurée par DCV DIJON

                                                        Le Chef de la Subdivision,

                                                        Signé : G. CHAUFOUR
```

La 231 G 558 franchit l'ancienne halte d'Athée le 8 octobre 2001, lors de son acheminement de Sotteville à Gray pour une révision générale aux ateliers CFTA.
Photo Fabrice Lanoue.

Les films

On ne peut oublier qu'en raison de l'existence tardive de la traction vapeur, plusieurs films ont été tournés sur la ligne 25, en particulier avec le concours des 140 C :
- « *La Veuve Couderc* » de Pierre Granier-Deferre en 1971, avec Alain Delon et Simone Signoret, avec une scène sur le viaduc d'Oisilly.
- « *La Trahison* » d'Alain Boudet, en 1972, en gare de Châtillon-sur-Seine.
- « *Le Train* » de Pierre Granier-Deferre en 1973, avec Romy Schneider et Jean-Louis Trintignant, particulièrement à Recey-sur-Ource et Poinson-Beneuvre et au souterrain de Mantoche, avec la très célèbre 230 G 353 de la SNCF.
- « *Antoine Bloyé* » de Marcel Blüwal, en octobre 1973 à Gray.
- « *Le bon et les méchants* » de Claude Lelouch, en 1974 à Châtillon-sur-Seine.

La 230 G 353 et une voiture Ty Nord en gare de Châtillon-sur-Seine lors de l'acheminement de la rame vers Recey-sur-Ource à l'occasion du tournage de scènes pour le film « Le Train » de Pierre Granier-Deferre au mois de juin 1973. Photo Jean-Louis Poggi.

Scène champêtre près de Gray à la bifurcation des lignes d'Is–sur-Tille et de Villers-les-Pots. En juin 1973, la 230 G 353 revient avec sa rame du souterrain de Mantoche après le tournage des scènes de bombardement du film « Le Train ». Noter les portillons pivotants du PN. Photo Jean-Louis Poggi.

Tournage du film « Le Train » à l'intérieur de la gare de Recey-sur-Ource, avec l'acteur Jean-Louis Trintignant et les habitants du village en juin 1973 : un moment inoubliable pour cette commune ! Collection Didier Leroy.

Plaque en bronze d'identification du réservoir d'eau de la gare de Poinson-Beneuvre.

Ci-dessus, tournage du film « Le Train » de Pierre Granier-Deferre en gare de Poinson-Beneuvre en juin 1973, avec la 230 G 353 chère à Jean-Louis Poggi qui a suivi les pérégrinations de cette machine pendant trente ans de 1970 à 2000 !
Photo Jean-Louis Poggi.

En 1974, tournage de nuit en gare de Châtillon-sur-Seine lors d'une scène du film « Le Bon et les Méchants » de Claude Lelouch. Collection Didier Leroy.

Le 7 avril 1975, la 140 C 22 est mise à contribution pour le tournage d'une courte scène (chaste !) du film érotique « La Fille de la Garde-Barrières » au PN 72, ancienne halte de Montliot-Etrochey sur la ligne 25.
Photo José Banaudo.

*Au PN de Prusly-sur-Ource, le 25 septembre 1975, la 140 C 38 vedette du film « On a retrouvé la 7ème compagnie » de Robert Lamoureux fait un clin d'œil à de célèbres « Traction avant » Citroën qui ne sont plus que de simples figurantes.
Photo José Banaudo.*

*Ci-dessous, en octobre 1975 à Villars-Santenoge, le réalisateur et acteur Robert Lamoureux (sur l'échelle) prépare le tournage d'un plan rapproché avec la 140 C 38.
Photo Eric Martin.*

- « *La fille de la garde-barrières* », film érotique (!) tourné en 1975 au passage à niveau de Montliot-Etrochey avec la 140 C 22.
- « *On a retrouvé la 7ème Compagnie* », de mi-septembre à mi-octobre 1975, avec Jean Lefebvre et Pierre Mondy, près de Villars-Santenoge; ce fut la dernière prestation « commerciale » de la 140 C 38.

En septembre 1971, le train de desserte pour Châtillon avec la 140 C 287 quitte la gare de Troyes qui possède encore toutes ses installations d'origine. Personne n'imagine alors que quatre ans plus tard elle assurera, au départ de cette même gare, la toute dernière circulation commerciale de France en traction à vapeur !
Photo Jean-Louis Poggi.

Le matériel préservé

La situation particulière du réseau de Franche-Comté, avec la présence tardive de la traction à vapeur et une exploitation ayant peu modifié l'environnement ferroviaire depuis ses origines (par exemple le système par cloches électriques d'annonce, resté en service sur Châtillon-sur-Seine – Is-sur-Tille jusqu'au 1er décembre 1981 à 0 heure) a fait qu'un certain nombre de matériels des gares s'est trouvé préservé par des musées, des chemins de fer touristiques ou encore par des particuliers.

Cinq locomotives à vapeur du dépôt de Gray ont été préservées :
- la 130 B 476 (dépôt de Longueville, par l'AJECTA) ;
- la 130 B 348 (dépôt de Longueville, par l'AJECTA) ;
- la 140 C 22 (en monument à Vierzon, puis au château de Saint-Fargeau) ;
- la 140 C 287 (au Chemin de fer de la Brévenne à Pontcharra, puis à Sainte-Foy-l'Argentière et enfin au château de La Ferté-Saint-Aubin) ;
- la 140 C 38 (à Caen par le Rail Miniature Caennais, puis à Limoges par le CFTLP. Cette locomotive doit être remise en service en 2005.

De plus, trois des quatre locomotives d'origine Etat, provenant du réseau de Trappes et garées à Chaumont en réserve pour les CFTA, ont été préservées :
- la 140 C 231, entretenue en état de marche par l'Ajecta dans son dépôt de Longueville ;
- la 140 C 313, aujourd'hui exposée en gare de Reims ;
- la 140 C 314, conservée par la FACS à Gray, puis confiée au Chemin de fer du Vermandois à Saint-Quentin, qui l'utilise en tête de trains spéciaux.

Les autorails suivants sont également préservés :
- le De Dion M104 (à Guîtres, Gironde, classé monument historique le 29 mai 1997) ;
- le De Dion M105 (sur le CFTVD Cernay – Sentheim, il doit rejoindre le M 104 à Guîtres) ;
- des petites draisines Billard, dont certaines furent dotées d'une nouvelle carrosserie par le dépôt de Gray en 1962 (par divers chemins de fer touristiques).

Le matériel et la traction

Généralités

L'évolution de la traction à vapeur sur le réseau de Franche-Comté à partir de son affermage à la SE sera décrite plus loin, dans un chapitre spécifique.

Omniprésentes pendant des décennies, les petites locomotives 130 B (ex-30.000 Est) méritent une mention particulière. Elles ont été en tête des trains de voyageurs et de marchandises réguliers jusqu'au service d'été 1967... la dernière (130 B 476) ayant fini sa carrière au printemps 1971 au dépôt de Gray.

A compter du 28 juillet 1962, la 140 C 116, première de cette série arrive au dépôt de Gray pour remplacer les 040 D sur le « train tournant ». Les 140 C demeureront célèbres puisqu'elles ont clôturé l'ère de la traction à vapeur en service commercial en France, le 24 septembre 1975 avec un train de fil de fer entre Troyes-Preize et Sainte-Colombe-sur-Seine.

Auparavant, la traction à vapeur avait cessé le service régulier voyageurs sur Troyes – Châtillon-sur-Seine le 27 mai 1972 avec le célèbre omnibus de soirée 7967. C'est la 140 C 216 qui était en charge de la rame de voitures B7t d'origine allemande, appelées « Donnerbuchsen » (boîtes à tonnerre).

Ce sont des BB 66000, avec en période hivernale des fourgons-chaudières, puis des BB 66400 louées à la SNCF au dépôt de Chalindrey qui ont pris la relève.

Des BB 63000 sont apparues sur la ligne de Châtillon-sur-Seine à Chaumont à partir du service d'été 1971.

La 130 B 477 en tête du train de marchandises pour Châtillon-sur-Seine en gare de Saint-Parres-les-Vaudes en 1951. Noter l'unique fanal en haut de la porte de boîte à fumée, suivant une ancienne pratique « Est ».
Photo Maurice Rifault

Vue au dépôt de Gray vers 1965, la 140 C 116 est la première machine de cette série mise à disposition des CFTA dès le 28 juillet 1962. On notera le sigle CFTA peint sur le flanc de la cabine et la mention « Gray » dans le cartouche de la plaque de numérotation.
Photo André Bret - collection Editions du Cabri.

Ci-dessous, au printemps 1967 près de Polisot, la 140 C 133 assure un long train de marchandises pour Châtillon-sur-Seine.
Photo Guy Laforgerie.

Cependant, les nombreux trains facultatifs de céréales, bois, produits métallurgiques et pierre concassée, particulièrement entre Troyes et Châtillon-sur-Seine, ont nécessité le maintien de deux 140 C à l'annexe de Châtillon-sur-Seine pendant trois ans.

En 1974, 159 trains facultatifs ont été mis en marche, soit deux trains hebdomadaires « complets » entre Châtillon-sur-Seine et Troyes et un train hebdomadaire entre Gray et Is-sur-Tille. Par suite de l'augmentation des tonnages et pour faciliter l'échange des locomotives entre Gray et Châtillon, l'aller et retour entre ces deux gares, devenu facultatif en vapeur fut rétabli le lundi durant le premier trimestre 1974 avec les 140 C, dans les horaires suivants :

Gray :	8 h 32	15 h 35
Is-sur-Tille :	11 h 31	11 h 25
Châtillon-sur-Seine :	16 h 05	6 h 53

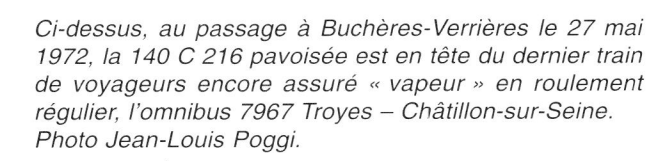

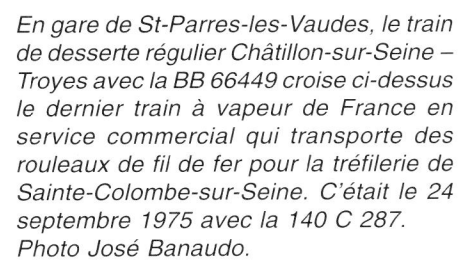

Ci-dessus, au passage à Buchères-Verrières le 27 mai 1972, la 140 C 216 pavoisée est en tête du dernier train de voyageurs encore assuré « vapeur » en roulement régulier, l'omnibus 7967 Troyes – Châtillon-sur-Seine. Photo Jean-Louis Poggi.

En gare de St-Parres-les-Vaudes, le train de desserte régulier Châtillon-sur-Seine – Troyes avec la BB 66449 croise ci-dessus le dernier train à vapeur de France en service commercial qui transporte des rouleaux de fil de fer pour la tréfilerie de Sainte-Colombe-sur-Seine. C'était le 24 septembre 1975 avec la 140 C 287. Photo José Banaudo.

En 1975, Troyes est la dernière grande gare de France à voir quasi quotidiennement des locomotives à vapeur de la SNCF. La 140 C 38, au timbre, prend de l'eau avant le départ pour Châtillon sur la simple bouche d'eau à « raccord pompier » qui a remplacé la grue hydraulique. A l'arrière-plan, l'express 1043 est encore chauffé à la vapeur par un fourgon chaudière attelé derrière la CC 72000. Collection Gaëtan Pronier.

Voici une « Micheline », une vraie : l'automotrice Michelin ZZAB^{s}CET^y 54003 de la compagnie de l'Est. Ce matériel a circulé sur les lignes Troyes – Châtillon-sur-Seine et Châtillon-sur-Seine – Chaumont à partir de 1936. Photo SNCF Région Est - collection Didier Leroy.

Sous la verrière de la gare de Vesoul en 1963, un bel ensemble d'autorails et remorques De Dion-Bouton des « Economiques » assure le service pour Gray. Photo Roland Fournier.

Vers 1937, une « Micheline » Est série ZZAB^{s}CET^y 54000 du type circulant sur la ligne de Châtillon passe devant l'une des deux belles rotondes à coupole du dépôt de Troyes-Preize, qui seront détruites par bombardement en 1944. Collection Didier Leroy.

Quelques états de matériels à l'époque de la SE

En 1938 :
5 automotrices De Dion M 101 à 105 et 3 remorques, propriétés de la SE, complètent le matériel affecté au réseau.

En 1945 :
- 13 locomotives de type 130 B ex-30.000 de l'Est ;
- 1 voiture 1ère classe ;
- 4 voitures 1ère et 2ème classe ;
- 6 voitures de 3ème classe ;
- 4 fourgons ;
- 1 wagon.

En 1947 :
Des Michelines de 54 places auraient un temps été mises à la disposition de la SE, tous les autorails De Dion et leurs remorques se trouvant alors en Gironde.

En 1951 :
Les De Dion reviennent avec leur remorques et prennent en charge les services omnibus voyageurs vapeur. A compter de cette année et jusqu'à la fermeture aux voyageurs de la ligne de Troyes à Châtillon, il ne restait plus qu'une rame de cinq voitures et un fourgon affectée à cette desserte.

Les autorails

Dans le domaine des autorails, le centre de Troyes a été titulaire d'automotrices Michelin de type ZZAB^{s}CEt^y 54000, mises en service à partir de 1936 sur les relations Troyes – Châtillon-sur-Seine et même au service d'hiver 1938 sur Châtillon-sur-Seine – Recey-sur-Ource. Ces Michelines ont également effectué des mouvements sur la relation Châtillon-sur-Seine – Chaumont.

En 1951, les autorails De Dion (M 101 à 105) type NT avec trois remorques (R 51 à 53) type OL ont été utilisés à l'initiative judicieuse des Economiques sur les relations Gray – Châtillon-sur-Seine, Gray – Vesoul et même pendant quelques années sur un aller-retour Vesoul – Besançon au titre d'un concours de traction.

A compter de décembre 1965, des autorails unifiés de 150 ch de la SNCF et leurs remorques ont remplacé les De Dion sur les relations Gray – Châtillon-sur-Seine et Gray – Vesoul. Les premiers mis en service furent les X 5541, 5546, 5550 et une remorque Verney à deux essieux, série XR 9500. Ils furent complétés ensuite par les X 5542 et 5802, ainsi que par les remorques XR 9516, 9529 et 9545.

Nous aborderons ci-après quelques matériels spécifiques, autorails et locomotives diesel, mis en service par la SE et les CFTA.

Les matériels SE et CFTA

Les automotrices De Dion

Cinq automotrices De Dion-Bouton M101 à M105 de type NT furent livrées en juin 1938, à la SE de Franche Comté avec affectation au dépôt de Gray principalement pour l'exploitation des lignes de Châtillon-sur-Seine à Gray et de Gray à Vesoul.

Comportant 43 places assises et 5 strapontins, aptes à la vitesse de 85 km, avec une tare de 20 tonnes, les automotrices De Dion étaient dotées d'un moteur Willème de 180 ch à 8 cylindres en ligne de licence Deutz.

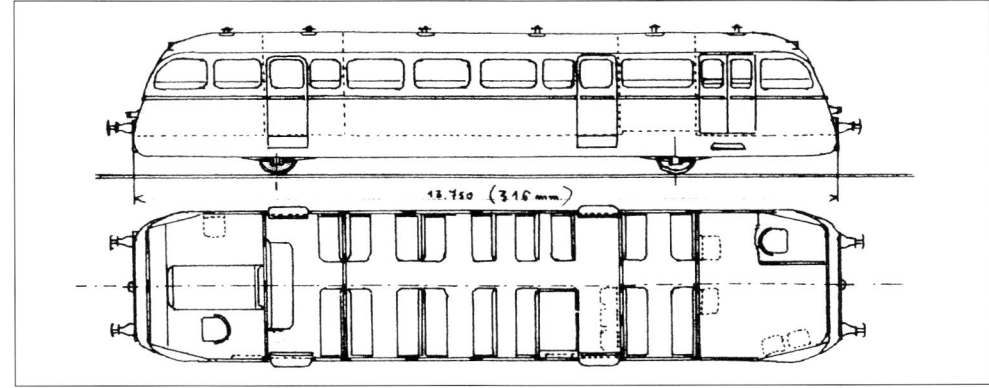

En haut de page, vers 1966, la verrière de la gare de Vesoul abrite un autorail de 150 ch qui va assurer le train 2559 pour Gray. Photo Roland Fournier.

Ci-dessus, diagramme d'autorail De Dion-Bouton de la SE. Collection Jean Florin.

A la bifurcation de Vaivre vers 1960, un autorail De Dion avec remorque à deux essieux passe de la ligne 25 à la ligne 4 avec un omnibus en provenance de Gray. Le poste d'aiguillages à l'architecture typique bardée de bois fait partie d'un univers désormais disparu, tout comme le mât sémaphorique.
Photo François Fontaine.

A l'orée des années soixante, sur la ligne 4 à Vaivre, un autorail De Dion-Bouton et sa remorque en provenance de Gray filent vers Vesoul. Photo François Fontaine.

*Atmosphère d'autrefois en gare de Vesoul vers 1959, à l'heure des départs pour Paris (train 42), Besançon (train 2824) et Gray (train 2559). Ce dernier train part du quai 3, avec sa remorque De Dion en queue. Une remorque Verney stationne sur la voie centrale entre les quais 1 et 2. Signalons que la gare de Gray possédait des installations similaires.
Photo François Fontaine.*

A titre anecdotique, la M 104 est sortie d'usine en mars 1938 au prix de 580 000 francs, ce qui équivalait en 1995 à 1 432 600 francs. Trois remorques construites par les établissements De Dion-Bouton, de type OL n° R 51, 52 et 53 ont été également livrées en 1938 à la SE de Franche-Comté.

Le 15 juin 1940, suite à l'avance allemande dans l'Est de la France, les autorails M 101, 102, 104 et 105 rejoignent le réseau de l'Hérault (exploitation SE) situé en zone libre.

Les M 101, 104 et 105 aboutissent sur le réseau des Economiques de la Gironde le 5 juillet 1944. Toute la série y est regroupée en 1948 : le M 102 venant de l'Hérault le 8 mai 1948 et le M 103 venant de Gray le 7 juin 1948. Le M 103 est affecté à la desserte du Blayais jusqu'au 10 mars 1951. Le M 105, incendié le 20 janvier 1950 à Lacanau, sera reconstruit.

Les cinq autorails De Dion M 101 à 105 rejoindront leur réseau d'origine de Franche-Comté en 1951 aux dates suivantes :

- 19 avril 1951 : M 103 et M 104.
- 10 septembre 1951 : M 102.
- 14 septembre 1951 : M 101.
- 18 septembre 1951 : M 105.

Pendant quinze ans, les De Dion effectuèrent leur service sur Châtillon-sur-Seine – Gray, Gray – Vesoul, et même au titre d'un concours de traction sur un aller-retour Vesoul – Besançon par Montbozon jusqu'à la disparition du service voyageurs sur cette ligne en 1959.

A compter de décembre 1965, avec l'arrivée des autorails SNCF de 150 ch, les petits De Dion et leurs remorques quittèrent Gray et terminèrent leur carrière sur le réseau CFTA de Montpellier à Palavas-les-Flots jusqu'au 1er novembre 1968, et sur celui de la Gironde entre Arès et Facture, jusqu'au 18 septembre 1971 (fermeture des lignes).

Signalons que leur principale transformation consista à changer le système de freinage avec pose d'un robinet de

Sous la verrière de la gare de Vesoul, l'omnibus 2559 pour Gray est en attente quai 3. Il fait humide et froid et le chef de train active le poêle à charbon de la remorque !
Photo François Fontaine.

frein manuel. Auparavant c'était un freinage à pied, identique à celui des autocars et des camions. La pédale de frein initiale servit ensuite au sablage. La disparition des jupes de face, qui gênaient la manoeuvre d'attelage et avaient entraîné un accident de personne est aussi à mentionner.

Les locomotives BB Coferna DE 1 à 6

A partir du 21 janvier 1969, six tracteurs diesel Coferna (Société de Constructions ferroviaires et navales de l'Ouest) DE-1 à 6, de type BB, en provenance de l'Hérault sont affectés au dépôt de Gray, accompagnés de leur responsable méridional, René Cabrol.

A compter de cette date, ils assurent les manoeuvres dans les gares de Gray et Châtillon-sur-Seine, ainsi qu'à partir du lundi 4 mars 1969 les trains de détail entre Châtillon-sur-Seine et Gray.

Au dire des spécialistes de cette époque, comme Pierre Stimac, les BB Coferna étaient adaptés pour les manoeuvres, mais peu aptes à la traction des trains de marchandises lourds aux parcours difficiles, ce qui explique leurs fréquents remplacements par des 140 C en tête de trains lourds.

A l'origine, ces diesels DE 1 à 6 Coferna avaient été mis en service du 9 juin 1950 (DE 1) au 17 février 1951 (DE-6) sur les chemins de fer de l'Hérault. Ils prirent en charge la traction des rames de voyageurs sur la célèbre ligne de Montpellier à Palavas-les-Flots, à compter de l'été 1960 lors du retrait de la traction à vapeur.

Cette ligne était exploitée par la CFTA, c'est la raison pour laquelle après sa fermeture fin 1968, ils rejoignirent la Franche-Comté pour se substituer à la traction à vapeur sur les trains de marchandises, ce qu'ils n'arrivèrent pas à faire.

Les DE 1 à 6 étaient munis de deux moteurs diesel à six cylindres d'une puissance de 260 ch chacun, accouplés à une génératrice Westinghouse type 197 et placés dans deux volumineux capots de part et d'autre de la cabine. Leur vitesse maximum était de 76 km/h en palier HLP.

Entre Recey-sur-Ource et Leuglay-Voulaines, près de l'ancienne chartreuse de Lugny, le diesel Coferna DE 6 pour Châtillon passer sous le pont d'un petit chemin vicinal, le 14 juin 1973.
Photo Jean Metz.

Le 22 septembre 1975, le DE 1 arrive à Châtillon-sur-Seine, en provenance de Laignes.
Photo José Banaudo.

A Nuits-sous-Ravières le 14 avril 1986, la BB 4032 des CFTA stationne devant le bâtiment-voyageurs imposant de la gare, « Ligne Impériale » oblige !
Photo Claude Garino.

A Violot le 8 mars 1991, un long convoi tracté par les BB 4504 CFTA et BB 63229 SNCF se dirige vers Chalindrey.
Photo Fabrice Lanoue.

Les DE arboraient à l'origine une livrée vert olive avec inscriptions en jaune bouton d'or, le châssis et les bogies étant de couleur noire avec les deux traverses avant peintes en rouge et numéro en blanc. Le petit écusson visible sur l'avant des capots, dans l'axe du crochet de traction portait initialement la croix du Languedoc « cléchée à douze pommettes d'or ». Deux plaques du constructeur en laiton de forme ovale étaient fixées de part et d'autre de la cabine.

Par la suite, ces engins arborèrent une teinte vert foncé pour le châssis, les capots et la cabine, rehaussée au niveau de leur toit par la couleur « marron glacé » qui descendait en formant un chevron sur l'avant des compartiments moteurs. Un filet rouge en ceinture séparait ces deux teintes, la traverse avant restant rouge. C'est sous cet aspect qu'ils arrivèrent en Franche-Comté, fin 1968. Lors d'une révision générale, l'atelier CFTA de Gray choisit une nouvelle présentation, avec un vert d'eau ceinturé sur le haut des capots et du châssis d'une bande jaune bouton d'or, de même que les traverses d'extrémité, encadrées d'un filet rouge vermillon. Le châssis et les mains courantes étaient peints en vert émeraude.

Leur aspect trapu avec l'unique cabine de conduite centrale dissimulée par deux énormes capots ainsi que la lenteur du moteur les firent surnommer « Mammouth »... malgré la faiblesse de leurs prestations.

Notons que pendant quelques temps, au début des années quatre-vingts, les DE 5 et DE 6 furent loués au Chemin de fer Touristique de la Vallée de la Doller pour des transport des matériaux de carrières nécessaires à la construction du barrage de Michelbach (Haut-Rhin). Par ailleurs, le DE 1 a circulé de décembre 1989 à mai 1990 sur la ligne CFTA de Saint-Dizier à Doulevant-le-Château.

Le dernier BB Coferna en activité fut le DE 5 arrêté en 1992. Aujourd'hui, seul le DE 1, est garé à Gray, témoin de cette ancienne série de diesels. Pour cette raison il mériterait d'être sauvegardé et remis en état de présentation d'origine (au minimum) et pourrait utilement rejoindre l'agréable petit musée de Palavas dédié à la ligne de l'Hérault, où son ancêtre la belle 040 Schneider évoque déjà l'époque de la vapeur !

Les locomotives BB General-Electric DE 4028 à 4037 et CFD BB 551

Les locomotives diesel BB à transmission électrique DE 4028 à 4037 proviennent de l'armée américaine (1944) et furent construites par la société General Electric.

Avec une cabine centrale encadrée de deux longs capots, elles possédaient deux moteurs de 250 ch entraînant chacun une génératrice alimentant le moteur électrique de chaque bogie.

Numérotées 7528 à 7537 par l'armée américaine, elles devinrent DE 4028 à 4037 sur les Economiques de la Gironde, leur réseau d'adoption.

Leur livrée a été successivement vert foncé avec marquage SE, vert celtique avec bande jaune jonquille, puis bleu « CFTA » avec bandes et moustaches blanches.

Les DE 4032 et 4036 sont arrivées sur le réseau de Franche-Comté avec une troisième unité servant de magasin de pièces, après la fermeture de celui de la Gironde, sur lequel elles ont effectué toute leur carrière, avec toutefois une incursion sur les Voies Ferrées des Landes en tête de train de pétrole sur la ligne d'Ychoux à Parentis.

En Franche-Comté, elles assurèrent pendant quelque temps des services entre Châtillon et Nuits-sous-Ravières et des manœuvres à Gray.

Mentionnons enfin la BB 551 ex-CFSTA de Saint-Dizier qui rejoignit le réseau de Franche-Comté où elle effectua pendant peu de temps des trains, particulièrement sur la ligne de Nuits-sous-Ravières avec tout de même un tonnage maximum de 900 tonnes, mais à vitesse très lente. Ce petit diesel à transmission Asynchro avait été conçu par les ateliers CFD de Montmirail. Son utilisation très délicate a toujours posé des problèmes sur les CFTA de Franche-Comté, qui l'utilisèrent donc peu. Cet engin fut à l'origine de la série BB 71000 de la SNCF.

Les BB 4500 et BB 4800 Brissonneau & Lotz

Ce sont ces locomotives qui assurent de nos jours les dessertes du Châtillonnais et celle d'Is-sur-Tille à Mirebeau-sur-Bèze, une machine étant constamment basée à Is.

La CFTA fit l'acquisition au début de 1990 de 31 locomotives rendues disponibles à la suite de la fermeture des Houillères du Bassin du Nord et du Pas-de-Calais (HBNPC).

Construites de 1959 à 1963 et proches du type BB 63000 de la SNCF, elles arrivèrent au centre de Gray entre mai 1990 et février 1992, dans leur livrée orange d'origine avec bandeau noir ceinturant les capots. Entre septembre 1990 et juin 1995, 23 d'entres elles furent remises en état avec prélèvement de pièces sur les machines restantes. A cette occasion, elles revêtirent la nouvelle livrée bleue à bandeaux rouges avec marquage CFTA, accompagnée d'une renumérotation sur de classiques plaques latérales en lettres blanches sur fond noir avec mention de leur dépôt dans le cartouche.

Deux versions ont été réalisées :
- BB 4501 à 4504 et BB 4510 : moteur d'origine MGO de 600 ch type A ;
- BB 4801 à 4818 : aptes à la marche en unité multiple, leur puissance est portée à 825 ch grâce à la pose d'un turbo-compresseur.

La qualité reconnue de ces diesels rustiques fut sans nul doute un bon choix pour renouveler le parc des CFTA, dont les séries les plus anciennes disparurent après leur arrivée.

LES CHEMINS DE FER SECONDAIRES EN CONTACT AVEC « LE RÉSEAU DE FRANCHE COMTÉ »

Le chemin de fer Troyes – Châtillon-sur-Seine – Is-sur-Tille – Gray – Vesoul fut en contact avec plusieurs lignes d'intérêt local à voie métrique, créées de 15 à 25 ans après sa mise en service. Certaines gares, qui assuraient les correspondances pour les voyageurs et pour les marchandises, ont été pourvues d'installations de transbordement.

Ces compagnies secondaires exploitaient leurs lignes en contact avec les gares des grands réseaux suivant deux régimes :
- régime de la communauté : le grand réseau assurait l'ensemble des services (local et transit) moyennant une rémunération.
- régime d'échange : chaque compagnie assurait son service dans ses installations, des voies permettent si nécessaire le transit de wagons à wagons.

Affluents des grandes compagnies, ces « petits » chemins de fer, parce qu'ils ont bien évidemment assuré un service important, ne doivent pas être oubliés. Sont concernées trois sociétés et cinq lignes :

Les correspondances avaient lieu à :
- Polisot, avec les Chemins de fer départementaux de l'Aube (CDA), reliant Les Riceys à Cunfin, pour une distance de 36 km. La ligne fut ouverte le 14 septembre 1901 des Riceys à Polisot et le 1er octobre 1902 de Polisot à Cunfin. Elle fut fermée au service des voyageurs le 1er juin 1947 et aux marchandises par wagons complets le 1er novembre 1949.
- Châtillon-sur-Seine, avec les Chemins de fer départementaux de la Côte d'Or (CDCO), reliant la sous-préfecture de la Côte d'Or à Dijon, distante de 107 km. La ligne a été ouverte en premier de Châtillon-sur-Seine à Aignay-le-Duc 9 mars 1891, pour atteindre Dijon le 3 juin 1914. Elle a été fermée à tout trafic le 1er janvier 1934.
- Autet, avec les Chemins de fer vicinaux – Réseau de la Haute-Saône (CFV). La ligne fut ouverte entre Gray et Jussey le 5 août 1903. Sa fermeture intervint le 15 février 1938. Dans cette commune, il n'y avait aucun trafic de transit ; les gares étaient pourtant face à face !
- Gray, avec le Chemin de fer de Gray à Gy et Bucey-les-Gy, repris par les CFV. Son inauguration intervint le 5 mai 1878 au départ de la gare indépendante de Gray-Ville. Le raccordement à la gare de Gray-Est et PLM fut mis en service le 1er mars 1894. Le service des voyageurs cessa le 9 juillet 1937 et celui des marchandises le 1er janvier 1938.
- Marnay, avec les Chemins de fer vicinaux – Réseau de la Haute-Saône (CFV) sur la ligne de Gy à Marnay de 17,343 km, ouverte le 14 octobre 1894 (raccordement en gare de Gy de la ligne de Gray à Grandvelle). Marnay était une gare de transit avec le PLM sous le régime d'échange. La fermeture intervint pour le service voyageurs le 9 juillet 1937 et pour les marchandises le 1er janvier 1938.

A Polisot-Transit en juillet 1946, une automotrice De Dion-Bouton type JM2 des Chemins de Fer Départementaux de l'Aube (CDA) stationne avec sa remorque en juillet 1946, un an avant la fermeture de cette ligne aux voyageurs.
Photo Jacques Chapuis - collection FACS.

Ci-dessus, vue aérienne de la gare de Polisot au milieu des années cinquante. On aperçoit au-delà des voies SNCF le bâtiment-voyageurs et la halle à marchandises des Chemins de Fer Départementaux de l'Aube, dont les voies ont été déposées après la fermeture définitive du réseau en 1949.
Collection Didier Leroy.

Châtillon-sur-Seine était aussi desservi par la ligne des Chemins de Fer Départementaux de la Côte d'Or (CDCO) en provenance de Dijon. Un convoi de cette compagnie traverse la ville, remorqué par la 031 n° 5 dont le mécanisme est masqué par des panneaux de tôle pour ne pas effrayer les chevaux !
Collection Didier Leroy.

La seconde gare de Gray, baptisée Gray-Ville, appartenait aux Chemins de Fer Vicinaux (CFV) qui exploitaient un réseau de 469 km dans le département de la Haute-Saône.
Collection Didier Leroy.

LES GARES CENTRES D'EXPLOITATION DU RÉSEAU DE FRANCHE-COMTÉ

La gare de Châtillon-sur-Seine

Sous-préfecture du département de la Côte d'Or jusqu'en 1926, Châtillon-sur-Seine, située à 215 mètres d'altitude, compte aujourd'hui 6500 habitants. La Douix y trouve sa source et apporte à la Seine qui traverse la ville, ses eaux pérennes.

Châtillon-sur-Seine possède un charme certain grâce en particulier à un riche passé religieux, puisqu'on y dénombre trois églises dont la plus ancienne date du début du Moyen Age, l'église Saint-Vorles, la chapelle d'une ancienne abbaye de chanoines et les vestiges du château des ducs de Bourgogne datant du XIIIème siècle.

Avec une forêt domaniale de 9000 hectares, l'industrie vit depuis longtemps de l'exploitation du bois. Des ateliers de métallurgie et le travail de la pierre furent les fers de lance de l'économie locale.

Le 15 juin 1940, un terrible bombardement anéantit un tiers de la ville au niveau du centre commercial, la plongeant dans l'horreur.

L'arrivée du chemin de fer à partir de 1864 a certes permis aux Châtillonnais, jusque là à l'écart des grands axes de communication, des échanges faciles vers Troyes, Nuits-sous-Ravières, Chaumont, Gray et, grâce à la ligne à voie métrique des Chemins de fer départementaux de la Côte d'Or, Dijon. La circulation des marchandises, grandement facilitée, va permettre le développement de l'industrie et du commerce.

Avec son imposant bâtiment-voyageurs d'architecture PLM et ses importantes emprises, on peut se faire une certaine idée de ce que fut à son apogée l'importance de la gare mixte Est-PLM de Châtillon-sur-Seine, qui a compté près 70 agents en 1931, tous services confondus.

La 140 C 216 devant le BV de Châtillon-sur-Seine le 27 mai 1972, avec le mécanicien Jean Drothier, le chauffeur Alain Demangel et le chef de gare Jean Menecier sur le quai. Cette locomotive assurera le soir même le dernier train omnibus de voyageurs Troyes —Châtillon, ce qui explique la présence de peinture blanche sur la cornière du tablier et les tampons. Photo Chambon - collection Jean Menecier.

Le personnel PLM de la gare de Châtllon-sur-Seine le 12 mai 1909. Au centre le chef de gare, entouré des deux chefs de sécurité portant la casquette règlementaire à coiffe blanche, des sous-chefs, facteurs chefs, facteurs enregistrants et hommes d'équipe. Collection Bassinet.

A la création de la SNCF, la gare de Châtillon fut rattachée à la région Est. Elle passa à la région Sud-Est en 1971.

Après avoir vu arriver sur la voie A du quai 2 le dernier omnibus voyageurs en traction à vapeur au soir du samedi 27 mai 1972, avec la 140 C 216, la gare de Châtillon a été désertée par tout service voyageurs depuis le samedi 31 mai 1980, à la suite du funeste plan Guillaumat. Elle reste cependant très active pour le transport des marchandises, étant notamment une importante « gare bois » du réseau national.

L'étoile à quatre branches est aujourd'hui réduite à une seule, tout le trafic actuel utilisant la ligne de Nuits-sous-Ravières, commune avec celle de Troyes sur deux kilomètres jusqu'à la gare de Sainte-Colombe.

Les trains complets ont remplacé les célèbres « chiffonniers », ces trains qui desservaient toutes les petites gares et les embranchements particuliers, en déposant ou reprenant des wagons isolés le long de la ligne.

Le 27 mai 1972 sous une pluie diluvienne, l'omnibus en provenance de Troyes arrive pour la dernière fois à 20h23 à Châtillon-sur-Seine en traction vapeur, derrière la 140 C 216 décorée pour la circonstance.
Photo Chambon - collection Jean Menecier.

A Châtillon-sur-Seine en 1955, la 230 B 761 du dépôt de Chaumont arrive de la préfecture haut-marnaise conduite par une équipe des « Économiques » : mécanicien Georges Picard et chauffeur Raymond Douet.
Collection Jean Florin.

Ci-dessous, le 22 mai 1975, la 140 C 287 et son équipe : mécanicien Michel Cligny, chauffeur Alain Demangel et Jean Florin en accompagnement. La plaque de la machine porte encore l'indice 3 de la région Ouest et la mention de son dernier dépôt d'affectation à la SNCF : Blainville.
Photo Jean Florin.

La disparition des locomotives à vapeur et des équipements inhérents à ce mode de traction, donne aux installations pléthoriques, à travers une certaine léthargie, une atmosphère quelque peu surannée.

La réduction drastique des effectifs SNCF et CFTA au cours de ces dernières décennies a fait perdre à ces lieux l'âme qui lui fut spécifique.

Les formes d'économies discutables réduisent l'entretien des installations au minimum requis, laissant difficilement percevoir un avenir prometteur.

Le personnel en 1968

Cette année-là, près de 50 agents SNCF et CFTA sont en poste à Châtillon sur Seine :

- **A la SNCF** : 16 agents.

Le service Exploitation compte 10 agents :
- 1 chef de gare de 4ème classe ;
- 1 facteur-chef [1] ;
- 2 facteurs-mixtes [2] ;
- 1 commise [3] principale marchandises ;
- 1 commis principal voyageurs ;
- 4 hommes d'équipe.

Le service Voies et Bâtiments (VB) compte 6 agents :
- 1 chef de canton avec une brigade, en résidence à Châtillon pour l'entretien de la gare et d'un parcours déterminé des lignes de Nuits-sous-Ravières et de Chaumont.

- **A la CFTA** : 32 agents.

Le personnel attaché à Châtillon se trouve sous l'autorité du directeur régional de Gray.

L'Exploitation compte :
- 1 inspecteur Exploitation ;
- 1 secrétaire ;
- 1 facteur attaché au fichier wagons ;
- 4 chefs de train ;
- 2 serre-freins ;
- 2 agents de train de réserve.

Le service Voies et Bâtiments (VB) compte :
- 1 inspecteur VB ;
- 1 secrétaire ;
- 1 téléphoniste.
(les brigades VB se trouvent à Saint-Parres-les-Vaudes, Mussy-sur-Seine, Leuglay-Voulaines et Pavillon-les-Grancey).

[1] Agent d'exécution.
[2] Agent pouvant effectuer diverses fonctions de sécurité et d'écriture.
[3] Agent préposé aux écritures.

Le service Matériel et Traction (MT) compte :
- 1 chef de réserve ;
- 1 allumeur ;
- 5 équipes vapeur ;
- 2 conducteurs d'autorails ;
- 2 équipes de réserve.

En 2004, les agences CFTA de Gray et de Châtillon (19 agents) sont regroupées en une seule.

Quelques statistiques

Pour l'année 1973, les principaux éléments statistiques (C 110-1) de la gare de Châtillon indiquent :
- vente de 10610 titres voyageurs ;
- 40 bagages expédiés ;
- 24 consignes ;
- 434 colis expédiés en régime express [1] ;
- 4376 colis reçus en régime express ;
- 64 colis de détail [2] expédiés ;
- 509 colis de détail reçus ;
- 3712 wagons expédiés ;
- 2125 wagons reçus.

A compter de 1994, la vente des titres de transport a quitté la gare pour s'installer dans un bureau de ville, ce qui a désertifié un peu plus le grand BV, ne laissant plus qu'un unique agent SNCF sur place, dont le travail est dédié à l'activité Fret.

Tous ces constats, réalité de bien des gares, ne doivent pas cacher la vie actuelle de celle de Châtillon-sur-Seine qui, sur le plan du fret conserve une position confortable puisque la région SNCF de Dijon a décidé au mois d'avril 2000 d'entreprendre d'importants travaux avec démolition de la halle, pour laisser place à une plateforme bois avec possibilité de charger six wagons supplémentaires, ce qui entraîne une simplification des manœuvres et une accessibilité plus adaptée aux camions actuels.

Pour l'année 2003 (octobre 2002 à septembre 2003), les expéditions et réceptions se sont élevées à environ 173.000 tonnes réparties entre des bois de trituration, des plaquettes et noyaux de bois, des céréales et des déchets de fer blanc au départ, des grumes à l'arrivée (et à compter de janvier 2004 des engrais), ce qui donne 225 trains complets et un cumul de 6545 wagons, soit 10000 camions par an sur les routes.

La gare de Châtillon-sur-Seine est actuellement gérée par un employé SNCF sous la responsabilité du dirigeant de proximité (DPX, telle est la dénomination actuelle), le poste de chef de gare de Châtillon ayant été supprimé en 1992. Elle est exploitée par du personnel CFTA (pour l'administration, la traction, le service des trains, l'entretien des voies). La traction de tous les trains est confiée aux BB 4500 et 4800 des CFTA et à leurs conducteurs.

Chargement de bois sur wagons aux couleurs de Fret SNCF sur la nouvelle plateforme de la gare de Châtillon-sur-Seine en 2001. Photo Claude Garino.

LES EMBRANCHEMENTS PARTICULIERS EN 2003

Buchères-Verrières :	Coopérative Nouricia ;
Saint-Parres-les-Vaudes :	Coopérative Nouricia ;
Bar-sur-Seine :	Société ABM (Aquitaine béton moulé) ;
Polisot :	Etablissement Soufflet Agriculture ;
	Etablissement Soufflet Malterie (principalement du malt en conteneurs) ;
Sainte-Colombe-sur-Seine :	Trefil Europ ;
Poinson :	Coopérative Dijon Céréales ;
Laignes :	110 Bourgogne Céréales ;
Brion :	Etablissement Soufflet Agriculture ;
Prusly :	110 Bourgogne Engrais (embranchement en pleine ligne)
Châtillon-sur-Seine :	110 Bourgogne Céréales ;
	Zone Séquana, desservie par l'embranchement de la ville de Châtillon : Société Reni, Société des Placages du Châtillonnais.

[1] Acheminés comme les bagages par trains de voyageurs.
[2] Acheminés par wagon d'affectation ou fourgon, service repris par le Sernam (Service nationale des messageries).

Les emprises ferroviaires

Le plan ci-contre permet de bien situer les différentes installations.

Un vaste bâtiment à l'usage des voyageurs, 5 voies à quai, une buvette, de grandes halles à marchandises, des installations de transbordement avec les Chemins de fer départementaux de la Côte d'Or, deux dépôts dont un Est et un PLM, le foyer d'agents de train, trois postes d'aiguillages et de petits bâtiments en bois annexes si caractéristiques, sont à la hauteur de ce que fut le chemin de fer dans cette sous-préfecture bourguignonne.

La signalisation fut marquée par l'installation du block-system (block PLM n°3) entre Sainte-Colombe et Châtillon dès 1911, et entre la gare et la bifurcation Est (Chaumont – Is-sur-Tille) par décision du 5 décembre 1913, en raison de l'importance stratégique de cette liaison.

Au milieu des années 60, la simplification des installations se traduisit par la disparition de trois postes d'aiguillages Vignier [3] sur les quatre et la pose de signaux mécaniques unifiés manœuvrés par le petit poste à pied d'œuvre, situé au début de la tranchée des lignes de Chaumont et d'Is-sur-Tille. De nos jours cette signalisation est supprimée.

[3] Ingénieur de la Compagnie de l'Ouest, inventeur des postes enclenchés.

Ci-dessous, le poste de la bifurcation des lignes de Chaumont et d'Is-sur-Tille à Châtillon-sur-Seine, vu au début du XXème siècle. Il fut supprimé au cours des années 1960. Collection Jean-François Noël.

Plan de la gare de Châtillon-sur-Seine. Avril 1932. Document Est - collection AFAC.

*Au début de l'année 1960, l'autorail De Dion pour Is-sur-Tille franchit la tranchée à la sortie de Châtillon, au niveau du poste 3 Vignier. A droite la direction de Gray, à gauche celle de Chaumont.
Photo François Fontaine.*

Le bâtiment-voyageurs (BV)

Dotée à l'origine par le PLM d'un bâtiment à l'usage des voyageurs d'un volume et d'un style en rapport avec l'importance supposée de la sous-préfecture de la Côte d'Or, la gare de Châtillon-sur-Seine a conservé son imposant BV construit en 1864.

Il correspondait à un bâtiment de 1ère classe, suivant la classification de M. Devally, ingénieur principal du PLM au service de la voie, qui avait défini trois classes avec allongement par travées. La gare devait desservir une population de 9000 à 12000 personnes dans un rayon de 5 kilomètres, avec un trafic moyen de 150 voyageurs par jour.

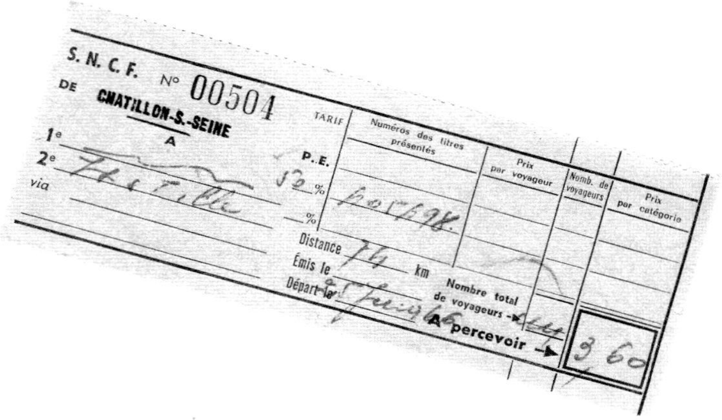

*Sous la marquise de la gare de Châtillon-sur-Seine le 5 août 1975, la cloche d'annonce Siemens, la 140 C 287 et des colis de pièces automobiles encore confiés au rail.
Photo José Banaudo.*

*Le 25 juin 1966, un autorail de 150 ch pour Is-sur-Tille en gare de Châtillon-sur-Seine, encore dans sa configuration d'origine.
Photo et collection François Fontaine.*

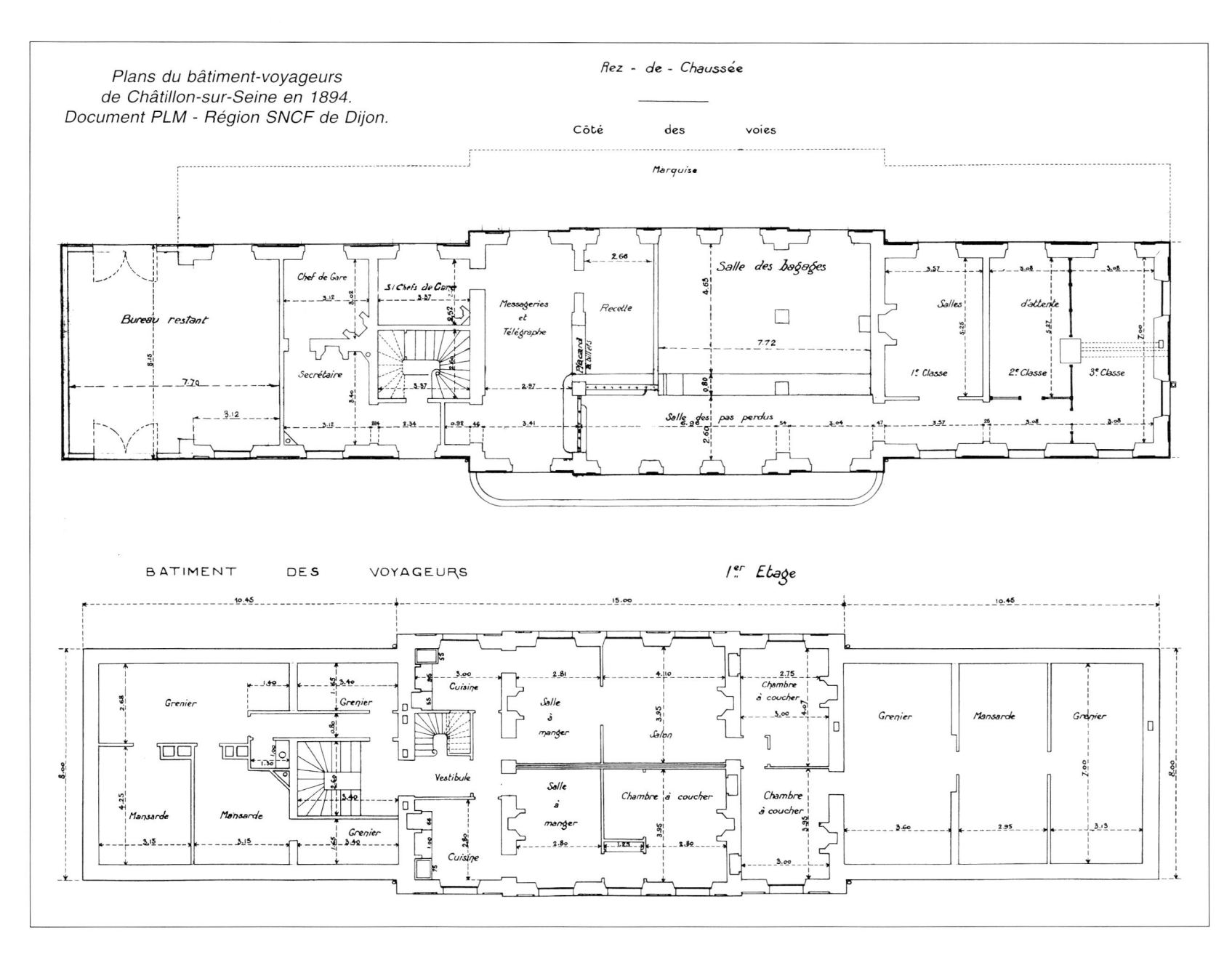

Plans du bâtiment-voyageurs de Châtillon-sur-Seine en 1894. Document PLM - Région SNCF de Dijon.

Le BV surmonté d'une toiture principale à quatre pans, avec pignon médian en façade interrompant la corniche, est doté de nombreux corbeaux décoratifs, de chaînes d'angles et d'une façade en pierre avec des ouvertures en rez-de-chaussée à linteaux arrondis en plein cintre ou mixtes. Une même recherche architecturale est de mise pour les ailes, avec des lucarnes en œil de bœuf pour agrémenter le toit. La partie donnant sur les voies possède une marquise avec festons en zinc.

En entrant dans la gare, le voyageur se trouvait dans le vestibule (salle des pas-perdus), face à la salle des bagages séparée par une banque à bagages [1] et aux guichets à billets (recette).

A droite, les salles d'attente de 1ère et de 2ème classes et une autre plus grande de 3ème classe, étaient accessibles par un couloir situé côté ville. Le chauffage de ces pièces était assuré par un calorifère à charbon, et en classe supérieure par un poêle inséré à l'intérieur d'une belle cheminée en marbre.

A gauche étaient situés les guichets donnant sur les locaux des recettes, des messageries et du télégraphe, les bureaux du chef de gare et des sous-chefs, du secrétaire et le « bureau restant » [2].

Des transformations diverses vinrent modifier la distribution des locaux au cours des décennies, en fonction du trafic et des modes.

Notons l'agrandissement, dans un style de même facture, de l'aile côté Nuits-sous-Ravières, à la suite d'une décision du conseil d'administration du 9 février 1894, avec la construction d'une pièce sans étage afin d'y mettre le bureau restant. Cet ajout disparut lors du grand ravalement du début des années 1980.

Vers 1960, deux guichets en chêne verni largement vitrés (voyageurs et marchandises) furent installés sur la gauche en entrant. Ils sont toujours en place.

Le local à bagages étant déplacé, c'est une vaste salle des pas-perdus avec bascule qui marque la période contemporaine, les salles d'attente déjà désertées laissant la place, après la fin du service voyageurs, à un foyer, un bureau CFTA, ainsi qu'un local pour les archives.

---

[1] Meuble long et bas sur lequel glissaient les bagages et colis.
[2] Au PLM, magasin des colis à livrer en gare.

A Châtillon-sur-Seine le 25 juin 1966, un autorail X 5500 pour Is-sur-Tille est en attente sous l'abri PLM dont les grandes plaques émaillées indiquent les quatre destinations de l'« étoile » : Chaumont, Is-sur-Tille, Troyes, Nuits-sous-Ravières. Photo François Fontaine.

Au 1er étage se situent deux appartements : celui du chef de gare est le plus vaste (quatre pièces avec la cuisine, une mansarde et deux greniers), celui du sous-chef est plus petit (deux pièces et la cuisine). Des greniers et deux petites mansardes sont disposés dans l'aile. Ajoutons que c'est fin 1919 que l'eau courante fut installée dans les logements du 1er étage.

Sur le trottoir central (quai 2), un abri métallique du plus pur style PLM (type parapluie) fut édifié en 1902 et déposé en 1967.

Un trottoir (quai 3) desservait la voie I.

L'éclairage au gaz, datant de 1878, fut remplacé par l'éclairage électrique en 1933.

Un petit bâtiment côté Chaumont, à l'origine à usage de buvette, de lampisterie et de bureau restant, fut mis à la disposition de la SE à compter des premiers affermages de 1934. C'est de nos jours le bureau du responsable local de la CFTA et de son secrétariat.

Ci-dessus, le samedi 27 mai 1972, la 140 C 216 va quitter Châtillon avec le dernier train vapeur de détail pour Troyes. Sur l'ancien quai 3, le traditionnel chariot métallique est de rigueur pour transporter les colis. Dès le lundi suivant, la relève sera assurée par des BB 66000 de la SNCF. Photo Chambon - collection Jean Menecier.

La 140 C 22 manœuvre le 24 mars 1974 en gare de Châtillon-sur-Seine, devant la halle à marchandises PLM à laquelle sont accolés les vastes bureaux de la « Petite Vitesse ». Photo José Banaudo.

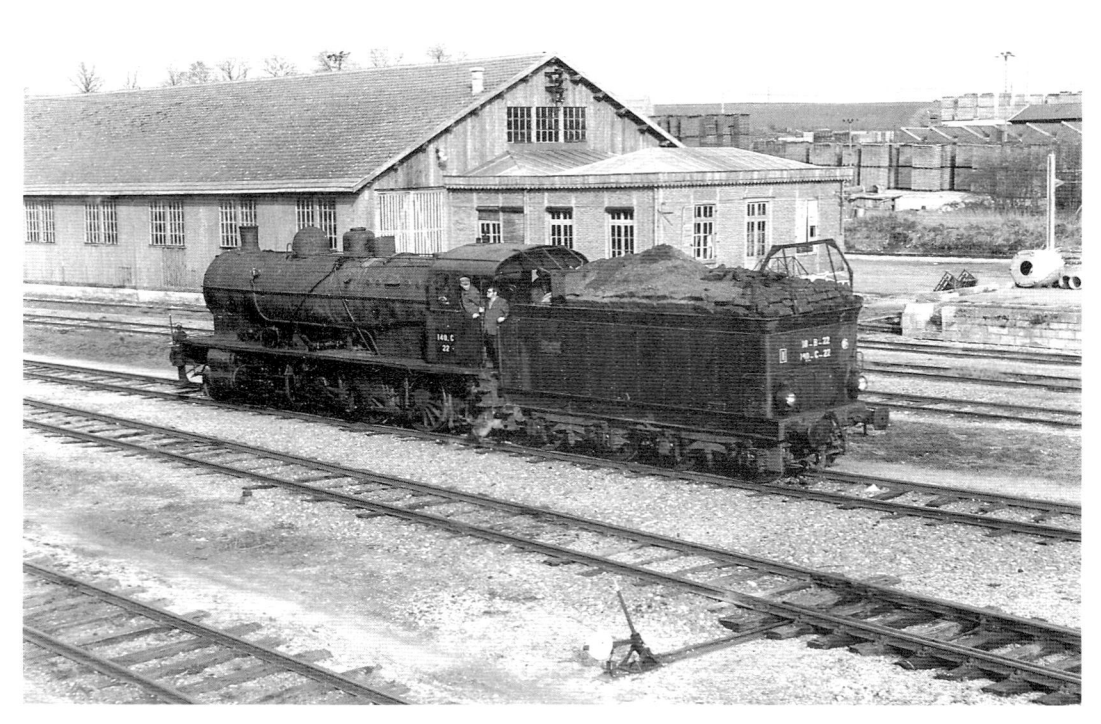

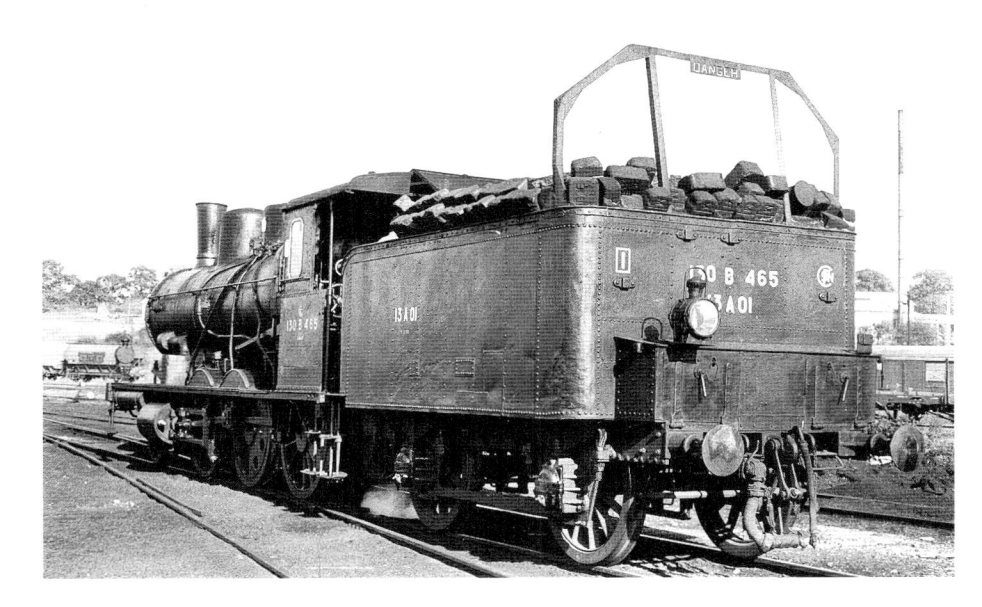

Une vue du tender 13 A 01 accouplé à la 130 B 465, à l'annexe de Châtillon en 1963. On remarque le coffre à agrès et la conduite de chauffage vapeur, à côté du tampon gauche. Photo Claude Nicollier.

Ci-dessous, à l'annexe de Châtillon en 1963, le surveillant de dépôt surnommé le « Père François » prépare la 130 B 463 pour le ramonage des tubes de la boîte à fumée. Le flexible de la lance est déjà en place. Photo Jean Florin.

Sur le premier quai se trouvait l'édicule d'aisance (WC) et plus loin, presque à hauteur du pont de la route de Troyes, le foyer mixte des agents de train Est et PLM, aujourd'hui utilisé par le service de la voie.

La halle à marchandises

Pour les marchandises, une importante halle, de facture PLM existait jusqu'en 2000. Au milieu des années 60, le bureau administratif a quitté la halle pour s'installer en gare.

Le dépôt des locomotives

A l'époque des compagnies, deux dépôts de locomotives (Est et PLM) comportant des remises longitudinales ont été construits, avec une plaque tournante commune de 14 mètres.

Dans un bâtiment en pierre de taille, un foyer à l'usage des mécaniciens et chauffeurs de l'Est situé à l'arrière du dépôt existe toujours. Il sert désormais de réfectoire et de commodités pour les agents de la voie.

Après la création de la SNCF, seul le dépôt Est resta en activité pour les besoins en traction de la SE, celui du PLM disparaissant dès 1947. De deux voies à l'origine, cette remise fut agrandie en 1904 avec l'adjonction d'une voie supplémentaire couverte. Cet ajout fut supprimé après la disparition de la traction à vapeur. La modification du plan de voies pour créer un embranchement destiné à recevoir des wagons d'essence en fut la cause. Cette installation, elle-même disparue sans avoir pratiquement servi, est la conséquence de l'abandon du trafic diffus ! Le dépôt sert de nos jours pour l'entretien courant et l'approvisionnement en carburant des machines CFTA BB 4800 et de la draisine.

Tous ces remaniements inutiles ont fait disparaître la plaque tournante immortalisée par de nombreux photographes au cours des dernières années de la vapeur de 1965 à 1975. En effet, elle était trop courte pour

Au dépôt de Châtillon le 7 avril 1975, chargement de briquettes à bord du tender de la 140 C 287 qui arbore encore sa plaque « Etat » 18579 ! Photo José Banaudo.

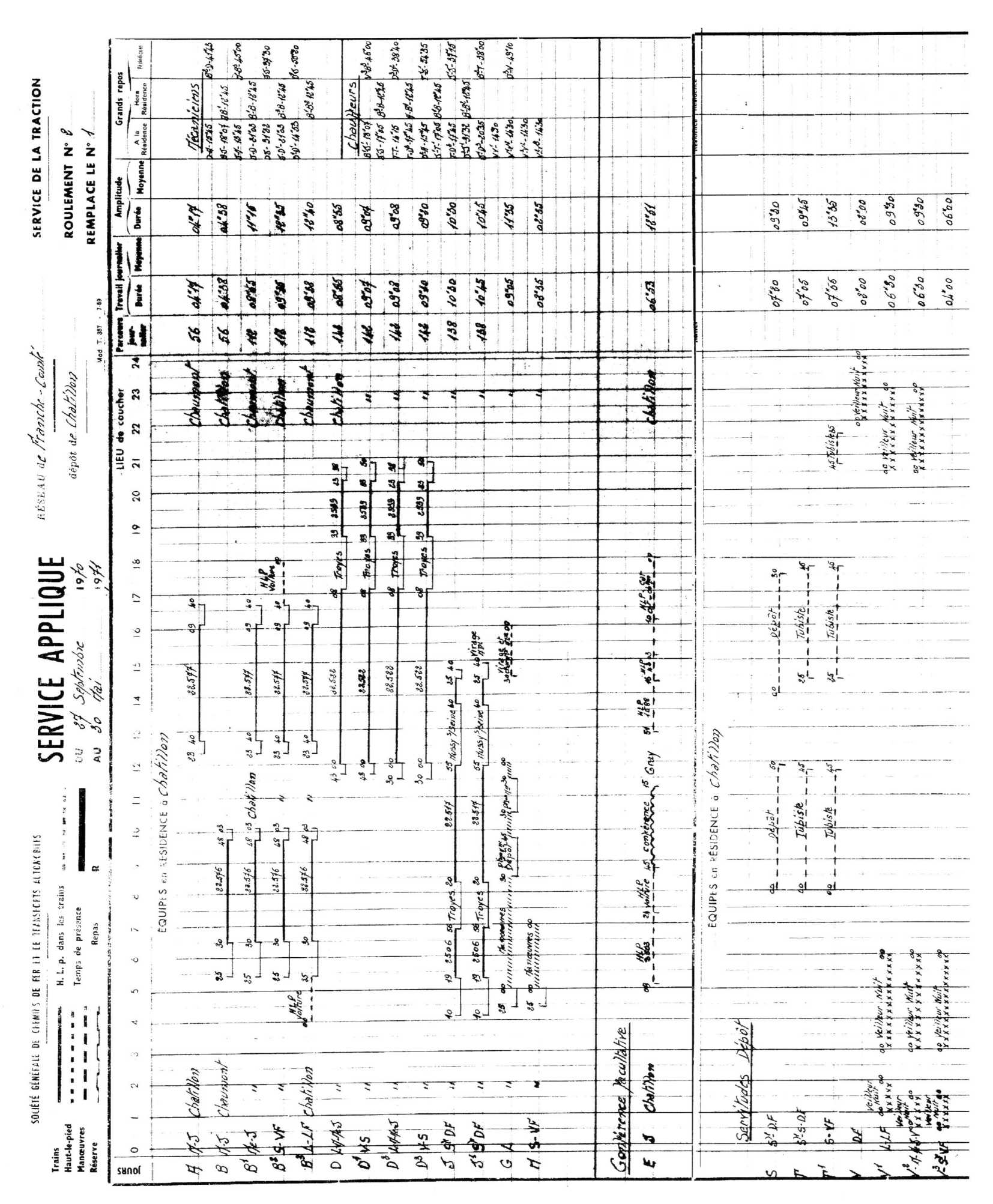

Roulement du dépôt de Châtillon-sur-Seine du 27 septembre 1970 du réseau de Franche-Comté des CFTA. Collection Didier Leroy.

La 140 C 22 devant la remise de Châtillon le 12 septembre 1970. Photo Bernard Bonnet.

A l'annexe de Châtillon le 12 octobre 1975, tournage à la main de la 140 C 38. Cette opération nécessitait le découplage de la machine et du tender, l'ensemble étant trop long pour le pont tournant de 14 m. Le beau bâtiment en pierre est le foyer des roulants. Ci-contre, après orientation, la locomotive manœuvre son tender ! Photos José Banaudo.

Châtillon aux aurores du 7 avril 1975. Le surveillant de dépôt Mariglier évacue le fraisil, avant que la 140 C 22 ne parte vers des horizons pas très lointains. Photo José Banaudo.

Vue de l'imposante gare de Gray, côté ville. Les voies au premier plan sont celles qui relient le réseau à voie métrique des Chemins de Fer Vicinaux avec le faisceau d'échange des marchandises. Aujourd'hui, seule l'aile gauche du bâtiment subsiste pour les services de la SNCF. Collection Pascal Reinhard.

les 140 C, aussi la machine devait-elle être séparée de son tender pour être tournée, ce qui entraînait des manœuvres importantes.

Autre témoin de l'époque de la vapeur, un des deux réservoirs d'eau, celui en béton dans le jardin de la gare, toujours en place, fut cédé à la ville en 1978. L'eau pour l'alimentation des réservoirs provenait de la Seine, où elle était puisée par une machine fixe à vapeur située dans un local à l'angle de la route nationale 71 et de l'avenue de la Ferme de la Pidance. Cette machine a été supprimée en avril 1959. La grue hydraulique à col tournant de type unifié, déposée en 2001 mais conservée au dépôt, resta longtemps l'unique vestige d'un monde disparu que les amateurs de panaches portent dans leurs cœurs.

Qui, parmi ces derniers ne se souvient avec nostalgie d'une 140 C sous pression, à proximité de cette grue à eau au long manchon en toile battu par le vent, aperçue en arrivant à Châtillon depuis la route de Troyes peu avant le pont de la gare...

La gare de Gray

Aujourd'hui chef-lieu d'un canton de plus de 8300 habitants, Gray s'est essentiellement développée grâce à la Saône, facilement navigable en aval de la ville.

Au Moyen-Age, Gray est d'abord une place forte proté-geant le passage de la rivière, avant de s'étendre autour de la Saône au cours des XIVème et XVème siècles. Cette ville marque en effet le terminus de la navigation en venant du sud, et se trouve de ce fait en position de carrefour et de point de rupture de charge. Gray devint ainsi une ville d'éta-pe et d'entrepôt entre l'est et le sud-est dès le XIVème siècle

Plusieurs fois dévastée, la ville se reconstruisit au XVIème siècle, alors qu'elle restait à la frontière entre la Franche-Comté espagnole de Charles Quint et les terres des rois de France. Gray et la Franche-Comté revinrent à la France sous Louis XIV. C'est à cette époque que furent édifiés la basilique et l'hôtel de ville.

Au XVIIIème siècle, Gray était l'une des principales villes commerciales de Franche-Comté. Entrepôts, industries et chantiers navals se créèrent, la bourgeoisie d'affaires s'enrichit.

A la Révolution, Gray fut incorporée dans le département de la Haute-Saône avec le statut de sous-préfecture, qu'elle perdit en 1926. Gray fut pendant longtemps ville de garnison ; la présence militaire a de nos jours totalement disparu.

La décadence du port de Gray débuta au cours des années 1850, entraînée par le développement des voies ferrées. Ne demeure qu'un port local au XXème siècle, toutefois revivifié par le récent développement du tourisme fluvial.

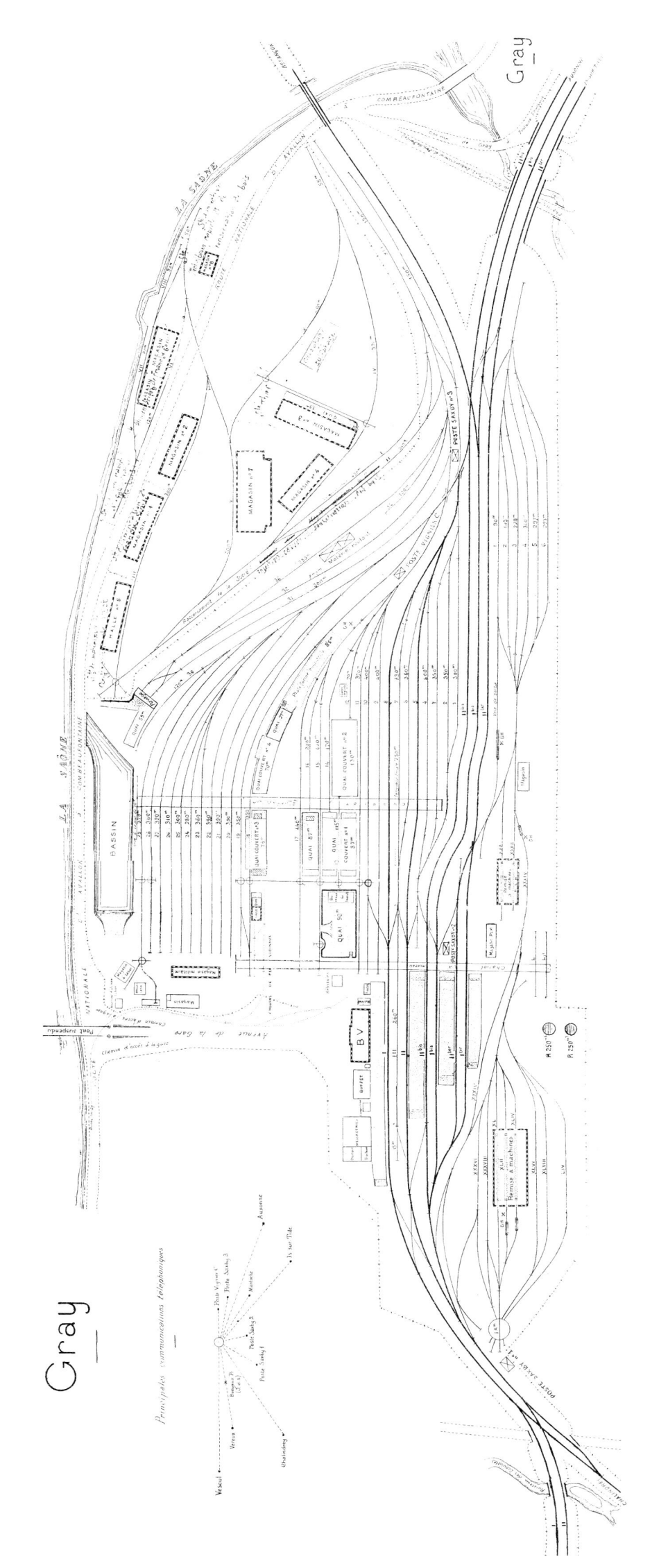

Avril 1932 - Document Est, collection AFAC.

Une partie des installations ferroviaires de Gray côté ouest autour de 1900. De cet ensemble, il ne reste aujourd'hui que la halle à marchandises au centre du cliché. Collection Didier Leroy.

La ville de Gray ne fut jamais un site industriel important, les activités liées à la Saône étant essentiellement commerciales. Il fallut attendre le XXème siècle pour voir se développer des industries, la plus célèbre étant sans doute les établissements Millot aujourd'hui disparus, qui produisaient des moteurs et du matériel agricole.

Bien que restée à l'écart des grands axes, le développement du chemin de fer donna à la ville une étoile ferroviaire à cinq branches, aujourd'hui réduite à la portion congrue.

L'emplacement de la gare

Le choix de l'emplacement de la gare se révéla difficile. Certains souhaitaient que l'embarcadère soit établi sur la rive gauche de la Saône, du côté de la ville de Gray, proche du quai Mavia. D'autres voulaient qu'il fut établi près de la chaussée d'Arc, sur la rive droite. La compagnie de Paris à Lyon voulait une gare ferroviaire et fluviale à l'extrémité du port.

Le projet que le PLM parvint à faire adopter plaça la gare parallèlement à la Saône sur une longueur de 800 mètres et une largeur de 120 mètres. Cependant, les communications étaient difficiles entre la ville haute et le chemin de fer. Une nouvelle rue traversant la Saône sur un pont suspendu fut alors créée, aboutissant directement sur la place de la gare. Ce pont fut détruit au cours des combats de 1940 et remplacé par l'ouvrage actuel.

La gare de Gray était commune au PLM et à l'Est, et chaque compagnie avait son propre dépôt. Elle était gérée par celle de l'Est. Au maximum de son extension, à la fin du XIXème siècle, la gare de Gray forte de 400 agents comptait plus de quarante voies, quatre postes d'aiguillages, quatre quais couverts par une marquise, un faisceau desservant la bassin fluvial, trois locomotives de manœuvre, deux chariots transbordeurs à niveau et dix petites plaques tournantes permettant de déplacer des wagons à petit empattement vers des voies transversales.

Par ailleurs, Gray était également desservie à partir de 1894 par le réseau à voie métrique de Chemins de Fer Vicinaux de Haute-Saône (CFV).

L'Etoile de Gray et son exploitation

Gray – Chalindrey

Dès 1829, le conseil municipal de Gray s'intéressa à la construction d'une ligne de Saint-Dizier à Gray, permettant de relier ces deux ports et d'établir un lien entre Lorraine et Franche-Comté. Les travaux, autorisés en 1846, ne commencèrent que dans la décennie suivante. La ligne devait permettre de relier les forges et fonderies de Haute-Saône et de Haute-Marne aux bassins houillers du Nord et du Midi, et d'ouvrir des débouchés aux industries et aux forêts franc-comtoises. La section de Chalindrey à Gray fut ouverte à l'exploitation le 22 juillet 1858, permettant à la compagnie de l'Est de desservir Gray deux ans après celle du PLM.

La ligne se sépare de celle de Vesoul à la sortie de la gare de Gray, sur un ouvrage en maçonnerie de six arches. Elle traverse ensuite Arc-les-Gray pour se diriger vers Champlitte qui dispose d'un BV à cinq portes (type C Est). Après Champlitte, la voie se dirige vers le nord à travers la campagne. Remontant la vallée du Salon, elle surplombe ensuite la route depuis le mur de soutènement de Leffond précédant le village du même nom desservi par une halte. Après la gare de Maatz, la voie file vers Culmont-Chalindrey. Bien qu'à voie unique, la ligne est construite au gabarit de la double voie, pour des raisons stratégiques. Ses rampes de 6 mm/m sont quasi continues de Gray à Chalindrey, hormis quelques pentes et paliers.

En 1914, cinq omnibus aller-retour parcourent la ligne. Au cours des années 1920 et 1930, les locomotives utilisées proviennent des séries Est 4000, 40.100, 3400, 3500 et 30.000 (futures 140 A, 140 B, 230 B, 130 A et B).

En 1934, la ligne Gray – Chalindrey, comme celle de Gray – Is-sur-Tille, est affermée à la SE. Le dépôt de Gray devient le centre d'entretien du matériel utilisé sur les lignes des « Economiques ».

A partir des années 1950, les omnibus sont repris par des autorails de type De Dietrich 210 et 320 ch (X 3000 et X 3700) puis des unifiés de 300 ch (X 3800), assurant trois mouvements quotidiens dont un ayant pour origine Langres, ainsi qu'un train de service de soirée accessible aux voyageurs. Le train de marchandises omnibus circulant tous les jours sauf les dimanches, fêtes et lendemain de fêtes, est assuré par les 130 B et 040 D puis par les 140 C après leur arrivée en 1962.

La traction diesel est confiée à partir de 1972 aux BB 66000, remplacées à leur tour par les BB 4500 et 4800 des CFTA jusqu'à la fermeture de la ligne, le 1er juin 1991.

A cette date, Gray passe de la région SNCF de Nancy à celle de Dijon, entraînant le détournement du trafic marchandises de Gray par la ligne d'Auxonne, vers le triage Sud-Est de Gevrey. La fermeture de la ligne de Chalindrey, conséquence de la suppression du triage de Jorquenay (Est) s'ensuit.

Vers 1900, une locomotive type 120 de la compagnie de l'Est quitte Gray avec un train de voyageurs pour Chalindrey, sur une voie rénovée depuis peu. Collection Jean Florin.

Depuis lors, la voie est à l'abandon. Il n'a pas été établi de pont routier lors de la construction d'une déviation à Chargey-les-Gray et le mur de soutènement de Leffond est en partie effondré.

Au cours de l'existence de cette ligne, des silos de céréales ont été implantés à Champlitte et un embranchement militaire construit à Rivières-le-Bois, alors que les bâtiments des haltes de Leffond et Rivières-le-Bois ont disparu après la fermeture.

Gray – Vesoul

L'origine de la ligne de Nancy à Gray remonte aux années 1845-1846, mais la concession n'en fut accordée qu'en 1853. La ligne Nancy – Gray devait rendre accessibles les fontes et minerais fins de Haute-Saône aux forges de Moselle, et apporter à Gray les houilles et bois du Nord, ainsi que les blés lorrains qui y étaient travaillés et exportés ensuite vers le Midi. L'itinéraire passait par Epinal, Aillevillers, Port d'Atelier et Vesoul. La ligne fut ouverte en intégralité par la compagnie de l'Est avec la mise en service des sections d'Aillevillers à Epinal et de Vesoul à Gray le 24 septembre 1863.

L'itinéraire à double voie s'écarte de la ligne de Chalindrey dès la sortie de la gare pour suivre la Saône. La ligne a un profil en dents de scie, alternant les rampes et les pentes de 2 à 8 mm/m. Elle traverse la Saône après Autet, puis se raccorde à Vaivre sur la grande artère de Paris à Mulhouse peu avant Vesoul.

Cette ligne compte un quai militaire à Seveux, deux réservoirs d'eau à Vellexon et un embranchement du service des essences de l'armée entre Fresne-Saint-Mamès et Noidans-le-Feroux. A Vaivre, un raccordement stratégique permet d'accéder à la ligne 4 Paris – Bâle en direction de Chalindrey en évitant Vesoul. Ce raccordement dispose de deux châteaux d'eau pour assurer l'alimentation des locomotives. En 2004, sa plateforme est en état et les embases des réservoirs d'eau toujours présentes.

En 1914, la ligne est parcourue par cinq omnibus aller-retour quotidiens. Pendant la guerre, les trains de permissionnaires U/RU Nancy – Nevers et J/RJ Epinal – Tours utilisent cette ligne, de même que les transports en cours d'opération (TCO) français et américains. La traction des trains est assurée par les dépôts de Vesoul et de Gray. Au cours de la seconde guerre mondiale, la ligne subit quelques destructions en juin 1940, mais la circulation est rapidement rétablie. En 1943 ne roule plus qu'un train mixte tri-hebdomadaire. Après le conflit, les autorails Renault VH (X 2000) puis De Dietrich 320 ch (X 44000), X 3700 et U 300 « Picasso » apparaissent sur une relation semi-directe Belfort – Dijon via Vesoul, Gray et Is-sur-Tille, complétée par deux omnibus Vesoul – Gray. Ces derniers sont confiés à partir du service d'hiver 1951 aux De Dion de la SE, remplacés en 1965 par des autorails unifiés de 150 ch de types X 5500 et X 5800 jusqu'à la fin du service voyageurs en 1969.

La deuxième voie est déposée avec l'accord de l'armée au début de l'année 1970. La desserte marchandises, limitée le 1er juin 1987 à Autet, donne la configuration actuelle avec desserte des embranchements particuliers d'Arc-les-Gray et des silos de stockage de céréales à Autet, ce qui a entraîné la disparition du BV de cette gare.

Vendredi 28 février 1969, l'avant-dernier mouvement voyageurs 2557 Dijon – Vesoul (« La Dijonnaise ») entre en gare de Gray, assuré par l'autorail X 3989. Collection Jean Marquis.

En gare de Gray le vendredi 28 février 1969 à 12h05, le conducteur Jean Marquis du dépôt de Vesoul (à gauche de l'autorail) assure l'avant-dernier train 2557 Dijon – Vesoul. Collection Jean Marquis.

Gray – Is-sur-Tille

La liaison d'Is-sur-Tille à Gray, dernière ligne à voie normale de l'étoile de Gray, fut concédée à la compagnie de l'Est le 31 décembre 1875. Elle devait constituer le dernier tronçon d'une ligne reliant la Champagne à la Franche-Comté et soulager l'artère Paris – Belfort. Cette voie unique de 46 km fut ouverte à l'exploitation le 27 octobre 1888.

Au départ de Gray, la ligne côtoie celle d'Auxonne sur quelques centaines de mètres avant de s'en écarter. Entre Gray et Autrey se trouve le PN-halte de Nantilly, alors que Broye-les-Loups ne dispose que d'une halte sommaire constituée d'un quai court sommaire, installé avec l'arrivée des automotrices De Dion en 1938.

Le beau viaduc d'Oisilly permet de franchir la Vingeanne et la canal de la Marne à la Saône. La ligne compte de nombreuses rampes de 9 mm/m de Gray vers Is-sur-Tille, coupées de quelques pentes et de deux grands paliers entre Champagne et Oisilly, ainsi qu'entre Mirebeau et Bèze.

A la veille de la Grande Guerre, quatre mouvements omnibus desservent quotidiennement le parcours de Troyes à Gray, la durée du trajet de 185 km étant de cinq à six heures. En sens inverse, le service est plus fragmenté et comprend deux mouvements Gray – Troyes, un Gray – Is-sur-Tille et un Gray – Châtillon. La traction est alors assurée par les dépôts de Troyes et de Gray. En octobre 1917 une gare régulatrice est aménagée par l'armée américaine à Is-sur-Tille. Après l'affermage de la ligne de Châtillon à Gray en 1934, la traction des rames voyageurs est confiée aux 30.000 de Gray (futures 130 A et B SNCF) et en 1938 les automotrices De Dion complètent le service. L'exploitation de la ligne de Troyes à Gray est désormais scindée de part et d'autre de Châtillon.

En 1944, le viaduc d'Oisilly est endommagé par sabotage et reconstruit à l'identique. A partir du service d'hiver 1951, seule la relation quotidienne entre Belfort et Dijon via Gray demeure. Le trafic marchandises est confié aux 130 B, 040 D puis 140 C.

La gare de Gray en 1966. Sur la voie I bis stationne une remorque Verney devant laquelle attend un écclésiastique en soutane et béret basque, tandis que sur la voie I ter un autorail De Dietrich X 44500 à « nez pointu » assure le TA 2557 Dijon - Vesoul. Photo François Fontaine.

La suppression du service voyageurs intervint le 3 mars 1969. La desserte marchandises de la ligne fut ensuite morcelée. Elle est aujourd'hui exploitée en antenne d'Is-sur-Tille à Mirebeau-sur-Bèze et de Gray à Autrey.

Gray - Auxonne

Décidées en 1838, les études pour le tracé d'un chemin de fer de Dijon à Mulhouse débutèrent en 1841, mettant en compétition plusieurs projets, notamment un tracé par Gray, Vesoul et Belfort. Le tracé fut fixé en 1846 par Besançon et Villersexel, Gray étant desservie en embranchement depuis Auxonne. Ce fut la première ligne de chemin de fer qui desservit Gray, ouverte à l'exploitation le 10 novembre 1856 par la compagnie de Paris à Lyon (PL). Cette ligne se détachait de l'axe Dijon – Dole à Villers-les-Pots, peu avant Auxonne. Elle devint par la suite un itinéraire stratégique à double voie permettant de relier Gray à Chagny et Chalon-sur-Saône. Allerey étant la gare de contact des lignes de Chalon-sur-Saône, Dole, Gray, Beaune et Chagny.

La ligne se détache de l'axe Dijon – Dole à Villers-les-Pots. Les bâtiments-voyageurs, construits en 1854, ont une architecture particulière propre aux premières lignes de chemin de fer. Des quais militaires sont construits à Essertenne, Maxilly et Villers-les-Pots. La ligne a un profil facile, alternant rampes, paliers et pentes, qui ne dépassent pas 6 mm/m entre Gray et Auxonne.

La traction est assurée par les dépôts PLM d'Auxonne, puis de Dole et Chalon-sur-Saône, qui mettent en œuvre des 120 et 121 pour les voyageurs et des 030 Bourbonnais pour les marchandises. A la veille de la guerre de 1914-1918, Gray et Chalon-sur-Saône sont reliés quotidiennement par trois omnibus en 4h00 à 4h30. Un seul mouvement est direct en sens inverse, les deux autres étant en correspondance à Auxonne. Cette desserte est complétée par deux Gray – Auxonne. En août 1914, l'itinéraire est emprunté par des convois de mobilisation. Il est ensuite parcouru par des trains de permissionnaires Nancy – Nevers et Bar-le-Duc – Chalon-sur-Saône. Dans les années 1930, la traction est confiée à des 230 A de Chalon-sur-Saône et Dole, des 130 A de Chagny et des 140 de différentes séries PLM et Armistice.

Le service voyageurs entre Gray et Allerey est transféré sur route le 1er juillet 1938. La desserte ferroviaire réapparaît pendant la guerre, avec des mouvements quotidiens Gray – Auxonne, Auxonne – Saint-Jean-de-Losne et Saint-Jean – Allerey. Durant le second conflit mondial, le pont de Saint-Jean-de-Losne, commun aux lignes de Lons-le-Saunier, Saint-Amour et Chalon-sur-Saône est détruit, paralysant le trafic pendant plusieurs mois, de même que le pont entre Seurre et Allerey.

La desserte marchandises a ensuite été morcelée et la ligne mise à voie unique dans les années 1960. Exploitée en antenne de Gray à Talmay et de Villers-les-Pots à Essertenne jusqu'en 1991, date de sa réouverture intégrale, cette ligne voit transiter tout le trafic en provenance et à destination de Gray, la desserte s'effectuant depuis le triage de Gevrey-Chambertin via Dole. A Villers-les-Pots se trouve toujours un raccordement direct inutilisé qui enjambe les voies Dijon – Dole pour rejoindre Saint-Jean-de-Losne, sur la ligne de la Bresse.

Gray – Besançon

La ligne reliant Gray à Besançon a connu une naissance mouvementée à cause de son jumelage avec la ligne industrielle vers Rans et Fraisans.

Le décret du 14 juillet 1855 donne naissance au chemin de fer industriel reliant les mines d'Ougney à Rans et Fraisans, ouvert aux dates suivantes :
- des mines d'Ougney à la ligne Dijon – Besançon à Labarre et au canal du Rhône au Rhin, provisoirement le 10 septembre 1858 et définitivement le 1er octobre 1859 ;
- le prolongement de Labarre à Rans, pour desservir les établissements des Hauts-fourneaux, Fonderies et Forges de Franche-Comté, le 20 janvier 1863.

Le PLM prend en charge l'exploitation de ces lignes le 1er juin 1861.
- le prolongement de Rans à Fraisans a lieu le 15 avril 1864 ;
- la section Gray – Montagney – Ougney est ouverte le 1er octobre 1866 ;
- le prolongement de Montagney à Miserey est inauguré le 24 juin 1878, ce qui permet de rejoindre la ligne de Besançon ouverte en 1872 ; la liaison ferroviaire de Gray à Besançon est ainsi réalisée dans sa totalité.

Au départ de Gray, la voie se détache des lignes d'Is-sur-Tille et d'Auxonne à l'extrémité des installations pour franchir la Saône sur un pont métallique à trois travées. La ligne rencontre une succession de rampes coupées de quelques pentes jusqu'à Montagney à 20 km. De là se détache la ligne vers Ougney, Gendrey, Labarre, Rans et Fraisans, d'une longueur de 38 km. De Montagney, la ligne se dirige vers Miserey avec un profil en dents de scie (passage du bassin de la Saône au bassin du Doubs), avec des rampes pouvant atteindre 15 mm/m. A Miserey, la ligne se greffe à la double voie venant de Vesoul et Lure par Montbozon. Sur ce dernier tronçon se trouvent les seuls tunnels, permettant d'atteindre Besançon où naissent les premiers reliefs du Jura, après un parcours de 56 km.

Entre Montagney et Labarre, les principaux trafics sont constitués à l'origine par le minerai de fer des mines d'Ougney, les gares expédient également du bois, des fourrages et des pommes de terre. La desserte est assurée chaque jour par un mouvement direct Gray – Labarre et deux mixtes Montagney – Labarre, en correspondance à chaque extrémité. L'antenne de Fraisans est desservie depuis la gare de Labarre. La circulation des trains est réglementée par l'usage du bâton pilote qui ne permet d'engager qu'un seul convoi entre deux gares. La traction est assurée d'abord par des 120 et des 030 Bourbonnais au début du XXeme siècle, puis par des 130 A et des 230 A PLM des dépôts de Dole et Besançon.

Le pont sur la Saône à Gray constituait le point stratégique de la ligne. Il fut détruit une première fois en juin 1940 par les armées françaises. Reconstruit à l'identique, il fut détruit à nouveau par les Allemands lors de leur repli en 1944 et ne fut jamais reconstruit.

Le service voyageurs a été supprimé entre Gray et Miserey le 20 mai 1940, la voie déposée entre Gray et Valay en 1943 pour récupération des rails. Après la guerre, la voie fut maintenue depuis Besançon jusqu'à Montagney, la ligne étant ouverte aux marchandises jusqu'au 1er avril 1957, ensuite seulement jusqu'à Marnay. Le dernier tronçon Marnay – Miserey a été déclassé à son tour en 2002.

En 2004, subsiste une desserte fret de Besançon à Miserey, notamment en raison de la présence d'une halle de transbordement rail-route pour des produits sidérurgiques, et la voie est maintenue jusqu'à Devecey où se trouve un chantier de ferraillage.

La ligne de Montagney à Labarre et Fraisans fut exploitée en antenne lors de l'ouverture de la liaison directe via Miserey, en 1878. Le déclin des activités industrielles entraîna celui de la ligne : les mines d'Ougney furent abandonnées en 1922 et les forges de Fraisans ont fermé en 1936. Le tronçon Montagney – Ougney a été fermé à tout trafic lors des opérations militaires de mai 1940 et la voie rapidement déposée. Une desserte marchandises bihebdomadaire s'est poursuivie de Labarre vers Ougney et Fraisans jusque dans les années 1950, le service voyageurs ayant été transféré sur route dès 1932. La voie a ensuite été déposée.

Les installations

Les installations du complexe ferroviaire de Gray sont d'abord décrites telle qu'elles se présentaient en 1935, leur évolution au fil des ans est ensuite évoquée.

La ligne à voie unique de Gray à Chalindrey rejoint celles à double voie de Vesoul, précédant un viaduc bas en maçonnerie à sept arches, qui franchit la zone inondable de la Saône. Après cet ouvrage, les voies se divisent rapidement pour desservir le dépôt et la gare des voyageurs.

Après la destruction par incendie de la première gare de Gray dont l'architecture était héritée de la compagnie primitive PL, et jusqu'à la deuxième guerre mondiale, le bâtiment-voyageurs mixte Est/PLM (mais de facture Est) se compose d'une partie centrale flanquée de deux ailes à l'image de celle de Vesoul, et d'une verrière double couvrant six voies. Les deux ailes comptent sept portes ou fenêtres reliées à la partie centrale de cinq portes côté voies. Le bâtiment s'ouvre sur la ville par trois grandes portes et deux fenêtres. La partie centrale comprend le vestibule et différentes pièces dont les bureaux du chef de gare et du télégraphe. Dans l'aile côté Vesoul se situent les salles d'attente de 1ère, 2ème et 3ème classes ; l'autre aile est en grande partie réservée aux bagages.

En venant de Vesoul, on trouve également le long du premier quai le bâtiment destiné aux marchandises en « petite vitesse », ainsi que le buffet et la lampisterie.

La gare compte quatre quais desservant six voies. Entre le premier et le second, trois voies existent, alors que le dernier quai ne dessert qu'une voie. Tous sont reliés par trois passages planchéiés. Le premier est le plus long puisqu'il s'étend sur 251 m, alors que le deuxième mesure 167 m, le troisième 134 m, et le dernier 117 m. Après la disparition de la verrière par faits de guerre, les quais sont restés découverts.

Une seule voie permet l'accès au dépôt Est qui comporte une remise-atelier de 78,5 m de long à trois voies, prolongée par un vestiaire portant la longueur totale à 101,35 m. Ce dépôt comprend un pont tournant de 18 m, deux grues hydrauliques,

2026 - La Haute-Saône Pittoresque — GRAY — Intérieur de la Gare — *C. L., B.*

*La verrière de la gare de Gray (similaire à celle de Vesoul démontée en 1968) vue côté ouest au temps de sa splendeur au début du XXème siècle.
Collection Didier Leroy.*

*L'état actuel de la gare de Gray ne permet guère d'imaginer ce que furent les installations que montre ce cliché datant des années 1910.
Collection Didier Leroy.*

*Le vaste buffet de la gare de Gray se situait côté Vesoul et Chalindrey. On pouvait alors s'installer sur le quai en attente d'une menthe à l'eau ou d'une absinthe !
Collection Didier Leroy.*

des voies sur fosses à l'intérieur de l'atelier comme à l'extérieur, ainsi qu'un chantier à combustible. Le remplissage des tenders en charbon se fait à l'aide de wagonnets à voie étroite hissés à hauteur du tender par une grue.

Le dépôt PLM est implanté à côté de celui de l'Est. Il est constitué d'une remise à deux voies d'une longueur de 35 m, avec un foyer accolé et une voie sur fosse avec grue hydraulique. Au début du XXème siècle, le PLM possédait également un pont tournant (un projet du 14 juin 1927 prévoyait même la construction d'une demi-rotonde). Jusqu'au milieu des années 1960, l'accès à ce dépôt PLM est indépendant de celui de l'Est : il se fait par une voie côté Vesoul et par le faisceau côté Is-sur-Tille. L'alimentation des grues hydrauliques est assurée par deux réservoirs de 250 m^3, l'eau étant puisée dans la Saône par une station de pompage située près du pont suspendu. L'ensemble du dépôt s'étend sur plus d'un demi kilomètre.

Au-delà des quais vers l'ouest, les voies se divisent rapidement pour former le faisceau marchandises. Trois aiguillages triples en parallèle sur les trois voies les plus proches du BV en permettent l'accès. La zone marchandises peut se décomposer en quatre parties et dispose d'un bassin relié à la Saône.

A côté de ce bassin, en premier lieu, un ensemble de douze voies parallèles en tiroir offre des longueurs de garage de 280 à 420 mètres. Ensuite, des quais hauts (dont six découverts et trois couverts) sont longés par d'autres voies en impasse. Puis

Sous le regard du chef de dépôt M. Dony, les remises Est du dépôt de Gray sont immortalisées le 5 mars 1929. On aperçoit plusieurs 130 30.000, une 040 4200 prussienne et deux 140 40.100 américaines.
Fonds Albert Henry - collection Jean Florin.

un autre faisceau de voies pour les manœuvres et le triage des wagons est disposé de part et d'autre de cinq voies principales.

Enfin, côté Is-sur-Tille et Auxonne, au-delà du dépôt PLM, est implanté un faisceau de six voies. On trouve aussi des transbordeurs, manœuvrés jadis par des chevaux puis électriquement, ainsi qu'une grue à vapeur en bordure du bassin pour les échanges avec le trafic fluvial. Pour compléter ces installations, un embranchement particulier part de l'extrémité du faisceau marchandises et dessert l'entreprise IRCB (Injection Rapide pour la Conservation du Bois), qui possède aussi un réseau de wagonnets à voie étroite.

Les voies se rassemblent ensuite en direction de Besançon, Auxonne ou Is-sur-Tille. Alors que l'amorce de la ligne de Besançon s'écarte en remblai, les lignes d'Auxonne et Is-sur-Tille cheminent côte à côte sur quelques centaines de mètres, en remblai puis en tranchée avant de se séparer après un passage à niveau. La ligne d'Auxonne est à double voie, celle d'Is-sur-Tille à voie unique.

A la sortie des installations ferroviaires, le tronc commun emprunte deux ouvrages accolés reposant sur les mêmes piles. Il s'agit d'un pont en maçonnerie construit pour la ligne d'Auxonne et d'un tablier métallique accolé à cet ouvrage sur les piles prolongées lors de la construction de la ligne d'Is-sur-Tille. Ici aussi, la voie est établie dans le lit majeur de la Saône dont il faut laisser passer l'eau en cas d'inondations.

Près de la plaque tournante du dépôt de Gray, le poste Saxby n° 1 peu avant sa disparition en 1967.
Photo André Bret - collection Editions du Cabri.

Les aiguillages sont commandés par trois postes Saxby 1, 2 et 3, situés respectivement près du pont tournant du dépôt Est, à l'extrémité des quais côté Troyes et à l'extrémité du faisceau marchandises. Il y eut également un poste Vignier à l'intérieur du faisceau marchandises, poste qui n'existait plus en 1942. La signalisation mécanique se compose de carrés et d'avertissements, ainsi que de disques et d'indicateurs de direction.

Le poste Saxby n° II et l'ancien dépôt PLM de Gray avec son corps de garde, en 1966. Photo François Fontaine.

Jumelage d'autorails De Dion avec remorque sur l'omnibus 2560 (15h39) pour Vesoul au départ de Gray, le 22 mai 1963. Photo Bernard Rozé.

Dans sa version originelle, la gare est en communication avec la ville haute par l'intermédiaire du pont suspendu, ainsi qu'avec la ville basse et Arc-les-Gray par deux routes d'accès de part et d'autre de ce pont. Un bâtiment pour le service médical se trouve depuis le début des années vingt sur la place de la gare.

Evolution

Après 1945, les installations ferroviaires de Gray ont connu de nombreuses modifications affectant le plan des voies ainsi que les bâtiments, en liaison avec la réduction des activités ferroviaires, qui ont vu la disparition totale des dessertes voyageurs et marchandises.

La gare présentait la particularité d'avoir les installations d'un grand établissement, alors que son trafic était local et que seuls des trains omnibus la desservaient. Elle posséda également une bibliothèque Hachette jusqu'à la fin des années 1960.

En 1964, la gare de Gray assurait les jours de semaine 16 mouvements voyageurs et 9 mouvements marchandises, soit 25 trains et de nombreuses heures de manœuvres, tandis qu'aujourd'hui ne subsistent que 2 mouvements quotidiens !

Gray était aussi le centre national de la comptabilité des CFTA, qui est aujourd'hui effectuée en région parisienne. Le siège de cette société était situé quai Villeneuve, des origines jusqu'à son transfert dans les nouveaux locaux contigus au nouvel atelier construit en 1993.

Ce cliché aérien de la gare de Gray pris en 1967 met en évidence l'importance des installations à cette époque. La gare comporte encore ses sept voies, dont six desservant trois quais, ainsi que de nombreuses voies de débords. Le poste Saxby n° 2 situé à l'extrémité du quai 3 côté Is-sur-Tille et Auxonne disparaîtra à la fin des années soixante. Une remorque De Dion stationne au quai 2. On voit les deux ponts sur la Saône, dont celui menant à la gare fut reconstruit après la seconde guerre mondiale. Collection Didier Leroy.

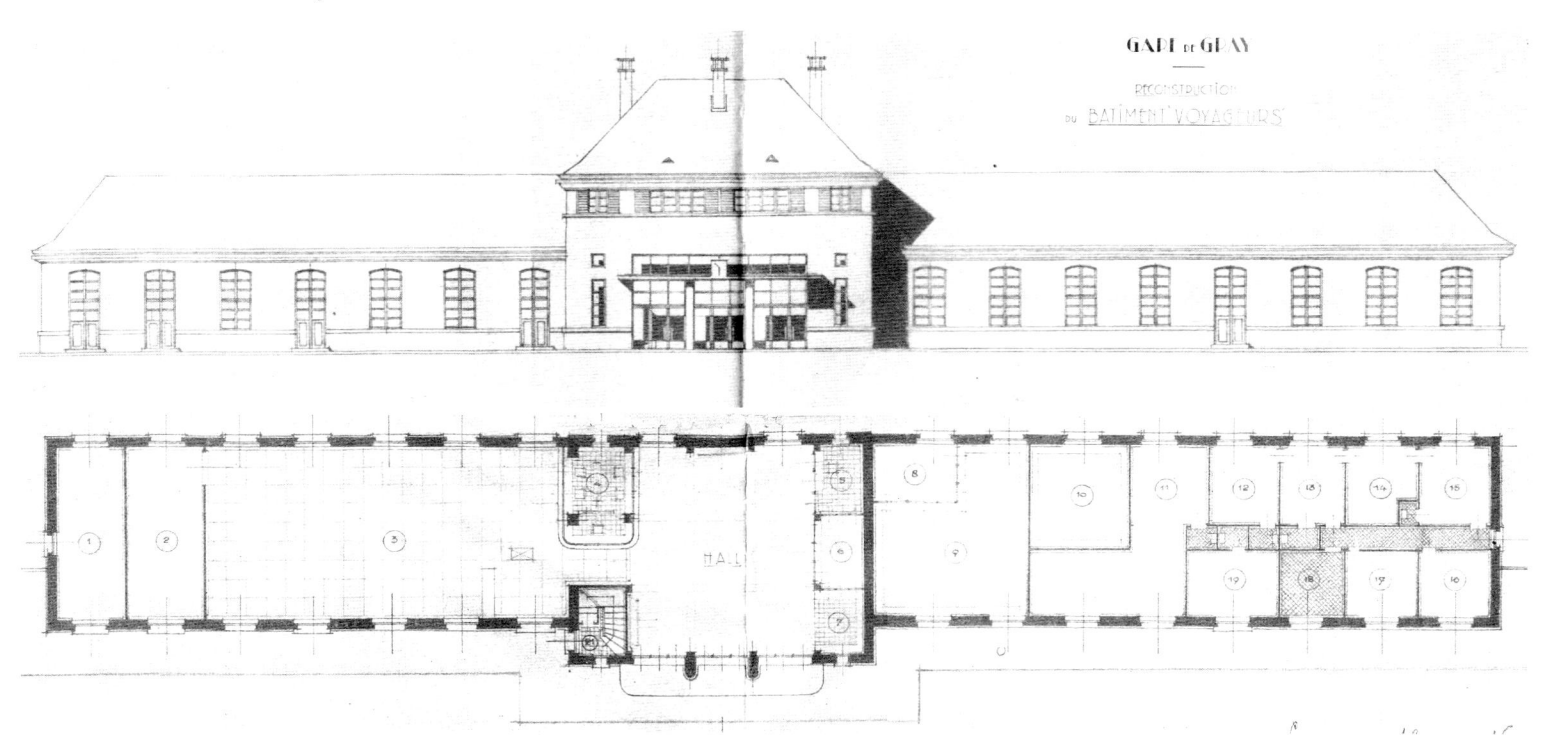

Projet de reconstruction de la gare de Gray en 1947, malheureusement non réalisé. Document SNCF Région Est - collection Gabriel Bachet.

Modifications des bâtiments

A l'issue des destructions de la seconde guerre mondiale, malgré de nombreuses études, la partie centrale du BV ne fut jamais reconstruite. Le projet avancé joint à cette étude prévoyait un bâtiment neuf avec un vaste vestibule comportant trois grandes portes. A l'étage devait se trouver le logement du chef de gare, avec cuisine, chambres et salle à manger ; une terrasse avait même été envisagée. Malheureusement aucun de ces projets ne vit le jour !

Les deux ailes de la gare Est/PLM ont subsisté, celle côté Auxonne est devenue le BV proprement dit, l'autre un entrepôt. Cette aile fut rachetée par un mouvement religieux. Bien qu'il n'y ait plus de trains de voyageurs, la gare délivre toujours en 2005 des renseignements et des billets. La principale modification d'intérieur fut la mise en place de nouveaux guichets en 1988.

Le buffet, déjà fermé en 1940, ainsi que le bâtiment des messageries furent loués à un atelier de travail des métaux de 1952 à 1961. Après le déménagement, ces locaux et les terrains attenants ont été exploités par une entreprise de ménage pendant une dizaine d'années, puis loués à une société de récupération pour y entreposer des papiers, des cartons et des ferrailles. Les bâtiments laissés à l'abandon furent détruits par la suite pour permettre la création d'une nouvelle route à la fin des années 1990, pour relier la place de la gare à la rue Louis Chauveau en passant sous les voies de Vesoul et Chalindrey.

L'activité des deux dépôts d'origine fut par la suite regroupée en un seul site. On y trouve d'est en ouest le pont tournant de 18 m, le chantier à combustible, les vestiaires, l'atelier Est à la remise PLM. Le premier réservoir d'eau semble avoir été détruit lors de la simplification des installations en 1967. Puis, d'importantes modifications sont intervenues avec la destruction de la remise PLM (octobre 1990) et du dernier réservoir d'eau. Le local des douches et le pont tournant disparurent lors de la construction des nouveaux locaux, inaugurés le 26 novembre 1993. Ils sont construits à l'extrémité de la remise Est, côté Vesoul, et se composent d'un atelier à deux voies ainsi que des bureaux administratifs remplaçant ceux du quai de Villeneuve. Le nouvel atelier constitue ainsi un prolongement de l'ancien, surtout utilisé pour remiser du matériel. Quel contraste entre l'ancienne remise en bois et briques à dominante marron-rouge et la moderne aux parois de tôles bleues et blanches!

La partie marchandises, quant à elle, a été renouvelée. De nombreux silos sont apparus avec le développement du trafic céréalier, au bord du bassin de la Saône puis sur les terrains vacants à l'emplacement du faisceau PLM. A l'inverse, les quais couverts ont disparu, et seule subsiste une belle halle bien déserte aujourd'hui. Au printemps 2002, une partie des quais hauts a laissé place à une plateforme pour le chargement et le déchargement des camions.

La place de la gare a également subi des modifications. Le bâtiment-voyageurs des Chemins de Fer Vicinaux de Haute-Saône (CFV), orphelin de ses rails depuis 1938, n'est plus,

En 1963, le train omnibus de marchandises 21582 pour Chalindrey attend l'heure du départ voie II en gare de Gray, avec la 130 B 463. Collection Didier Leroy.

comme la maison du chef de gare qui disparut en 1999 pour permettre l'agrandissement du rond-point et la rectification de la route d'accès. Le pont suspendu détruit a été remplacé par un pont en béton après guerre. Le chemin d'accès à la gare depuis les quais de Saône subsiste, mais il a été déplacé.

Modifications des voies et de la signalisation

La signalisation et le plan des voies ont été remaniés en profondeur au milieu des années 1960. Les postes ont été remplacés par des leviers sous abri regroupés aux deux extrémités de la gare. La signalisation fut modifiée en conséquence et des signaux mécaniques unifiés (carrés, sémaphores et avertissements) installés. Cette signalisation a aujourd'hui disparu, les aiguillages étant manœuvrées à pied d'œuvre. Le nombre de voies à quai fut réduit, et seules les trois voies entre les quais 1 et 2 subsistent. Le dépôt PLM, autrefois indépendant du dépôt Est, en devint le prolongement lorsque les voies du faisceau côté Is-sur-Tille furent déposées.

Plus récemment, le plan des voies a subi quelques simplifications avec la disparition des trois aiguillages triples situés à la sortie des quais côté Is-sur-Tille et les aménagements des accès routiers pour desservir les nouveaux silos à céréales. Depuis 1996, la séparation des deux lignes d'Is-sur-Tille et d'Auxonne est reportée de quelques centaines de mètres dans la tranchée et le pont métallique de la ligne d'Is-sur-Tille, accolé à celui en maçonnerie de la ligne d'Auxonne, est démonté.

Manoeuvres en gare de Gray

Au cours des années 1950/60, les manœuvres pour trier les wagons sont nombreuses. Les voies du faisceau marchandises servent de triage et l'amorce de la ligne de Besançon de tiroir. Toute la journée, les installations ferroviaires résonnent de coups de tampons ou de sifflets, ainsi que de l'échappement des 130 B. Les diesel Coferna ayant remplacé dès 1968 les vaillantes bouilloires, sons et odeurs changèrent, claquements du moteur et fragrance du gazole se substituèrent au poussier gras et à la douce symphonie piston-bielle chère à Arthur Honegger.

En effet, jusqu'au milieu des années soixante-dix, les wagons à trier sont nombreux, venant de l'Est et du Nord par la ligne de Chalindrey, du Sud-Est par celle d'Is-sur-Tille ; ils repartent par les lignes de Vesoul, Chalindrey et Is-sur-Tille. La composition des trains de marchandises est hétéroclite : tombereaux, plats, wagons pour les céréales et surtout des couverts, avec parfois des citernes à fuel ou à gaz et des wagons isothermes. Les rames sont alors encadrées de deux fourgons. A part des plats à bogies pour le transport du fer et des anciens TP [1], les wagons sont pour la plupart à essieux. La généralisation des wagons à bogies n'interviendra que plus tard, en même temps que la suppression des typiques fourgons.

Les industriels et le rail

Bien que Gray ne soit pas une région à forte vocation industrielle, les alentours de la gare comptent cependant des entreprises qui font ou ont fait appel au rail pour leurs approvisionnements et leurs expéditions, notamment celles présentes dans les emprises de la gare ou embranchées dans la zone industrielle Giramaux d'Arc-les-Gray.

Implantée à Gray depuis 1919, l'usine d'Injection Rapide et de Conservation des Bois fait actuellement partie du groupe « France Bois Imprégnés », société basée à Andrézieux-Bouthéon dans la Loire. Desservie par un embranchement particulier en gare de Gray de 1919 à 1993, cette entreprise expédiait des poteaux pour les PTT puis pour France Telecom dans toute la France. Jusqu'aux années 1990, le rail fut le seul moyen de transport des poteaux ; 40 à 50 000 pièces étaient ainsi expédiées chaque année, représentant plusieurs wagons par semaine, ce qui générait un trafic ferroviaire de 2 000 à 3 000 tonnes par an de 1985 à 1990.

Le siège de la Société Agricole Giroux, créée en 1961, est implanté à Oyrières, où elle dispose alors d'une unité de stockage de véhicules de 1000 tonnes. C'est le début d'un développement important, jusqu'à son absorption au sein du groupe Interval. Elle fait appel au rail depuis 1965, date à laquelle un silo fut construit en gare de Champlitte.

La desserte des établissements Giroux représentait en 1988 pour les expéditions 240 tonnes par desserte bihebdomadaire à Noidans-le-Ferroux et Champlitte, pour les réceptions 200 tonnes d'engrais deux fois par semaine (sacs et vrac) à Oyrières et Champlitte. En 1995, des trains complets de céréales étaient expédiés de Vereux, alors qu'une desserte bihebdomadaire y apportaient de l'engrais (200 tonnes). Depuis 1999, un silo de stockage est opérationnel en gare de Gray, permettant l'expédition de trains complets de céréales.

La société IKO France est implantée depuis 1913 à Champagne-sur-Vingeanne, sur la ligne d'Is-sur-Tille. Spécialisée dans le broyage de charbon, elle a été desservie par le rail à jusqu'en 1970. Ses approvisionnements en charbon sont aujourd'hui réceptionnés en trains complets à Dijon puis transportés par camions.

Ce curieux locotracteur sert en juin 1967 à l'usine de créosotage située au sud de la gare de Gray. Une voie de 60 est encastrée entre les rails de la voie normale pour déplacer les poteaux sur des wagonnets.
Photo André Bret - collection Editions du Cabri.

C'est en 1900 que la société bourguignonne Thiébaud, spécialisée dans le matériel de moisson et de fauchage, s'implante à Arc-les-Gray. Divers regroupements donnent naissance en 1958 à la Compagnie Continentale de Motoculture qui entre dans le groupe américain John Deere en novembre 1959. Le site d'Arc-les-Gray est aujourd'hui une usine de production de matériel de fenaison. Le chemin de fer y a été utilisé dès l'origine, le matériel agricole étant acheminé en gare et chargé sur wagons plats. Un embranchement particulier construit en 1983 est actuellement desservi trois fois par semaine, les lundis, mercredis et vendredis.

La société Simu (découpage et emboutissage de tôles minces) installée depuis 1961 à la zone industrielle Giramaux à Arc-les-Gray utilisait le rail, grâce à un embranchement particulier aujourd'hui disparu.

L'établissement de Vonges (Nobel Explosif), du groupe SNPE, était spécialisé dans la production de poudres et explosifs et la transformation de matériaux composites. Implanté dans la région de très longue date (1691), il disposait d'un vaste embranchement particulier avec son locotracteur, raccordé à la ligne d'Auxonne. La desserte se faisait en navette depuis Dole, pour l'expédition de quelques wagons d'explosifs et la réception de 300 wagons de nitrate d'ammonium par an, jusqu'en 1999.

Tous ces trafics ont disparu en 2004, à l'exception de ceux des céréales et de l'usine John Deere.

Révision du matériel

Malgré la disparition de ce mode de traction, les ateliers CFTA de Gray ont révisé ces dernières années un certain nombre de locomotives à vapeur et engins diesels. La liste qui

---

[1] TP : wagons américains livrés à la fin de la première guerre mondiale et répartis entre les réseaux français par le ministère des Travaux Publics.

suit n'est pas exhaustive mais donne un aperçu des travaux effectués par les ateliers de Gray :
- la Mallet 030 + 030 n° 414 du Chemin de Fer du Vivarais y est traitée en grande révision dès 1972 ;
- la 030 3032 du Chemin de Fer de la Vallée de la Doller à la même époque ;
- la 030 « Isère » du Chemin de Fer du Vivarais fin 1975 ;
- les autorails De Dion-Bouton X 201 à 206 à voie métrique du Blanc à Argent subissent ici une rénovation mécanique et une remise en peinture de 1974 à 1979 ;
- la 141 R 568 pour le compte de son propriétaire André Presle en 1981 ;
- la 140 C 27 de la CITEV en 1982 ;
- la 141 R 420 pour la Société Civile de Conservation de la R 420 en 1982 ;
- la 230 G 353 de la SNCF en 1985 et en 1995 ; cette locomotive démontée a été transférée aux ateliers d'Epernay à l'automne 2004 ;
- les CC 65004, 65006 et 65012 du Train à Vapeur de Touraine en 1995 et 1996 ;
- les autorails A2E du Réseau Breton CFTA en 2000 et 2001 ;
- la 231 G 558 du Pacific Vapeur Club en 2002, en partenariat avec les membres de l'association ;
- la 030 du Chemin de fer de la Seudre en 2003 ;
- la Mallet 020-020 du Chemin de fer de la Doller en 2004.

Notons que la CC 72060 a été baptisée du nom de la ville de Gray le 4 juin 1988, lors de l'inauguration des nouveaux guichets voyageurs. A cette occasion, du matériel roulant fut présenté au public, et l'on fit même venir un TGV !

Quel avenir pour les CFTA à Gray ?

L'étoile de Gray a bien décliné et n'est plus que l'ombre de ce qu'elle fut. Malgré plusieurs demandes, la liaison Dijon – Gray – Vesoul n'a pas été rouverte aux voyageurs. Le trafic marchandises reste important en raison de la présence d'unités de stockage de céréales à Gray, Autrey, Autet et Pontailler-sur-Saône, et les ateliers CFTA assurent toujours des travaux de maintenance et de réparations d'engins ferroviaires.

Gray est également concernée par des projets de développement où le chemin de fer conserve une place. Une plateforme a été aménagée en 2002 pour les échanges entre rail et route, notamment pour les trafics de bois. La remise en service de la ligne de Vesoul est à l'étude, pour desservir une usine d'incinération vers Noidans-le-Ferroux. Enfin, le projet le plus ambitieux concerne la réutilisation de lignes de l'étoile de Gray dans le réseau trans-européen de fret ferroviaire.

Le développement des transports ferroviaires de marchandises sur de longues distances conduit à la recherche d'axes de transit permettant de contourner les goulots ferroviaires. Les lignes de Chalindrey, d'Is-sur-Tille et d'Auxonne pourraient être réutilisées dans ce cadre. En effet, les points de contact avec l'artère Dijon – Toul très utilisée pour le trafic fret existent à Is-sur-Tille et Chalindrey.

La ligne d'Auxonne et son prolongement sur Saint-Jean-de-Losne rejoint celle de Dijon à Bourg-en-Bresse. L'étoile de Gray permettrait d'établir un itinéraire Fret entre le Nord-Est et la région lyonnaise en évitant le complexe dijonnais.

Une 131T série 131 à 133 de la ligne de Provins, vue avec un groupe d'agents à sa sortie de révision aux ateliers de Gray. Il s'agit d'une des trois machines type T5 du Wurtemberg récupérées au titre des prestations d'armistice par la compagnie du Nord, devenues 131 TA à la région Nord de la SNCF puis cédées en 1946-48 aux CFS qui les a utilisées jusqu'à la fin des années cinquante. Collection Thibaut Reinhard.

La 141 R 568 sauvée par le regretté André Presle, mise en chauffe le 6 septembre 1982 après sa révision générale à l'atelier du dépôt de Gray. Photo Jean-Louis Poggi.

Deux projets sont étudiés : l'un utilise la ligne d'Is-sur-Tille à Mirebeau, puis emprunte une nouvelle voie jusqu'à Pontailler pour retrouver la ligne d'Auxonne ; l'autre, plus vraisemblable, utilise les lignes de Chalindrey et d'Auxonne.

Espérons que le rail à Gray puisse rendre les services qu'il est en mesure de procurer, pour peu qu'on lui en donne les moyens. Le chemin de fer est un transport fiable et écologique, tant pour les trafics fret que pour les voyageurs, qui sont les grands oubliés des services ferroviaires TER dans cette région.

DES LIGNES DANS LA TOURMENTE

Le réseau de Franche-Comté, avec ses lignes transversales, a eu au cours des trois derniers grands conflits qui marquèrent l'histoire nationale, une activité égale à celle de grands axes, et même à certains égards plus dense et plus complexe.

Ces informations ne sont pas exhaustives, tant les périodes de conflits restent, du fait de la spécificité de leur organisation, difficiles à cerner. Les archives sur le sujet sont soit éparses, soit difficilement consultables. Néanmoins, ce chapitre apporte un enseignement riche, quant à l'activité « stratégique » de ces lignes qui répondirent souvent, même au-delà de leur capacité, au trafic démesuré qu'elles assumèrent !

Trois périodes sont ici traitées : 1870-1871, 1914-1918 et 1939-1945.

1870-1871

Le conflit franco-prussien qui sévit au cours des années 1870 et 1871 utilisa abondamment le chemin de fer. Sur le territoire inhérent à ce livre, les lignes d'Auxonne à Gray et Vesoul, tout comme celle de Nuits-sous-Ravières à Châtillon-sur-Seine et Chaumont furent particulièrement sollicitées.

Sur la ligne de Vesoul à Auxonne, dès le 14 septembre 1870, du matériel de l'Est fut replié en gare de Gray. Le 14 octobre, l'inspecteur principal Richard fit suspendre tout service sur cette ligne avec ordre d'évacuer en urgence le matériel garé, soit 55 machines et 500 wagons appartenant principalement à la compagnie de l'Est. Le 21 octobre, tout était terminé.

Le 26 octobre au matin, quatorze ou quinze mille militaires se trouvaient dans des wagons les emportant vers Pontailler. Le médecin commandant en chef, qui n'avait aucune compétence militaire particulière (nommé par Gambetta au grade de général), fit arrêter et envoyer sous bonne garde à Dijon, sans raison, le chef de gare de Talmay et son facteur, qui furent heureusement relâchés ensuite. Cinq ou six mille hommes tombèrent aux mains de l'ennemi à la suite de ces errements !

Au cours du mois de novembre, des batailles eurent lieu à proximité des lignes reliant Dijon, Dole et Besançon à Gray. Le 4 novembre, la gare de Talmay fut saccagée par des fourrageurs allemands, ainsi que celle de Pontailler.

Sur la ligne de Nuits-sous-Ravières à Châtillon-sur-Seine et Chaumont, l'inspecteur Bonamy du PLM signala depuis Tonnerre la présence d'une forte avant-garde ennemie à Châtillon-sur-Seine, où toute précaution avait été omise : « *On avait négligé de détruire les ouvrages de cette ligne transversale qui relie le réseau de Lyon à celui de l'Est, et pouvait par conséquent permettre d'établir une communication continue par les voies rapides entre l'Allemagne et les troupes allemandes envoyées dans l'Ouest de la France* ».

Le pont de l'Armançon à Nuits-sous-Ravières fut détruit à la hâte et réparé par les Prussiens tout aussi rapidement. Beaucoup de gares servaient de campement. A Châtillon, l'ennemi agit « *avec une brutalité exceptionnelle. Les logements des employés avaient été envahis, les femmes et les enfants expulsés sur l'heure, sans pouvoir rien emporter* ». Les ingénieurs allemands voulurent évidemment réquisitionner les employés des chemins de fer, mais ceux-ci observèrent une attitude passive conformément aux instructions de leurs chefs. Ils furent injuriés et maltraités, puis expulsés.

Cette situation eut pour effet de retarder considérablement les services de l'ennemi, dont les trains ne purent utiliser que la transversale pour se rendre de Chaumont à Juvisy (en région parisienne) par Nuits-sous-Ravières, Sens et Moret, peu avant l'armistice.

Suite à ces événements, nous comprenons aisément les raisons qui poussèrent les autorités militaires à créer d'importantes installations stratégiques. Celles-ci furent utilisées lors des deux conflits mondiaux, avec le chemin de fer comme acteur particulièrement actif.

1914-1918

A la déclaration de la guerre, en 1914, les mouvements des troupes et leur ravitaillement font l'objet de plans détaillés minutieusement établis à l'avance, mettant en œuvre le chemin de fer et son organisation... quasi militaire.

La mobilisation puis la concentration des troupes et l'acheminement des vivres, du matériel et des munitions nécessaires s'effectuent par des itinéraires ferroviaires déterminés à l'avance, indépendants les uns des autres sans cisaillement ou troncs communs, et affectés aux différents corps d'armée en fonction de leur origine : en principe une région militaire.

Ces itinéraires ferroviaires sont au nombre de dix. Sur ceux-ci sont placées des gares régulatrices ayant pour mission d'expédier les trains sur la portion d'itinéraires placée en aval d'elles, en fonction de la libération des gares destinataires et ce en tenant compte du débarquement des troupes de relève avec leur matériel, ainsi que des demandes des unités se trouvant dans la zone.

Gray, située sur la ligne de transport II, régule l'envoi et la circulation des trains sur l'itinéraire suivant, composé de diverses sections de plusieurs lignes reliées entres elles par des raccordements directs dit « stratégiques » : Gray – Vaivre – Jussey – Epinal – Charmes – Blainville, ainsi que sur divers embranchements y afférant :
- Port d'Atelier – Aillevillers
- Charmes – Rambervillers
- Rambervillers – Lunéville
- Rambervillers – Bruyères.

Une fois la concentration des troupes achevée, les gares régulatrices de concentration deviennent des gares régulatrices de communication. C'est la fonction que la gare de Gray accomplit pendant toute la Grande Guerre, conformément aux données suivantes.

La gare régulatrice de communication est l'organe essentiel du ravitaillement des armées. C'est elle qui forme les trains de vivres, de munitions, de matériel, et plus tard de

L'accident du 13 juillet 1919 à Chargey-les-Gray. Collection Didier Leroy.

permissionnaires, à partir des entrepôts, stations-magasins, établissements de réserve dont elle dispose, pour les expédier aux unités se trouvant dans la zone desservie par sa ligne de transport. La régulatrice reçoit en retour de sa zone de distribution les wagons vides, mais aussi les trains sanitaires qu'elle dirige soit sur les hôpitaux de son secteur, soit sur ceux de l'intérieur. C'est aussi la régulatrice de communication qui gère le mouvement des transports en cours d'opération (TCO), unités constituées prenant naissance sur ses voies ou y aboutissant.

Les trains partant de Gray assuraient le transport des troupes, des permissionnaires et du ravitaillement. Un train de rocade circulait de Gray à Revigny (Meuse) et desservait les localités du front suivant un itinéraire parallèle à la ligne de combat, en particulier lors de la bataille de Verdun en 1916. La priorité était donnée aux trains militaires et de marchandises ; après chaque offensive les trains sanitaires ramenaient les blessés. La gare de Gray reprit son activité normale après l'armistice, mais des trains de permissionnaires furent mis en marche jusqu'en 1919.

Devant l'augmentation continuelle des besoins au cours de la guerre, il fallut créer des faisceaux de voies de garage, des triages nouveaux et même dès 1915-1916 des gares à munitions, comme celle de Vaivre.

La gare de Gray connut, outre son important trafic normal, une très forte activité pendant toute la guerre, comme sa voisine d'Is-sur-Tille où de nombreuses voies furent créées en 1917-1918 pour les besoins de l'armée américaine.

En temps de guerre, compte tenu du trafic à acheminer, il est obligatoire d'avoir recours à tous les moyens de transports existants (voie ferrée, voie routière ou voie fluviale). La gare régulatrice de Gray recevait donc les approvisionnements venant de l'arrière d'une part par la voie d'eau, d'autre part par les Chemins de Fer Vicinaux de Haute-Saône. Pour le transbordement avec la voie d'eau, il fallut agrandir les voies de desserte du port pour la réception des marchandises venant de l'intérieur et destinées à la régulatrice et à ses entrepôts.

Avec les CFV à voie métrique, les échanges étaient importants. En effet, cette compagnie possédait à cette époque un réseau étendu de 469 kilomètres sur le département de la Haute-Saône, le plus important réseau vicinal de France, avec des antennes sur les départements des Vosges, du Doubs et du Jura, soit 50 autres kilomètres. Ce réseau apportait à la gare régulatrice de Gray une partie de la production du secteur qu'il desservait (principalement du ravitaillement en vivres) et distribuait également, toujours pour le compte de la régulatrice et au même titre que le chemin de fer à voie normale, le ravitaillement, les munitions et le matériel nécessaires aux armées se trouvant dans sa zone d'action. Ce trafic entraîna la création de voies nouvelles à Gray afin d'agrandir le chantier de transbordement voie métrique-voie normale, les installations du temps de paix étant insuffisantes.

Toute cette activité de gare régulatrice nécessitait bien entendu un dépôt pourvu de locomotives en nombre important et des mouvements de manœuvres continuels, de jour comme de nuit, pour former les trains de desserte des armées et renvoyer les wagons vides vers les centres de production à l'intérieur de la France.

Le personnel habituel des chemins de fer se trouva bien entendu épaulé et l'effectif renforcé par des soldats des sections de chemin de fer de campagne et des sapeurs du génie pour les travaux de voie.

La catastrophe de Chargey-les-Gray

Cette très grave collision fait heureusement exception en ce qui concerne les accidents ferroviaires importants sur le réseau de Franche-Comté.

Le dimanche 13 juillet 1919, le train de voyageurs parti de Gray à 13 h 50 de l'après-midi en direction de Chalindrey percuta un train de permissionnaires venant en sens inverse, à la hauteur de Chargey-les-Gray. Les locomotives à vapeur des deux convois entrèrent en collision, le tender, une voiture et le fourgon du train de militaires, ainsi que le tender et une voiture du train de voyageurs furent broyés. On dénombra cinq morts, les deux équipes de conduite et un soldat, ainsi que six blessés. Le train de permissionnaires avait, par chance, laissé une partie de ses passagers à Saint-Dizier. Le comportement des permissionnaires semble être une des causes de l'accident. Selon différentes sources, ce fut soit le sifflet du chef de gare qui voulut mettre fin au vacarme des permissionnaires, soit le geste de l'un d'eux qui aurait coiffé indûment la casquette blanche du chef de sécurité qui fit partir le train par erreur.

1939-1945

A la déclaration de la seconde guerre mondiale, en 1939, Gray redevint un nœud ferroviaire important, particulièrement pour de nombreux échanges entre l'Est et le Sud, les militaires utilisant les nombreuses possibilités stratégiques offertes par les itinéraires transversaux.

« *Dans la tourmente que la France a traversée de 1939 à 1945, les Chemins de fer ont joué un rôle important : pour des raisons géographiques et économiques, la Région de l'Est de la SNCF a eu une part prépondérante dans la tâche ferroviaire, remplie pour le service du pays* » R. Narps, directeur de la région de l'Est de la SNCF (1947).

La « drôle de guerre »

En août 1939, la situation internationale entraîna la mise en place de consignes spéciales d'exploitation pour les chemins de fer avec des obligations particulières, ceux-ci étant réquisitionnés.

Sur les lignes concernées par ce livre, celle à double voie de Vaivre (Vesoul) à Gray fit l'objet de la mise en place du cantonnement par signaux, nécessaire à l'accroissement du trafic militaire. Cette ligne, tout comme celle de Nuits-sous-Ravières à Bricon (Chaumont), connut une organisation spéciale, avec un entretien particulier des voies en vue d'une circulation intensive de trains militaires : renforcement de l'armement, addition de traverses, de blochets[1] et ajout de ballast.

L'affectation de locomotives à Gray par la SNCF montre l'importance de ce nœud ferroviaire, car seul le dépôt des « Economiques » était en place jusqu'alors à Gray.

On note également la création de deux voies de garage pour rames vides TCO à Vaivre et l'accroissement du trafic de la ballastière de Châteauvillain, sur la ligne de Châtillon-sur-Seine à Bricon (Chaumont).

Jusqu'au 10 mai 1940, le trafic militaire fut constitué par :
- des transports massifs de troupes (TCO) ;
- des transports sanitaires par trains et autorails ;
- des transports de ravitaillement (subsistances, munitions, essence et divers) ;
- des transports de matériaux ;
- des transports de permissionnaires.

La région Est décida le 14 mai 1940 à 8 h 30 de supprimer tous les trains express voyageurs à vapeur et ceux de marchandises jusqu'au 23 mai, puis ce fut la débâcle de juin 1940.

Saturation de l'étoile de Gray :

Durant la période de mobilisation et pendant les jours qui suivirent le 3 septembre 1939, date à laquelle la France déclara l'état de guerre avec l'Allemagne, ces lignes connurent une activité très intense et difficilement imaginable aujourd'hui.

La situation rendit obligatoire et prioritaire l'acheminement en direction de Vesoul et de Belfort de nombreux trains arrivant à Gray par le Sud-Est en provenance d'Auxonne et Villers-les-Pots, notamment des convois de troupes, d'essence, de ravitaillement et des rames sanitaires. Les lignes de Villers-les-Pots à Gray et de Gray à Vaivre (Vesoul) étaient à double voie, ce qui n'empêcha pas le manque de fluidité du trafic. Rapidement, la saturation fut telle qu'un certain jour cinq rames sanitaires ne purent être acceptées, les installations nécessaires étant entièrement occupées. Les convois furent renvoyés à Gray où les rames stationnèrent en bordure du bassin constituant le port fluvial.

Les trains faisaient mouvement sur ordre de l'autorité militaire. Dès la mission terminée, ils regagnaient Gray, se trouvant ainsi de nouveau en attente. Cette situation prit fin en juin 1940 après l'armistice.

Lors de leur présence à Gray, les personnels sanitaires de ces convois étaient rassemblés dans une rame chauffée par une locomotive à vapeur du dépôt SE.

Avec tous ces événements, l'ancien dépôt PLM fut réactivé par la région Sud-Est de la SNCF dès la deuxième quinzaine d'août 1939, pour toute la durée du surcroît de trafic. Cette période est sans doute celle où le plus grand nombre de locomotives de tous types et de toutes provenances ont parcouru l'étoile de Gray !

De septembre 1939 à juin 1940, sur la ligne à voie unique de Gray à Is-sur-Tille, les voies d'évitement des gares d'Oisilly-Renève, Lux et Tilchâtel, furent occupées par une rame TCO vide garée en attente d'utilisation, la moindre voie de garage devant être utilisée. Ces convois étaient constitués selon les directives militaires : une voiture de 2ème classe de type B^5 pour les officiers et sous-officiers, un certain nombre de wagons couverts pour les hommes de troupe et de wagons plats pour l'embarquement de matériel. La rame TCO était toujours orientée de façon à ce que la voiture B^5 soit placée derrière la locomotive pour les besoins du chauffage lorsqu'elle était remorquée. Ces rames pouvaient faire mouvement à n'importe quel moment, sur demande de l'Etat-Major.

Au moment où elles partaient pour effectuer un déplacement d'unités, les « Economiques » les acheminaient jusqu'à Is-sur-Tille. Cette gare en assurait la continuation sur les instructions du commissaire militaire de gare [2] qui indiquait le jalonnement de l'itinéraire à suivre, mais sans préciser le lieu de chargement prévu, « Secret défense » oblige ! A aucun moment, les intermédiaires SNCF n'avaient connaissance de ce lieu. Dès la mission accomplie, ces rames rentraient à vide à leur lieu de garage en attente d'un nouveau déplacement.

---

[1] Petits morceaux de traverses de 40 à 50 cm de long, disposés toutes les deux traverses pour renforcer le travelage.

[2] A Gray, le commissaire militaire de gare était un capitaine de réserve (instituteur dans le civil). Son rôle consistait à faire la liaison entre ses supérieurs et les exécutants SNCF.

> **LES COMPOSITIONS DES RAMES TCO**
>
> Ces rames s'ajoutent à celles liées à la mobilisation et sont classées en trois types (léger, moyen, lourd). Les wagons plats sont eux-mêmes répartis en plusieurs catégories, reconnaissables avec un marquage comprenant une grenade peinte en blanc portant au centre et en rouge le numéro de la catégorie [3], chacun des wagons recevant en plus au début un numéro correspondant à celui de sa rame, de manière à reconstituer plus facilement celle-ci.
>
> Les rames comprennent :
> - pour le type léger : 53 wagons dont 1 voiture d'accompagnement AB, 32 couverts, 12 plats hors catégorie, 6 plats 1ère catégorie A et 2 fourgons,
> - pour le type moyen : 43 wagons dont 1 voiture d'accompagnement AB, 6 couverts, 18 plats 1ère catégorie B, 12 plats 2ème catégorie, 4 plats 3ème catégorie et 2 fourgons,
> - pour le type lourd : 27 wagons dont 1 voiture d'accompagnement AB, 4 couverts, 9 plats 3ème catégorie, 11 plats 4ème catégorie et 2 fourgons.
>
> **LA COMPOSITION DES RAMES DE PERMISSIONNAIRES**
>
> Elles sont également réparties en trois types « standardisées » selon trois schémas :
> - type A : 2 fourgons Dq et 12 voitures à bogies,
> - type B : 2 fourgons Dq et 20 voitures à 2 ou 3 essieux,
> - type C : 2 fourgons Dq et 10 voitures à 2 ou 3 essieux.

Les petites gares, outre leur activité ordinaire augmentée par les circonstances, se devaient d'être en mesure d'assurer l'accueil de ces rames supplémentaires et leur départ souvent inopiné de jour comme de nuit.

L'occupation

Après l'Armistice, l'activité diminua. De nombreux wagons de marchandises « loués » par l'occupant allemand, reçurent une marque distinctive composée d'un trait horizontal à la peinture jaune sous le matricule, et furent assimilés à des wagons de la Deutsche Reichsbahn. Ils furent acheminés sur l'Allemagne par sept itinéraires en France, dont quatre intéressent la région de l'Est et un le réseau de Franche-Comté dont la gare de visite était Vesoul.

L'itinéraire retenu était le suivant : Orléans – Sens – Dijon – Gray – Vesoul – Belfort – Mulhouse – Colmar – Breisach – Offenburg.

A partir de juin 1942, la SNCF fut obligée de fournir aux autorités d'occupation des rails, des traverses et des appareils de voies, qui lui manquaient déjà, ce qui entraîna la dépose de certaines voies : cela concerna le 5 septembre 1942 la ligne de Bricon à Nuits-sous-Ravière, qui fut mise à voie unique.

Bombardements aériens ennemis

Ceux-ci touchèrent le 16 juin 1940 les installations des gares de Vellexon et de Gray, et le 18 juin 1940 celle de Vaivre.

Les réouvertures au service des lignes fermées ou endommagées lors de la débâcle s'effectuèrent selon le calendrier suivant :

---
[3] Ce marquage subsistera jusqu'à la réforme des structures de la SNCF en 1972.

Le 4 décembre 1940, la 140 B 161 (ex-52 US Army, 40.161 Est et future 140 G 951) a déraillé à l'entrée du pont de Seveux en direction de Gray. Noter sur cette machine la porte de boîte à fumée, la cheminée à rehausse et l'arceau de limite de gabarit typiques de l'Est.
Collection Didier Leroy.

- 3 juillet 1940 : Vesoul – Gray ;
- 6 juillet 1940 : Chalindrey – Gray ;
- 7 juillet 1940 : Is-sur-Tille – Gray ;
- 29 juillet 1940 : Troyes – Fouchères-Vaux ;
- 4 août 1940 : Châtillon-sur-Seine – Is-sur-Tille ;
- 6 novembre 1940 : Nuits-sous-Ravière – Chaumont ;
- 6 novembre 1940 : Poinson-Beneuvre – Langres ;
- 20 février 1941 : Fouchères-Vaux – Polisot ;
- 14 juin 1941 : Polisot – Châtillon-sur-Seine.

Les ouvrages d'art détruits au début du conflit furent rapidement reconstruits, sous l'autorité de l'occupant :

- Sur la ligne de Troyes à Gray :
- Le pont de Mussy-sur-Seine au PK 217,555, dont trois arches et deux piles étaient détruites. Il fut reconstruit du 16 octobre 1940 au 21 avril 1941, en béton armé avec dalle pleine sous ballast.
- Le pont de Plaines au PK 214,525, avec une arche détruite, les autres et les deux piles disloquées. Ce pont fut entièrement reconstruit du 28 octobre 1940 au 26 mai 1941 comme celui de Mussy.

SOCIÉTÉ GÉNÉRALE
DES CHEMINS DE FER ÉCONOMIQUES
R.C. Seine N° 105.269
Chèques Postaux : PARIS 88-52

RÉSEAUX de FRANCHE-COMTÉ et de la HAUTE-MARNE

LIGNES de :
Troyes à Gray,
Chalindrey à Gray,
Poinson-Beneuvre à Langres,
Gudmont à Rimaucourt.

BUREAUX : 15, Quai Villeneuve, GRAY (H^{te} Saône)
TÉLÉPHONE : 119

N°

Gray, le _____ 19___

O R D R E   de   M I S S I O N
Dienst - Befehl

PAR ORDRE du *Chef d'Exploitation de la Société Générale des Chemins de fer Economiques*
Auf Befehl des

IL EST ENJOINT A M. *Vincent Henri*
ist Herrn

NE LE *20 Janvier 1881* A *Pannes (Meurthe-et-Moselle)*
geboren den   in

EXERÇANT LA PROFESSION DE *Chef de district*
(indiquer la qualité et les titres)
Beruf
(genaue Angaben des Titels)

TITULAIRE DE LA PIÈCE D'IDENTITÉ *Carte d'identité N° 199 de la Commission*
(nature et numéro)   *des Réseaux Secondaires.*
Inhaber folgender Legitimationspapiere
(art und nummer)

DE SE RENDRE A *Gray, Is-sur-Tille, Chalindrey, Langres, Châtillon-s/ Seine,*
angeordnet sich nach *Troyes.*

EN MISSION DE SERVICE *Surveillance des voies, bâtiments et ouvrages d'art du*
dienstlich zu begeben *Chemin de fer (lignes de Troyes à Gray, Chalindrey à Gray et Poinson-Beneuvre à Langres).*

L'INTERESSÉ UTILISERA LE CHEMIN DE FER
Angeführte Person benutzt die Eisenbahn

LES AUTORITÉS FRANÇAISES PRIENT LES AUTORITÉS ALLEMANDES D'ACCORDER AIDE ET PROTECTION AUX PERSONNES CI-DESSUS ET DE FACILITER LEUR CIRCULATION DANS LA ZONE OCCUPÉE.
Die französischen Behörden bitten die deutschen Behörden Hilfe und Schutz dem obengenannten zu gewähren und ihme Reise durch das besetzte Gebiet zu erleichtern

FAIT A *Gray* LE *25 Novembre 1940.*
Angefertigt in   den

SIGNATURE ET CACHET DE L'AUTORITÉ QUI DELIVRE LE TITRE
Unterschrift und Stempel der Behörde welche den Schein ausstellt

Le Chef d'Exploitation,

SOCIÉTÉ GÉNÉRALE
CHEMINS DE FER ÉCONOMIQUES
Reg. C^{ce} Seine
Réseau de la FRANCHE-COMTÉ
BUREAUX : 15, Quai Villeneuve, GRAY (Haute-Saône)

Ce document, datant de novembre 1940, montre bien l'état de totale subordination dans lequel se trouvaient les cheminots français vis à vis de l'occupant.
Collection Agence CFTA-Gray.

- Sur la ligne de Vesoul à Gray :
- Le pont de Savoyeux au PK 32,286 entre la gare de Seveux et la halte de Savoyeux-Mercey. Ce très bel ouvrage à double voie, de huit arches de 20 mètres d'ouverture, eut une culée, deux arches et une pile détruites. Une voie provisoire fut établie dès le 23 juillet 1940, avant reconstruction en dur du 29 juillet 1940 au 27 mars 1941. La première voie fut mise en service le 22 novembre 1940, suivant les dispositions anciennes, avec des voûtes en béton légèrement armé coulées par moitié sur cintres en bois avec parement des tympans en enduit teinté avec joints simulés, reproduisant l'appareillage de la maçonnerie ancienne.

- Sur la ligne de Gray à Besançon (région Sud-Est) :
- Le 14 juin 1940, le pont de Gray au PK 1,127 eut une culée et la pile côté Gray détruites jusqu'au niveau des fondations, entraînant l'effondrement de la travée médiane et de la travée côté Gray, la travée côté Besançon soulevée sur ses appuis étant déportée. Les piles et les culées furent reconstruites en maçonnerie et béton de ciment, avec enduit incorporé et joints simulés. Quant au tablier, il fut rétabli dans sa forme ancienne, mais avec renforcement des parties conservées. Les travaux se poursuivirent du 9 septembre 1940 au 26 novembre 1941.

La gare de Gray de 1940 à 1944

Par sa situation géographique, Gray ne fut pas épargnée par la seconde guerre mondiale. Comme lors de la précédente guerre, la gare était placée sous le contrôle d'un commissaire militaire avec accroissement concomitant des effectifs, Vesoul étant alors gare régulatrice.

Gray vit passer de nombreux trains d'évacuation avant d'être prise par l'armée allemande. Le 15 juin 1940, peu après l'entrée des véhicules de la 1ère division Panzer à Arc-les-Gray, les forces françaises firent sauter le pont de pierre, le pont suspendu ainsi que le pont de la ligne de Besançon sur la Saône, situé immédiatement à la sortie de la gare. La gare de Gray fut occupée sans résistance par un détachement allemand amené par train, qui installa des « Bahnhof [1] » à tous les postes de responsabilité.

Après l'armistice, le trafic reprit, des trains de la ligne Paris – Mulhouse étant même déviés par Gray en 1940, en raison des destructions d'ouvrages sur la ligne principale. Le pont de la ligne de Besançon sur la Saône fut rétabli en 1941, mais la voie l'empruntant fut déposée en 1943 jusqu'à Champvans par les Allemands dans le but de récupérer les rails. Le pont fut à nouveau détruit en 1944, cette fois pour ralentir l'avance alliée lors de la retraite allemande.

Au cours de ces années d'occupation, les lignes de l'étoile de Gray firent l'objet de nombreux sabotages par les résistants, essentiellement des coupures de la voie, et eurent à souffrir des bombardements aériens alliés

Lors de la Libération, les installations ferroviaires furent également endommagées. La gare de Gray fut victime le 10 août 1944 d'un bombardement allié qui détruisit la partie

[1] Cheminots allemands détachés dans les gares, dépôts, triages, postes d'aiguillages...

MISE EN MARCHE DE TRAINS SUPPLÉMENTAIRES SUR VOIE UNIQUE

Cette réglementation était valable en toute période, mais plus particulièrement durant un conflit. L'exploitation des lignes affermées était assurée conformément à la réglementation de la SE en dehors des gares communes. Par section de ligne, un chef de gare était désigné pour assurer les fonctions de chef de la voie unique, à savoir :
- Troyes à Châtillon-sur-Seine, celui de Polisot ;
- Châtillon-sur-Seine à Is-sur-Tille, celui de Poinson-Beneuvre ;
- Is-sur-Tille à Gray, celui de Mirebeau-sur-Bèze ;
- Gray à Culmont-Chalindrey, celui de Champlitte.

La gare commune devant faire circuler un train supplémentaire sur les lignes affermées en faisait la demande au chef de la voie unique en lui fournissant les indications nécessaires. Ce dernier adressait un message téléphoné à toutes les gares du parcours de la ligne dont il était responsable, composé pratiquement sous la forme suivante (les dates et heures sont fictives) :
« *Chef voie unique à toutes gares de Gray à Is-sur-Tille, prenez note de la mise en marche ce jour 2 septembre 1942, d'un train supplémentaire entre Gray et Is-sur-Tille, départ de Gray à 8h00, arrivée prévue à 10h00 (ou bien : en marche indéterminée, départ de Gray vers 8h00). Prière d'accuser réception* ».

En retour, les gares accusaient réception sous la forme :
« *Chef de gare de... à chef de voie unique de Mirebeau-sur-Bèze, a pris note de la mise en marche ce jour 2 septembre 1942, d'un train supplémentaire entre Gray et Is-sur-Tille, départ 8h00, arrivée prévue à Is-sur-Tille à 10h00 (ou bien : en marche indéterminée, départ de Gray 8h00)* ».

Le chef de voie unique autorisait la gare origine, en l'occurrence Gray, à faire circuler le train lorsque toutes les gares avaient accusé réception de la dépêche.

Au cours des derniers mois du conflit, les trains supplémentaires se multiplièrent de jour comme de nuit ; c'étaient des convois allemands détournés de leur itinéraire normal, suite aux nombreux et importants sabotages des voies et installations.

Nous avons encore là une preuve de l'évidente utilité des « petites lignes », situées à l'écart des grands axes, et des installations d'évitement présentes dans les nombreuses gares. Leur existence a facilité en outre, d'une manière certaine, le relèvement du pays après la victoire de 1945.

Spectacle de désolation après le second bombardement de la gare de Gray le 10 août 1944...
Photo Roger Vincent.

Ci-dessus, après le bombardement du 2 septembre 1944, la gare de Gray vue côté sud est en triste état !
Collection Gabriel Bachet.

Désolation en gare de Gray après le bombardement du 10 août 1944 : ci-dessus deux vues du quai 1 et de la marquise, ci-contre ce qui reste d'une voiture allemande.
Photos Roger Vincent.

Un agent SNCF porte encore la casquette Est, à l'intérieur de la gare de Gray après le bombardement du 10 août 1944.
Collection Didier Leroy.

centrale du BV. Le rapport du directeur de la Défense Passive indique que « *vingt-quatre bombes sont tombées sur le territoire des communes de Gray et Arc-les-Gray, dont cinq sur le périmètre de la gare. Deux n'ont pas éclaté, une bombe est tombée sur le toit du bâtiment principal, le coupant en deux, et les autres sur les voies de garage et la petite vitesse* ». Un deuxième bombardement des installations ferroviaires eut lieu le 2 septembre. Le triage et la verrière furent touchés, le pont tournant endommagé et des convois de troupes et de munitions atteints.

Le bâtiment-voyageurs et la marquise furent très endommagés par ces bombardements. La partie marchandises avait aussi souffert avec la destruction d'un grand quai couvert. Le pont de la ligne de Besançon sur la Saône, à la sortie de la gare, ne fut jamais reconstruit, privant ainsi Gray de sa liaison avec la préfecture du Doubs.

*Une locomotive 050 type G 10 déraillée suite à un sabotage entre Nantilly et le hameau de Feurg au PK 346,127 de la ligne Is-sur-Tille – Gray, le 14 août 1944 à 7 h 30.
Photos Roger Vincent.*

Le « Plan Vert »

C'est un plan de sabotage du réseau ferré français décidé sous l'autorité du général De Gaulle, dans le but de préparer la libération.

Du 6 juin 1944 au début septembre 1944, 67 sabotages furent réalisés sur les voies ferrées du département de la Haute-Saône permettant entre autre d'incendier 21 wagons d'essence, de détruire 4 trains de moteurs d'avions et d'intercepter les télécommunications.

Après le débarquement de Normandie, les forces ennemies réparèrent avec beaucoup plus d'énergie les voies ferrées obstruées, ce qui incita les résistants à recommencer immédiatement ailleurs !

La ligne à double voie de Vesoul à Gray était particulièrement visée, avec une suspension du trafic pendant 338 heures selon le décompte suivant :
- le 6 juin 1944, le trafic est arrêté pendant 54 heures à la suite du déraillement entre Noidans-le-Ferroux et Fresne-Saint-Mamès d'un train de troupes allemandes ;
- le 8 juin 1944, a lieu un nouveau déraillement d'un train de troupes de relève à Vellexon avec une interruption de trafic de 24 heures ;
- le 9 juin 1944, un train de munitions déraille au lieu-dit « Les Herbues » entre Noidans-le-Ferroux et Fresne-Saint-Mamès avec arrêt du trafic pendant 8 heures ;
- le 29 juin 1944 à 8 heures 20, toujours aux environs du lieu-dit « Les Herbues », un train de marchandises transportant du matériel automobile déraille en interrompant le trafic 12 heures ;
- le 30 juin 1944, c'est près de la gare de Raze qu'un train de grumes déraille sur le pont et arrête tout trafic pendant 24 heures ;
- le 5 juillet 1944, entre le pont de Seveux et la halte champêtre de Savoyeux-Mercey, les deux voies sont obstruées par le déraillement d'un train sanitaire vide avec deux jours d'arrêt total des circulations ;
- le 24 juillet 1944, une coupure de 96 heures consécutives (malgré l'appel à toute la population masculine de Noidans-le-Ferroux) a lieu, dans la tranchée du lieu-dit « Les Herbues », en raison du déraillement d'un train de charbon. Deux locomotives sont couchées sur le flanc et 16 wagons de charbon sont détruits. Le même jour, un train de secours envoyé de Vesoul déraille sur le pont de Clans ; la machine et trois wagons sont renversés ;
- le 25 juillet 1944, la grue de secours est accidentée à la barrière de Clans ;
- le 8 août 1944, un train d'essence déraille à Vellexon avec plusieurs wagons couchés sur le flanc ;
- le 10 août 1944, de nombreux poteaux téléphoniques sont sciés et tombent sur la voie entre le pont et la gare de Mont-le-Vernois ;
- le 16 août 1944, entre la gare de Mont-le-Vernois et le pont du Chariez, une équipe fait sauter le pont du Four à Chaux ;
- le 22 août 1944, près de Mont-le-Vernois, deux machines accouplées sont lancées à toute vitesse et entraînent le déraillement d'un train ;
- le 24 août 1944, la voie est coupée entre Vaivre et Chariez et un train de chars est stoppé pendant 24 heures ;
- le 25 août 1944, intervient une nouvelle coupure avec déraillement volontaire d'une locomotive ; celle-ci se couche, interrompant le trafic pendant 16 heures ;
- le 27 août 1944, un train de troupes déraille entre Raze et Noidans-le-Ferroux au « Pont Carré », suite au sabotage de la voie.

Tous ces actes héroïques des Forces Françaises de l'Intérieur ont eu lieu grâce aux équipes de faible effectif des maquis X 113 (Max) comptant quinze hommes et C 134 (Claude) regroupant quarante hommes, affectées à la ligne de Vesoul à Gray.

A Gray, le 5 septembre 1944 vers 19 heures, le pont d'Ounier sur la ligne de Besançon est détruit pour la seconde fois... mais il ne sera jamais reconstruit !
Photo Roger Vincent.

Sur la ligne de Gray à Besançon, le pont sur l'Ognon à Emagny détruit au cours de la seconde guerre mondiale. On notera le gabarit de l'ouvrage, prévu pour la double voie.
Collection Max Jaclain.

LES RÉPERCUSSIONS DE LA DESTRUCTION DU VIADUC D'OISILLY
ou « AUX PETITS EFFETS LES GRANDES CAUSES »... d'après Jean FLORIN

La destruction du viaduc d'Oisilly par l'armée allemande le 8 septembre 1944 à 0 h 30 coupa en deux la ligne de Gray à Is-sur-Tille. Durant le temps nécessaire à sa reconstruction, le service d'été 1948 ne comprenait plus que deux allers-retours quotidiens Gray – Oisilly-Renève et deux allers-retours Is-sur-Tille - Mirebeau-sur-Bèze. Les machines, remises en tête tant à Oisilly qu'à Mirebeau, devaient faire l'un des deux trajets tender en avant.

Pour permettre aux locomotives détachées à Châtillon-sur-Seine de regagner le dépôt de Gray pour leur entretien et révisions périodiques, il fallut pendant la durée de l'interception les acheminer par l'itinéraire Poinson-Beneuvre – Langres – Chalindrey – Gray. Sur un tel trajet, il n'était pas question de rouler tender-avant, d'autant que l'orientation générale des bifurcations impliquées n'engendrait pas de retournement intempestifs.

Encore fallait-il qu'à Poinson la locomotive soit tournée dans le bon sens ! Or, si les 130 B, 230 B et 040 D pouvait « virer » dans cette gare, il n'en allait pas de même pour les 230 C ex-PO et pour les dernières 140 B. Pour une série comme pour l'autre, il aurait fallu désaccoupler tender et machine et les tourner séparément, mais les installations réduites de Poinson-Beneuvre rendaient impossible cette pénible opération. Notons en passant que le même problème se posait à Châtillon-sur-Seine, mais les dispositions de voies rendaient possible le désaccouplement : ce n'est toutefois que vingt bonnes années plus tard avec les 140 C que le procédé fut généralisé.

Quoi qu'il en soit, et afin d'éviter d'avoir recours à la pratique du désaccouplement, on établit pour les 230 C ou les 140 B qui devaient rentrer à Gray un roulement provisoire spécial, savant mais compliqué. La machine faisait cheminée en avant un MV Langres – Poinson-Beneuvre, puis tender en avant un marchandise Poinson – Châtillon. Ensuite, à nouveau cheminée en avant, un train Châtillon – Is-sur-Tille, voire Châtillon – Mirebeau. Un « virage » sur le triangle américain d'Is-sur-Tille permettait de repartir cheminée en avant en tête d'un train pour Poinson. De là, une marche HLP par Langres et Chalindrey ramenait enfin la locomotive à Gray.

C'était une équipe grayloise qui venait chercher à Poinson-Beneuvre la machine à rapatrier, souvent accompagnée d'un cadre de l'atelier. Ce dernier se rendait ainsi compte en route de l'état de la machine : n'oublions pas que c'était une époque où le trafic à assurer étant énorme, les locomotives devaient être rendues opérationnelle et fiables au plus vite.

Ce rapatriement de locomotive se faisait en général le lundi. Or le lundi les rares boulangeries fermaient et il fallait se contenter pour le casse-croûte de pain rassis : voilà la raison pour laquelle les Graylois surnommèrent la ligne de Poinson à Langres « la ligne aux pains secs »...

Le viaduc d'Oisilly, détruit le 8 septembre 1944 par l'armée allemande en retraite.
Vue de la brèche au-dessus du canal, au niveau de la deuxième arche.
Photo Roger Vincent.

LUX : L'EXPLOITATION D'UNE PETITE GARE DE L'EST EN 1938

Roger Vincent

Sur les lignes de Franche-Comté, la gestion d'une « petite gare » est à cette époque dévolue à un seul agent, le chef de gare ou le chef de station, poste qui est souvent tenu par du personnel féminin. Les tâches lui incombant sont nombreuses et variées, autant que le langage spécifique au chemin de fer.

Du début du chemin de fer jusqu'à la fin des années 60, les activités des gares de 6ème et 5ème classes, des stations et haltes ne varièrent guère. La plupart des gares évoquées dans ce livre sont des établissements de petite importance, dont le rôle, au cœur de cette France rurale, fut pourtant capital.

La description suivante offre un intérêt pour comprendre l'importance et la diversité des activités des petits établissements. Ceux-ci furent longtemps la fierté des communes qu'ils desservaient. Le rôle quelque peu mythique de celui qui en était le responsable est ici rapporté avec le portrait du chef de gare arborant son bel uniforme à la casquette brodée d'or ou d'argent.

Le lecteur est invité à découvrir leur exploitation à travers la gare de Lux, située entre Is-sur-Tille et Gray. L'auteur a eu la joie d'y habiter d'avril 1935 à mars 1945, sa maman étant alors chef de station, après avoir été en poste à Nantilly sur la même ligne.

En 1934, Augustine Vincent, chef de station à Nantilly, avec ses enfants. La tenue du personnel féminin se compose d'une blouse noire avec brassard noir aux feuilles de chênes brodées en cannetille d'argent, au milieu desquelles se trouvent les lettres SE également brodées. Le fourgon Est en bois tôlé possède une niche à chien et porte la lanterne de côté réglementaire.
Collection Roger Vincent.

En bas de page, la gare de Lux en 1936, avec son quai central aux bordures en pierres de taille inclinées. Bâtiment soigné, quais propres, abords fleuris et arbres bien taillés : tel était l'accueil réservé aux voyageurs.
Photo Roger Vincent.

La sécurité

La sécurité de la circulation des trains de voyageurs et de marchandises est assurée par échange de dépêches avec les gares amont et aval. Elles sont inscrites sur un registre, le « registre des dépêches » sous la forme suivante :

Journée du ……………

Numéro dépêche	Gare Exp.	Gare Récept.	Heure	Texte	Numéros de dépêche des gares amont aval
1	Bèze	Lux	5h53	Puis-je vous expédier train (45) 40 ?	3
2	Lux	Bèze	5h54	Expédiez-moi train (45) 40	4
3	Lux	Tilchâtel	6h00	Puis-je vous expédier train (45) 40 ?	1
4	Tilchâtel	Lux	6h01	Expédiez-moi train (45) 40	2

En cas de modification de l'ordre de succession des trains, il convient de passer la dépêche suivante à la gare en aval :

| 5 | Lux | Tilchâtel | 11h12 | Is-sur-Tille de Lux train (45) 12 précède train (45) S 164 en retard | 5 |

Le cas de retard le plus fréquent est celui du train de marchandises (45) S 164 Gray – Is-sur-Tille devant passer à Lux vers 10 heures. Ce train perd du temps au cours de nombreuses manœuvres effectuées dans les gares précédentes. De plus, sa charge maximum autorisée est souvent atteinte, pour un profil en long difficile : il arrive à Lux avec peine, où il est mis en stationnement sur voie d'évitement afin d'être dépassé par le train (45) 12 qui a déjà attendu à Bèze le dégagement de la voie unique.

En 1936, sur le quai de la gare de Lux, le facteur-chef intérimaire Leloup au moment du départ d'un train de desserte avec la 30.704 Est (future 130 B 704).
Photo Roger Vincent.

Le service commercial

Voyageurs

Il existe deux sortes de billets, les termes « Fixes » et « Passe-partout » sont leurs appellations officielles.
a) - Fixes en carton type Edmonson [1] pour des relations courantes pré-établies et marqués d'une empreinte sèche au composteur, lors de la validation. La réserve doit être surveillée, afin de commander le réapprovisionnement en temps voulu. Les billets fixes sont présentés à l'intérieur d'une armoire en chêne dans des casiers en bois ou métalliques. Cette dernière est posée sur un meuble en chêne à tiroir, servant de réserve à billets (les billets sont plombés par paquets de 50 ou de 100). Ces meubles sont disposés à proximité du guichet voyageurs et fermés à clés, car les billets fixes sont des « valeurs ».
b) - Passe-partout en papier établis manuellement, pour des destinations moins courantes pour toute gare en France, avec création d'une souche par le procédé du décalque (papier chimique à double face). La souche est conservée par la gare pour justification comptable.

L'enregistrement des bagages classiques s'effectue avec un bulletin CC80 établi à la main par décalque comportant une souche. Ce bulletin est délivré au voyageur ; le ou les bagages sont marqués par des étiquettes :
- une étiquette portant, pré-imprimé, le numéro du bulletin ;
- une étiquette de destination à compléter avec la date d'expédition et le nombre de colis ;
- le cas échéant, une étiquette spéciale pour les bagages devant traverser Paris par voiture de factage ou par train de jonction.

Les bicyclettes et les voitures d'enfant, au moyen d'un bulletin CC80V à valeur fixe numéroté. Deux types existent : blanc jusqu'à 100 km et blanc à bordures rouges au-delà de 100 km, numéroté. Ils comportent trois coupons : une souche, un bulletin pour le voyageur et une étiquette, tous trois frappés du timbre à date (tampon à l'encre oléïque) et le préposé indique la destination au crayon bleu. L'acheminement a lieu par le train emprunté par le propriétaire du bagage, son bulletin lui permettant d'en reprendre possession à la gare d'arrivée.

Marchandises

L'expédition et la réception des marchandises comportent deux régimes, la petite vitesse (PV) et la grande vitesse (GV).

En grande vitesse, après étiquetage, l'acheminement a lieu par train de voyageurs ; en fait il s'agit de colis peu lourds et de dimensions assez réduites. Il existe divers régimes : colis postal, petit colis, colis agricole, etc. L'expéditeur remplit une déclaration d'expédition et paye le montant du transport, si le port payé est revendiqué. Le destinataire est prévenu par une lettre d'avis, lui parvenant par les PTT, qu'un colis est mis à sa disposition. Lors du retrait, il doit régler le montant du transport si l'envoi est effectué en port dû.

En petite vitesse : le principe est identique pour les envois de détail effectués sous ce régime, mais les colis admis au transport peuvent être de dimensions plus grandes et d'un poids plus élevé. Après étiquetage, ils sont acheminés par train de marchandises dans un wagon couvert situé derrière le fourgon de tête du train appelé « C-D » (collecteur – distributeur). A la gare terminus du train (en général une gare de triage), ce wagon est dirigé sur la halle de transbordement, pour déchargement et acheminement des colis vers leurs destinations respectives.

Quant aux envois effectués par wagons complets, le principe en vigueur est le suivant : l'expéditeur dépose une demande de fourniture de matériel à la gare ; celle-ci la transmet par dépêche à la gare-centre désignée qui lui réserve une suite favorable dans les meilleurs délais. Dès la mise à disposition du matériel demandé, l'expéditeur est avisé et effectue le chargement, qui peut être pesé sur le pont-bascule, avant d'établir la déclaration d'expédition remise à la gare effectuant la taxation. Pour l'acheminement du ou des wagons chargés préala-blement étiquetés, il convient d'adresser une dépêche à la gare d'origine du train de marchandises afin de lui demander de réserver au départ de la gare X l'incorporation du ou des wagons pour un poids de Y tonnes.

En ce qui concerne l'arrivée de wagons chargés et leur mise à la disposition du destinataire, le déroulement est identique à celui exposé au régime GV des colis de détail. La livraison des marchandises reçues (détail ou wagons complets) s'effectue contre émargement du destinataire sur un registre nommé le « bureau restant» (BR).

La comptabilité

Les recettes provenant des différentes opérations commerciales constituent la caisse de la gare, dont le chef tient journellement le « livre de caisse » faisant apparaître les entrées ou les sorties d'argent (achat de timbres-poste par exemple) en les justifiant. En fin de mois, le responsable doit établir un bordereau mensuel de liquidation comptable et adresser différentes pièces permettant d'en contrôler l'exactitude aux services du contrôle à Paris, soit au CRV (contrôle des recettes voyageurs), soit au CRM (contrôle des recettes marchandises).

Lorsque la totalité des différents encaissements dépasse la somme de cinq cents francs (de l'époque), le préposé doit,

---

[1] Le billet Edmonson est un titre de transport cartonné, inventé en Angleterre en 1836 par Thomas Edmonson.

toujours un mercredi, effectuer un versement d'argent au bureau des PTT pour le compte chèque postal de la SNCF à Paris. Le montant est variable mais jamais inférieur à cinq cents francs, l'encaisse conservée à la gare étant de l'ordre de cent francs. Le reçu du versement délivré par les PTT est collé sur un imprimé prévu à cet effet, puis adressé obligatoirement par train (45) 12 du mercredi au BCVG (bureau centralisateur du versement des gares) à Paris, dans une enveloppe navette spéciale toilée ; celle-ci revient vide à sa gare d'attache le vendredi suivant pour un envoi ultérieur.

Une fois par an au moins, une équipe comptable SNCF (à compter du 1er janvier 1938 un inspecteur et un ou deux contrôleurs comptables) arrive inopinément sur place afin d'effectuer un contrôle complet de la tenue de la comptabilité de la gare en question ; cette vérification dure quelques heures.

Le premier jour ouvrable de chaque trimestre civil, la gare verse aux retraités de la SNCF le montant de leur pension. Après avoir reçu de la Caisse des retraites SNCF (quelques jours avant l'échéance) le bordereau nominatif indiquant le montant dû à chacun d'eux, la gare adresse à la gare-centre désignée (Gray en l'occurrence) une demande de mise à disposition de fonds correspondant aux besoins. Le montant demandé parvient par pli plombé ou cacheté à la cire, acheminé par train de voyageurs, sous la responsabilité du chef de train, qui l'entrepose dans le coffre du fourgon. La gare destinataire en assure la protection dans le coffre-fort situé dans le bureau du chef de gare.

Les plis ne sont remis que contre émargement, chaque fois qu'ils changent d'agent : de la gare-centre au chef de train, puis du chef de train au chef de la gare destinataire.

Notons que pour assurer les demandes de ravitaillement en espèce, qui lui parviennent de toutes les petites gares dépendant de son rayon d'action (et elles étaient nombreuses), la gare-centre s'approvisionne à la Banque de France qui possède une succursale à Gray.

L'entretien

Le responsable doit maintenir tous les locaux de service en bon état de propreté et pendant l'hiver en assurer le chauffage, par des poêles individuels alimentés au charbon (bureau du chef de gare et salle d'attente).

L'alimentation électrique n'existe pas encore couramment. Les locaux sont éclairés par des lampes à pétrole : lampe sur pied dite « haute tige » pour le bureau du préposé, lampes à pétrole suspendues dans les salles des pas perdus et d'attente, ainsi que pour le local à bagages.

A l'extérieur, des appliques de quai ou des réverbères à pétrole sont utilisés pour l'éclairage, dont un est toujours placé à proximité de l'horloge. A ce sujet, sur de nombreuses cartes postales anciennes se trouve un petit escabeau en bois à ce niveau ; il sert à l'alimentation et à l'entretien des lampes. Chaque fois que le besoin s'en fait sentir, généralement le matin, les lampes doivent être nettoyées à la lampisterie (cheminées en verres et réflecteurs pour les appliques et les réverbères) et ensuite garnies de pétrole.

La crise de l'alimentation au pétrole, au cours du deuxième conflit mondial, a considérablement réduit ce mode d'éclairage

Ce document rare daté du 24 avril 1942 montre une 140 B en gare de Lux. Ces machines d'origine américaine dites TP (« Travaux Publics »), livrées de 1917 à 1920, furent réparties à 210 exemplaires sur le réseau de l'Est.
Photo Roger Vincent.

avec l'installation parcimonieuse de l'électricité, mais pas de façon systématique. Beaucoup de petits établissements ont d'ailleurs conservé un éclairage a pétrole jusqu'au milieu des années 1960.

A Lux, l'éclairage électrique avec des lampes à incandescence est installé vers 1942 dans le logement privé du préposé, dans les locaux de service ainsi que sur le quai.

Divers

Les gares ne possèdent pas d'alimentation en eau courante, comme du reste la plupart des passages à niveau, certains étant situés en pleine nature. Dans ces cas, les gares se ravitaillent soit à une citerne, soit à un puits, ce qui est le plus fréquent. Il faut donc transporter la réserve d'eau dans les logements privés, situés au premier étage, à l'aide de seaux et de brocs.

Lux a la chance de posséder sur le quai 1 une borne-fontaine à une quarantaine de mètres du BV, distribuant une eau de source fraîche et potable. La gare voisine de Bèze, qui ne possède pas une telle installation, est ravitaillée par l'intermédiaire d'un fût acheminé entre ces deux gares par train de voyageurs ou de marchandises, voire occasionnellement par une draisine du service de la voie. La gare de Mirebeau-sur-Bèze est favorisée avec l'eau courante, fournie par les installations hydrauliques servant à l'alimentation des locomotives à vapeur (présence d'un réservoir d'eau, alimenté par une pompe, mue par une machine fixe à vapeur).

Notons enfin que l'amplitude journalière du responsable est importante : de 5h50 à 19h35 pour Lux.

A tout ce travail s'ajoute pour l'agent l'entretien des extérieurs et le fleurissement de la gare, tâches courantes à l'époque, particulièrement sur les lignes concernées par ce livre. Les diplômes de « meilleure présentation commerciale des gares » ont longtemps attesté de l'attention et des soins que les chefs de gare et les gérantes apportaient à la décoration et à l'entretien de ces « petits paradis ferroviaires ».

AUTOUR DE LA LIGNE DE LANGRES À POINSON-BENEUVRE

Vers 1910, la rame voyageurs stationnée le long de la remise de Langres est probablement celle de la Ligne de Poinson-Beneuvre. Collection Jean-Pierre Rigouard.

Ci-dessus, vue au dépôt de Langres en 1935, la 120 n° 2556 Est (ancienne 556 modifiée avec roues de 1,85 m) est une habituée de la ligne de Poinson-Beneuvre. Photo Pol Gillet - collection Jean Florin.

La station d'Aujeures à l'heure du train 32 de 16h48 pour Poinson-Beneuvre. Notons le cachet du convoyeur postal « Vaillant à Langres » en date du 22 août 1910. Collection Didier Leroy.

Ambiance du début du XXème siècle en gare d'Aprey-Flagey : le fourgon avec vigie, fanal de queue et lanternes de côté de train, sont autant d'éléments attachants du « vieil Est ». Collection Didier Leroy.

Ci-dessous, vers 1960, une vue rare du dépôt de Poinson-Beneuvre avec la 130 B 307 affectée à la ligne de Langres et la carcasse de la « Micheline » 24002. Photo François Fontaine.

La ligne 25^9 (54 à l'Est), au moment de son affermage à la SE le 1er Juillet 1938, est soumise à un régime d'exploitation simplifiée.

Celle que les cheminots de la SE appellent « La ligne aux pains secs », a toutes les caractéristiques d'une petite voie secondaire au charme suranné, à l'image de ces lignes à voie métrique qui sillonnèrent les villages les plus reculés de France et qui restent gravées dans la mémoire collective.

Pas moins de 39 passages à niveau jalonnent les 47 kilomètres de cet itinéraire traversant l'austère et froid plateau de Langres.

Dès le 3 novembre 1932, une automotrice Michelin [1] de 36 places fut affectée à la ligne pour remplacer les trains à vapeur (série AP 36001 et 36002 du centre de Langres), ce qui permit de réduire les frais d'exploitation d'une ligne secondaire desservant quelques villages à la faible densité de population. La compagnie de l'Est, très tôt convaincue de l'utilité et des avantages de l'utilisation d'automotrices pour faire face à la concurrence routière, a développé ce moyen de transport répondant judicieusement à ses attentes.

Au temps de la SE arriva sur la ligne de Langres une autre automotrice type 11 à 24 places de la firme Michelin, AP 24002. De couleur marron, avec des sièges en tissus gris, cette automotrice à « nez de camion » termina sa carrière après avoir déraillé en 1941 dans les bois d'Aujeures. Un cliché la montre au dépôt de Poinson-Beneuvre, à l'état d'épave vers 1960, ayant été « désossée » pendant la guerre pour la récupération de matériaux.

[1] Automotrice conçue par les établissements clermontois Michelin, mue par un moteur à explosion, dont les roues sont équipées de bandages pneumatiques procurant un réel confort, cousine sur rail des autocars et destinée au transport en commun de voyageurs à meilleur coût. Par la suite, le nom de « Micheline » a été abusivement usité comme terme générique pour dénommer les autorails.

La déclaration de la guerre stoppa l'utilisation des autorails et les choix pris au terme de celle-ci furent en premier lieu orientés vers la reconstruction et la modernisation des artères les plus vitales. La ligne 25^9 de la région Est de la SNCF vécut au rythme des trains à vapeur au charme désuet.

A son arrivée, la SE décida de remettre des agents dans les gares de la ligne, qui ne possédaient plus de titulaires depuis quelque temps. C'est donc un service normal, comme celui en vigueur dans les autres gares du réseau de Franche-Comté qui fut rétabli.

Roger Vincent, admis comme jeune agent à la SE le 14 novembre 1938, se souvient avoir mis à jour cinq collections de règlements divers, destinés à chacune des gares, à savoir : Vivey-Chalmessin, Vaillant, Aujeures, Aprey-Flagey et Brennes.

Ces collections de règlements et leurs nombreux rectificatifs issus de la réserve du 5ème arrondissement Exploitation SNCF de Vesoul étaient adressés à l'inspecteur d'exploitation de la SE en son siège du 15 quai de Villeneuve, à Gray. Ce dirigeant avait alors en charge les gares des lignes de Culmont-Chalindrey (exclus) à Gray (exclus) et de Gray (exclu) à Poinson-Beneuvre et à Langres-Marne (exclus).

Atmosphère champêtre à l'annexe de Poinson-Beneuvre vers 1960 : la 130 B 307 et son tender 13 C 85 près de l'estacade à charbon et de la grue hydraulique Est. La ligne de Châtillon prend la branche gauche de la bifurcation et celle de Langres la direction de droite.
Photo François Fontaine.

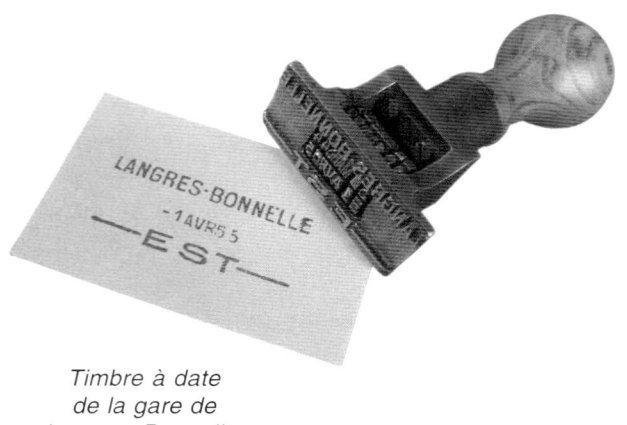

Timbre à date de la gare de Langres-Bonnelle.

Cet inspecteur a un homologue en poste à Châtillon-sur-Seine, qui assure les mêmes fonctions pour les gares de Villars-Santenoge à Troyes à l'exclusion des gares de Châtillon-sur-Seine et Troyes.

La ligne de Langres à Poinson-Beneuvre a toujours connu un trafic voyageurs relativement faible, hormis les jours de marché, de foire ou de fête à Langres qui généraient un réel accroissement de la demande. A ces occasions, les rames étaient bondées, comme en témoigne l'article de ce chapitre sur la fête de la Sainte-Catherine à Langres.

Le trafic marchandises était par contre relativement important, particulièrement axé sur les expéditions de bois de mines issus de cette région forestière. La gare de Langres-Bonnelle effectuait régulièrement des envois de coutellerie (production du Bassigny) et surtout des réceptions par wagons complets de nombreuses denrées alimentaires, y compris du vin en wagons foudres destiné à une grosse société d'alimentation « La Jeanne d'Arc », maison mère de nombreux magasins de détail des alentours de la cité haut-marnaise. Les expéditions et arrivages de petits colis procuraient en outre un trafic conséquent.

Vers 1948, sur le quai 2 de la gare de Poinson-Beneuvre, les agents des « Economiques » posent devant la 130 B 476 attachée à la ligne de Langres. De gauche à droite : le chef de district Pajard, le mécanicien Georges Pain, le chauffeur Georges Pouteau et M. Camus du service VB.
Collection Mme Fèvre.

Ci-contre, vers 1948 en gare de Poinson-Beneuvre, sur la 130 B 476 aux cuivres astiqués, l'équipe de la « ligne aux Pains Secs » : mécanicien Georges Pain, chef de train Gaëtan Pronier sur le dôme et chauffeur Georges Pouteau.
Collection Mme Fèvre.

Vue de la gare de Poinson-Beneuvre vers 1936. Au centre le cantonnier Bailly, à droite le chef de gare Toussaint avec deux voyageurs et son épouse à la fenêtre. Ce bâtiment correspond au type C de la compagnie de l'Est. Notons la cloche Siemens de la ligne de Langres et les plaques émaillées sur les tympans des portes avec, de gauche à droite, les mentions : Agents de trains, Messageries, Télégraphe, Chef de gare, 1ère et 2ème classes, 3ème classe. Collection Mme Fèvre.

De l'époque de l'affermage et jusqu'à la fermeture de la ligne, la petite remise à deux voies de Poinson-Beneuvre possède une locomotive et son équipe ; ce fut très longtemps la 130 B 476, aujourd'hui conservée au dépôt de Longueville.

Georges Pain, mécanicien de la SE, effectua une partie de sa carrière sur la ligne de 1936 à sa retraite en 1958, tout comme Camille Toussaint, chef de gare de Poinson-Beneuvre de 1936 à 1953 ou encore le chef de train Gaëtan Pronier qui y resta de 1947 à 1957.

Comment, en évoquant l'histoire de cette ligne oubliée, ne pas nommer Célina Poisson affectueusement appelée Nina, qui reprit en 1914, le café-hôtel de la gare à Poinson-Beneuvre, créé par son père en 1886. C'était alors un lieu de vie fréquenté par les intérimaires, voyageurs de commerce, livreurs et passagers du quartier de la gare, qui comptait près de cinquante habitants dans l'entre-deux guerres.

A un moment, Célina Poisson loua également des terrains à la compagnie de l'Est, pour la nourriture d'un gros poney. Ce dernier, attelé à une voiturette, conduisait à la demande les voyageurs dans les villages voisins.

Lors de l'exode de 1940, Nina ne quitta pas son café-hôtel, qui fut endommagé en même temps que la gare en 1944, lors du bombardement des locomotives stockées sur les voies de garage, opération demandé par les maquisards aux alliés. La ligne était en effet utilisée par l'ennemi comme itinéraire de détournement. Cette brave dame appréciée de tous a continué à tenir son commerce jusqu'en 1973 : elle avait alors 95 ans !

Le chanoine Paul Fournier, fidèle utilisateur du chemin de fer, curé de Poinson de 1937 à son décès en 1964, n'ayant jamais eu d'automobile se rendait à la gare à pied ou à bicyclette. Cet ecclésiastique était un personnage pittoresque, passionné par la nature et particulièrement par les plantes. Après de sérieuses études, il devint un spécialiste de réputation mondiale grâce à la publication de nombreux articles et livres illustrés par lui-même.

Peut-être s'éloigne-t-on là quelque peu du rail ? Non, car la vie d'une ligne, c'est aussi son environnement humain avec ses joies et ses peines !

La gare de Poinson-Beneuvre après le bombardement de 1944. Collection Mme Fèvre.

Vers 1950 en gare de Poinson-Beneuvre, la 130 B 434 (la « locomotive en or ») assure un omnibus voyageurs pour Châtillon-sur-Seine. Le fourgon à essieux est de pure facture Est. Photo Jean Monternier - collection Jean Florin.

LE TRAIN DE LA SAINTE-CATHERINE À LANGRES
LE 25 NOVEMBRE 1947

Il fait froid, très froid pour la fête de la Sainte-Catherine à Langres, en ce mardi 25 novembre 1947, et 35 centimètres de neige recouvrent par endroit la ligne sur le Plateau de Langres, mais la chaleur est présente dans le cœur de tous ceux qui vont se rendre à « la ville » pour la journée. En cette période où la France ne s'est pas encore vraiment relevée des blessures de la seconde guerre mondiale, c'est naturellement par « le Petit Train » que les déplacements ont lieu.

Gaëtan Pronier, ancien chef de train principal aux Economiques, grâce à une mémoire intacte, se souvient de cette journée ferroviairement particulière.

Entré aux Chemins de fer Economiques de la Somme le 15 octobre 1943, il fut à la suite de la fermeture de ce réseau muté en résidence à Poinson-Beneuvre, afin d'assurer le service des trains de la ligne de Langres, du 1er février 1947 au 1e décembre 1957. A partir de cette date, le chef de train Pronier fut en poste à Châtillon-sur-Seine jusqu'à sa retraite le 1er juin 1980, date de la suppression du dernier service voyageurs du réseau CFTA de Franche-Comté, sur la ligne de Châtillon-sur-Seine à Troyes !

De nos jours, il est bien difficile d'imaginer l'importance que revêtait, à l'époque, la gare de bifurcation de Poinson-Beneuvre, située au milieu des champs, sur le glacial et venteux Plateau de Langres. Pourtant, en cette fin de journée de la Sainte-Catherine, après des moments festifs de retrouvailles, de rencontres, de jeux, de bons verres partagés, le temps est venu de se rendre à la gare de Langres-Bonnelle pour y prendre le seul train, le mixte 22596 pour Poinson-Beneuvre, où l'attendra le train 2544 en correspondance pour Châtillon-sur-Seine.

Le train mixte est tracté par la 130 B 476, alors pensionnaire de l'annexe de Poinson. Sa composition se monte à 17 wagons, soit 253 tonnes et 41 essieux. Le mécanicien Pain, le chauffeur Pouteaux, le chef de train Pronier et le serre-frein Perrot forment l'équipe. Le MV 22596 quitte la gare de Langres à 16h28. Le train arrive à Langres-Bonnelle, la nuit tombe et l'affluence est telle (276 voyageurs) que les deux voitures ne suffisent pas. Il faut faire monter des voyageurs dans le fourgon et le chef de gare Pillot a recours aux lanternes à pétrole de sa lampisterie pour l'éclairer.

La situation devient critique au point kilométrique 313,900, c'est à dire au niveau de la halte de Brennes, lorsqu'est constatée la défaillance de la 130 B 476 à 18 h 19. La locomotive paye ses efforts : « *le tuyau du souffleur est crevé, la couronne du souffleur reposant sur l'échappement* ». A 18h30, le chef de train réclame « *une machine de secours par voie normale depuis la gare de Poinson* ».

La gare de Poinson reçoit la dépêche par téléphone à 18 h 32. Le dépôt de Chalindrey est contacté par dépêche à 19 h 50 et envoie sa machine de secours, la 230 B 619 (mécanicien Devaux, chauffeur Jardin) via Langres. Celle-ci arrive sur le lieu de la détresse à 22 h 00, le départ ayant lieu à 22h10 en poussant le MV jusqu'à la gare d'Aprey-Flagey, où est garée la 130 B 476. Le train arrive en gare de Poinson-Beneuvre à 23 h 41. La 230 B 619 repart HLP jusqu'à la gare d'Aprey-Flagey pour y chercher la 130 B et l'emmener au dépôt de Chalindrey.

Le rapport de la détresse, retrouvé par un heureux hasard dans des archives oubliées, décrit de manière rigoureuse ce que l'auteur de ces lignes avait noté sur un vieux carnet, lors d'un entretien avec le chef de train Gaëtan Pronier : « *La première demande de secours a été adressée à Poinson à 18h32, en pensant que le secours pouvait être assuré par la machine du 2544. Après conversations échangées entre Poinson et Gray, il fut décidé que le 2544 poursuivrait sa marche sans la correspondance du 22596 et qu'une rame de voitures avec la locomotive du titulaire reviendrait en marche spéciale à Poinson-Beneuvre pour assurer le transport des voyageurs se trouvant au 22596 (soit 51). Le mouvement spécial arriva à Poinson-Beneuvre à 23 h 05. Départ du mouvement spécial de Poinson-Beneuvre à 23 h 49. L'inspecteur divisionnaire : signé Ruther* »

Force est de constater, à la lecture de ce récit authentique, le notion scrupuleuse du service public que représentait le chemin de fer en milieu rural à une époque où les moyens modernes de communication n'existaient pas, mais où le bon sens et la serviabilité étaient des qualités humaines encouragées. La fête de la Sainte-Catherine, malgré un retard de 4 h 35 au retour pour Poinson, s'était déroulée pour les voyageurs dans de bonnes conditions, les « Economiques » leur ayant dépêché en pleine nuit un spécial de Châtillon-sur-Seine, gare tout de même distante de 46 kilomètres de Poinson-Beneuvre !

LA TRACTION VAPEUR SUR LES LIGNES AFFERMÉES DE FRANCHE-COMTÉ

Jean Florin

Les lignes affermées de Franche-Comté, autrement dit les lignes de l'étoile de Gray, représentent pour certains amateurs la SE, les « Economiques » et les 130 B. Pour d'autres, en général plus jeunes, ce sont la CFTA et les 140 C. Mais tout n'est pas si simple : en ce petit monde ferroviaire bien d'autres machines à vapeur travaillèrent sur les rails affermés aux Economiques ; nous allons les sortir de l'oubli.

Des débuts de l'affermage à la fin de la guerre de 1939-1945

Là, c'est un peu la bouteille d'encre. Et il semble peu courant, en commençant une étude technico-historique, de devoir avouer que les éléments solides font défaut ; c'est pourtant ce que nous sommes contraints de reconnaître, pour deux raisons :

- D'une part, les archives « traction » de la SE ont malencontreusement disparu en juillet 1970, brûlées suite à un malentendu, dans... le foyer de la 130 B 476 qu'il avait fallu remettre en feu pour un voyage spécial vapeur... Les protagonistes plus ou moins involontaires de cet autodafé ont plus tard avoué que, lorsque tout fut parti en cendres, la machine était déjà en pression !

Ci-dessus, vue aérienne des installations du dépôt de Gray en 1966. Les 130 B y sont encore majoritaires et on note aussi la présence de deux 140 C, des autorails De Dion avec leur remorque ainsi que des X 5500. Collection Jean Vandewalle.

Même vision par le côté nord, avec trois 130 B et une 140 C qui vient de passer sur la plaque après s'être ravitaillée en charbon. Une voiture ex-AL à lanterneau du service VB est garée sur une voie en tiroir. Collection Jean Vandewalle.

Le mécanicien Guinet, de Gray, sur la 140 C 38, le 3 février 1975, entre Gray et Is-sur-Tille.
Photo Jean-Louis Poggi.

- D'autre part, vu le temps écoulé, il est pratiquement impossible de retrouver d'anciens tractionnaires ayant connu la période d'avant-guerre : tous les souvenirs recueillis ne sont donc, forcément, que des souvenirs de seconde main. Et tous reviennent toujours aux seules 130 A et B et aux 140 « TP ».

Dès le début des années 20, les 140 « TP », futures 140 B puis G de la région Est, machines américaines de guerre prises en charge par le ministère des Travaux Publics qui les répartit entre différents réseaux français, vinrent à Gray assister les 130 A et B et assurèrent de suite les trains les plus lourds.

En Franche-Comté comme partout ailleurs, ces robustes locomotives « de guerre » démontrèrent à la fois leurs qualités et leurs défauts : simples, solides, puissantes et d'un entretien économique, elles faisaient hélas preuve d'un appétit insatiable. De plus, leurs violents mouvements de lacet dus à un porte-à-faux arrière trop important, autant qu'à leur système de suspension, rendaient très dur le travail du chauffeur ; ce dernier devait en effet, par une porte trop étroite et trop basse, enfourner et répartir dans un foyer horizontal de plus de trois mètres de profondeur, une respectable quantité de charbon. Ajoutez à cela la longueur toute américaine de l'abri, l'obligeant à s'avancer vers le foyer lors de chaque charge en portant la pelle remplie, la disposition singulière du plan de pelletage du tender, plus bas que le plancher de la cabine, ajoutant encore à la difficulté et nous comprendrons que ces machines provoquaient une grande fatigue du dos entraînant des maux de reins.

Ces locomotives étaient sur l'Est uniformément appelées « les TP » ; les lettres TP ayant longtemps figuré sur les flancs d'abri au-dessus de l'inscription « Est Série 12 ^{s} ». Seulement, dans l'esprit des anciens tractionnaires, ces deux lettres signifiaient « travail pénible » et non « travaux publics »... Pourtant, bien plus tard à Châtillon-sur-Seine, Jean Drothier évoquant ses souvenirs de jeune chauffeur sur les « TP » disait sans acrimonie rétrospective : « *ben oui, elle étaient un peu pénibles et c'était des fois dur, mais elles arrachaient tellement bien ; on aurait démarré n'importe quel train* »...

Durant le second conflit mondial, un certain nombre de 140 B grayloises partirent (souvent sans retour) pour le grand Reich, les survivantes étant mutées à Vesoul et Belfort en 1948.

Quelques photographies anciennes montrent d'autres machines Est sur les lignes considérées : parmi elles, une rarissime vue montrant une 220 Est à roues de 2 mètres, une « 2400 », future 220 A de la SNCF, en tête d'un omnibus arrivant vers 1936 en gare de Vanvey-Villiers. Ceci atteste donc de la présence de cette série sur les lignes en cause, présence confirmée par une note d'Albert Henry, dans le « petit courrier technique » de *Notre Métier*, indiquant Gray parmi leurs derniers dépôts d'attache. Plusieurs vues d'avant-guerre montrant au dépôt de Vesoul les machines 2403, 2410, 2413 et 2414, il est permis de supposer qu'elles provenaient de Gray. Rappelons seulement, au sujet de ces très bonnes machines qu'il s'agissait des moins anciennes, des plus largement dimensionnées et des plus puissantes de toutes les 220 compound françaises. Disons encore que, suite à des essais comparatifs effectués en 1896, elles furent bien extrapolées des 220 Midi, mais elles ont cependant été les premières machines de vitesse de l'Est à présenter un dessin et des « apparaux » typiquement Est.

Considérant le profil tourmenté des lignes desservies par le dépôt de Gray, on peut s'étonner que des locomotives à grandes roues y aient été affectées. Certes, mais des précédents existaient : dans les années 20, Gray avait compté à son effectif les deux « sœurs jumelles », les 220 n° 508 et 509 à chaudières à 2 corps système Flaman montées, elles, sur des roues de 2 m 310 ! Il est vrai que les compositions voyageurs de l'époque n'étaient pas lourdes : généralement deux fourgons encadrant quatre voitures à essieux, le tout à caisse en bois tôlé. D'autres « grandes roues » étaient aussi venues à Gray : en page ci-contre, un ancien cliché montre la 2602, l'une des deux « Atlantic » de l'Est, (futures 221A de la Région Est) en stationnement le long de la remise de Gray. Ces deux machines, basées alors à Chalindrey, venaient couramment à Gray.

Si l'évocation des 508, 509 et 2601 et 2602 sort du cadre de cet ouvrage, elle montre toutefois que des machines à grandes roues se sont parfois retrouvées dans des affectations auxquelles leur conception ne les destinait pas, ce qui fut le cas des 220 série 2400 dans les années 1935-1938.

*La 220 n° 2414 du dépôt de Gray en relais à Vesoul.
Fonds Albert Henry - collection Jean Florin.*

*Ci-dessous, en 1912, devant la remise Est de Gray, la 220 n° 508 à chaudière Flaman avec le chef de dépôt M. Pathion et son équipe.
Fonds Albert Henry - collection Jean Florin.*

*La 221 « Atlantic » n° 2602 série 8s de Chalindrey stationne au dépôt de Gray en 1919.
Fonds Albert Henry - collection Jean Florin.*

En chapeau mou, le chef du dépôt de Gray, M. Dorny, pose fièrement avec le mécanicien de la n° 2544 type 120 le 5 mars 1929. Noter l'état de propreté des machines de l'Est !
Fonds Albert Henry - collection Jean Florin.

Avant l'affermage, Gray avait compté au sein de son effectif neuf machines de type 120, de numéros compris entre 2511 et 2552. Les « 2500 » provenaient de la transformation aux ateliers de la compagnie à Epernay entre 1903 et 1912, de quarante-cinq machines prises dans la série des 120 de vitesse n° 511 à 562 à roues de 2 m 110 et dérivant des Crampton, dont elles avaient hérité les longerons doubles. La transformation avait consisté à remplacer les roues motrices de 2 m 110 par de nouvelles roues de 1 m 840 et les roues porteuses de 1m 360 par des roues de 1 m 110. L'ensemble de la locomotive avait ainsi été abaissé de 135 mm, nécessitant la modification de certains organes. On disposait désormais d'une très bonne locomotive mixte et non plus d'une machine de vitesse devenue obsolète. Il est vraisemblable que certaines de ces 120 transformées soient restées à Gray lors de l'affermage, jusqu'à leur retrait du service, la série s'éteignant progressivement entre 1930 et 1938. Il est certain que l'une d'elles, la 2556, a, durant plusieurs années, assuré du service entre Langres et Poinson-Beneuvre, une photographie prise à Langres en 1935 atteste de sa présence là-bas et le regretté André Gibert [1] l'a encore vue et photographiée en 1937, peu avant son retrait de service, témoignant ainsi de sa présence sur la ligne du haut plateau.

De l'immédiat après-guerre à la fin de la vapeur

En 1944 à la Libération, la vie reprend. Il faut reconstruire et le travail demandé au rail est immense. Le trafic à écouler dépasse tout ce que l'on peut à présent imaginer. Seulement, ce ne sont partout que ponts coupés, ouvrages d'art en ruines, gares éventrées... Coté traction, ce n'est pas mieux : les locomotives sont fatiguées par un usage intensif combiné à un manque chronique de produits de graissage ; nombre d'entre-elles sont par conséquent immobilisées ou avariées par faits de guerre. De plus, les ponctions effectuées par l'occupant ont amoindri les effectifs, les machines ne rentreront d'Allemagne que lentement et souvent dans un état catastrophique. Certaines ne reviendront du reste jamais, écrasées sous les bombardements ou égarées dans les « pays de l'Est ».

Comme il fallait travailler, dans des conditions impensables aujourd'hui, tout engin de traction devait être maintenu à peu près en état de rouler pour assurer le service immédiatement. D'où des remises en état hâtives, des réparations prolongées effectuées sur des machines à bout de souffle, et elles repartaient ! La locomotive à vapeur est un engin solide, auquel ceux qui la connaissent peuvent demander beaucoup et longtemps.

Toutes régions confondues, certains dépôts en cette période difficile manquaient de machines. D'autres, parfois éloignés, pouvaient se séparer de quelques unités en attendant que soient reconstruites les lignes qu'ils desservaient. Voici ce qui explique, dans les années de l'immédiat après-guerre, la variété de matériel constatée un peu partout et voilà pourquoi certaines machines se retrouvèrent parfois affectées bien loin de leur région d'origine.

A la Libération, Gray ne disposait plus que d'une poignée de 130 B en état de marche, les dernières 130 A, à bout de parcours, effectuant leurs ultimes tours de roues. Vite, très vite compte tenu des besoins, des machines d'appoint arrivèrent en provenance d'autres régions de la SNCF. Elles furent de suite mises en service, certainement sans que fut assurée la moindre formation de personnel... Il est tout à l'honneur des tractionnaires graylois et châtillonnais d'avoir su se « débrouiller », parfois laborieusement, avec des machines nouvelles pour eux et qui, forcément, demandaient des conduites de feu particulières, ou étaient munies d'organes d'alimentation différents des injecteurs « universels » auxquels ils étaient habitués. Compound de surcroît, les trois premiers types que nous allons examiner firent beaucoup transpirer les équipes franc-comtoises plus accoutumées à la conduite des locomotives à simple expansion.

---

[1] Ancien tractionnaire de l'Est et auteur de divers ouvrages consacrés aux locomotives à vapeur.

La 230 A 227 du PLM

En provenance du Sud-Est, du dépôt de Nevers semble-t-il, elle demeura seule de sa « famille ». Issue de la grande série des 230 A PLM, anciennes 3401 à 3735 construites à partir de 1900, c'était une bonne locomotive pour services mixtes, de dessin typiquement PLM avec abri en coupe-vent, compound à 4 cylindres, les HP extérieurs attaquant le 2ème essieu couplé et les BP intérieurs le premier, roues motrices de 1 m 650. Elle avait comme toutes ses sœurs reçu un échappement à trèfle surbaissé, très discret par rapport à celui des 130 B et elle faisait partie des rares 230 A PLM à avoir été équipées d'une porte de foyer autoclave. Simple et robuste, elle était accompagnée d'un tender PLM à deux essieux, d'une capacité de 10 m^3 d'eau et gazait bien, comme souvent les machines PLM, sa surface de grille étant bien calculée. Elle ne laissa de mauvais souvenirs qu'aux ateliers, du fait de la difficulté d'accès au mécanisme BP intérieur, difficulté supérieure à celle que l'on éprouvait en se glissant dans la distribution BP des 230 A Est que nous verrons plus loin.

Une 230 série 3400 PLM (future 230 A à la région Sud-Est) au dépôt de Besançon en 1937. Ces locomotives fréquentaient régulièrement la ligne Besançon - Gray.
Photo Raymond Crinquand - collection Jean Florin.

Jouissant d'une bonne tenue de voie, stable et s'inscrivant bien en courbe grâce à son essieu couplé arrière doté d'un jeu latéral important mais pourvu d'un rappel par plan incliné semblable à celui de son pivot de bogie, la 230 A 227 fit à Gray un bon service jusqu'à sa chute de timbre en 1949. Retirée du service et démolie sur place, ses tubes de chaudière, servirent à équiper les lavabos-douches utilisés jusqu'à la construction du nouvel atelier CFTA en 1993 !

Les 230 C du PO

Les vicissitudes du temps amenèrent à Gray trois machines de la région Sud-Ouest, les 230 C 38, 44 et 52, issues de la série 4001 à 4084 du PO, construites en 1903. Il s'agissait cette fois d'anciennes machines pour express lourds, qui avaient assuré du service sur la ligne de Paris à Toulouse avant l'électrification.

Montées sur roues de 1 m 850, compound à 4 cylindres, timbrées à 16 kg, de ligne typiquement PO, elles étaient accouplées à des tenders PO de 17 m^3 à 3 essieux. La 38 était à tiroirs plans tant à la distribution haute pression (HP) qu'à la basse pression (BP). Les 38 et 44 n'avaient que des sablières latérales placées au-dessus des couvre-roues de l'essieu moteur avant, tandis que la 52 avait reçu, comme toute la série à partir de la 45, une seconde sablière du type classique PO placée sur le corps cylindrique derrière le dôme.

En général, les machines de Gray roulaient sous le régime de l'équipe titulaire. Chacune des trois ex-PO se vit donc obligatoirement affectée à une équipe qui ne la quittait pas : la 38 à l'équipe Foanot – Picard, la 44 à Loÿs – Jouy et la 52 à Jules et Louis Jeudy. Pourquoi ? Parce qu'elles étaient équipées d'injecteurs aspirants d'un maniement délicat et une équipe non rodée aux subtilités de ces appareils risquait fort de « se planter », faute de parvenir à alimenter en eau la chaudière.

C'est que, pour « brancher » un injecteur aspirant, il faut y admettre avec doigté de l'eau et de la vapeur. Si l'eau arrive la première en trop grande quantité, elle empêche la vapeur d'injecter dans la chaudière. Si la vapeur arrive dans l'injecteur trop tôt avant l'eau, elle échauffe l'appareil qui se met à vaporiser l'eau au lieu d'amorcer l'injection... question de coup de main ! Après deux ou trois tentatives malheureuses, l'injecteur, devenu brûlant, est hors d'état d'injecter quoi que ce soit. Reste alors à tenter de le rafraîchir en lui « balançant » un seau d'eau, encore faut-il disposer d'un seau... C'est la raison pour laquelle on pouvait voir, sur bien des machines de « tacots », un seau [1] accroché derrière l'abri ou calé sur les soutes, au milieu des briquettes. Avec les injecteurs modernes (injecteurs « en charge »), le problème ne se pose en principe pas : on fait venir l'eau, puis la vapeur, et l'amorçage se fait normalement sans problème...

Revenons à nos 230 PO. Mise à part cette histoire d'injecteurs, elles firent un très bon service, « *courant bien et gazant bien* » selon les termes propres aux équipes de conduites. La 38 ayant d'ailleurs, avec ses tiroirs plans, une plus grande liberté d'allure que ses sœurs à tiroirs cylindriques. Ceci provenant du fait que les sections de passage de la vapeur avaient, à l'origine été étudiées pour des tiroirs plans.

Toutes trois à échéance de « timbre » courant 1948, après moins de trois années de service sur le réseau de Franche-Comté, elles furent dirigées froides sur Esternay où elles restèrent longtemps garées. Sans doute ne revirent-elles jamais leur région d'origine, n'ayant pas été « reprises » en atelier pour grande révision.

---

[1] Ce seau, agrès traditionnel sur les machines, avait l'avantage en période estivale de servir au rafraîchissement de bouteilles y étant entreposées.

Les 230 A de l'Est

La remise progressive en état des 230 B Est permit à la SNCF de dégager au profit de Gray, dès 1947, quelques 230 de la série précédente, les 3400 Est de 1897-1902, devenues 230 A dans la classification unifiée. Il s'agissait là des premières compound à 4 cylindres de l'Est, découlant, avec toutefois une esthétique et des apparaux Est, des 230 Midi n° 1301 à 1370.

Montées sur des roues de 1 m 750, équipées de cylindres décroisés système De Glehn, elles avaient au fil des ans reçu diverses améliorations : installation de la surchauffe pour 63 d'entres elles et remplacement des tiroirs HP plans par des distributeurs cylindriques, soit en conservant les cylindres existants sur lesquels les distributeurs étaient simplement rapportés, soit en les remplaçant par des nouveaux groupes venus de fonderie. Dans ce cas, le tablier devait être modifié et passait alors au dessus du nouveau cylindre et de la roue accouplée avant. Selon le type de modification des cylindres, on trouvait donc des unités à tablier « droit » et d'autres avec tablier à décrochement. L'échappement à valves avait été remplacé par un trèfle à 3 jets, d'un bien meilleur rendement et le système de démarrage par tringle et levier avait fait place à un dispositif à lanterneau mû par un servo-moteur à air comprimé. Les anciennes pompes à air type « petit cheval » à simple phase, furent remplacées par des pompes Fives-Lille à double phase et les injecteurs aspirants par des injecteurs en charge placés sous l'abri côté chauffeur, donc à gauche puisqu'hélas, les 230 A, conçues en 1896, avaient encore la conduite à droite, inadaptée pour la circulation à gauche quasi généralisée en France, sauf sur les voies ex-AL [1].

Ainsi modernisées, elles étaient pratiquement capables d'effectuer les mêmes services que les 230 B d'origine Est, à ceci près que leur vitesse limite était de 90 km/h contre 110 pour les B, mais sur l'étoile de Gray, ce n'était pas un handicap. Seulement, les 230 A étaient fatiguées par le travail intensif qui leur avait toujours été demandé et les six machines arrivées à Gray en 1946-47 étaient tout de même des locomotives en fin de carrière. Il s'agissait des 230 A 412, 420, 442, 444, 480 et 487, toutes à surchauffe. Elles sortaient toutes les six au moins de RI [2], entièrement peintes en vert foncé unifié [3] ; ce sont elles qui les premières arborèrent sur les flancs de leur abri le monogramme « CFE », calqué sur celui de la SNCF.

Elles furent d'emblée affectées surtout au service voyageurs entre Gray et Vesoul, ainsi qu'entre Châtillon-sur-Seine et Troyes. Mais leur mise en service s'avéra délicate et

La 230 A 412 de Gray (ex-3412 Est) en relais au dépôt de Vesoul en 1947. Collection Jean Florin.

certaines équipes « en bavèrent » car, comme presque toujours lors des mutations de machines à vapeur, personne en « haut lieu » n'avait pris la peine d'imposer de transmettre le savoir-faire pour la conduite de ces locomotives !

Or les 230 A, pour bien gazer demandaient un feu « blanc », en couche mince, disposé « en bateau », c'est à dire bien relevé le long des flancs du foyer, avec, à l'arrière, un « talon » mince mais bien garni dans les angles. L'un des premiers trains au départ de Gray, assuré par la 420, heureusement un marchandises pas trop lourd, se « planta » dans la rampe après Mirebeau-sur-Bèze. Au départ, pour bien faire et être tranquille, le chauffeur avait monté un beau feu bien garni, comme sur les 130 B, avec un talon bien épais à l'arrière... Dès les premiers kilomètres, les choses allèrent de mal en pis, le beau feu original semblait refuser de « s'allumer » en dépit du tirage provoqué par l'échappement et noircissait tout en produisant des gâteaux de mâchefer qu'il fallait sans arrêt briser avec le croc, travail exténuant entre tous. Le feu ne « donnant » pas, la pression baissait sans cesse et à 8 kg [4], la pompe à air s'arrêta... L'équipe épuisée et la machine à bout de souffle réussirent à se traîner, avec un retard considérable, jusqu'au carré protégeant l'entrée d'Is-sur-Tille. Là, après avoir immobilisé le train au moyen du frein à main du tender, puisque la pompe à air ne débitait plus, il fallut demander la réserve...

Les mêmes causes produisant les mêmes effets, le lendemain matin, la 487 descendant à Troyes le 2506, l'unique train de voyageurs Châtillon-sur-Seine – Troyes, « battit une purée » formidable. Heureusement, le profil favorable en ce sens permit d'atteindre Troyes avec un feu tout juste bon pour un basculage d'urgence, mais au prix toutefois d'un retard important.

Mais c'est de Troyes que vint le salut : là bas, d'anciens chefs-mécaniciens savaient comment monter le feu d'une 3400 et ils l'expliquèrent. Les dirigeants graylois, qui commençaient à penser que la SNCF leur avait « refilé des sapins [5] », respirèrent et à partir de ce moment là, les 230 A rendirent les services que l'on était en droit d'en attendre, grâce à une méthode de conduite adéquate.

---

[1] Réseau de l'Alsace-Lorraine.
[2] Révision Intermédiaire entre deux Révisions Générales (RG).
[3] « Vert vapeur », vert 306 suivant le nuancier officiel de la SNCF (voir chapitre « Des couleurs et des trains »).
[4] Pression minimale pour le fonctionnement de la pompe à air.
[5] Mauvaises machines.

Sur les six machines affectées à Gray, deux au moins, les 442 et 480, avaient reçu de nouveaux cylindres HP et de ce fait leurs tabliers étaient « relevés ». Toutes étaient accouplées à d'anciens tenders Est de 13 m^3 à deux essieux (13 A, B ou C) qui permettaient de « virer », sans avoir à découpler le tender, sur les ponts tournants de 14 m de Châtillon-sur-Seine et de Poinson-Beneuvre.

En fait de tenders, celui de la 412, première machine du mécanicien Georges Picard, mérite une mention particulière. Sortant de levage en 1942 aux ateliers de Nevers (encore un brassage dû à la guerre), la 412 fut aussitôt réquisitionnée par les Allemands. On eut juste le temps de lui accoupler discrètement un tender particulièrement fatigué et corrodé : les ateliers levant les tenders et ceux levant les machines n'étant pas les mêmes, son vrai tender n'était pas prêt.

Suivie du 13 A 46, elle partit donc pour son destin rhénan. Elle revint intacte, bardée toutefois de porte-lanternes de modèle DR ajoutés à côté de ceux d'origine, et un troisième identique à ceux visibles sur certaines machines AL, au dessus du volant de la porte de boite à fumée.

Le tender 13 A fut profondément modifié outre-Rhin, peut-être du fait de son mauvais état, ou alors avait-il été accidentellement enfoncé par l'arrière. Et pour que la machine roule en Allemagne, il lui fallait bien un tender ; comme il était impossible d'en trouver un qui soit compatible avec la 230 française, il ne restait plus qu'à réparer le 13 A...

Ce qui fut fait en effectuant quelques transformations : suppression des coffres arrières (ceci renforce l'hypothèse de l'accident par l'arrière), report de la conduite de chauffage à l'extérieur des longerons (à la façon de la DR), pose d'une grande rehausse en bois pour la soute à combustible au ras des côtés, suppression des deux orifices latéraux de remplissage et aménagement d'une nouvelle boîte à eau transversale à l'arrière entraînant la suppression de l'arceau de gabarit Est. Le tender, ainsi modifié, était très apprécié des équipes : il n'y avait plus à « tirer la houille » en fin de parcours, à la DR on s'était toujours soucié de faciliter le travail du chauffeur. Par contre, le remplissage par l'unique boîte à eau centrale (autre modification de la DR) était à peu près impossible avec les grues hydrauliques Est à col fixe et manche en toile, on confectionna une sorte de goulotte-entonnoir contre-coudée qui se rangeait sur l'arrière du tender. Cette goulotte, dans les années 1972-1973, se trouvait toujours, en pitoyable état, dans... les WC de la gare de Recey-sur-Ource.

Comme déjà indiqué, les six locomotives effectuèrent un bon service, tant voyageurs que marchandises. Mais en dépit d'un entretien poussé et de soins consciencieux, elles étaient usées au maximum et quittèrent Gray en 1952-1953, remplacées par un nouveau contingent de 130 B régénérées.

---

[1] Ingénieur en chef des KPEV (Königlich Preussische-Eisenbahn-Verwaltung).
[2] Le « jette-feu » ou « bascule » est, sur les locomotives de conception française, une partie mobile de l'avant de la grille facilitant le nettoyage du foyer en permettant une vidange aisée des résidus de combustion, le mâchefer.

Les 040 D (G 8^1)

(G 8^1 – «Güterzuglokomotive» série 8^1 dans la classification allemande)

Les grosses 040 d'origine prussienne, matérialisation des idées dogmatiques de Robert Garbe [1], avec deux cylindres, simple expansion, timbre bas et surchauffe, étaient certes des machines fiables et robustes, d'un entretien peu coûteux ; mais en fait de tenue de voie, aucune 040 n'a jamais eu un comportement exemplaire, à plus forte raison une machine de cette taille et de ce poids ! Leur porte-à-faux très important, tant à l'avant qu'à l'arrière, provoquait des mouvements de galop et de lacet, ce qui avait amené à limiter leur vitesse à 55 km/h. Comme toutes les locomotives allemandes, elles avaient été conçues pour ne brûler que du combustible de qualité, d'où un échappement fixe, une grille de surface relativement faible pour une telle machine, d'où aussi et surtout l'absence de « bascule » [2].

Si la machine était chauffée avec du « criblé spécial » tel celui réservé aux locomotives de vitesse, aucun problème ne se pose : avec un charbon de cette qualité, la combustion ne laisse comme résidus dans le foyer que des cendres et de petites scories qui tombent dans le cendrier en passant entre les barreaux de la grille, il n'y a de ce fait nul besoin de « jette-feu ».

Cependant, en France, les machines affectées aux services des marchandises sont depuis longtemps vouées à n'être chauffées qu'avec du « menu tout-venant ». Or, en pratique, ce « tout-venant » comportait toujours une proportion plus ou moins grande de poussier, souvent générateur de scories et de mâchefers. Le poussier empêchant l'arrivée d'air entre les barreaux de grille, il fallait alors pouvoir, lorsque le feu s'encrassait (il peut s'encrasser terriblement vite), activer le

En 1958, la 040 D 514 avec macaron CFE quitte Vesoul en tête du « Train tournant ». Photo Raymond Crinquand - collection Francis Villemaux.

Après sa mise en attente d'amortissement le 29 novembre 1962, la 040 D 561 (tender 16 C 48) est garée froide au dépôt de Gray pour restitution à la SNCF. Le panneau accroché au flanc de la boîte à fumée annonce : « Marchandise roulante. Exp. dépôt Gray. Dest. dépôt Chalindrey ». Photo Raymond Crinquand - collection Francis Villemaux.

tirage en « serrant » l'échappement. Si la situation s'aggravait, après avoir utilisé le croc sur un feu moribond sans succès, il ne restait plus qu'à accepter de se « planter », c'est à dire s'arrêter en pleine voie, et basculer alors au moyen du jette-feu ce qui restait du feu « pourri » ; ceci ayant toutes les chances de faire brûler une ou deux traverses, d'où des ennuis à venir avec le service VB. Il fallait ensuite remonter un feu neuf en l'activant au moyen du souffleur. Mais les 040 D n'avaient, de construction, ni échappement réglable, ni jette-feu. C'est dire le mal qu'eurent, avec ces machines, les équipes châtillonnaises et grayloises ! Avec le temps, l'expérience montra qu'il valait mieux faire un feu comportant un « talon », non pas à l'arrière comme habituellement, mais à l'avant, au pied de la plaque tubulaire. Moyennant quoi, ça allait à peu près.

Tout ceci permet de comprendre les difficultés qu'eurent les équipes des G8[1] lors du service du « train tournant »[1].

Les premières G8[1] parvenues à Gray à la fin des années quarante furent les 040 D 97, 514, 561 et 606. Cette dernière, (une ancienne 4 E du PLM), avait été un peu « dégermanisée » : elle avait reçu à l'avant des tampons PLM et avait troqué son tender prussien 16 C contre un 12 A PLM à 3 essieux qui portait encore à l'avant l'arceau destiné à soutenir la « bâche cache-lueur » dont l'usage avait été rendu obligatoire de nuit au Sud-Est. Parmi toutes les G8[1] de Gray, elle fut la seule à avoir été peinte, ainsi que son tender, en vert foncé. En 1959 arriva d'Hausbergen la 040 D 494, remplacée en avril 1961 par la 040 D 330 d'Epinal rejointe par les 040 D 370 et 545.

La 606 avait elle-même été retirée du service suite à un accident : la rupture de l'axe de sa bielle motrice droite amena la bielle à se piquer telle une béquille dans le ballast, ce qui projeta, heureusement sans accident de personne, la pauvre 040 D dans un champ de luzerne en contrebas de la voie non loin de Poinson-Beneuvre. Il fallut, pour la remonter sur la plateforme, faire venir la grue de secours du dépôt de Chaumont. Assez abîmée et sa chaudière proche de la chute de timbre [2], elle ne fut pas réparée, au grand désespoir de son mécanicien titulaire qui la « briquait » avec amour.

Au dépôt de Gray le 22 mai 1963, la 040 D 514 manœuvre un autorail De Dion près duquel se trouve l'électricien Jean Paillot. Photo Bernard Rozé.

Les 040 D étaient officiellement venues pour épauler les 130 B aux trains les plus lourds. C'est ce qu'elles firent en fait, assurant, outre le fameux « train tournant », des services sur Chalindrey ainsi que certains convois Gray – Is-sur-Tille – Châtillon-sur-Seine.

A Châtillon, elles tenaient de justesse sur le pont de 14 mètres : comme la différence entre la longueur du pont tournant et l'empattement de la machine et du tender n'était que de quelques 80 cm (40 cm à chaque extrémité...), il n'était pas question d'avancer ou de reculer pour équilibrer la charge sur le pivot central, sous peine de ne pas parvenir à amorcer sa rotation qui, bien sûr, était assurée à la main. Il était donc impératif de ne se présenter sur le pont qu'avec le tender plein et la chaudière la plus vide possible, ce qui rétablissait à peu près l'équilibre de l'ensemble et permettait de « virer » sans trop de peine.

Jusqu'en 1952, leur roulement comportait un aller-retour marchandises Châtillon-sur-Seine – Troyes.

Une usine récemment embranchée le long de la ligne recevait régulièrement des wagons plats chargés de bonbonnes d'acide. Ces bonbonnes en verre recouvert d'osier étaient calées au moyen d'une grande quantité de paille bourrée. Or, un jour de juillet 1952, l'équipe châtillonnaise Picard-Douet, réutilisant

---

[1] Voir le chapitre sur « Le train tournant ».
[2] La chaudière d'une locomotive à vapeur est validée (timbrée) par le service des Mines pour une durée de dix ans.

la 040 D 561, vit avec horreur de la fumée s'élever du wagon de bonbonnes attelé juste derrière le fourgon de tête... sans doute une escarbille envoyée par la cheminée en était-elle cause. La gare de Polisot étant par bonheur toute proche, une manœuvre effectuée en catastrophe permit de couper le wagon, l'isolant du reste du convoi et... le début d'incendie fut rapidement éteint. Grâce à la pluie tombée au cours de la nuit précédente, la paille était sans doute humide, ce qui évita au feu de prendre de l'ampleur. Toujours est-il qu'à partir de ce moment, les 040 D n'allèrent plus à Troyes, d'où parvenaient fréquemment les wagons de bonbonnes paillées. Il est vrai que les G8[1] projetaient facilement de grosses escarbilles incandescentes, provenant peut-être du fameux « talon » monté à l'avant du foyer, contre la plaque tubulaire.

Les trois dernières 040 D, les 561, 330 et 514, s'éteignirent respectivement en juillet 1962, octobre 1962 et octobre 1963, remplacées par les 140 C 116, 363 et 6.

Les trois « coucous » de Gray

Le dépôt de Gray eut de tout temps besoin d'une machine de manœuvre assurant le service de la gare marchandises et du petit triage attenant. Cette locomotive devait aussi assurer en cas de nécessité la navette d'Autet, c'est à dire amener dans cette gare distante de 18 km de Gray, les wagons destinés aux constructions métalliques d'Autet et Dampierre, que n'avait pu enlever le « marchandises » régulier.

La « machine inconnue »

Il y eut pendant de nombreuses années (10 ans ?) une 030 T qui est décrite unanimement comme « *ayant la bielle motrice attaquant le second essieu couplé, alors que la distribution Stephenson était mue par le troisième essieu* ». Hélas personne ne se souvenait de son numéro... La seule machine répondant au signalement était la survivante des 030 « de gare » de la compagnie de l'Est, n° 0.201 à 0.210, machines calquées avec des « apparaux » Est sur les 1001 à 1008 PO de Camille Polonceau. La 0.203 est sans doute celle-ci, car existant toujours en 1938, elle fut reprise par la SNCF sous le N° 030 TB 203 de la région Est, (du moins au niveau des écritures, car elle garda ses plaques d'origine). Bien que réformée, selon certaines sources, en 1941 à Noisy et selon d'autres à Troyes en 1948, sa présence, à l'état d'épave en 1963 sur le parc à machines de Troyes-Preize, laisse supposer qu'il s'agissait bien d'elle.

La 3062 de la SE

Il s'agissait cette fois d'une robuste 030 T appartenant en propre à la SE, construite en 1922 aux Forges du Hainaut à Couillet (Belgique). Cette machine avait assuré le service de la ligne d'Aubréville à Apremont-sur-Aire (Meuse et Ardennes) jusqu'à sa fermeture en 1947. Peut-être « cachée » pendant la guerre, elle réapparut à Gray en 1947 et y travailla jusqu'en 1952, après quoi elle quitte la Haute-Saône pour aller poursuivre sa carrière sur la ligne Guë – Menaucourt (Haute-Marne et Meuse) et la terminer sur Robert-Espagne – Haironville (Meuse).

Ci-contre, la 131 TB 6 vue en 1958 lors de son passage éphémère au dépôt de Gray. Photo Jean Florin.

La 3031 de la SE

La 3031 était une 030 T construite en 1887 par la Société de Construction des Batignolles, anciennement E. Gouin et Cie. En dépit de son aspect antique, ce type de petite machine était « increvable ». La 3031 « Gudmont » provenait de la ligne SE de Gudmont à Rimaucourt (Haute-Marne) et elle était, avec la 3033 disparue antérieurement, la sœur de la 3032 « Rimaucourt » aujourd'hui préservée par l'AJECTA. Munie du frein à air lors de son arrivée à Gray du frein à air, la 3031 y travailla jusqu'à sa chute de timbre en 1957.

La 131 TB 6

Parmi les machines louées auprès de la SNCF, cette excellente locomotive-tender ex-32.000 de l'Est (131 TB 6 à la SNCF) arriva en janvier 1958 au dépôt de Gray.

Il est possible que cette 131 soit venue suite à la réforme de la 3031, toujours est-il qu'elle en reprit le service augmenté de quelques facultatifs sur Chalindrey. Considérée à tort comme une « *patineuse enragée* », elle quitta Gray fin juillet 1958 puis, après une période de garage bon état au dépôt de Chalindrey, elle rejoignit ses sœurs sur la ligne parisienne de la Bastille au dépôt de Nogent-Vincennes, et fut remplacée par une 130 B.

Les 130 B

La qualité du difficile service assuré par les 130 B, à la compagnie de l'Est et sur les lignes affermées à la SE, justifie amplement de s'arrêter plus longuement sur ces locomotives, dont aucune étude véritable n'a encore traité.

La compagnie de l'Est disposait dans les années 1900 d'un important parc de machines 030 à tender séparé de style « Bourbonnais », numérotées de 0.250 à 0.500 et de 0.701 à 0.766, cousines germaines d'un type très répandu au PLM.

Ces 317 locomotives simples et robustes furent construites en plusieurs lots, durant un grand laps de temps, de 1859 à 1883, sans modifications notables.

En 1906, une partie de ces machines se trouvant avec des chaudières à limite d'usure, la compagnie, dans ses ateliers d'Epernay, entreprit de transformer en 130 un certain nombre d'entre elles, opération qui se poursuivit jusqu'en 1926.

*La 30.310, future 130 B 310, fait partie de cette série d'excellentes machines à la belle liberté d'allure qui restera fidèle à Gray jusqu'en 1971. En 1912, le chef de dépôt de Gray, M. Pathion, pose fièrement avec son équipe devant la locomotive.
Collection Jean Florin.*

Il s'agissait en fait bien plus d'une reconstruction que d'une transformation. Les chaudières et les longerons étaient neufs et les seules pièces anciennes conservées furent les roues (avec des bandages neufs), les contrepoids d'équilibrage, les bielles motrices et d'accouplement, les mécanismes de distribution intérieure par coulisse de Stephenson, les barres et colliers d'excentriques, les entretoises des longerons, l'arbre de relevage et son support ainsi que les contrepoids, les boîtes à huile, les têtes de piston, les graisseurs de régulateur, les couvre-roues, les tampons et... le sifflet. Tout le reste était neuf. Le résultat final fut la naissance d'une jolie petite locomotive au dessin typiquement Est.

Bien sûr, la conduite était passé à gauche et le frein à air installé. Le compresseur, un « petit cheval » Westinghouse placé le long du foyer côté droit, fut remplacé ensuite par un Five-Lille à deux phases de type classique. Toutes les machines reçurent un graisseur à condensation, ainsi que le chauffage par l'avant et par l'arrière ; la conduite de vapeur qui allait vers l'avant en courant sur le tablier était calorifugée selon la pratique de l'Est.

A l'origine, la sablière à air comprimé à trois départs était pourvue d'une commande supplémentaire à main, dispositif qui fut démonté rapidement. Elle sablait l'essieu moteur par devant et par derrière, le premier essieu accouplé seulement par l'avant.

Les roues de bissel avaient un diamètre de 0 m 920, les roues motrices un diamètre de 1 m 420. Le poids à vide était de 49 tonnes, celui en ordre de marche de 54 tonnes avec près de 40 tonnes de poids adhérent. La faible masse par essieu, de l'ordre de 13 t 5, permettait à la machine de circuler sur les voies les plus faiblement armées.

Les caractéristiques principales s'établissaient ainsi :
- Empattement rigide : 3 m 550,
- Jeu latéral du bissel (type Est non suspendu) : + ou - 0 m 042,
- Diamètre de cylindres : 0 m 460,
- Course des pistons : 0 m 660,
- Surface de grille : 2 m² 07,
- Surface de chauffe : 106 à 108 m²,
- Surface de surchauffe : de 28 m² 90 à 38 m² 80,
- Surchauffeur : 18 éléments, type DM 3, DM 4 ou Schmidt,
- Timbre : 16 bars, pression normale de marche à 14 bars,
- Effort de traction à 100 % d'admission : 13 t 8,
- Puissance : de 1000 à 1050 ch,
- Vitesse limite : 80 km/h,
- Foyer Belpaire, régulateur à tiroir horizontal à commande extérieure, soupapes Adams, échappement variable à trèfle, deux injecteurs universels de 7,5 de diamètre.

Les numéros d'origine des 030 furent conservés, il y avait été simplement ajouté un « 3 ». C'est ainsi que, par exemple, la 0.467 était devenue la 30.467 puis 130 B 467 à la SNCF. C'est la raison pour laquelle les anciens tractionnaires parlaient toujours des « 30.000 » comme au temps heureux de la compagnie de l'Est.

A l'origine, les tenders de 7 m³ à deux essieux des 030 avaient été conservés pour les 130 transformées. Devenus 7 [(1)] A sur la région Est de la SNCF, ils laissèrent peu à peu la place à des tenders de capacité plus importante, provenant de machines réformées : 10 A et 13 A d'aspect identique à la hauteur de caisse près, 13 B et 13 C d'aspect entre eux

*La 130 B 302, vue vers 1963 avec son tender 20 A 14 sur le pont tournant manuel du dépôt de Gray, est avec la 467 et la 475 une des trois machines munies d'un tender de ce type à trois essieux.
Photo Roland Fournier.*

*Détail du marquage de la 130 B 709 à Châtillon-sur-Seine en juillet 1964. Notons les lettres blanches ombrées de rouge et le récent code de gestion électronique de la SNCF : 34 pour les 130 B.
Photo Marc Dahlström - collection Didier Leroy*

absolument semblable, et pour trois unités des 20 A à trois essieux, qui esthétiquement écrasaient un peu la machine.

Les 130 B furent de remarquables petites machines légères, économiques en combustible et en entretien, robustes et stables, s'inscrivant sans problème dans les courbes les plus serrées. Ayant une grande liberté d'allure, elles assurèrent un excellent service, tant aux « voyageurs » (voire aux remplacement d'autorails, où leur facilité d'accélération faisait merveille) qu'aux « marchandises », où elles enlevaient journellement, sur Troyes – Châtillon par exemple, des trains de 1280 tonnes en été et de 1200 tonnes en hiver. Or, dans le sens impair, sur la remontée de la vallée de la Seine, les 33 premiers kilomètres jusqu'au palier de Bar-sur-Seine, étaient en rampe continue de 3 mm/m se durcissant très vite à 6 mm/m. Une fois passé Bar, c'était du 4 mm/m jusqu'à Pothières, d'où une rampe de 8 mm/m permettait d'atteindre Sainte-Colombe puis Châtillon. Le même profil ne facilitait pas non plus le respect de l'horaire au « voyageurs » du soir et il était impératif de démarrer « sec » à chacun des 14 arrêts intermédiaires, pour « faire l'heure ».

Comme indiqué, Gray avait depuis longtemps à son effectif un fort contingent de 130 B, avec toutefois un certain nombre de 130 A en complément ; ces machines étaient d'aspect similaire aux 130 B, mais compound à 2 cylindres.

Vu le brassage des locomotives, dresser une liste exhaustive des 130 B affectées au fil du temps à Gray est délicat. C'est ainsi que l'on recense néanmoins à différentes périodes, les machines suivantes :
- en 1936 – 1937 – 1938 : 30.268, 302, 303, 307, 327, 346, 414, 433, 475, 469, 704, 763 ;
- en 1941 : les 130 B 268, 302, 303, 307, 327, 346, 414, 435, 469, 475, 476, 704 et 763.
- en 1958 : les 130 B 268, 302, 303, 307, 414, 434 (la « locomotive d'or »), 435, 439, 444, 450, 462, 463, 465, 469, 474, 475, 476, 477, 701, 704 et 763. Les 302, 356 et 475 ont des tenders 20 A à 3 essieux ; toutes les autres ont des tenders 13 A et C à 2 essieux ;

*Devant la 130 B 476 lors des préparatifs pour sa dernière sortie en ligne à Gray avec un train spécial d'amateurs anglais, le 9 novembre 1970. De gauche à droite : le chauffeur Robert Jeudy, le mécanicien Michel Pouthier et le chef d'atelier Robert Mairet.
Photo Claude Nicollier.*

- en 1963 : les 130 B 256, 268, 302, 303, 307, 348, 356, 434, 435, 462, 463, 465, 475, 476, 701 et 709. En 1964 apparaît durant quelques mois la 442 venue de Provins où elle était peu utilisée ; elle repartira ensuite pour Doulevant-le-Château (Haute-Marne) ;
- en 1966 : les 130 B 256, 302, 348, 434, 463, 465, 476 et 709 (huit machines, les rangs s'éclaircissent au fur et à mesure de l'arrivée des 140 C) ;
- en 1969 : les 130 B 348 et 476, demeurent seules et s'éteignent en juin 1970 et en mars 1971.

Dès lors, c'en est fini. Au triage de Gray, les ronronnements du diesel succèdent à leurs coups d'échappement secs, mais force est de reconnaître que les « Coferna » n'étaient pas adaptées aux les lignes de Franche-Comté et qu'aucun d'entre eux ne fut capable d'enlever les lourds trains de marchandises dont les « petites » 130 s'accommodaient toujours.

---

[1] Le chiffre 7, 10, 13 ou 20 indique la capacité en m^3 des soutes à eau du tender.

Au dépôt de Gray, la 130 B 434 (tender 13 A 21) vient d'être astiquée. Avec ses tôles et ses cuivres rutilants, cette belle machine méritait d'être « la locomotive d'or ». Collection Didier Leroy.

LA 130 B 434 : « LA LOCOMOTIVE D'OR »

Les « histoires » qui circulent autour des gares et dépôts sont nombreuses ; certaines peuvent évoquer des situations originales liées aux turpitudes et caractères humains, d'autres sont plus liées au matériel, toutes auraient pu se terminer bien mal... Dans un souci de respect humain et par déontologie, ne sont évoquées que des situations qui, avec le recul du temps permettent de donner des « couleurs » aux lignes fréquentées au cours de cet ouvrage. Et c'est bien de couleur qu'il s'agit avec la 130 B 434, surnommée par les tractionnaires de Châtillon « la locomotive d'or ».

Au cours des années 1950, les équipes étaient encore titulaires de leur locomotive et en prenaient grand soin. La 130 B 434 possédait une belle livrée noire [1], rehaussée de fins filets rouges avec les cerclages de la chaudière en laiton, des protège-roues et des hublots toujours bien astiqués, qui la faisaient remarquer partout où elle se rendait.

Au dépôt de Châtillon-sur-Seine, le mécanicien de l'ancienne 30.434 de l'Est voulait que sa locomotive fut la plus belle et la meilleure de son dépôt, et même du réseau de Franche-Comté. Il l'astiquait donc avec amour : personne n'avait le droit de s'en occuper et par les chaudes nuits d'été, il couchait sur la toiture de l'abri et en descendait aux aurores pour la préparer.

Son zèle réussit à tel point qu'il en vint a prendre quelque liberté avec le règlement pour entretenir ce mythe. Cette sollicitude s'est en effet exercée aux dépens de ses confrères, surtout ceux du grand dépôt SNCF de Troyes. Arrivée avec sa machine, après avoir eu, en ligne, à affronter les caprices de son compresseur Fives-Lille, la 434 fut remisée au dépôt de la capitale de la Champagne, située sur la commune de La Chapelle-Saint-Luc. Le regard du mécanicien se porta sur une 230 B garée sur une voie adjacente ; ces belles machines de facture Est possédaient le même compresseur, surnommé « petit cheval » eu égard à son bruit caractéristique. Au cours de la nuit, la tentation fut trop forte et la main du mécanicien faible puisqu'il échangea les pièces défectueuses avec celles du compresseur de l'infortunée 230 B, qui le lendemain donna à son titulaire bien du fil à retordre...

Le cœur a ses raisons ; la locomotive d'or en fut une, et le cœur ne connaît pas toujours les risques encourus, sinon cette belle histoire n'aurait pas existé.

[1] Les ex-30.000 de l'Est louées aux Économiques ont vraisemblablement conservé longtemps leur couleur d'origine.

Les 140 C

Avec ces machines, nous touchons à la fois l'époque la plus récente de la traction à vapeur sur les lignes affermées et le véritable mythe que constituent les 140 C pour nombre d'amateurs.

Ce sont les 140 C qui ont assuré les dernières circulations vapeur en France au milieu des années 70. Ces derniers temps ont été vécus avec beaucoup d'intensité, tant par les jeunes amateurs que par les moins jeunes !

Les 140 C, de toutes les locomotives à vapeurs françaises, furent les plus photographiées, les plus filmées, celles dont les bruits furent les plus immortalisés et aussi, tout simplement, celles qui ont été les plus regardées, les plus contemplées.

Le livre « *Les 140 C* », publié aux Editions du Cabri, apporte par la richesse du texte et de l'iconographie, une étude exhaustive de l'exceptionnelle carrière de ces locomotives mixtes. Ainsi, après ces considérations, sommes-nous appelés à n'évoquer que la fin de la série qui marqua, redisons-le, la fin d'un règne : celui de la traction à vapeur sur les rails de France.

Dès le début des années soixante, la SNCF et la CFTA profitèrent de la disponibilité de locomotives 140 C libérées par les électrifications et la diéselisation du grand réseau pour les mettre à disposition du dépôt de Gray. Les trois premières furent la 140 C 116 mutée de Blainville le 28 juillet 1962, la 140 C 363 en provenance de Châlons le 15 octobre 1962, puis la 140 C 6 venue d'Hausbergen le 11 octobre 1963 [1]. Ce trio se substitua aux trois dernières 040 D, respectivement les 561, 330 et 514.

Suite au bon comportement de ces « Consolidation » très bien adaptées aux trafics et méthodes d'exploitation de la CFTA, seize autres unités remplacèrent progressivement de 1965 à 1970 les vaillantes mais vieillissantes 130 B, dont la dernière (la 476) fut retirée du service en mars 1971. Ce furent, par ordre chronologique d'arrivée à Gray :
- En 1965 la 140 C 133 ;
- En 1966 la 140 C 39 ;
- En 1967 les 140 C 125, 141, 343, 51, 120, 59 et 287 ;
- En 1968 les 140 C 205, 216 et 38 ;
- En 1969 les 140 C 159 et 208 ;
- En 1970 les 140 C 349 et 22.

En 1971, quatre dernières mutations furent opérées depuis le dépôt de Trappes (région Ouest) avec les 140 C 230, 231, 313 et 314, afin de constituer au dépôt de Chaumont une réserve froide pour remplacer éventuellement une ou plusieurs des machines détachées à Gray. Mais aucune ne roula en Franche-Comté car la solidité à toute épreuve de leurs dix-neuf devancières permit d'assurer la soudure jusqu'à la diéselisation totale des lignes affermées aux CFTA en 1975.

Les 140 C, acceptant des tonnages supérieurs à ceux pris en charge par les 130 B, permirent de faire face à l'augmentation constante du trafic qui atteignit un volume record en 1974. La double traction resta néanmoins exceptionnelle, limitée au franchissement de la « bosse » de Vix présentant une rampe de 8 à 9 mm/m entre Mussy et Sainte-Colombe-sur-Seine.

[1] La 140 C 6 était surnommée « La Cécile ».

Ci-dessus, la 140 C 6 surnommée « La Cécile » au dépôt de Gray le 30 août 1967.
Photo Jean Florin.

Le chargement du tender 18 B 513 de la 140 C 38 au parc à charbon du dépôt de Gray. La grue et les wagonnets à voie de 0,60 m se trouvent aujourd'hui sur le Chemin de fer Touristique de la Vallée de la Doller, à Sentheim (Haut-Rhin). On aperçoit sur la vue du milieu une réserve de tubes d'éléments surchauffeurs.
Photos José Banaudo.

Le personnel du dépôt CFTA de Gray en juin 1974 devant la 140 C 38. De gauche à droite, en haut : Emile Melun, tourneur ; au milieu : Guy Tardy, électricien - Robert Mairet, chef d'atelier - André Roy, chef d'équipe tourneur - Robert Armani, chaudronnier ; en bas : Jean Faivre, ajusteur - André Baroche, mécanicien - René Cabrol, sous-chef de dépôt - Michel Laplaza, électricien - Pierre Stimac, chef mécanicien - Jean Vandewalle, chef de dépôt - Jean-Pierre Hoffmann, ajusteur - Alfred Mercier, ajusteur - Maxime Grance, forgeron - Jacques Gustiaux, peintre - Jean Paillotte, chef d'équipe - Alain Ousson, ajusteur - Jean Paillot, électricien - Robert Berreur, ajusteur - Edouard Bari, magasinier - Jean Muller, ajusteur - Robert Fischbach, chauffeur. Photo Jean-Claude Roca - collection Pierre Stimac.

En juin 1974, au bureau de la direction du dépôt CFTA de Gray, encore doté d'un mobilier en bois, de gauche à droite: René Cabrol, sous-chef de dépôt - Jean Vandewalle, chef de dépôt - Pierre Stimac, chef mécanicien - Edouard Bari, magasinier - Robert Mairet, chef d'atelier. Photo Jean-Claude Roca - collection Jean Vandewalle.

Accompagner l'équipe de conduite d'une locomotive durant un voyage est certainement le rêve de tous les amateurs de chemin de fer. De nos jours, ce n'est plus guère possible en raison des contraintes de sécurité ; mais à l'époque de la vapeur, certains privilégiés réussissaient à obtenir des autorisations spéciales !

Jean Florin accompagne l'équipe de la 140 C 287 au passage en gare de Sainte-Colombe-sur-Seine en 1975. Le cliché est pris au niveau de la bifurcation des lignes de Troyes et de Nuits-sous-Ravières. Photo Jacques Andreu.

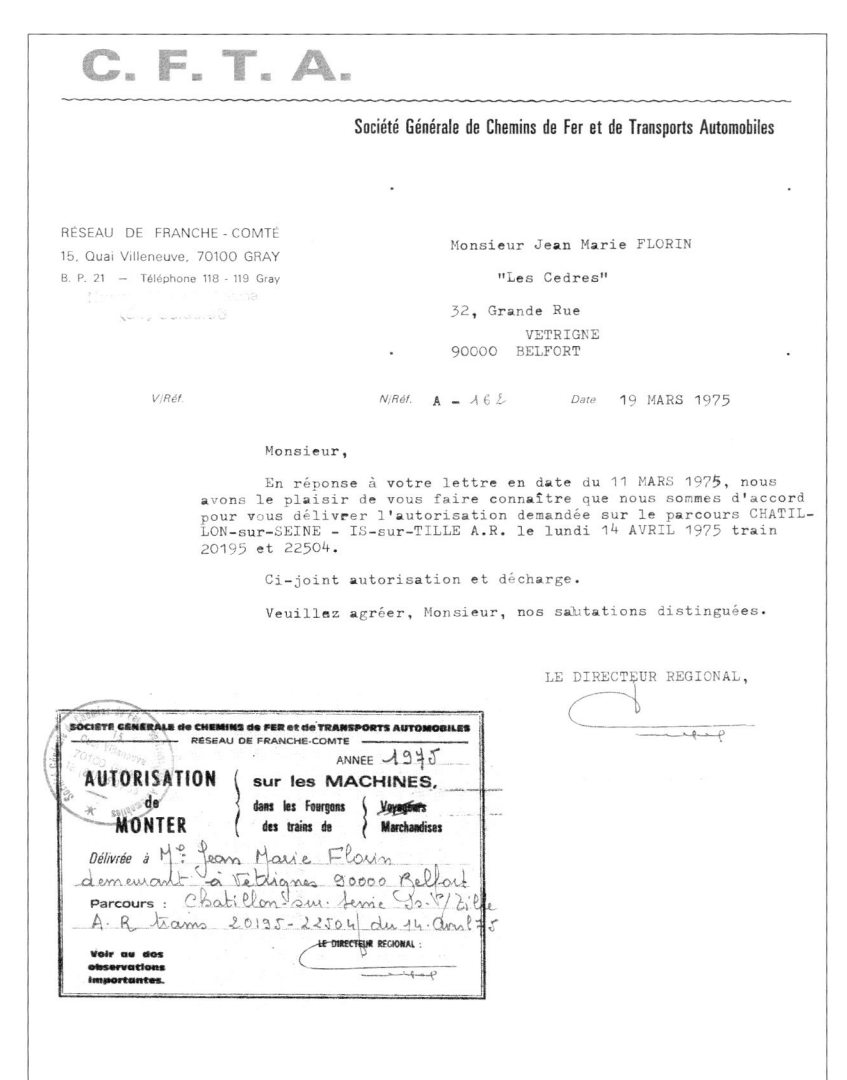

C.F.T.A.

Société Générale de Chemins de Fer et de Transports Automobiles

RÉSEAU DE FRANCHE-COMTÉ
15, Quai Villeneuve, 70100 GRAY
B. P. 21 — Téléphone 118 - 119 Gray

Monsieur Jean Marie FLORIN
"Les Cedres"
32, Grande Rue
VETRIGNE
90000 BELFORT

V/Réf. N/Réf. A - 162 Date 19 MARS 1975

Monsieur,

En réponse à votre lettre en date du 11 MARS 1975, nous avons le plaisir de vous faire connaître que nous sommes d'accord pour vous délivrer l'autorisation demandée sur le parcours CHATILLON-sur-SEINE - IS-sur-TILLE A.R. le lundi 14 AVRIL 1975 train 20195 et 22504.

Ci-joint autorisation et décharge.

Veuillez agréer, Monsieur, nos salutations distinguées.

LE DIRECTEUR REGIONAL,

SOCIÉTÉ GÉNÉRALE de Chemins de Fer et de TRANSPORTS AUTOMOBILES
RÉSEAU DE FRANCHE-COMTÉ
ANNÉE 1975

AUTORISATION de MONTER sur les MACHINES, dans les Fourgons des trains de Voyageurs / Marchandises

Délivrée à M. Jean Marie Florin demeurant à Vétrignes 90000 Belfort
Parcours : Chatillon/sur Seine Is s/Tille A.R. trains 20195-22504 du 14 Avril 75

LE DIRECTEUR REGIONAL :

Voir au dos observations importantes.

Dès le service d'été 1967, les 140 C ravirent aux 130 B l'unique paire de trains de voyageurs Troyes – Châtillon (omnibus 2506 et 2539) qui resta jusqu'au service d'été 1972 l'ultime train de cette catégorie assuré quotidiennement en traction vapeur en France. Le dernier aller-retour eut lieu le 27 mai 1972 avec les 140 C 38 et 216.

Désormais vouées au seul service marchandises, les 140 C perdirent au cours de la même année la traction du célèbre « Train tournant » Gray – Vesoul – Langres (Jorquenay) – Chalindrey – Gray, assuré le 30 septembre 1972 par la 140 C 208. Cantonnées dès lors au service facultatif, les 140 C ne chômaient pourtant pas sur les lignes de l'étoile de Gray et de Châtillon-sur-Seine où céréales, engrais, produits métallurgiques, machines agricoles, sable et autres matériaux de carrière constituaient des mets de choix. En 1973 la campagne céréalière atteignit des records et en 1974 près de cent soixante trains facultatifs (soit trois par semaine en moyenne) nécessitèrent le recours à la traction vapeur. Mais entre-temps, celle-ci avait progressivement perdu du terrain face à la traction diesel (BB 63000 et surtout 66000). L'effectif maximal du dépôt de Gray, atteint en 1972 avec treize machines, se réduisit à huit en 1973, six en 1974 et enfin quatre au début de l'année 1975.

Durant le premier trimestre 1975, le regain du trafic nécessita de rendre à nouveau régulier un échange de machines entre le dépôt de Gray et l'annexe de Châtillon chaque lundi. Seule la chute de timbre de la 140 C 51, suivie de la 22, mit un terme à cette ronde. Durant l'été, l'expédition des céréales au départ des silos de Laignes, sur la ligne de Nuits-sous-Ravières, procura un véritable « chant du cygne » aux 140 C 38 et 287. Cette dernière mit un terme définitif à la traction vapeur, non seulement sur le réseau CFTA de Franche-Comté mais dans toute la France, en tête d'un dernier train de marchandises de Troyes à Sainte-Colombe-sur-Seine le 24 septembre 1975.

La 140 C 38 assura néanmoins encore quelques prestations en participant de la mi-septembre à la mi-octobre au tournage du film de Robert Lamoureux « On a retrouvé la 7ème compagnie » dans le secteur de Villars-Santenoge, sur la ligne Châtillon – Is-sur-Tille.

En novembre 1970 à Bèze, la 140 C 216 est en tête du TOM pour Gray. L'équipe des cheminots CFTA se compose de gauche à droite du serre-freins Kreper, du chef de train Robert Châtillon, du mécanicien Pierre Stimac, du chauffeur Robert Fischbach et du chef de gare Gérard Cances.
Photo Jean-Louis Poggi.

Le 12 octobre, elle remorqua un dernier train spécial d'adieu pour le compte de l'association AAATV sur le trajet Nuits-sous-Ravières – Châtillon – Chaumont. Le 6 novembre, elle achemina la 140 C 287, froide et débiellée, de Châtillon à Gray, puis le 20 novembre 1975 une ultime circulation eut lieu de Gray à Chalindrey pour restituer les deux machines à la SNCF. C'en était fini de la traction vapeur sur les lignes de Franche-Comté, cent dix-neuf ans après la première apparition d'une machine du PLM à Gray !

Froide énumération de faits, peut-on dire ? Certainement pas. Car, derrière chaque numéro, se cache bien sûr une machine. Et chaque locomotive... eh bien c'est elle-même, avec son « caractère », avec ce qui fait sa vie propre. Et ça, tous ceux qui ont connu et aimé la vapeur peuvent en témoigner.

Une preuve ? Une parmi tant d'autres : les machines n'avaient pas toutes le même sifflet. Des sifflets plus ou moins graves, selon leur provenance, l'Est, le PLM ou l'Etat ; des voix qui, combinées au tempérament de chaque mécanicien, donnaient des variations infinies, allant du bref au long plus ou moins appuyé, allant aussi du péremptoire au nostalgique... toute cette vie, c'était... la Vapeur !

La 140 C 51 lors de son dernier train, le 10 février 1975, en gare de Pavillon-les-Grancey.
Photo Jean-Louis Poggi.

SE/CFTA Franche-Comté : tableau récapitulatif de la présence des machines à vapeur de 1959 à 1975 (Francis Villemaux)

N° Loc.	1959	1960	1961	1962	1963	1964	1965	1966	1967	1968	1969	1970	1971	1972	1973	1974	1975	Tender
130B256		Châlons (St Dizier CFS) 05 ———————————— 12																13C17
130B268	———————————————————————————————— 03																	13C227
130B302	—— 12																	13C38
130B303	———————————————————————————————— 10																	13C24
130B307	———————————————————————————————— 11																	20A14
130B348	Châlons (CFS) 07 ———————————————————————————————— 06																	13C159
130B356	Lumes 05 ———————————————— 05 GAA Troyes																	20A29
130B434	———————————————————————————— 06																	13C121
130B435	———————————————————————— 03																	13C278
130B439								Blainville (Louée CFS) 08 ——————— 05 GBE Chaumont									13C82
130B442			Troyes (Provins CFS) 03–12 Châlons (St Dizier CFS)															13C223
130B462	———————————————————————— 03																	13A32
130B463	———————————————————————————— 06																	13C141
130B465	———————————————————————— 04																	13A1
130B469	———————————— 05																	13C213
130B474	—— 06																	13A45
130B475	———————————————————————— 03																	13A85
130B476	—— 05 AJECTA																	13C231
130B477	—— 10 GAA Troyes																	13C38
130B701	———————————————————— 03																	13C187
130B709	———————————————————————— 03																	13C13
130B763	———————— 01																	13C22
040D330	Epinal-Blainville 04 —— 09																	16C834
040D494	Hbn. 01 ———— 04																	16C316
040D514	———————————— 12																	16C565
040D561	———————— 12																	16C48
140C6	Lumes-Hausbergen 10 ———————————————————————— 02																	18B629
140C22										Belfort 07 ———————————— 08							18B22
140C38								Noisy 03 ———————————————— 11									18B513
140C39							Noisy 10 ———— 04										18B33
140C51							Troyes 11 ———————————————————— 03									18B43
140C59							12 — 11											13B48
140C116				Blainville 08 ———————————————— 12													18B430
140C120								Chaumont 11 ———— 11									18B567
140C125							Noisy 03 ———— 07										18B462
140C133				Longueville CFS 03 ———————————————— 12													18B12
140C141							Troyes 03 ———————————————— 06									18B527
140C159								Chaumont 08 —— 07 magasin									34X203
140C205								Chaumont 07 ———————————— 06									18B680
140C208								Chaumont 10 ———————————— 10									18B579
140C216								Chaumont 07 ———————————— 06									18B424
140C287								Blainville 01 ———————————————————— 11									18B501
140C343							Troyes 03 ———————————————— 07									18B46
140C349								Chaumont 01 ———————————— 02									18B68
140C363			Châlons 10 ———————————————————————————— 02														18B48

140C230 (15-04-1971), 140C231 (15-02-1971), 140C313 (11-07-1971) et 140C314 (7-02-1971) de l'Ouest à l'Est pour réserve CFTA, GBE Chaumont

Note : Le numéro de tender noté pour chacune des machines est celui affecté le plus souvent à une locomotive durant son passage aux CFTA.

LA CRAMPTON N° 80

La locomotive Crampton n° 80 « Le Continent », qui figure au Musée Français du Chemin de fer à Mulhouse, est le seul témoin des locomotives à vapeur du « vieil Est » encore visible. Elle a parcouru plusieurs des lignes concernées par ce livre, ce qui justifie la place qui lui revient dans ce chapitre !

Le vendredi 31 juillet 1914, la dernière Crampton encore en activité, la 80, prend en charge l'omnibus voyageurs 1ère, 2ème et 3ème classes (45) 31, Troyes – Bar-sur-Seine (11h04 – 11h55) et retour au (45) 20, (12h23 – 13h16). Après son arrivée à Troyes, la machine effectue encore un aller-retour voyageurs omnibus pour Longueville aux trains (40) 14 et (40) 15 puis, après son ultime arrivée prévue à 21h23, elle rejoint son dépôt de Troyes-Preize.

Par un heureux effet du hasard, cette locomotive assura sa dernière journée de service en tête d'un aller-retour sur la ligne de Châtillon : un rarissime concours de circonstances !

La déclaration de guerre du 2 août 1914, impliquant la mise a disposition du chemin de fer pour les besoins militaires et la réduction des services civils, est à l'origine du retrait de service de la Crampton n° 80. Sa réforme définitive ne fut toutefois prononcée que le 31 décembre 1922, après 70 ans de service et 2.433.298 km parcourus.

A propos de cette attachante machine, nous devons associer la mémoire de celui grâce à qui la Crampton existe toujours : il s'agit du célèbre chef de gare honoraire de la compagnie de l'Est, Albert Henry (1877-1966), connu pour ses photographies rares prises au temps de cette compagnie. Il a voué à cette machine un attachement sans limite, usant de toutes ses forces pour qu'elle soit conservée, remise en état de présentation et par la suite en service commémoratif. Quelle scène émouvante que celle associant Albert Henry, revêtu de son uniforme aux broderies d'argent, posant à côté de « sa » Crampton, tout auréolé de la dignité de l'école du « vieil Est », alors qu'il était retraité depuis de nombreuses années.

Une longue histoire

La Crampton n° 80 fait partie de la sous-série 79 à 90, commandée le 23 janvier 1852 aux Etablissements J.F. Cail & C° à Paris, par la compagnie de Paris à Strasbourg. Elle était destinée au service des trains rapides légers, dont la vitesse limite pouvait dépasser 100 km/h. A cette époque c'était une remarquable performance. La vitesse de 120 km/h ne fut toutefois autorisée sur l'Est qu'à compter de 1882, lors de l'application du frein à air type Westinghouse.

A Bar-sur-Seine dans les derniers temps de son activité en 1914, la célèbre Crampton n° 80 va assurer l'omnibus (45) 20 pour Troyes. La remise à deux voies est visible à l'arrière-plan. Collection Jean Florin.

Albert Henry dans les dernières années de sa vie, en tenue de sous-chef de gare de 1ère classe de la Compagnie de l'Est. Archives La Vie du Rail.

Le roulement du 15 mai 1898 des locomotives Crampton du dépôt de Vesoul, comportant des trains de voyageurs Vesoul – Gray. Fonds Albert Henry - Collection Didier Leroy.

Les « Crampton » prirent donc en charge de Paris à Strasbourg, à compter de 1853, les trains directs composés de 5 à 6 voitures de 1ère classe et d'un poids de 70 à 80 tonnes. En date du 13 mars 1866, une marche de la 80 relevée entre Paris et Epernay nous apprend que le parcours de 141 km fut effectué à la vitesse moyenne de 72 km/h, avec huit voitures pour une charge de 52 t et une consommation de 7380 litres d'eau.

Au cours de la seconde partie de sa vie, à partir de 1895, la machine fut affectée au service des trains omnibus.

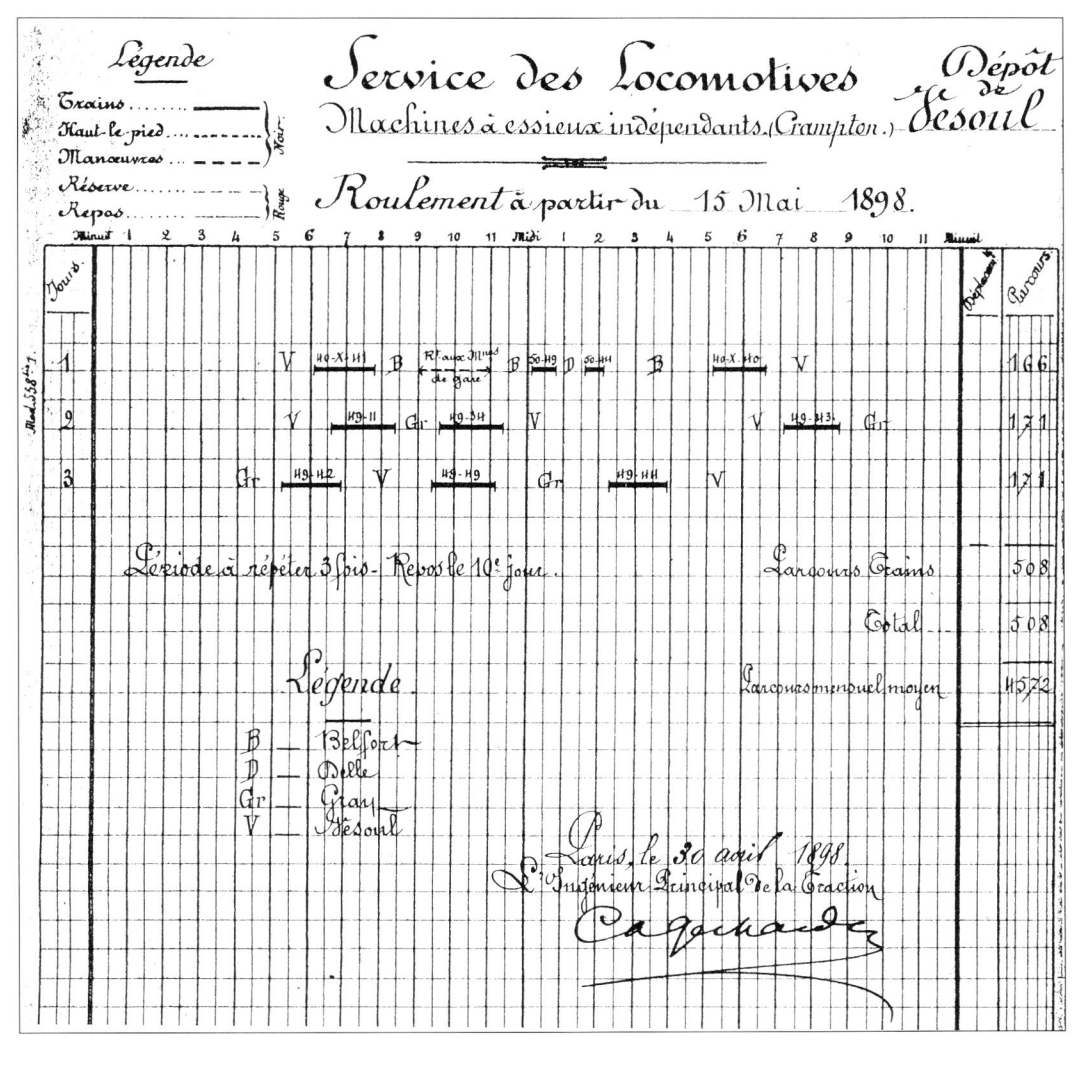

Sans entrer dans le détail des caractéristiques techniques, on peut signaler que les « Crampton » de type 210 sans essieu porteur à l'arrière, étaient munies d'un seul essieu moteur, aux roues d'un diamètre de 2,30 m, encore inusité en France.

Quelques modifications furent apportées à la 80 baptisée « Le Continent », toute la série ayant un nom de baptême :
- mars 1861 : application par le dépôt de Nancy d'une sablière.
- 17 juillet 1866 : construction d'un paravent.
- 24 juin 1882 : application du frein à air de type Westinghouse.
- 29 mars 1899 : mise en place d'une chaudière neuve plus imposante.

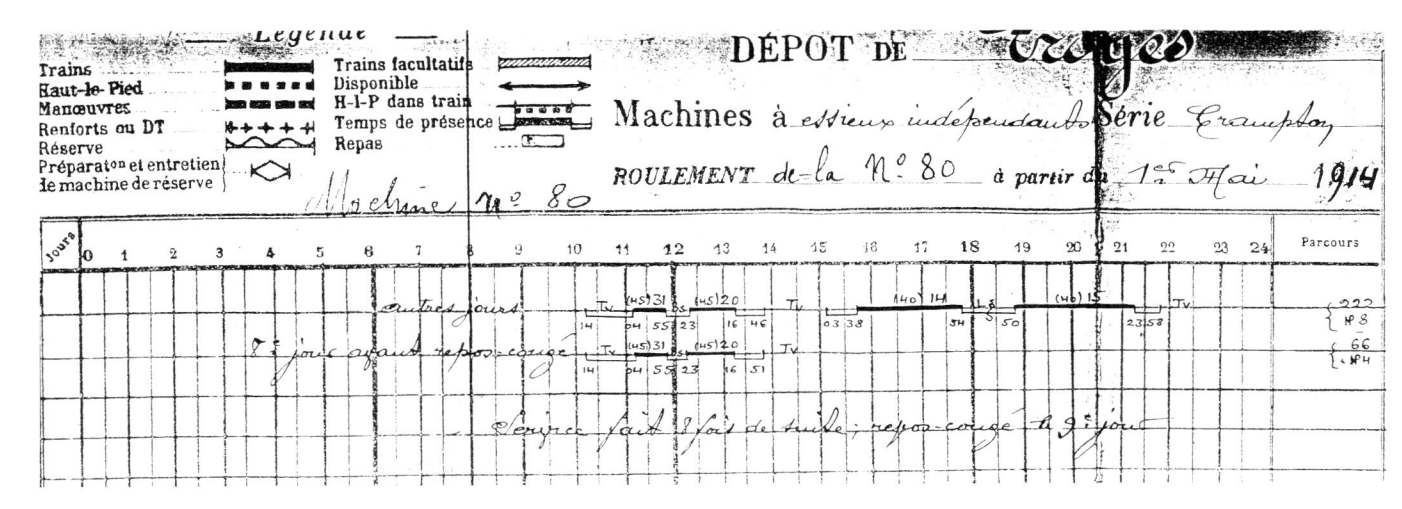

Roulement de la Crampton n° 80 du dépôt de Troyes en date du 1er mai 1914 (Bs : Bar-sur-Seine, Lg : Longueville, Tv : Troyes). La dernière circulation de cette célèbre locomotive eut lieu le 31 juillet 1914. Fonds Albert Henry - Collection Didier Leroy.

La locomotive Crampton n° 80 sur la plaque tournante du dépôt de Bar-sur-Seine vers 1910. Photo Albert Henry - collection La Vie du Rail.

Les affectations

Au cours de sa carrière, la Crampton 80 a connu 18 affectations dans des dépôts ou annexes :

- décembre 1852 :   dépôt de Paris-la Villette.
- 6 janvier 1867 :   dépôt de Nancy.
- 24 mars 1871 :   remisée à Blainville.
- 11 août 1871 :   dépôt de Nancy.
- 11 juin 1878 :   remisée à Châlons.
- 18 décembre 1879 :   dépôt de Paris-La Villette.
- 26 juin 1882 :   dépôt de Nancy.
- 24 avril 1889 :   remisée à Revigny.
- 12 juin 1891 :   dépôt de Nancy.
- 23 août 1895 :   remisée à Arcis-sur-Aube.
- 24 mai 1898 :   dépôt de Troyes.
- 24 juin 1898 :   remisée à Arcis-sur-Aube.
- 1er juin 1899 :   dépôt de Troyes.
- 27 avril 1899 :   dépôt de Vesoul.
- 25 octobre 1904 :   remisée à Chalindrey.
- 1er septembre 1905 :   dépôt de Saint-Dizier.
- 16 septembre 1905 :   remisée à Blesme.
- 23 octobre 1906 :   remisée à Troyes.
- 5 avril 1907 :   dépôt de Troyes.

Garée à l'extérieur dès le 2 août 1914 à Gyé-sur-Seine, elle connut le même sort à compter du 1er janvier 1915 à Polisot, puis à partir du 24 juillet 1916 à Saint-Florentin. Le 24 janvier 1918, elle fut enfin remisée sous abri à l'annexe de Saint-Florentin.

Une seconde carrière : la gloire !

Au cours de la conférence des chefs de service du 14 août 1924, Monsieur Riboud, directeur de la compagnie de l'Est, décida de conserver la Crampton n° 80, en réponse à la question n° 23 inscrite à l'ordre du jour.

Après restauration en état de présentation par le dépôt de Château-Thierry, elle fut installée sans tender devant les quais de départ de la gare de l'Est à Paris dans la nuit du 12 au 13 décembre 1931, au pied du célèbre tableau d'Albert Herter évoquant le départ des mobilisés du 2 août 1914.

Après quinze ans de retraite parisienne, la SNCF décida sa remise en état de marche, aux fins de commémorer de manière vivante divers événements historiques ferroviaires avec la rame dite « de Saint-Germain ». Elle quitta Paris-Est au cours de la nuit du 17 au 18 décembre 1946 pour être acheminée aux ateliers SNCF d'Epernay. Elle y fut soigneusement restaurée et l'épreuve hydraulique de sa chaudière eut lieu le 25 mars 1947.

Dès le printemps 1947, elle partit visiter de nombreuses régions françaises, pour elle inconnues. De même, elle se rendit en Suisse et en Allemagne, à l'occasion de cérémonies commémoratives. La Crampton 80 participa également à diverses prises de vues cinématographiques, comme celles du très beau court métrage réalisée par la SNCF « *Vieux souvenirs et jeunes années* » en 1960 à Croth-Sorel dans l'Eure, ou encore pour celles du feuilleton télévisé « La Princesse du Rail », d'après un scénario émouvant d'Henri Vincenot, tourné en 1966 sur la ligne des Cévennes.

Dès octobre 1947, elle fut affectée au dépôt champenois de Sézanne, où elle fut choyée par une équipe titulaire jusqu'à la fermeture définitive de l'établissement en décembre 1965. A cette date, elle rejoignit le dépôt de Noisy-le-Sec.

Sa dernière sortie en pression eut lieu le 5 mars 1970 à Paris-Nord pour une prestation publicitaire. Définitivement éteinte, elle ne fut pas remise à nouveau en état, la raison invoquée étant l'usure excessive des ses bandages, trop difficiles à refaire à cause de leur grand diamètre!

Elle fut exposée, après remise en peinture, dans le musée provisoire de Mulhouse-Nord en 1972, pour finalement rejoindre en 1976 le musée actuel de Mulhouse-Dornach. Depuis, sa prestation la plus réussie fut sans nul doute sa présentation sur l'avenue des Champs-Élysées à Paris lors de l'exposition « Le Train Capitale » du 17 mai au 15 juin 2003. On peut regretter l'absence à cette occasion d'une photographie d'Albert Henry, en uniforme de l'Est, sans lequel des millions de personnes n'auraient pu l'admirer.

LE MYTHIQUE TRAIN OMNIBUS VOYAGEURS TROYES – CHÂTILLON-SUR-SEINE

Donner une place de choix, dans ce livre, à ce petit train omnibus de voyageurs nous semble indispensable. Mais quelles raisons nous poussent à mettre en valeur ce modeste train à la composition de trois à cinq voitures accompagnées d'un fourgon, alors que ce type de convoi a circulé sur de si nombreuses lignes de chemins de fer rurales en France ?

Ce sont en fait les circonstances qui font les événements...

Le 27 mai 1972, tracté par la 140 C 216, partait du quai 4 de la gare de Troyes, le train omnibus 2539 pour Châtillon-sur-Seine : pour la dernière fois en France, circulait ce jour-là en service régulier sur le réseau national, un train de voyageurs à vapeur.

Ce sont les circonstances qui ont, par la suite, rendu célèbre ce modeste train sans prétention qui, depuis plusieurs décennies, quittait la capitale de la Champagne au crépuscule pour ne la rejoindre le lendemain qu'à l'aurore.

En fait, l'omnibus de Châtillon s'est trouvé être celui qui a rendu un dernier hommage à 140 années de traction à vapeur en France. Durant un siècle et demi, des hommes ont été liés de manière si particulière à leur locomotive, par tous les temps, dans des conditions souvent spartiates, leurs visages burinés par le soleil, le vent et les pluies, au hublot de « leur » machine.

En ces années prospères, aucune instance officielle n'a jugé opportun de faire un adieu national à la traction à vapeur et à ceux qui y ont consacré leur vie ! L'objectif de quelques photographes, amis du chemin de fer, a par chance immortalisé ces moments forts de notre histoire ferroviaire. Toutes ces raisons nous invitent à nous arrêter sur cet omnibus, particulièrement en ce qui concerne sa composition et les différents types de locomotive l'ayant remorqué.

Après le second conflit mondial, les chemins de fer se trouvaient dans des conditions d'exploitation extrêmement difficiles, avec un matériel insuffisant et des installations endommagées, la situation ne commençant à se rétablir lentement que vers 1947.

A cette époque, l'omnibus Troyes – Châtillon connut des compositions hétéroclites, comme l'atteste un rare cliché de 1946. Lorsque la réorganisation des chemins de fer fut effective, la SE, puis les CFTA qui exploitaient la ligne, organisèrent le service de cet omnibus voyageurs de la façon suivante.

La traction

Le lecteur est invité à se rendre au chapitre traitant de la traction pour des informations détaillées sur les locomotives à vapeur concernées : 130 B jusqu'à l'entrée en vigueur

En gare de Saint-Parres-les-Vaudes en 1946, la 130 B 467 est en tête d'un train pour Châtillon dont la composition hétéroclite typique de cette période comporte des voitures B^5t Est anciennement à intercirculation, C^7, C^6t, $C7$, C^5tfp ex-AL et un fourgon Dq.
Photo Maurice Rifault.

de service d'été 1967, puis 140 C du service d'été 1967 au 27 mai 1972.

Avec l'arrivée de la traction diesel, c'en était dès lors fini de l'équipe sur les locomotives ! Les machines diesel mises à disposition des CFTA appartenaient au dépôt de Chalindrey. Il y eut tout d'abord des BB 66000 non chauffantes (66001 à 66040 et 66041 à 66318) avec fourgon chaudière pour la période hivernale à partir du 29 mai 1972, puis des BB 66400 chauffantes (66401 à 66506 et 66604 à 66616), jusqu'au dernier jour de circulation de ce train, le samedi 31 mai 1980.

Le matériel remorqué

Les différents types de voitures à voyageurs utilisées dans la composition de la rame, uniquement constituée de 3èmes puis de 2èmes classes à partir de 1956, apportent un cliché très représentatif des trains omnibus desservant la France rurale.

De plus, les voitures utilisées ont souvent terminé leur carrière sur la ligne 25, excepté quelques unes passées au parc de service tandis que d'autres furent acquises par des chemins de fer touristiques, particulièrement les voitures B^7t, « boîtes à tonnerre » d'après leur surnom allemand.

Cette présentation n'est pas une étude détaillée de la conception de chaque type de voiture, que le lecteur pourra trouver en particulier dans les précieux ouvrages de nos amis Alain Rambaud « *L'encyclopédie des voitures voyageurs 1938-1988* » et André Jacquot « *100 ans de voitures sur le Réseau de l'Est* », mais une simple description des voitures composant l'omnibus de la ligne de Troyes à Châtillon au fil des ans, en respectant la chronologie de leur service.

En 1937, un train omnibus Troyes - Châtillon laisse en gare de Mussy-sur-Seine des jeunes voyageurs bien chargés. Photo Félix Fénino - collection La Vie du Rail.

MARQUAGE DES VOITURES VOYAGEURS

Dans cet ouvrage, les voitures sont souvent nommées avec les codes en vigueur à l'époque de leur service. Nous donnons des exemples pour ces deux époques, afin que le lecteur puisse en comprendre les principes généraux.

Marquage de 1924 (tous les réseaux) :

C^6t : Voiture de 3ème classe (C) à 6 compartiments (^{6}) avec cabinet de toilette (t).

$B^5\,t$ (ai) : Voiture de 2ème classe (B) à 5 compartiments (^{5}) avec cabinet de toilette (t). L'indice tardif (ai) signifiant « à essieux » a été peu utilisé.

Marquage de mai 1969 (nouvelle numérotation) :

B^4Dt : Voiture de 2ème classe (B) à 4 compartiments (^{4}) avec partie fourgon (D), à couloir central (^{t}).

Voitures à deux essieux en bois tôlé, à portières latérales avec couloir latéral et toilettes C^6t puis B^6t

Construites entre 1898 et 1910 pour les trains régionaux légers, avec une longueur de 11,64 m et une tare de 15 à 16 tonnes, ces petites voitures à deux essieux de 3ème classe offrant 50 places au confort spartiate, furent les dernières représentantes des voitures d'omnibus de la compagnie des Chemins de fer de l'Est dans leur état d'origine.

A la réforme des classes, le 3 juin 1956 elles sont devenues B^6t, avec application du chiffre 2 ombré en lieu et place du 3. Leur couleur était le classique vert foncé 306, avec inscriptions en jaune bouton d'or 411 ombrées de noir.

Toutes ces voitures eurent une très longue existence, particulièrement sur la ligne précitée, où elles furent réformées à l'orée du service d'été 1962, sans jamais avoir subi de modernisation.

Voitures à deux essieux « prises de guerre »

Elles sont composées de deux familles, les voitures à portières latérales et celles à plateformes ouvertes ou fermées.

Voitures à portières latérales $B^{5\,1/2}t$ (ai)

Ces voitures présentent des faces latérales à rivets apparents, les plus anciennes avec un pavillon recouvert d'une toile goudronnée, tandis que les plus récentes avaient un toit entièrement métallique.

Construites de 1923 à 1928, en Allemagne, ces voitures de 4ème classe à l'origine sont apparues sur le réseau français après la seconde guerre mondiale en 1945, au titre de prises de guerre. Avec une longueur de 13,92 m et une tare de 19 à 20 t, munies de toilettes (un WC pour les premières séries et deux pour les secondes, exceptées deux unités qui eurent un WC d'un côté et un lavabo de l'autre), de couleur vert foncé 306 avec inscriptions ombrées en jaune bouton d'or 411, ces voitures

Intérieur d'une voiture B⁵ ¹/²t de la rame de Châtillon.

Photo Guy Laforgerie - collection Didier Leroy.

En 1963, l'omnibus 2539 Troyes - Châtillon est vu entre Polisot et Gyé-sur-Seine avec la 130 B 303, sept voitures allemandes à portières latérales type « lourd » et un fourgon de queue.
Photo Jean Florin.

en bois tôlé offraient 44 places. Elles avaient des formes arrondies qui leur conféraient un cachet certain. Elles possédaient un couloir central et quatre portières latérales et n'avaient subi au cours de leur carrière française que de légères transformations, telles que la suppression des aérateurs de toiture et surtout l'amélioration du confort par le rembourrage des banquettes revêtues de texoïd vert foncé remplaçant les bois d'origine.

Affectées en premier lieu sur la région Ouest de la SNCF, elles arrivèrent sur la région Est à la suite de la décision prise par la direction du Matériel et de la Traction de regrouper pour des raisons économiques, géographiques et historiques dans cette région tout le matériel « prises de guerre », les ateliers d'entretien de toutes ces voitures étant ceux de Bischheim et de Mulhouse-Riedisheim.

Dès leur arrivée sur l'Est, les B⁵ ¹/²t (ai) ont été regroupées sur les lignes affermées à la SE, aux CFS puis CFTA, pour l'exploitation des lignes Troyes – Châtillon-sur-Seine, Longueville – Provins et Lunéville – Bruyères. Sur les deux dernières citées, elles assuraient les remplacements d'autorails. Une voiture de ce type fut cependant attribuée au train mixte Mirecourt – Neufchâteau aller-retour. Sur la ligne 25, elles ont remplacé les B⁶t Est en 1962, leur réforme étant définitive à l'entrée du service d'hiver 1970.

Le 24 juin 1966, en gare de Troyes à l'époque des « trains ouvriers ». Au quai 3, l'omnibus 433 pour Chaumont (départ 18h55) composé de voitures métallisées Sud-Est à trois essieux ; au quai 4, l'omnibus 2539 pour Châtillon-sur-Seine (départ 18h39) avec ses voitures allemandes.
Photo François Fontaine.

Au quai 4 de la grande gare de Troyes en juillet 1970, le train 2539 pour Châtillon avec la 140 C 349 et sa rame de voitures à portières latérales ex-DR dont c'est le dernier été de circulation.
Photo Dieudonné-Michel Costes.

Voitures métalliques à deux essieux, à plateformes ouvertes ou fermées

Parce qu'elles furent liées aux dernières rames tractées d'omnibus en traction à vapeur en France ou à l'étranger, ces voitures ont acquis une réelle notoriété, particulièrement celles à plateformes ouvertes. Un certain nombre d'entre elles furent préservées par des chemins de fer touristiques, parfois avec des modifications importantes comme l'ouverture de baies vitrées supplémentaires, ce qui leur confère un aspect très lointain de celui d'origine. Il est regrettable, pour qui cherche l'authenticité, de voir trop souvent ces charmantes voitures à l'intérêt historique évident, circuler avec des livrées hybrides.

Ces petites voitures sont connues en France par leur surnom allemand « Donnerbuchsen », signifiant « boîtes à tonnerre ». Cette appellation viendrait du bruit produit par ces voitures entièrement métalliques et sans cloisons isolantes lorsqu'elles circulaient sur les lignes sinueuses de la Forêt-Noire, faisant penser au tonnerre.

- Voitures à plateformes fermées B^6t

Construites en Allemagne vers 1930, les B^6t sont à l'origine des voitures de 2ème classe de 48 places, d'une longueur de 14,04 m avec une tare de 18 t, aptes à la vitesse de 120 km/h.

En France, elles ont été initialement affectées surtout à la région Nord, après avoir été modifiées de manière conséquente pour servir de remorques d'autorails, en particulier par l'installation du chauffage autonome, d'un dispositif de jumelage, du frein Westinghouse, de l'éclairage collectif à 24 volts alimenté par l'autorail et, ce qui est le plus visible extérieurement, par l'application de la livrée rouge et crème unifiée des autorails : bas de caisse rouge vermillon 605, zone des baies et toiture crème 407. Ces voitures possédaient un WC-toilettes.

Elles ont été mutées à la région Est en 1959. Toutes reversées au parc « voitures » en 1964, elles retrouvèrent à cette occasion leur teinte verte (vert celtique 301 à compter du 1er janvier 1962) et furent équipées du seul chauffage à vapeur et de l'éclairage autonome. Ces voitures ont toutes été réformées en 1974.

En mai 1971, à 5 h 19, le soleil est déjà levé derrière la gare de Châtillon-sur-Seine. La 140 C 208 va s'élancer vers Troyes avec l'omnibus 7962. Notons la composition renforcée de la rame par deux voitures métallisées Sud-Est.
Photo Jean-Louis Poggi.

L'omnibus 7967 pour Châtillon passe Saint-Julien-les-Villas en 1972. Ses célèbres « Boîtes à tonnerre » à plateformes ouvertes sont tractées par la 140 C 216.
Photo Yves Broncard.

- Voitures à plateformes ouvertes $B^{6\ 1/2}t$ et B^7t

Ces voitures, appelées familièrement par les cheminots « Far-West », probablement à cause de leur plateformes ouvertes, sont les plus nombreuses et les plus typiques.

Construites en Allemagne de 1926 à 1931, avec des aménagements en 4ème, 3ème et mixte $2^{ème}/3^{ème}$ classes de 51 à 55 places, d'une longueur de 13,92 m et d'une tare de 17 à 22 t, aptes à la vitesse de 100 km/h (contre 120 km/h pour les remorques d'autorail), toutes munies des toilettes, elles sont de loin les plus nombreuses et les plus populaires des voitures « prises de guerre ».

Cette série qui comptait 138 unités en 1968, était encore importante lorsqu'elle fut introduite dans les roulements de l'omnibus de Châtillon vers la fin des années 60, afin de remplacer les B^6t à portières latérales.

Elles connurent une multitude d'aménagements et de transformations : outre celles qui sont restées dans leur aspect d'origine (banquettes en lattes de bois et barrières articulées d'accès aux plateformes), celles qui pendant un certain temps servirent de remorques d'autorail aux couleurs rouge et crème ont subi des transformations plus perceptibles, comme le remplacement des assises d'origine en bois par des banquettes à dossiers bas type « autorail unifié » en texoïd vert foncé, la pose d'un panneautage intérieur en isorel et d'un linoléum au sol, la suppression des cloisons séparant la voiture en deux, l'installation de grandes tôles pleines entre les traverses de tête et la toiture, le remplacement des barrières d'accès par des portillons pleins, (les plateformes étant ainsi partiellement fermées) et l'installation d'un chauffage autonome par poêle à charbon.

Reversées au parc « voitures », elles subirent de nouveau des modifications comme le découpage des tôles d'extrémités en ne conservant que leur partie basse, la réinstallation du chauffage à vapeur et de l'éclairage autonome, et bien sûr la remise en livrée verte traditionnelle. Parmi les nombreuses variantes, certaines ont reçu le chauffage électrique, mais celles-ci n'ont jamais circulé sur le réseau de Franche-Comté.

Toutes ces voitures quittèrent les omnibus 7967/7962 en 1974, remplacées par les voitures métallisées à trois essieux. Deux voitures à plateformes ouvertes assurèrent la réserve à Troyes jusqu'en 1977.

L'auteur de ces lignes garde de ces voitures conviviales un souvenir agréable, particulièrement lorsqu'à la belle saison une partie du voyage s'effectuait sur les plateformes, le visage penché au vent, sous le regard de grands-parents inquiets.

La livrée de ces voitures se réfère au nuancier SNCF :
- vert foncé 306 puis vert celtique 301, avec inscriptions en jaune bouton d'or 411 ombrées de noir puis jaune jonquille 401 pour la caisse,
- noir extérieur 901 pour le châssis et la toiture, puis gris ardoise 807 pour le châssis uniquement.

Voitures PLM à 3 essieux métallisées B^6tm, B^8tm, B^7tm, B^4Dtm

Surnommées « Trois Pattes » par les amateurs en raison de leur train de roulement à trois essieux, un nombre important de ces voitures a été modernisé de 1953 à 1961. Au 1er janvier 1962, 1392 voitures métallisées Sud-Est de ce type se trouvaient à l'effectif. Une coque entièrement métallique a remplacé l'ancienne caisse en bois tôlé des voitures de 3ème classe, construites par le PLM de 1906 à 1929.

Leurs origines étaient doubles : voitures à couloir latéral ouvert C^7t ou C^7tf à vigie utilisées en province, voitures C^8t, C^8tf sans vigie et C^4Dt à couloir central utilisées particulièrement sur les banlieues de Paris, Lyon et Nice.

Deux séries de ces voitures, aptes à 120 km/h ont été métallisées :
- les voitures courtes B^6tm : 13,874 m (6 baies vitrées), d'une tare de 18 à 19 t avec 48 ou 50 places en 2ème classe ;
- les voitures longues B^8tm, B^7tm, B^4Dtm : 14,910 m (8 ou 7 baies vitrées), d'une tare de 19 à 22 t avec respectivement 74, 54 et 34 places en 2ème classe.

Les aménagements intérieurs de ces voitures étaient de deux types :
- celui d'origine, soit à couloir latéral muni de banquettes en bois avec sièges et dossiers rembourrés, soit à couloir central avec des sièges en bois latté surmontés d'un panneau plein ;
- celui à couloir central avec des sièges type « autorail unifié » à dossier bas recouverts de texoïd vert, aménagement mis en place en 1956 à la suite de la réforme des classes.

Toutes ces voitures possédaient un local toilettes. L'accès des voyageurs se faisait par une unique porte dite en accordéon, à vantaux pliants vitrés, munie d'un bouton poussoir à commande pneumatique. Elles ont d'abord été revêtues de la traditionnelle livrée « vert wagon », puis du vert celtique.

Ces petites voitures ont été l'une des plus grandes réussites dans le domaine des reconstructions des années 50, grâce à leur facilité d'accès due à l'unique et large porte centrale et, pour celles qui en furent dotées, à leur nouvel aménagement intérieur ainsi qu'à leur isolation phonique pour celles à couloir central transformées à partir de 1956. Le style tout en rondeur de ces voitures leur confère un charme dont de nombreuses régions de France ont profité.

Elles furent en particulier les dernières voitures à essieux en service sur le réseau national dans les livrets « RB » (composition des trains omnibus). Sur « notre » ligne 25, les « trois pattes » sont apparues sporadiquement dès le début des années 60 lorsque les voitures titulaires se trouvaient en révision, avant d'être affectées au roulement de l'omnibus en 1974 jusqu'à leur réforme à la fin du service d'été 1977.

Voitures à bogies « ty » Est métallisées « Romilly » Btmyp ($B^{9/2}tz$), BDtmy (B^7Dt)

Née en 1951 d'un projet du chef des ateliers de voitures de Noisy-le-Sec, la métallisation des ex-voitures « ty » de la compagnie de l'Est a été reprise six années plus tard par la direction du Matériel et de la Traction de la SNCF. Ce sont les ateliers de Romilly-sur-Seine, spécialistes de l'entretien de voitures voyageurs, qui furent chargés de mener ce projet de 1957 à 1962.

Comme pour la plupart des métallisations, il s'agit de la reconstruction de caisses métalliques sur les châssis d'anciennes voitures à bogies dites « ty », à portières latérales et caisses en bois construites de 1907 à 1923 pour les trains rapides et express.

La métallisation de ces voitures à porté sur 498 unités de 2ème classe à 76 places et 63 unités mixtes de 2ème classe/fourgon de 54 places, d'une longueur de 19,280 m (19,05 m pour les voitures prototypes) et d'une tare de 31 t à 31,5 t, aptes à la vitesse de 120 km/h. Nous ne mentionnons pas les voitures de la classe supérieure, celles-ci n'entrant pas dans la composition des trains de la ligne en question.

A l'occasion de leur reconstruction, elles ont reçu des sièges à dossiers haut de type « autorail unifié » recouverts de texoïd vert foncé et le chauffage mixte vapeur/électrique, les radiateurs étant installés sous les banquettes. Quelques-unes ont été dotées de bogies Pennsylvania de réemploi, afin d'accroître un confort au demeurant très acceptable, même avec les bogies d'origine type WL [1].

Ces voitures sont arrivées sur la ligne de Châtillon à l'entrée en vigueur du service d'hiver 1977 et elles connurent le triste sort de circuler sur le dernier train de voyageurs, le samedi 31 mai 1980 (omnibus 7267). Elles ont toutes été réformées au cours de l'année 1985.

Les fourgons

Cette étude ne serait pas exhaustive s'il n'était fait mention des petits fourgons présents dans la composition de l'omnibus de Châtillon jusqu'à la fin du service d'été 1977. Les trains omnibus de voyageurs ont toujours comporté au moins un fourgon destiné au transport des bagages et des colis ou autres bicyclettes enregistrés, transports aujourd'hui malheureusement disparus du chemin de fer. Le chef de train, responsable de la sécurité et des différentes opérations administratives y possédait un compartiment ou un espace spécialement aménagé à son intention.

Troyes, mai 1980 : Départ de l'omnibus 7267 pour Châtillon-sur-Seine. Photo Luc Robert - La Vie du Rail.

Le chef de train avait un rôle important ; l'évocation des fourgons nous invite à nous souvenir de cet agent indissociable de l'époque des omnibus.

Les agrès du chef de train étaient les suivants en 1950 :
- 1 cornet avec chaînette ;
- 1 sac en cuir ;
- 1 clé jumelle ou clé de Berne ;
- 1 carnet de demandes de secours et avis de dédoublement ;
- 1 chronomètre ;
- 1 carton pour feuille de route ;
- 2 cadenas pour coffre de fourgon et chaînes de boîtes à finances ;
- 1 carnet pour perceptions supplémentaires ;
- 1 collection de tarifs ;
- 1 pince-contrôle ;
- 1 lampe à acétylène.

Plusieurs types de fourgons ont fait partie de la composition de l'omnibus 2539/2506 ; nous citons ceux qui furent les plus utilisés, tout en étant à essieux.

Le fourgon « Est »

Contemporain des voitures C^6t, à deux essieux écartés de 6,5 m et dit de type 1904, il accusait une longueur hors tout de 10,6 m avec un châssis de 9,5 m. La caisse en bois tôlé comprenait deux compartiments à bagages de 3,74 m, accessibles par portes coulissantes, de part et d'autre d'un local pour le chef de train de 1,9 m x 2,49 m avec un coffre surmonté d'un casier à plis et un siège, à l'origine surélevé pour s'inscrire dans la vigie puis reporté au sol après la suppression des calottes de vigie. La série était équipée en outre d'un volant de frein à vis, d'un robinet d'urgence du frein continu et de trois niches à chiens.

Des fourgons métalliques « Est » type OCEM [2] de 1932-1933 ont également circulé sur la ligne 25, mais de façon plus sporadique.

Le fourgon « prises de guerre » ex-DR (1928-1929)

Entièrement métallique et à deux essieux, ce fourgon se caractérisait par un toit arrondi « en tonneau ». Monté sur châssis unifié de 13,9 m avec empattement de 8,5 m, il offrait un grand local à bagages avec deux portes coulissantes sur chaque face, un confortable compartiment pour le chef de train et une plateforme avec WC-toilettes. Sept exemplaires de ce type faisaient encore partie des inventaires en 1968. Leur radiation fut définitive au cours de l'année 1972.

Au-delà de l'omnibus de Châtillon gravé dans la mémoire de ceux qui la connurent, cet écrit veut rendre hommage à ce type de trains sans prétention, comme il en a existé tellement depuis les origines du chemin de fer.

Certes, ce train avec sa modeste locomotive et ses petites voitures n'avait pas le standing des grands rapides aux noms prestigieux et à la clientèle fortunée. Pourtant, le nombre de voyageurs, en majorité des ouvriers, employés et collégiens, que tous ces trains transportaient au quotidien n'a aucune commune mesure avec celui des quelques privilégiés qui pouvaient s'installer dans les voitures Pullman, au demeurant très réussies.

Force est de constater qu'en général, ce ne sont pas ces omnibus qui ont retenu l'attention des musées ou des écrits ferroviaires. Le modélisme heureusement leur laisse une place de choix, ayant une vue moins partiale du chemin de fer !

---

[1] Wagons-lits.
[2] Office Central d'Etudes du Matériel.

LE TRAIN MYTHIQUE TROYES – CHATILLON-SUR-SEINE EN COULEURS

Soleil levant empanaché ce 26 avril 1972 avec l'omnibus 7962 Châtillon-sur-Seine – Troyes, remorqué par la 140 C 287. Photo André Presle - collection Didier Leroy.

NUMÉROTATION DE L'OMNIBUS TROYES – CHÂTILLON-SUR-SEINE :

- à compter de 1945 : 2539/2506,
- à compter du service d'été 1971 : 7967/7962,
- à compter du service d'hiver 1979 : 7267/7262.

Les voitures du Troyes – Châtillon-sur-Seine :

La rame de voitures Est à deux essieux de l'omnibus 2539 pour Châtillon-sur-Seine en gare de Troyes en 1962. Photo Guy Laforgerie - collection Didier Leroy.

Ci-dessus, en 1962, en gare de Troyes, la rame de l'omnibus pour Châtillon-sur-Seine est constituée d'antiques voitures Est B^6t (ex-C^6t) et d'une $B^{5\ 1/2}t$ ex-DR. Le marquage repeint sur les portières latérales provient de la réforme des classes du 3 juin 1956.
Photo Guy Laforgerie - collection Didier Leroy.

Troyes, le 16 août 1971. La 140 C 22 va démarrer sur l'omnibus pour Châtillon-sur-Seine composé de voitures ex-DR à plateformes fermées. Photo Philippe Morel.

L'omnibus 2539 pour Châtillon quitte Saint-Julien-les-Villas le 25 juin 1968, avec la 140 C 51 emmenant en sus une B^{7}t « Boîte à tonnerre » en composition forcée de fin de semaine. Le fourgon ex-DR, dont la vigie a été déposée, est muni d'une unique lanterne à batterie. Photo Claude Lambert.

Le 24 mai 1972, la 140 C 343 remonte la haute vallée de la Seine en tête de l'omnibus 7967 Troyes – Châtillon-sur-Seine, assuré en traction vapeur jusqu'au 27 mai.. Photo André Presle - collection Didier Leroy.

Les installations de la gare de Troyes ont été modifiées à l'occasion de la fusion des postes d'aiguillages et de la mise en service d'un poste de type PRS le 15 décembre 1974. Trois omnibus vont partir successivement du quai 2 : le 8904 pour Laroche-Migennes, le 7967 pour Châtillon et le 7146 pour Romilly. Tous ces services ont aujourd'hui disparu ! Photo André Presle - collection Didier Leroy.

Une voiture « Romilly » de l'omnibus 7967 à son arrivée à Châtillon-sur-Seine un soir de mai 1980. Sortie de révision aux ateliers SNCF de Romilly-sur-Seine le 17 mars 1980, elle arbore la livrée « vert celtique 301 » avec inscriptions « jaune jonquille 401 ». Photo André Presle.

La 140 C 216 avec le dernier train omnibus 7967 pour Châtillon le 27 mai 1972, entre Clérey et Saint-Parres-les-Vaudes.
Photo Jean Madina.

L'une des dernières circulations voyageurs sur la ligne de Châtillon (train 7967), désormais assurée en traction diesel, fin mai 1980 vers Saint-Parres-les-Vaudes.
Photo André Presle - collection Didier Leroy.

En mai 1980, l'omnibus 7267 tracté par la BB 66420 marque l'arrêt en gare de Gyé-sur-Seine, quelques jours avant la suppression de ce train. Photo André Presle.

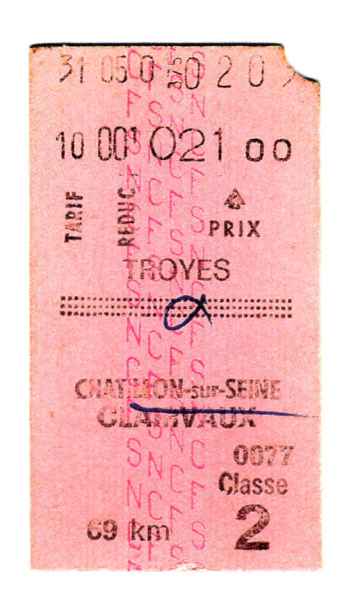

Billet Troyes - Châtillon du 31 mai 1980 : le dernier jour ! Collection Claude Garino.

En page ci-contre, sur le quai de la gare de Châtillon-sur-Seine, ambiance matinale en mai 1972, quelques instants avant le départ de l'omnibus 7962 pour Troyes. Photo Gérard Samon.

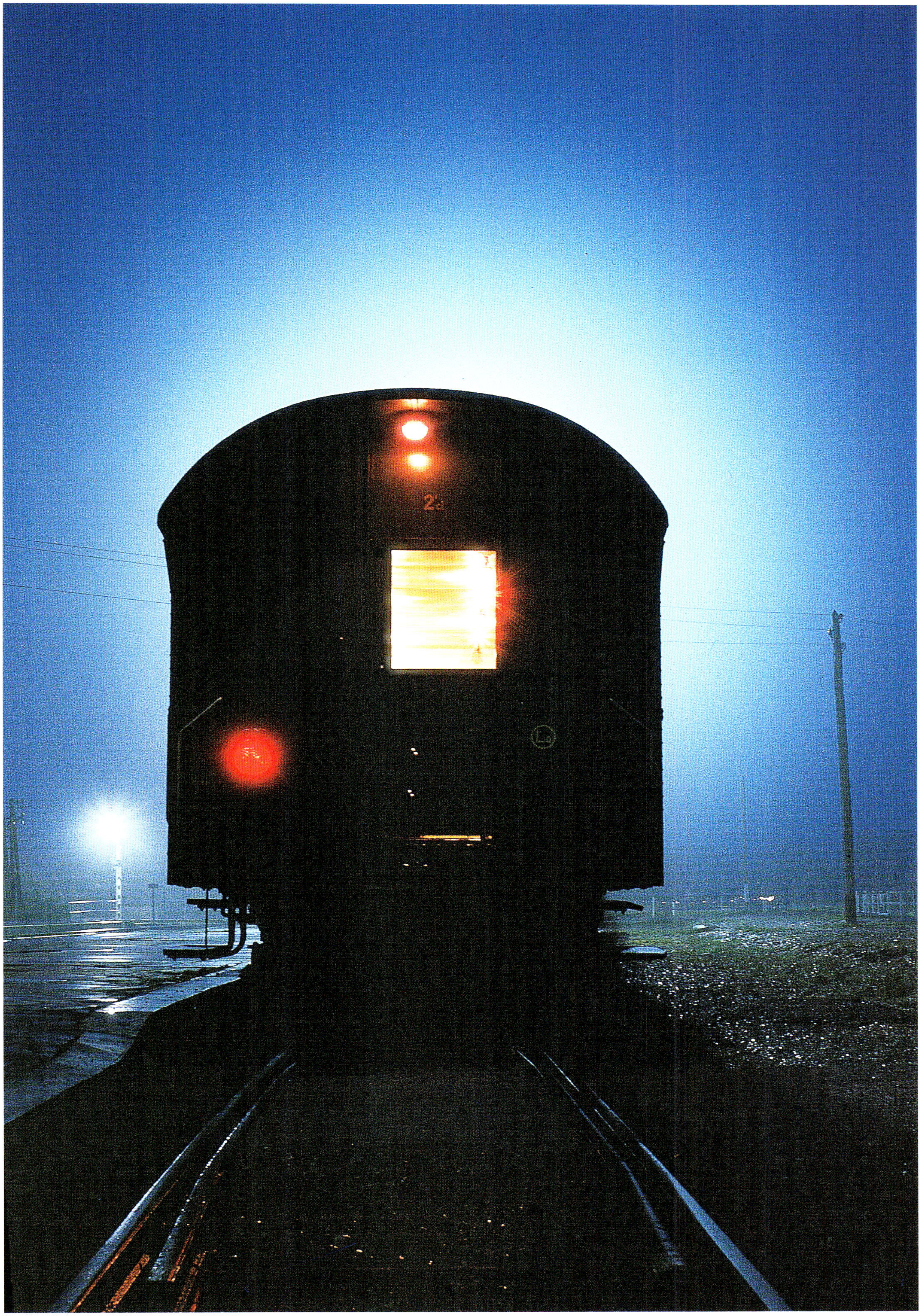

LE « TRAIN TOURNANT »

*Le « Train tournant » 31581 arrive à Gray derrière la 040 D 561 vers 1960.
Photo Raymond Crinquand - collection Francis Villemaux.*

Au milieu des années cinquante, la densité du trafic des marchandises, amena la SNCF à chercher des solutions plus appropriées pour acheminer les trains omnibus de marchandises (TOM), particulièrement sur la ligne 4 entre Vesoul et Jorquenay-Garage (Langres).

A cette occasion, la société nationale décida de faire appel aux Chemins de fer Economiques pour assurer des concours de traction sur les lignes 25[5] et 4 : ce fut la naissance du « train tournant », ainsi dénommé à cause de son trajet en boucle effectué sur deux journées comme en témoigne le roulement du 25 juin 1957 :
- Journée A : Gray – Vesoul – Chalindrey.
- Journée B : Chalindrey – Gray.

Lors de cette journée B, la machine du train TOM 21582 Gray – Chalindrey reprenait depuis cette gare le train DZ 1146 (Belfort – Jorquenay), un train inter-triages jusqu'à Jorquenay, puis repartait haut-le-pied au dépôt de Chalindrey pour effectuer le lendemain le TOM 21589 Chalindrey – Gray.

Au début des années 60, le roulement des machines de ce train toujours fortement chargé fut modifié, effectuant toujours une boucle de Gray à Gray sur deux journées, pour un parcours de 227 kilomètres incluant la desserte du triage de Jorquenay :
- Journée A : Gray – Vesoul – (Langres) Jorquenay-Garage.
- Journée B : (Langres) Jorquenay-Garage – Chalindrey – Gray.

Les tractionnaires se partageaient à cette époque le roulement du « train tournant » en deux équipes, la première pour le trajet Gray – Vesoul de la journée A (57 km), la seconde prenant en charge la suite du parcours Vesoul – Jorquenay-Garage – Gray des journées A et B, avec « découcher » au dépôt de Chalindrey. La machine utilisée pour la traction de ce train était affectée à ce service pendant deux semaines, soit le temps imparti entre deux lavages de chaudière effectués tous les dix-neuf jours.

Le triage de Jorquenay étant distant de 13 kilomètres du dépôt de Chalindrey, la locomotive à vapeur, d'abord une 040 D puis une 140 C du dépôt SE de Gray, se rendait HLP vers son lieu de remisage nocturne (le dépôt de Chalindrey), tender en avant, d'où elle repartait dans cette même position pour se mettre en tête du train de la journée B à Jorquenay-Garage.

A l'occasion de ce passage au dépôt, outre le tournage sur la plaque, étaient effectués les compléments de charbon et d'eau, ainsi que l'entretien d'usage.

Des prises d'eau avaient lieu au cours du trajet, aux grues hydrauliques du dépôt de Vesoul (où la machine était tournée sur la plaque maintenue en service à cet effet), ainsi qu'à celle du quai 1 de la gare de Port-d'Atelier-Amance. Un complément du tender était parfois effectué à Vellexon.

En juillet 1961, le « Train tournant » quitte Vesoul pour Chalindrey, tracté par la 040 D 561 du dépôt de Gray. Photo Raymond Crinquand - collection Didier Leroy.

Ci-dessous, les drapeaux sont en berne à Noidans-le-Ferroux comme dans toutes les gares de France en ce 10 novembre 1970 : le Général De Gaulle est mort la veille à la tombée du jour. Le « Train tournant » arrive avec un lourd convoi tracté par la 140 C 216 devant le chef de gare de 5ème classe de l'époque, Roger Guillaume. Photo Jean-Louis Poggi.

La numérotation de ces trains était la suivante :
- 22552 Gray – Vesoul,
- 5046 Vesoul – Culmont-Chalindrey,
- 30422 Culmont-Chalindrey – (Langres) Jorquenay-Garage,
- 31581 (Langres) Jorquenay-Garage – Culmont-Chalindrey – Gray.

Pierre Stimac, ancien chauffeur et mécanicien sur ce train, se souvient du tonnage souvent à la limite du maximum autorisé, avec même quelquefois un petit dépassement ignoré du bulletinde traction, dont la composition maximale réglementaire donnait un train d'une longueur de 750 mètres, 75 wagons pour 1100 tonnes. Pierre Stimac s'est souvent trouvé lors de la réception sur les voies de garage de Chalindrey dans l'obligation de couper son train, les voies étant trop courtes pour le recevoir, avant d'y ajouter les wagons arrivés de Gray au 21582 pour le triage de Jorquenay.

Le régime original de ce train tenait à ce qu'il ne desservait pas toutes les gares, particulièrement sur la ligne 4, où il ne privilégiait que quelques établissements au trafic conséquent. L'organisation pour le service de l'exploitation était la suivante :

- Desserte de toute les gares de Seveux à Vesoul, à l'aller.

- Desserte de l'embranchement de Conflandey (fil de fer) et des gares de Port-d'Atelier-Amance (traverses et créosote pour le chantier de traverses de la région Est SNCF), Monthureux-les-Baulay (goudron pour les Ponts et Chaussées), Jussey (bois) et Culmont-Chalindrey (prise de wagons du TOM 21582 Gray – Chalindrey).

La 140 C 208 en tête d'un lourd « Train tournant » franchit un PN entre Gray et Vesoul peu avant la bifurcation de Vaivre au début des années 70, après la dépose de la seconde voie. Photo Claude Lambert.

Le « Train tournant » 22552 tracté par la 140 C 205 passe la halte de Beaujeux-Prantigny sur la ligne Chalindrey - Gray, le 6 juillet 1970. Photo Claude Lambert.

- Direct de Chalindrey à Gray. Au retour, le « train tournant » prenait des wagons à Chalindrey pour délester le TOM 21589 Chalindrey – Gray.

La traction du « train tournant », comme mentionné dans ce chapitre, fut d'abord confiée aux 040 D louées aux Economiques.

Jean Vandewalle, mécanicien vapeur à cette époque, se souvient des difficultés éprouvées par ces machines à tracter ce train lourd et long, dans des conditions satisfaisantes d'horaires et de travail pour les équipes.

Diverses raisons ont été évoquées à ce sujet, la première étant liée à l'utilisation d'un matériel de traction inadapté, pour des trains au tonnage aussi important. La surface de grille des 040 D, trop petite, rendait la chauffe difficile et pénible, ces machines conçues outre-Rhin pour un charbon d'excellente qualité étant dépourvues de grille jette-feu ! La seconde résultait de l'état des machines fatiguées, proches de leur réforme et ne subissant plus qu'un entretien très limité.

En 1962, avec l'un des derniers trains effectué par une 040 D, le mécanicien Vandewalle a dû « planter un chou »[1] et basculer le feu en pleine ligne peu avant la gare de Hortes sur la ligne 4, la pression de la chaudière ayant baissé considérablement. Il fallut recommencer le soir au dépôt de Chalindrey la même opération... compliquée par l'absence de grille mobile.

La direction des Economiques rendit compte de ces difficultés auprès du chef du dépôt de Chalindrey, titulaire administrativement des locomotives louées à la SE, afin de trouver une solution pour affecter au « train tournant » des locomotives adaptées. C'est ainsi que la 140 C 116, première machine de cette célèbre série, fut affectée au dépôt de Gray le 28 juillet 1962.

Les 140 C ont répondu avec succès aux attentes des tractionnaires. Ces locomotives aux lignes sobres furent des machines de qualité, très simples, à la conduite facile, demandant un entretien réduit ; leurs proportions équilibrées leur conféraient en outre une allure élégante.

Aptes à remorquer des trains de 1700 tonnes en palier, malgré une masse adhérente modeste, les 140 C pouvaient emprunter tous les types de lignes. Leurs démarrages énergiques les rendaient très appréciées par les équipes de conduite, surtout lors des nombreux arrêts de desserte propres aux services omnibus.

Avec les 140 C, le « train tournant » allait parcourir pendant dix ans de façon très satisfaisante les lignes précitées, jusqu'au 30 septembre 1972. Ce jour-là, la 140 C 208 astiquée pour la circonstance et parée d'une grande croix blanche sur la porte de sa boîte à fumée, par le regretté Benoît Zielinger (sauveteur de la 140 C 27 de la CITEV[2] avec Gérard Nicklaus), effectua pour la dernière fois ce train original.

Pendant le service d'hiver 1972-73, le « train tournant » a été prorogé dans sa forme originelle, avec un tonnage moindre, tracté par une BB 63000 du dépôt de Chalindrey. Ces machines diesel ne pouvaient pas en unité simple accepter des charges aussi importantes que celles tractées par les 140 C !

Des réorganisations diverses, prélude à la fermeture des petites lignes au service des marchandises suivant celle aux voyageurs, ont entraîné la disparition de cette pratique utilisant les si vastes possibilités qu'offrait alors le réseau ferré national.

---

[1] Expression familière propre au chemin de fer, qui signifie s'arrêter par manque de pression.
[2] Compagnie Internationale des Trains Express à Vapeur.

La 140 C 22 passe en 1972 sur la plaque tournante du dépôt de Vesoul, avant d'assurer le « Train tournant » 5046 vers Chalindrey. La hotte à combustible du tender est soigneusement bordée par trois rangées de briquettes. Photo Jean Marquis.

La 140 C 141 se ravitaille en eau à Vellexon au « Train tournant » 22552 Gray – Vesoul du 19 juillet 1969. La grue hydraulique d'un type Est ancien à col simple avec tête ronde, est alimentée par les deux réservoirs d'eau dont la présence était justifiée par le caractère stratégique de la ligne. Photo Claude Lambert.

A toute vapeur avec le « Train tournant », la 140 C 22 arrive à Port-sur-Saône sur la ligne 4, le 23 mai 1972. Vue prise depuis le passage supérieur de la N 19.
Photo André Presle - collection Didier Leroy.

Le même jour à 16h31, la 140 C 22 en tête du « Train tournant » 5046 marque l'arrêt en gare de Port d'Atelier-Amance sur la grande artère Paris – Bâle.
Photo André Presle - collection Didier Leroy.

Scène de manoeuvre du « Train tournant » avec la 140 C 287 au pied des silos à céréales de la gare de Noidans-le-Ferroux, le 18 août 1972. Photo André Presle.

Par une atmosphère bien hivernale, la 140 C 216 arrive en gare de Noidans-le-Ferroux, le 25 novembre 1971.
Photo André Presle.

Le 21 avril 1975, près de Champagne-sur-Vingeanne, la 140 C 38 emmène vers Is-sur-Tille un train transportant du matériel agricole en provenance de l'usine John Deere de Gray.
Photo Gérard Samon.

AMBIANCE RURALE

Nous n'avons pas résisté au plaisir de rapprocher ces deux scènes si typiques de nos lignes rurales des années soixante, admirablement saisies par Jean Bazot, le 9 juillet 1963. Ci-dessus, en gare de Polisot, la 130 B 303 patiente pendant le chargement de petits colis dans son fourgon. Ci-dessous, la même machine en ligne vers Châtillon-sur-Seine ; elle va traverser un PN encore doté d'un réverbère à pétrole Est « type AObis ». Photos Jean Bazot.

TROYES – CHÂTILLON-SUR-SEINE

Le 1er avril 1967, la 130 B 434 arrivée avec le voyageurs du matin vient de se rendre au dépôt de La Chapelle-Saint-Luc (Troyes). On y procède aux ravitaillements d'usage en eau et charbon avant de repartir sur Châtil-lon-sur-Seine avec le train de marchandises. Au fond, une 141 P laisse entrevoir son élégante silhouette. Photo R. Siegenthaler.

*Samedi 27 mai 1972, le vaste dépôt de Troyes n'est plus fréquenté que par les 140 C des CFTA ; la 140 C 216 s'apprête à rejoindre Troyes-Ville pour effectuer son ultime omnibus pour Châtillon-sur-Seine. Notons la présence de deux tenders de 140 C, un 34 X et un 18 B, vraisemblablement celui de la 140 C 137, dernière locomotive affectée au dépôt et mise à disposition des ateliers de Romilly-sur-Seine pour servir de chaudière de production de vapeur jusqu'à sa réforme en 1973.
Photo Gérard Samon.*

*Le 31 mars 1973, la 140 C 38 est tournée sur le pont du dépôt de Troyes, peu avant sa disparition. Notons la présence des 141 TB 447, 457, 460 et 500, après leur retrait du service à Provins.
Photo Philippe Morel.*

Un grand classique, cher aux photographes ferroviaires : l'omnibus de soirée pour Châtillon avec la 140 C 216. Nous sommes le 24 mai 1972, soit J-2 !
Photo André Presle.

La 140 C 287 en avril 1975, pendant la dernière année de la vapeur à Troyes. La grue hydraulique a disparu pour laisser place à une installation provisoire, un coude métallique relié à une manche en toile.
Photo Philippe Morel.

La 140 C 216, pavoisée pour le dernier jour de circulation régulière en traction vapeur le 27 mai 1972, vient de passer la bifurcation de Saint-Julien-les-Villas en tête du train de marchandises omnibus. Noter l'intéressante signalisation mécanique avec indicateur de direction Est type Guillaume, sémaphore de couverture Est, avertissement et carré unifiés.
Photo Jean Madina.

Ci-contre, l'omnibus 7967 quitte Troyes pour la dernière fois en traction vapeur, le 27 mai 1972.
Photo Jean Madina.

La 140 C 22 en aval de Bar-sur-Seine en 1974 avec un lourd convoi de trémies de céréales à destination de Troyes.
Photo Philippe Morel.

Timbre en cuivre d'origine de la gare de Buchères-Verrières.

*Ci-dessus, le chef de gare de Buchères-Verrières, Lucien Thurot, près du fourgon ex-DR de l'omnibus du soir, le 7 juillet 1972
Photo François Fontaine.*

*Le 1er avril 1967, le TOM 22517 Troyes – Châtillon-sur-Seine vient de quitter Saint-Thibault avec la 130 B 434 et 55 wagons !
Photo R. Siegenthaler.*

Griffe en cuivre de la gare de Polisot.

Croisement du train 22522 pour Troyes avec la 130 B 701, et du 22517 pour Châtillon avec la 130 B 303, à Polisot le 9 juillet 1963. Photo Jean Bazot.

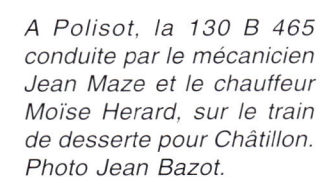

A Polisot, la 130 B 465 conduite par le mécanicien Jean Maze et le chauffeur Moïse Herard, sur le train de desserte pour Châtillon. Photo Jean Bazot.

La 140 C 133 manœuvre sur voie de halle en gare de Polisot en 1969. Transport de bois et camion GMC américain !
Photo Guy Laforgerie - collection Didier Leroy.

Timbre cuivre « Retour à Mussy-sur-Seine ».

Manœuvre du train 22517 pour Châtillon sur les voies de débord de Mussy-sur-Seine en 1963.
Photo Jean Bazot.

*Croisement des trains de marchandises pair et impair en juin 1969 en gare de Mussy-sur-Seine. La 140 C 216 se dirige vers Châtillon-sur-Seine.
Photo Claude-Bernard Rossinelli.*

*Le matin du 26 avril 1972, par un lever de soleil prometteur sur le haut Val de Seine, la 140 C 287 assure l'omnibus 7962 pour Troyes avec sa rame de voitures « boîtes à tonnerre ».
Photo André Presle - collection Didier Leroy.*

Casquette CFTA
des années 1975.

Deux types de traction en gare de Mussy-sur-Seine en avril 1975, avec le marchandises régulier pour Châtillon tiré par la BB 66168 et la 140 C 287 en attente de départ HLP pour Troyes en service facultatif. Photo Philippe Morel.

Le 9 juillet 1963, la 130 B 303 emmène le train 22517 pour Châtillon du côté de Gyé-sur-Seine. Sur la droite, on aperçoit la Citroën ID 19 du photographe. Photo Jean Bazot.

Entre Pothières et Mussy-sur-Seine, les BB 66499 et 4502 assurent la desserte marchandises pour Troyes le 29 juillet 1991. Photo Fabrice Lanoue.

La rame de l'unique mouvement voyageurs peu après son arrivée à Châtillon-sur-Seine devant la grande gare d'origine PLM, en mai 1980. Photo André Presle - collection Didier Leroy.

CHATILLON-SUR-SEINE – NUITS-SOUS-RAVIERES

Les BB 4814 et 4845 en UM sur la desserte actuelle Châtillon – Nuits traverse les bois de Ravières avec des wagons de bobines de fil de fer pour la tréfilerie de Sainte-Colombe-sur-Seine, le 3 septembre 2003. On notera la plateforme prévue pour la double voie.
Photo Claude Garino.

CHATILLON-SUR-SEINE – CHAUMONT

La 140 C 208 assurant le TOM Châtillon – Chaumont en gare de Latrecey, le lundi 12 novembre 1970, jour des obsèques du Général De Gaulle. Cette gare proche de Colombey-les-Deux-Eglises était surveillée par la maréchaussée !
Photo Jean-Louis Poggi.

CHATILLON-SUR-SEINE – GRAY

Lanterne électrique à trois feux de la gare de Vanvey-Villiers.

L'attachante petite gare de Vanvey-Villiers, avec ses imposants marronniers, lors de l'arrêt du 22535 pour Gray le 15 juillet 1969. Ecoutons le compresseur et le sifflement des soupapes de la 140 C 133 « au timbre » par cette chaude journée d'été ; il ne manque plus que l'odeur...
Photo Claude Lambert.

Le « régulateur » Est de la gare de Recey-sur-Ource.

Leuglay-Voulaines le 18 mai 1974 avec le DE 4, au passage de la desserte marchandises pour Gray. A gauche la draisine de la brigade VB, garée perpendiculairement à la voie.
Photo Claude-Bernard Rossinelli.

En 1964, la gare de Recey-sur-Ource à l'heure du mouvement voyageurs 2525 pour Is-sur-Tille. L'autorail De Dion-Bouton et sa remorque évoquent une atmosphère très « secondaire » : le chemin de fer à voie normale, dans certaines campagnes de la « France profonde », est parfois plus secondaire que certains réseaux ainsi nommés !
Photo Jean Monternier - collection Jean Florin.

Le « chiffonnier » 22535 avec la 140 C 133 à la prise d'eau de Recey-sur-Ource le 15 juillet 1969. L'équipe se compose du chef de train Philippe, du chauffeur Vignotte et du mécanicien Perrot.
Photo Claude Lambert.

Dernière circulation ferroviaire en gare de Recey-sur-Ource à l'automne 1992. La BB 4036 ex-CFTA de la Gironde procède au rapatriement du matériel. Photo Gabriel Bachet.

En mars 1975, la 140 C 22 avec un DE Coferna en véhicule, sur le TOM Gray – Châtillon du lundi peu après le départ de Pavillon-les-Grancey. La barrière en bois est commandée à distance par transmission funiculaire depuis la gare. Noter la pancarte en fonte moulée. Photo Jean-Louis Poggi.

En juin 1969, en gare de Poinson-Beneuvre, le DE 4 assure le train Châtillon – Gray. Il ne s'agit pas d'un convoi MV exceptionnel, la voiture ex-DR en tête du convoi part en révision aux ateliers CFTA de Gray. Photo Chaude-Bernard Rossinelli.

La 140 C 38 démarre de Marey-sur-Tille pour Châtillon-sur-Seine en avril 1975. Photo Philippe Morel.

Le samedi 27 mai 1967, l'autorail X 5500 assurant l'omnibus 2544 Is-sur-Tille – Châtillon-sur-Seine traverse le PN de la route de Selongey. Les tas de gravier sur le bord de la voie sont destinés au « soufflage mesuré » des traverses. Photo Jean Bazot.

*Le célébre échange d'équipes en gare d'Is-sur-Tille en avril 1975, avec la 140 C 38 et la 140 C 287. Les Graylois et les Châtillonnais font « demi-tour », tandis que les machines continuent jusqu'au terminus.
Photo Philippe Morel.*

*Avec un bien long convoi pour ses faibles forces, un « Mammouth » dans sa dernière livrée quitte Is-sur-Tille pour Tilchâtel en avril 1975.
Photo Gérard Samon.*

Ce magnifique double panache marque le chant du cygne de la vapeur sur le réseau de Franche-Comté en avril 1975.
Photo Philippe Morel.

Plaque toponymique caractéristique de la compagnie de l'Est, réalisée en lave volcanique émaillée. Agrafées généralement en dessous de la pendule, elles furent pour la plupart déposées au cours de l'année 1968.
Photo Claude Lambert.

CÔTE-D'OR	
TILCHÂTEL	
Paris	310ᵏ
Is-sur-Tille	6ᵏ
Troyes	144ᵏ
Dijon	34ᵏ
Gray	42ᵏ
Altitude	273ᵐ 97

Madame Simonet, gérante de la gare de Lux, vient de recevoir deux petits colis le 8 juin 1968 au passage du mouvement 2257 Dijon – Vesoul, assuré par l'autorail X 4032. La bonne tenue de cette gare par sa gérante était légendaire.
Photo Claude Lambert

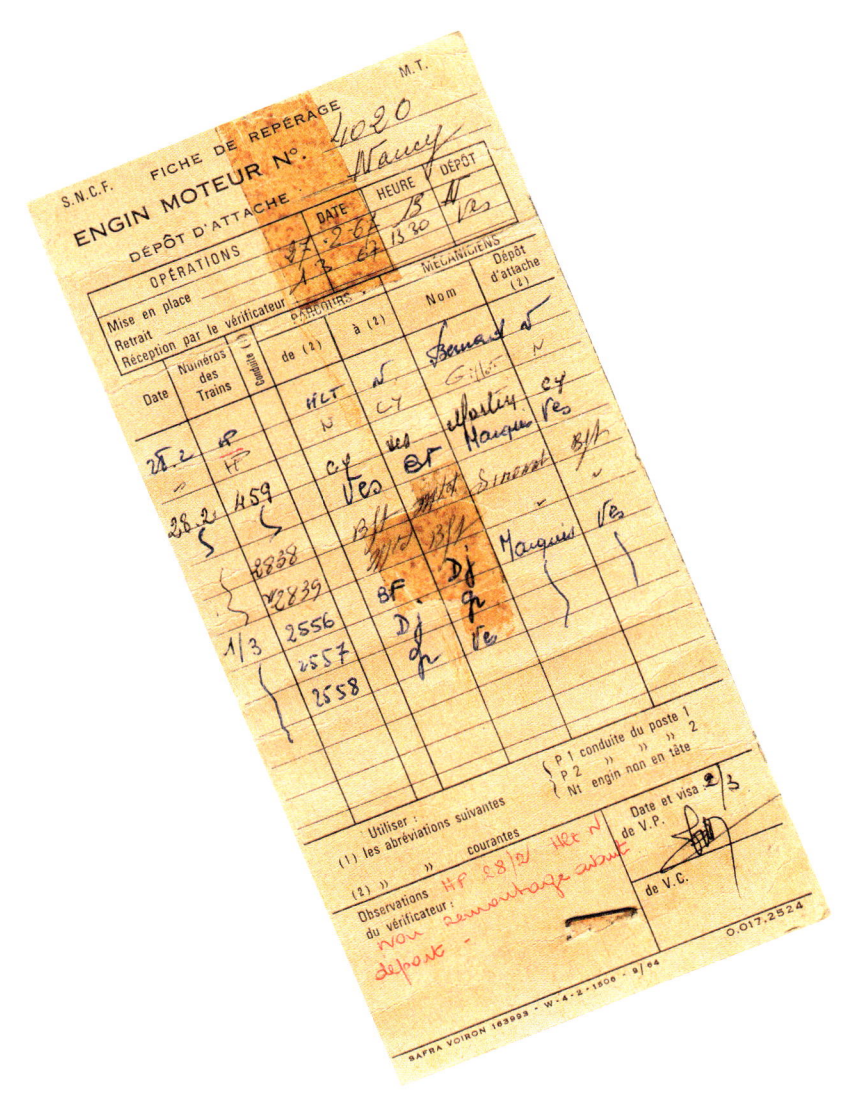

Cette vue de l'autorail Dijon – Vesoul donne l'occasion de reproduire la fiche de repérage et la bande Flaman de l'autorail X 4020 du dépôt de Nancy, conduit le 1er mars 1967 par Jean Marquis du dépôt de Vesoul sur le parcours Belfort – Dijon via Gray, puis retour limité à Vesoul.
Collection Jean Marquis.

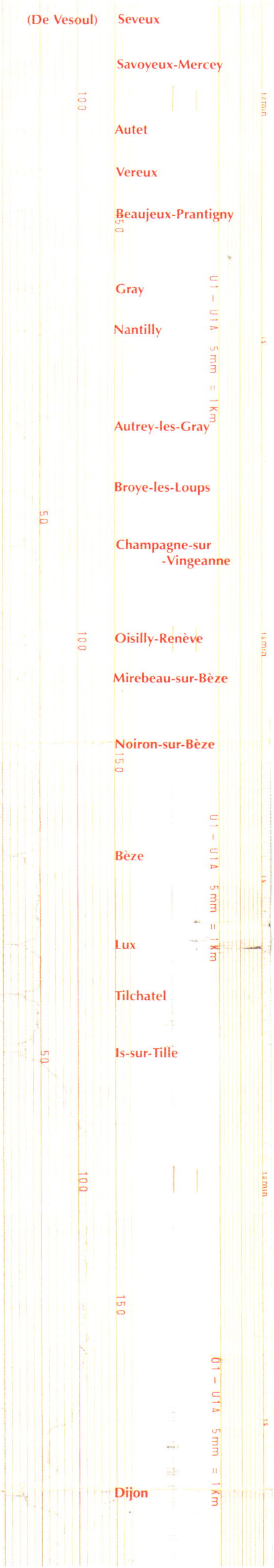

(De Vesoul)
Seveux
Savoyeux-Mercey
Autet
Vereux
Beaujeux-Prantigny
Gray
Nantilly
Autrey-les-Gray
Broye-les-Loups
Champagne-sur-Vingeanne
Oisilly-Renève
Mirebeau-sur-Bèze
Noiron-sur-Bèze
Bèze
Lux
Tilchatel
Is-sur-Tille
Dijon

Le train 22504 Gray – Châtillon tiré par une 130 B traverse
la Vingeanne sur le viaduc d'Oisilly, le 27 mai 1967.
Photo Jean Bazot.

La « Dijonnaise » vue sur le viaduc d'Oisilly le 27 mai 1967, au train 2556 Belfort – Dijon.
Photo Jean Bazot.

Ci-contre, en avril 1975 sur le viaduc d'Oisilly, le train de marchandises pour Châtillon tracté par une 140 C.
Photo Philippe Morel.

Dans la vallée de la Tille, ce petit train de marchandises empanache la campagne de Franche-Comté le 21 avril 1975.
Photo Gérard Samon.

Vue d'avion à l'automne 1968, une 140 C en tête du TOM 22505 Châtillon – Gray sillonne la campagne bourguignonne aux environs d'Autrey-les-Gray.
Collection Jean Marquis.

Timbre à date Est de la gare de Champagne-sur-Vingeanne.

Par la journée printanière du 21 avril 1975, la 140 C 38 dessert la gare de Champagne-sur-Vingeanne avec le TOM pour Châtillon. Photo Gérard Samon.

Une scène rurale : le 8 juin 1968, le train 2257 Dijon – Vesoul assuré par l'autorail X 4032 marque l'arrêt à Nantilly. On distingue le quai en pierres de taille inclinées, la plaque toponymique sur la gare et la plaque en ardoise « Retard des trains ». Photo Claude Lambert.

CHALINDREY – GRAY

La 230 G 353 vers Oyrières en mars 1985, lors d'une marche d'essai sur la ligne Gray – Chalindrey. Photo Jean-Louis Poggi.

Le 7 avril 1967 vers Ecuelle, l'autorail De Dietrich X 3707 assure le train 1588 Gray – Chalindrey.
Photo R. Siegenthaler.

Le 7 avril 1967, le mouvement voyageurs 1588 Gray – Chalindrey est assuré par l'autorail De Dietrich X 3707.
Photo R. Siegenthaler.

Le train de desserte Gray – Chalindrey tracté par la 140 C 363 marque l'arrêt en gare de Maatz durant l'été 1967.
Photo Jean Bazot.

Pendant l'hiver 1991, la BB 4504 traverse le PN à la sortie de Champlitte avec un train pour Chalindrey.
Photo Yves Seligour.

Toujours en 1991, une rame de citernes vides monte vers Chalindrey derrière deux BB 4500 à Rivière-le-Bois.
Photo Yves Seligour.

Un jumelage d'autorails X 3700 De Dietrich en provenance de Chalindrey arrive à Gray en juin 1967.
Photo Claude-Bernard Rossinelli.

L'autorail Renault VH 24 affrêté par l'association AAATV-RP sur le parcours Chalindrey – Gray – Is-sur-Tille le 7 octobre 1978, dans un paysage bucolique, sur la ligne de Chalindrey. Photo Jean-Louis Poggi.

Ci-contre, le dernier train de la ligne de Chalindrey arrive à Gray le vendredi 31 mai 1991, derrière la BB 4504. Photo Yves Seligour.

GRAY – VESOUL

Le 7 avril 1967 près de Vereux, le train 2559 Vesoul – Gray est assuré avec une composition XR 9500 + XBD 5500 + XR 9500 + XBD 5500, la remorque de tête étant poussée. Photo R. Siegenthaler.

Plaque de laiton Est de la gare de Seveux.

*Vers 1960, un omnibus Vesoul – Gray marque l'arrêt dans la gare bien fleurie de Seveux, tenue par M. et Mme Villemaux. Les autorails De Dion-Bouton et remorques de la SE assurent alors la majorité des prestations voyageurs de la ligne.
Collection Didier Leroy.*

*En mai 1968, la « Dijonnaise » quitte Gray pour Vesoul tandis que la 130 B 476 est sous pression au dépôt.
Photo Claude-Bernard Rossinelli.*

GRAY – AUXONNE

Le 3 juin 1991, la BB 66185 passe à la halte d'Athée en tête du premier train le jour de la réouverture au trafic marchandises de la ligne d'Auxonne (Villers-les-Pots) à Gray.
Photo Yves Seligour.

Les BB 66501 et 66430 emmènent un train de céréales près de Talmay, sur la ligne Gray – Auxonne, le 16 avril 2003.
Photo Jean-Louis Poggi.

GRAY,
sa gare, son dépôt

*Cette affiche signée Paul Colin, couramment rencontrée dans les gares, vantait l'esprit de la SNCF à sa création en 1938.
Collection Musée du Cheminot d'Ambérieu.*

*En juin 1967, la 130 B 302 arrive en gare de Gray à 12h30 avec la navette X 22555 de retour d'Autet.
Photo Claude-Bernard Rossinelli.*

*En mai 1968, alors que la France vit des journées mouvementées, la 130 B 476 manœuvre paisiblement dans le « triage » de Gray.
Photo Claude-Bernard Rossinelli.*

Un autorail De Dietrich X 3700 stationne au quai n° 2 de la gare de Gray en 1967, avant d'assurer un omnibus pour Chalindrey. On aperçoit à l'arrière-plan la remise et le foyer de l'ancien dépôt PLM. Photo Claude-Bernard Rossinelli.

Ci-dessus, arrivée à Gray en 1968 d'un jumelage d'autorails de Dietrich X 3700 en provenance de Chalindrey. Photo Claude-Bernard Rossinelli.

Gray, juin 1966. Le service voyageurs omnibus pour Vesoul est dévolu en majorité aux autorails X 5500, avec des remorques à deux essieux. Photo Claude-Bernard Rossinelli.

*La 130 B 348 fait bon ménage avec les autorails unifiés de 150 ch au dépôt de Gray, pendant l'été 1968. On remarque à gauche la pompe à gasoil, typique de cette époque.
Photo André Bret - collection Editions du Cabri.*

*Autorails X 5500 et 5800, remorque Verney et 130 B dans l'enceinte du dépôt de Gray en juin 1968.
Photo Claude-Bernard Rossinelli.*

*En juin 1969, le dépôt de Gray est bien vivant avec les DE 3 et DE 6 Coferna dans leur livrée d'origine, un X 5500 et des 130 B.
Photo Claude-Bernard Rossinelli.*

En juillet 1972, au moment de la sortie du DE 4 en nouvelle livrée, une voiture « boîte à tonnerre » à plateformes fermées de l'omnibus de Châtillon séjourne au dépôt de Gray lors d'une révision.
Photo Claude-Bernard Rossinelli.

Le dépôt CFTA de Gray le 25 juin 1984, avec les BB 551, DE 3 et l'autorail VH 24. On distingue à droite la rame Brissonneau à voie métrique du Chemin de fer du Vivarais.
Photo Olivier Geerinck.

L'autorail Renault VH 24 ex-CFS-NE à sa sortie de révision au dépôt de Gray, le 28 septembre 1974. Photo Claude-Bernard Rossinelli.

La draisine Billard 724 avec un nouveau carrossage local fait en 1962 au dépôt de Gray. Les conducteur Pierre Bredelet et les brigadiers Jacques (debout) et Leroy (assis) portent une casquette souple avec monogramme CFTA en laine rouge. Photo André Bret - collection Editions du Cabri.

Deux draisines Billard typiques des CFTA au dépôt de Gray : à gauche la 239, avec son dispositif de retournement rapide pour être garée sur des coupons de rails perpendiculaires aux voies, et à droite une autre en version d'origine en 1968. Photos André Bret - collection Editions du Cabri.

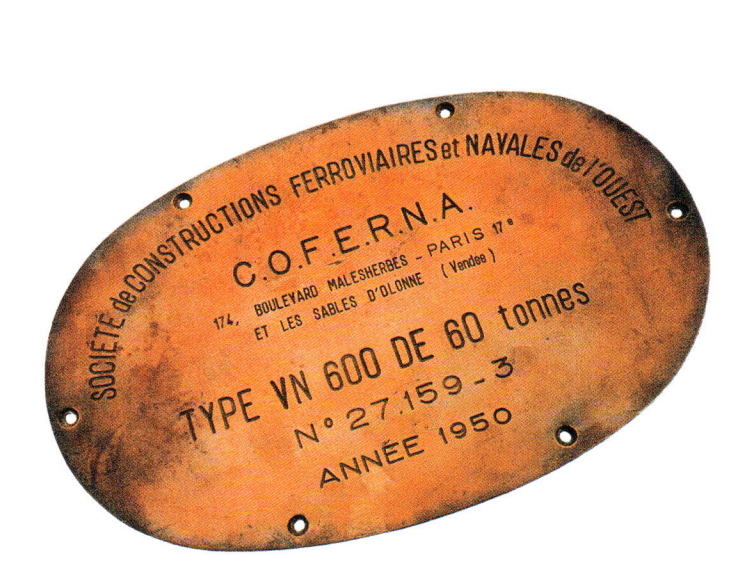

Plaque de constructeur de la locomotive Coferna DE 3.
Collection Daniel Juge.

Ci-contre, un train de travaux avec le DE 1 sur la ligne Gray – Chalindrey en 1991, avec la présence tout à fait inattendue d'une mongolfière !
Photo Yves Seligour.

Début 1991, train de travaux avec personnel des CFTA sur la ligne de Chalindrey, près d'Oisilly.
Photo Yves Seligour.

*Vue actuelle de la gare SNCF de Gray, dont seule l'aile de droite est conservée pour les activités ferroviaires.
Photo Pascal Reinhard.*

*A Gray en août 2001, des wagons-trémie de type P Uas stationnent sur l'embranchement des silos céréaliers.
Photo Pascal Reinhard.*

*Activités actuelles de l'atelier de Gray : rénovation de locomotives à vapeur (ici en mars 2003 avec la 231 G 558 du PVC) et réparation et entretien du parc ferroviaire du groupe Connex.
Photo Pascal Reinhard.*

VAPEURS FRANC-COMTOISES EN COULEURS

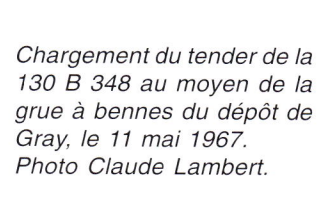

*Chargement du tender de la 130 B 348 au moyen de la grue à bennes du dépôt de Gray, le 11 mai 1967.
Photo Claude Lambert.*

*Le mécanicien Fernand Narcy manœuvre la 130 B 302 au dépôt de Gray le 11 mai 1967.
Photo Claude Lambert.*

*La 130 B 348 et une remorque Verney au dépôt de Gray en 1968.
Photo André Bret - collection Editions du Cabri.*

*Ci-dessus, nettoyage de la boîte à fumée de la 140 C 133 au dépôt de Gray en 1968.
Photo André Bret - collection Editions du Cabri*

*En mai 1968, la 130 B 348 stationne au dépôt de Gray. Elle est alors attelée au tender 13 C 159.
Photo Claude-Bernard Rossinelli.*

*En 1971, la vapeur est encore bien vivante au dépôt de Gray avec les 140 C 349 et 287, toutes deux munies de l'échappement Lemaître de grand diamètre.
Photo Philippe Morel.*

*Ci-contre, au dépôt de Gray au cours de l'été 1968, la 140 C 363 porte ses « disques d'avant » dont le verre bleu donne en fait un feu « blanc lunaire ». Cette disposition fut rendue obligatoire pour ne pas confondre les trains avec les véhicules routiers sur les sections en bordure de route.
Photo André Bret -
collection Editions du Cabri.*

*Ci-dessous à gauche, la 030T Meuse n° 51 de la ligne CFTA Guë – Menaucourt sort de révision générale au dépôt de Gray en 1968.
Photo André Bret - collection Editions du Cabri.*

*Ci-dessous, en été 1968, allumage de la « Meuse » 51 après grande révision à l'atelier CFTA de Gray. Chauffeur Marius Levrey, debout, et mécanicien Jean Guinet.
Photo André Bret - collection Editions du Cabri*

La 030T Corpet-Louvet n° 3071 de la ligne CFTA Robert-Espagne - Haironville (Meuse) sort de levage aux ateliers de Gray en 1968. Photo André Bret - collection Editions du Cabri.

L'équipe de conduite de la 140 C 22 en gare de Recey-sur-Ource, le 24 mars 1974 lors du train spécial CFVO vers Dijon : le mécanicien est Charles Lorençot et le chauffeur Jean Moussant. Photo Philippe Morel.

Lever de soleil hivernal sur la 140 C 38 au dépôt de Châtillon-sur-Seine en 1975. Photo Jean Florin.

CHATILLON-SUR-SEINE

Dernier dépôt vapeur de France

La 140 C 22 vue depuis l'abri de la 140 C 38, le 23 mars 1974 à l'annexe de Châtillon-sur-Seine au niveau de l'ancienne remise PLM dont subsiste la grue hydraulique à fût cannelé.
Photo Philippe Morel.

Au dépôt de Châtillon, José Banaudo, Philippe Breuil et Philippe Morel étaient présents du 8 au 12 septembre 1975, pour voir la vapeur en activité, mais rien ne roulait. Ils décidèrent alors, avec l'autorisation du chef de réserve, d'astiquer la 140 C 38, de retoucher les inscriptions écaillées de la traverse avant, et de redonner leur éclat aux cerclages du corps cylindrique de la chaudière, dont seuls trois en laiton sont « revenus », les autres étant en simple feuillard de tôle.
Photos José Banaudo.

En février 1974, la 140 C 51 est préparée avant le lever du jour à l'annexe de Châtillon
Photo Philippe Morel.

Vue nocturne de la 140 C 38 au dépôt de Châtillon, le 29 septembre 1975. Les BB 66000 sont utilisées sur la ligne de Troyes.
Photo Gérard Samon.

*Les 140 C 22, 51 et 216 au dépôt de Châtillon-sur-Seine le 15 août 1971.
Photo Philippe Morel.*

*Le 12 octobre 1975, la 140 C 38 fait le plein d'eau au dépôt de Châtillon avant d'assurer le train spécial Nuits-sous-Ravières – Chaumont en guise d'adieu à la vapeur sur le réseau de Franche-Comté. On aperçoit à gauche un des autocars Saviem SC 45 qui assurait les services de substitution : CFTA ne signifie-t-il pas « Chemins de Fer et Transports Automobiles » ?
Photo Laurent Manoha.*

TRAINS SPECIAUX

Deux modes de traction en gare d'Is-sur-Tille : la BB 25511 avec un train de marchandises pour le triage de Gevrey côtoie la 140 C 22 acheminant à vide la rame du train spécial CFVO du 24 mars 1974.
Photo Philippe Morel.

Prise d'eau en gare de Recey-sur-Ource lors du retour du spécial Châtillon – Dijon du 24 mars 1974. A la commande de la grue hydraulique, Benoît Zielinger qui préservera la 140 C 27.
Photo Philippe Morel.

Un instant d'éternité pour le spécial FACS du 28 septembre 1974 sur le triangle Vesoul – Gray – Chalindrey, avec une belle rame de voitures « Romilly ».
Photo Philippe Morel.

A Bar-sur-Seine le 29 août 1975, une voiture métallisée Sud-Est « Trois Pattes » est incorporée derrière la 140 C 287 au train complet de céréales pour Troyes, à l'intention de hauts fonctionnaires du ministère des Transports qui ont désiré effectuer un ultime voyage en traction vapeur.
Photo Jacques Lefèvre.

Le « Train des Ministres » du 29 août 1975 à 20h00 en gare de Troyes, au moment du retour pour Châtillon. Derrière la 140 C 287 circulant tender en avant, une voiture métallisée Sud-Est B⁶ai.
Photo André Presle.

*Unique apparition d'une RGP entre Vesoul et Gray lors du train spécial du 27 février 1988, pendant l'arrêt à Noidans-le-Ferroux.
Photo Philippe Guillaume.*

*Ci-dessous, une « Caravelle » marque l'arrêt dans la station bucolique de Poinson-Beneuvre lors d'un des services spéciaux organisés les mercredis et jeudis en 1987 par le responsable de la direction commerciale voyageurs SNCF de Dijon, pour découvrir le Châtillonnais par la ligne d'Is-sur-Tille avec arrêts photos. Une idée novatrice pour l'époque !
Photo Gabriel Bachet.*

*Le X 4039 des Autorails Bourgogne-Franche-Comté (ABFC) assurant un service spécial pour le compte de RFF le 10 janvier 2001, au passage de l'ancien arrêt de Broye-les-Loups entre Mirebeau-sur-Bèze et Gray.
Photo Laurent Tessier.*

*La 230 G 353, dernère locomotive à vapeur de la SNCF, a été révisée aux ateliers de Gray durant l'hiver 1984-85. On la voit ici en mars 1985 sur le pont de la Tille à Lux, lors d'une marche de rodage.
Photo Jean-Louis Poggi.*

*Ci-dessus, présentation officielle de la 230 G 353 à l'association IFC à Gray, le 13 avril 1985.
Photo Jean-Louis Poggi.*

*La 230 G 353 démarre de la gare d'Oyrières, le 13 avril 19585, de retour de Gray vers Chalindrey, avec à son bord un groupe de l'IFC rentrant sur Paris.
Photo Jean-Louis Poggi.*

Lors de la « fête de la vapeur » à Gray les 24 et 25 avril 1982, deux machines sauvegardées par la FACS : la 140 C 314, aujourd'hui en service sur le CFTV à Saint-Quentin, et la 230 G 352 (4352 PO), en attente de restauration à Richelieu.
Photo Philippe Morel.

La 141 R 568 quitte Gray avec une navette pour Autet lors du « festival vapeur » du 25 avril 1982, peu après sa restauration. Au fond, on aperçoit l'ancienne maison du chef de dépôt des Chemins de fer Economiques.
Photo Laurent Manoha.

Ci-contre, en provenance de Villers-les-Pots, la 231 G 558 traverse la gare de Talmay le mercredi 9 avril 2003, lors de sa première sortie après une révision générale aux ateliers CFTA de Gray.
Photo Jean-Louis Poggi.

La 140 C 22 au PN 72 lors du tournage du téléfilm « La fille de la garde-barrières » à l'ancienne halte de Montliot-Etrochey, le 7 avril 1975. Photo Philippe Morel.

Ci-dessus, à Villars-Santenoge le 22 septembre 1975, lors du tournage du film « On a retrouvé la 7ème compagnie », la 140 C 38 apparaît derrière les « bois de mine » représentant encore à cette époque une importante source de trafic. Photo José Banaudo.

La 140 C 38 et les prisonniers français sur les lieux de tournage de la « 7ème compagnie » près de Villars-Santenoge, le 22 septembre 1975. Photo José Banaudo.

Lundi 13 octobre 1975, la 140 C 38 traverse le PN 114 de Villars-Santenoge avec l'église paroissiale en toile de fond, après une chute de neige nocturne précoce. Ce sont les derniers tours de roues pour cette machine et de manivelle pour le film de Robert Lamoureux « On a retrouvé la 7ème compagnie ». Photo José Banaudo.

UNE GARE TYPIQUE DE LA COMPAGNIE DE L'EST

Sur ce cliché pris vers 1925, la gare de Vanvey-Villiers est bien active à l'heure de l'arrivée du train 42 toutes classes Is-sur-Tille – Troyes, que tracte la 2417 (future 220 A 17). Notons l'environnement typique d'une petite gare de la compagnie de l'Est : cloches d'annonces Siemens, éclairage par lanternes au pétrole, plaques émaillées, brouette, etc. Collection Jean Florin.

C'est une gare de type B que nous avons volontairement choisie comme référence, car ce modèle de petite station était fréquemment rencontré sur les lignes qui nous concernent. Nous pouvons citer comme exemples celles de Buchères-Verrières, Vanvey-Villiers, Champagne-sur-Vingeanne, Maatz, Autrey-Sainte-Hélène, Brouvelieures, etc...

Les paragraphes suivants traitent de la disposition des bâtiments destinés aux voyageurs et aux marchandises, des objets mobiliers et du petit matériel d'une gare.

Au cours de leur histoire, ces petites gares n'ont subi que très peu de modifications, la plus importante étant la disparition de l'éclairage au pétrole au profit de l'éclairage électrique.

Certaines reçurent au début des années soixante un guichet voyageurs en bois verni plus vaste avec une seule grande baie vitrée, un unique vestibule-salle d'attente (avec disparition de la banque à bagages et installation de quelques banquettes en bois) permettant l'accès aux quais, l'ancienne salle d'attente devenant le local à bagages et aux colis.

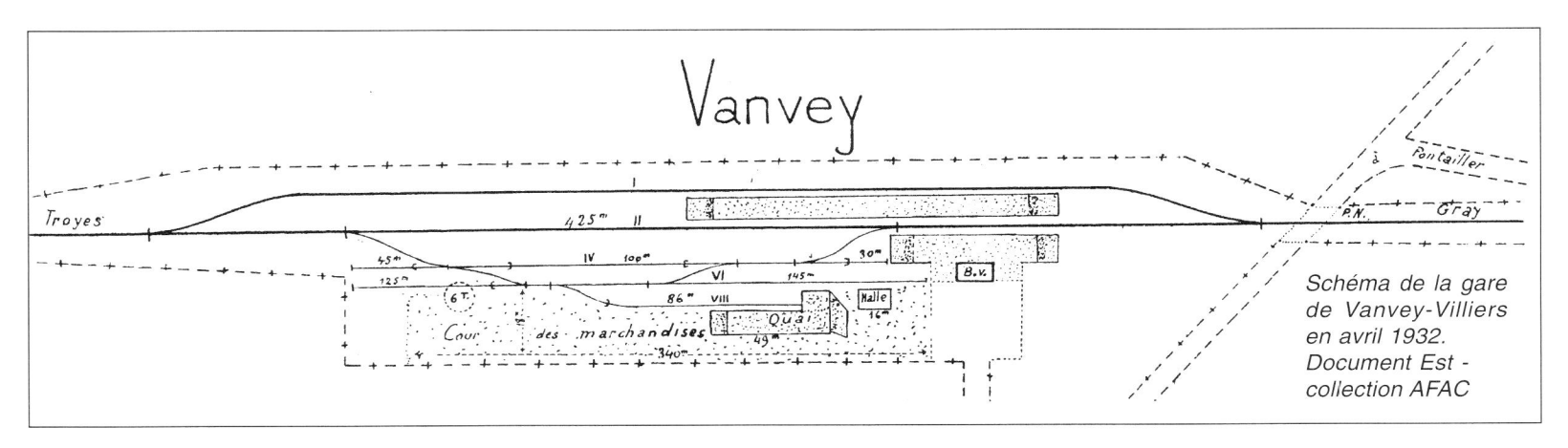

Schéma de la gare de Vanvey-Villiers en avril 1932. Document Est - collection AFAC

Disposition des bâtiments destinés aux voyageurs

Les bâtiments destinés au service des voyageurs sont constitués d'une cour accessible au public et séparée des voies par une clôture, d'un bâtiment à l'usage des voyageurs et d'un édicule d'aisance.

La gare comporte le bureau du chef de gare servant à la distribution des billets, une salle des bagages et des colis séparée du vestibule d'attente par une banque à bagages, et une salle d'attente munie de simples banquettes en bois, chauffée pendant la période hivernale à la houille, à l'aide d'un poêle en fonte ou d'un poêle calorifère dont les recharges en charbon sont moins fréquentes.

Les quais à voyageurs, dont la largeur varie de trois à cinq mètres, sont généralement maintenus du côté des voies par un mur en maçonnerie couronné d'un cordon en pierres de taille. La surface supérieure des quais des voyageurs est généralement ensablée. La longueur des trottoirs varie de 80 à 120 mètres.

L'édicule d'aisance contient des stalles d'urinoir et des cabinets pour hommes et pour dames. Dans ce même pavillon se trouve la lampisterie.

Le puits, la cloche d'annonce, la pancarte en fonte « sortie », les barrières en bois, la proximité d'une scierie et une locomotive à vapeur... Le 24 septembre 1975, la gare de Vanvey-Villiers baigne encore dans l'ambiance du « vieux chemin de fer » ! Photo José Banaudo.

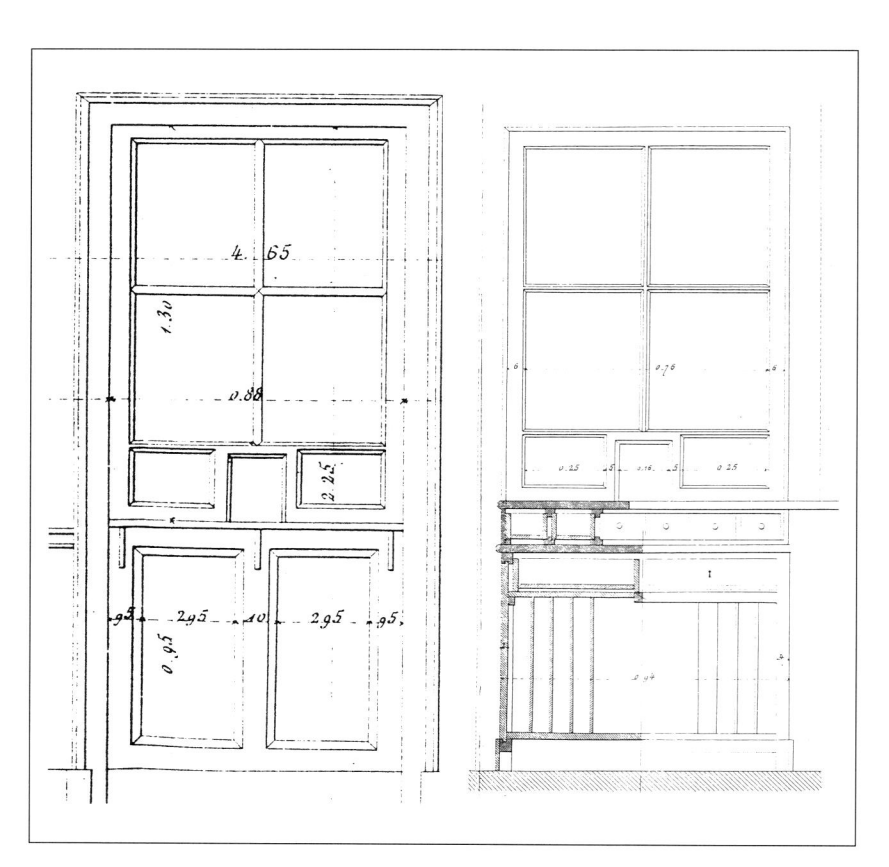

Disposition des bâtiments destinés aux marchandises

Les installations relatives au service des marchandises sont constituées, dans une cour en rapport avec le trafic de la gare, d'une halle couverte et d'un quai découvert pour les marchandises qui ne sont pas susceptibles d'être détériorées par les intempéries. Cette halle et ce quai sont disposés de manière à ce que les voitures hippomobiles puis automobiles puissent les aborder avec la plus grande facilité.

La surface horizontale de la halle est constituée de petits pavés en bois, ou couverte d'un enduit en asphalte.

Objets mobiliers et petit matériel

Dans les différentes recherches effectuées, nous avons retrouvé plusieurs carnets d'inventaires des objets mobiliers et de petit matériel des gares de la ligne de Troyes à Is-sur-Tille, dont le premier récolement date pour certains du 1er janvier 1933.

La lecture de ces documents est intéressante à plusieurs titres :
- Etat exhaustif de tout le matériel entrant dans la composition d'une gare, y compris sa halle à marchandise et sa lampisterie.
- La qualité de la tenue des inventaires est telle qu'elle permet de constater la longévité du matériel d'origine qui, à quelques variantes près, a fait partie de la dotation de ces établissements jusqu'au milieu des années 1970, voire jusqu'à leur fermeture.
- La précision de chaque objet permet d'en retrouver l'utilisation et de le situer au sein de l'exploitation d'une gare.

L'inventaire suivant est dressé d'après le récolement du 3 février 1962 de la gare de Vanvey-Villiers sur la ligne de Châtillon à Is-sur-Tille (les chiffres entre parenthèses correspondent au nombre d'objets) :

Guichet typique d'une petite gare Est type A ou B (à gauche côté salle des pas-perdus, à droite côté bureau du chef de gare. Documents Est - collection Didier Leroy.

Pesage des wagons par le chef de train Raoul avec le serre-frein Scottez, le 25 juin 1966 sur le TOM 22517 Troyes – Châtillon. La composition est la suivante, à partir de droite : tombereau DB marquage UIC E (ex-Omm53), tombereau SNCF standard marquage 1950, plat ex-DR type Ulm, couvert standard A type K, couvert à primeurs standard type F. Photo François Fontaine.

Bureau du chef de gare :
Bureau à 6 cases (1)
Cartons de bureau (6)
Casier à billets 84 stations (1)
Chaise gondole type R (1)
Chaise paille dessus bois (1)
Coffre fort n°4 (1)
Cornet d'appel (1)
Drapeau jaune (1)
Essuie-mains (2)
Etui en fer blanc pour 6 pétards (1)
Jeu de poids en cuivre 100 g (1)
Jeu de poids de balance en fonte 10 kg (1)
Pince de contrôle gare indice VV (1)
Pied de presse à copier (1)
Presse à copier (1)
Presse à dater à molettes (1)
Régulateur n°2 (2)
Rideau coutil gris (1)
Support magasin 5 tiroirs (réserve à billets) (1)
Table hors type (ancienne table du télégraphe) (1)
Timbre cuivre à dates mobiles (1)
Timbre cuivre « enfant gratuit » (1)
Timbre cuivre F 717 (1)
Timbre cuivre ovale « Chemin de fer de l'Est - Station de Vanvey-Villiers » (1)
Timbre cuivre rectangulaire griffe « Vanvey-Villiers » (1)
Timbre cuivre « retour à Vanvey-Villiers » (1)
Tisonnier en fer (1)

Bureau messagerie :
Balance Roberval de 10 kg (1)
Bascule romaine de 500 kg (1)
Casier à étiquettes 200 cases en bois (1)
Casier à étiquettes type fer (1)
Chaise paille (dessus bois) (2)
Drapeau rouge grand (2)
Drapeau rouge petit (1)
Pelle à houille (1)
Pelle à main (1)
Pince de contrôle à trou triangulaire (annulation des billets) (1)
Pince à plomber (1)
Pot à colle en zinc petit type HO bis (1)
Seau à houille (1)
Série de poids en fonte pour bascule de 500 kg (1)
Table bureau sans case (1)
Timbre caoutchouc « 1.22.21 » (code administratif de l'établissement) (1)
Timbre caoutchouc SNCF (1)
Timbre cuivre à date mobile et n° train (1)
Timbre cuivre « Bagages » (1)

Salle d'attente et vestibule :
Armoire à imprimés comportant 5 tablettes (1)

Quais et voies :
Arrosoir de quai (1)
Bâche de quai (prélart ou bâche pour couvrir les colis et les bagages) (1)
Banc de la maison « Allez » (1)
Barre d'enrayage (pour immobilisation des wagons équipées de roues à rayons) (4)
Brouette à bagages 1 roue type PO (Paris – Orléans) (1)
Brouette à bagages 2 roues type PLM (Paris – Lyon – Méditerranée) (1)
Brouette à coffre (1)
Cadenas automatique pour aiguille VU (Voie unique) (6)
Cadenas d'aiguille E (Embranchement) (2)
Cadenas Y (1)
Chaîne pour cadenas de la grue (1)
Char à pont (chariot à 4 roues appelé « Marie-Jeanne ») (1)
Echelle de bâcheur de 4 m 50 (1)
Pont de chargement 1er type (1)
Poulain en bois de 3 m (brancard pour manutention des fûts) (1)
Poulain en bois de 4 m 50 (1)
Seau en bois (1)

Halle aux marchandises :
Anspect freiné de 2 m (long levier de bois à bout ferré pour manœuvre à bras des wagons) (1)
Barre pour chargement du charbon (2)
Bascule romaine de 1000 kg (1)
Casier métallique pour étiquettes 10 griffes (1)
Casier pour étiquettes PV 154 cases (PV : petite vitesse) (1)
Cric de 6000 kg à fût métallique (1)
Diable à farine (1)
Diable à marchandises (1)
Pelle allemande (1)
Pince en fer pied de biche (1)
Pont de chargement 2ème type (2)
Pont de chargement 3ème type (1)
Pousse-wagon articulé de type cyclos (1)
Raclette triangulaire pour étiquettes (1)
Série de poids de 1000 kg (1)

Lampisterie et objets divers :
Bidon en tôle étamé de 50 kg type K (1)
Bidon en tôle étamé (pétrole) de 20 kg (2)
Bidon en tôle étamé (colza) de 5 kg (2)
Bidon en tôle étamé (colza) de 2 kg (1)
Boîte à carbure de 10 kg (2)
Burette à long bec (1)
Burette de 2 kg colza (1)
Burette de 2 kg pétrole (1)
Ciseau de lampiste (1)
Crible à carbone (1)
Entonnoir à carbure (1)
Entonnoir à pétrole petit (1)
Lampe haute tige au pétrole type AR bis (lampe de bureau) (3)
Lanterne extérieur au pétrole type AF bis (applique de quai) (2)
Lanterne de signaux d'aiguille au pétrole à flamme jaune B (signal de position d'aiguille) (2)
Lanterne à acétylène type YA (lanterne à main) (2)
Marteau (1)
Spatule (1)
Tenaille (1)

Compte trains :
Clé de fourgon (1)

Edicule d'aisance :
Patère pour WC (3)

Le composteur en fonte du guichet (noir à filets rouges à l'Est) ne se trouve pas sur l'inventaire, alors qu'il fait partie du petit matériel. Certains livres d'inventaire le mentionnent.

Le guidon de départ métallique et la lanterne à main de chef de sécurité (à pile en plastique gris) n'entrent dans les inventaires qu'à partir de 1964. La réglementation SNCF pour le départ des trains utilise depuis le 7 juin 1948 le guidon de départ le jour et le feu vert de la lanterne à main la nuit.

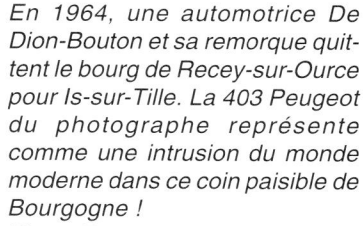

En 1964, une automotrice De Dion-Bouton et sa remorque quittent le bourg de Recey-sur-Ource pour Is-sur-Tille. La 403 Peugeot du photographe représente comme une intrusion du monde moderne dans ce coin paisible de Bourgogne !
Photo François Fontaine.

VAPEURS ET AUTORAILS

Souvenirs de voyages entre Is-sur-Tille et Recey-sur-Ource
Jean Gallimard

Durant mon enfance, j'utilisais pour les différentes périodes de congés scolaires le chemin de fer d'Is-sur-Tille à Recey-sur-Ource pour me rendre auprès de mes grands-parents résidant dans cette localité ; à ce titre, je garde quelques souvenirs d'usager.

En gare de Dijon-Ville, mon père, agent SNCF au poste de commandement (PC) de Dijon, m'accompagnait pour accéder au quai le long duquel était garé le DL (Dijon – Lille) qui me conduisait jusqu'à Is-sur-Tille où un changement de train s'imposait. Ce grand express tiré par une Pacific à « grandes roues » comportait des voitures pour Metz et Lille (Metz toujours en queue, la séparation de la rame s'effectuant à Culmont-Chalindrey, d'où chaque tranche continuait vers sa destination).

Nous partions de Dijon-Ville vers 16h00 pour arriver à Is quelque 40 minutes après. Je quittais donc les voitures à bogies du « Grand train » pour accéder via le passage à brouettes au 1er quai, où l'omnibus de Châtillon était en attente.

En tête, les tampons toujours au ras du passage planchéié, la 130 B pimpante avec son tender chargé d'eau et de houille. Sur la plateforme de la machine, à laquelle je ne manquais pas de jeter un œil très attentif : le mécanicien en bleu de chauffe, casquette de coton, lunettes ajustées sur la visière, foulard à carreaux autour du cou, regardait les voyageurs qui s'activaient, les valises à la main, tandis que son chauffeur tout aussi équipé surveillait la pression, ouvrant et fermant des vannes ou chargeant le foyer, d'un geste que l'on pouvait qualifier d'élégant. La pelle butait sur la houille en raclant le sol du tender, puis suivait la rotation de l'homme, le charbon magiquement s'engouffrait dans la gueule du foyer tantôt à gauche, à droite ou au milieu, ce qui était important pour la conduite du feu. De son côté, le « petit cheval », en réalité le compresseur d'air, émettait un bruit saccadé caractéristique.

Derrière le tender, un fourgon, trois ou quatre voitures voyageurs, puis un autre fourgon où oeuvrait le chef de train. Sur le quai parmi les voyageurs, deux ou trois chariots à bagages, curieux engins montés sur quatre roues en bois cerclés de fer. L'essieu avant était directeur, actionné par un timon qui servait également à tracter et freiner le chariot (il suffisait alors tout simplement de laisser tomber le timon). Le boisage en grosses lattes du plateau était incurvé de chaque côté pour éviter aux colis de tomber durant l'acheminement, sa hauteur correspondait très exactement au plancher du fourgon.

Quant aux « wagons », plus aucun rapport avec ceux de l'express que je venais de quitter : les caisses étaient en bois tôlé, montées sur de robustes châssis métalliques reposant sur deux ou trois essieux. Un marchepied en bois courait tout au long de la caisse, chaque compartiment était desservi par une portière, et un second marchepied intermédiaire permettait d'accéder plus facilement à l'intérieur. De grosses poignées en laiton équipant chaque portière encadrée par deux mains courantes verticales.

Durant la mauvaise saison, les accouplements du chauffage entre chaque voiture laissaient échapper la vapeur avec un sifflement caractéristique. Ici pas de 1ère classe, uniquement des 2ème et des 3ème. Privilégié, je voyageais en seconde et avais droit à ce titre à des banquettes rembourrées et garnies de moleskine verte ; les 3ème, quant à elles, étaient équipées de banquettes en bois garnies de grosses lattes montées à claire-voie. En seconde classe, les porte-bagages à ossature en laiton garnis de gros filets faisaient opposition à ceux des 3ème réalisés dans le style des banquettes.

L'alimentation électrique des compartiments n'était pas assurée par la locomotive, mais à l'aide de grosses batteries logées dans des coffres métalliques fixés sous le châssis de chaque voiture, rechargées par une lourde et puissante dynamo suspendue, elle-même entraînée par une courroie reliée à un tambour solidaire d'un essieu. L'éclairage des compartiments et des couloirs était assuré par de curieux diffuseurs suspendus au plafond, équipés de réflecteurs émaillés et enfermés dans de gros globes en verre. L'ampoule n'était pas de forte puissance, d'ailleurs lorsque les batteries ne tenaient pas la charge, l'intensité lumineuse chutait lors des ralentissements pour ressembler à un lumignon durant le temps des arrêts. Mais lorsque le convoi reprenait sa vitesse, la lecture pouvait aussi reprendre, car la dynamo remplissait son office.

Les compartiments sans fermeture d'extrémité ni cloison intermédiaire (les dossiers faisant office de séparation) donnaient sur un couloir d'un seul côté, desservi lui aussi par des portières latérales. Au centre du « wagon » se trouvait le local WC, la porte condamnée par un loqueteau conventionnel donnant accès à un espace de quelques 2 m 50 sur 2 m 50, avec dans un angle une cuvette en fonte émaillée dotée d'un abattant en bois peint, dans l'autre deux brocs en zinc remplis d'eau et dotés de couvercles.

Les lourdes portières ouvrant sur l'extérieur (dont le débattement était limité par une grosse bande de cuir solidement fixée de part et d'autre) étaient équipées de serrures apparentes à deux leviers, d'où la nécessité d'utiliser ses deux mains pour actionner le mécanisme. La vitre mobile logée dans un châssis en bois se déboîtait de son logement en tirant vers le haut une courroie fixée en partie basse et percée sur sa longueur de quelques oeillets. En fonction de la hauteur désirée, il convenait d'engager un de ceux-ci dans un téton en laiton solidaire de la portière. Toutefois lorsque la vitre était entièrement descendue dans l'intérieur de la portière, la prudence invitait à ne pas se pencher... sinon gare aux escarbilles lorsque le chauffeur rechargeait son foyer ! D'ailleurs deux plaques émaillées indiquaient : « *Ne pas se pencher au dehors* » et « *Défense aux enfants de jouer avec la serrure* ».

Après le coup de sifflet du chef de gare précédé des annonces conventionnelles, dans une secousse caractéristique provoquant la tension des attelages, le convoi s'ébranlait à

*Une automotrice De Dion et sa remorque quittent Recey-sur-Ource pour Is-sur-Tille en 1964.
Photo François Fontaine.*

coups de pistons et de bielles suivis de l'échappement de la vapeur par les purgeurs ouverts pour la circonstance. Quelques centaines de mètres après, nous quittions les emprises de la gare afin de bifurquer sur la gauche par la voie unique en direction de Villey-sur-Tille puis Marey-sur-Tille. Nous remontions le cours de la Tille, petite rivière prenant sa source non loin de celle de l'Ource, celle-ci coulant sur l'autre versant. Le profil de la voie étant plus difficile que celui de la ligne que je venais de quitter, les voitures tanguaient et les boudins des roues ne manquaient pas de se faire entendre, spécialement dans les courbes, mais peu importe, c'était le train des vacances et chaque tour de roues me rapprochait de mon clocher !

Pavillon-les-Grancey, curieuse station située en pleine campagne, desservait Grancey-le-Château à quatre kilomètres de là. Dans la cour de la gare, des attelages à chevaux attendaient les voyageurs qui avaient la chance d'avoir un parent, sinon le parcours s'effectuait à pied. La solidarité heureusement jouait !

La ligne à voie unique attaquait ensuite plus franchement les contreforts du plateau de Langres, se détournant alors par la Haute-Marne. Nous remontions le cours de la Tille avant d'arriver à Poinson-Beneuvre, gare de bifurcation avec la ligne de Langres, équipée d'un réservoir d'eau et de grues hydrauliques. La voie passait auparavant dans une longue et profonde tranchée, très probablement ouverte aux pics et à l'explosif. Quelques kilomètres après le seuil de Poinson, c'était l'arrêt à la gare de Villars-Santenoge, sur l'autre versant. Venait ensuite la halte de Colmier-le-Bas : ici pas de bâtiment-voyageurs, mais plus simplement un abri ouvert en façade et équipé d'un banc sur toute la longueur. Les localités éloignées de Colmier-le-Bas et surtout Colmier-le-Haut n'étaient accessibles qu'à pied.

Nouveau départ, toujours avec la même mélodie de la 130 B au fil de la vallée de l'Ource. Le prochain arrêt serait mon terminus ! De jour, alors que le paysage défilait à droite et à gauche, je reconnaissais certains endroits, La Forge puis les fermes de Conclois et du Moulin. A droite, je suivais du regard la route qui montait à Menesble, puis bientôt à gauche le Val d'Arce et La Guette sur sa colline, ensuite le PN de la route de Bure. J'imaginais à cet instant le mécanicien fermant son régulateur et actionnant son robinet de frein... et le grincement si caractéristique des sabots collant sur les roues confirmait mes pensées.

Il était quand même temps de récupérer ma valise dans le filet et nous arrivions à Recey. Le chef de gare, le sifflet à la main de jour ou la lanterne le soir venu, arpentait le convoi en annonçant : « *Recey-sur-Ource... Recey-sur-Ource...* ». Je ne risquais pas de rester dans le train, il était inutile de se presser, car dans toutes les gares à cette époque, les manutentions au fourgon à bagages entraînaient d'inévitables discussions ! Les voyageurs s'acheminaient alors vers la sortie, matérialisée par une pancarte en fonte et un portillon en bois. Quelques claquements de portières laissées ouvertes par les voyageurs et refermées énergiquement par l'agent qui annonçait : « *le train en direction de Leuglay-Voulaines – Vanvey – Châtillon va partir, attention au départ* ». Après le coup de sifflet du chef de gare, toujours repris par celui de la machine, la vaillante 130 B, dans un nuage de vapeur et de fumée, attaquait alors les quelques 30 kilomètres qui la séparait de son terminus.

Recey-sur-Ource, c'était mon « terminus » et je suivais du regard les deux lanternes rouges fixées à l'arrière du fourgon qui s'éloignait. Après avoir remis le coupon « Aller » de mon permis à l'agent de la gare qui, me reconnaissant, clamait : « *Alors content, c'est les vacances ?* », je retrouvais mon brave grand-père qui m'attendait, équipé les jours de pluie d'un immense parapluie en toile bleue. D'autorité, il me prenait ma petite valise et après m'avoir embrassé me demandait des nouvelles de mes parents et des détails de mon voyage ; nous prenions alors le chemin de la maison où m'attendait ma bonne grand-mère, qui à mon intention n'avait pas manqué de préparer quelques gâteaux dont elle avait le secret. A cet instant c'était effectivement les vacances, avec tous les privilèges, la liberté et l'équipe des copains que je retrouvais inévitablement dès le lendemain. Mais je ne pouvais m'empêcher de songer déjà à cet instant qu'un jour prochain, il me faudrait refaire le trajet inverse avec le retour vers Dijon ; mais d'ici là... c'était le temps du bonheur !

De 1940, où dès mes six ans je voyageais seul (excepté pour le changement à Is où un agent de la gare sur instruction de mon père me récupérait pour le transbordement) jusqu'au milieu des années soixante, j'effectuais cet émouvant trajet cinq à six fois l'an. Dès 1951 le trajet était dévolu aux autorails De Dion, attelés souvent à une remorque à deux essieux et chauffés par un poêle à houille solidement fixé au plancher. A cette époque, seuls les deux marchandises pair et impair journaliers étaient encore tractés par des 130 B.

Je revois le De Dion rouge et jaune avec son proéminent radiateur et ses gros phares. Lorsque je l'utilisais, je tentais toujours de m'assurer une place à l'avant, à proximité de l'étroit local réservé au conducteur installé à côté du capot moteur (dans un sens seulement, l'autre extrémité étant réservée au compartiment à bagages), je pouvais découvrir à travers les glaces tous les détails de « ma ligne » en surveillant très attentivement les gestes du mécanicien : accélérateur à main sur le rudimentaire pupitre qui faisait ronronner le six cylindres, changement de vitesses au plancher avec double débrayage indispensable, gros poussoir de l'avertisseur utilisé à chaque PN.

Le sifflet caractéristique de la 130 B n'était plus là, ni cette odeur de charbon, mais celle d'un heureux panaché d'huile et de gas-oil accompagnée du son typique de l'avertisseur, tout aussi agréable à entendre pour le fidèle utilisateur que j'étais.

RUPTURE D'ATTELAGE

Au début des années cinquante, une rupture d'attelage aurait pu avoir des conséquences dramatiques, mais elle n'a par chance eu aucune répercussion autre que le dérangement causé dans le service.

Le train de marchandises régulier de Châtillon à Is-sur-Tille, toujours très chargé, avait reçu un complément de huit wagons non freinés, ce qui était courant à cette époque, avec l'obligation de la présence d'un serre-frein dans la vigie du wagon de queue.

Cet agent étant resté avec le chef de train dans le fourgon de tête, lors de la montée de la rampe de 8 mm/m avant la gare de Villars-Santenoge, il fut dans l'impossibilité de réagir lorsqu'une rupture d'attelage se produisit entre les wagons munis du frein Westinghouse et les huit wagons non freinés. Ceux-ci partirent en dérive à une vitesse assez élevée due à la pente.

Le facteur-enregistrant de la gare de Recey-sur-Ource aperçut le passage des wagons, la porte du bureau étant ouverte en raison du beau temps. Il voulut prévenir la gare de Leuglay-Voulaines par « téléphone omnibus » pour qu'on y stoppe les wagons, mais leur vitesse était telle que le chef de gare n'y parvint pas. Le convoi fantôme traversa à vive allure la gare suivante (Vanvey-Villiers), et finit par s'immobiliser en pleine voie vers la halte de Prusly-Villotte qui se trouve en rampe vers Châtillon.

LA SOURCE DE LA COMPAGNIE DE L'EST DE RECEY-SUR-OURCE

Une source avec un hectare de terrain fut vendue par la SNCF, après la disparition de la traction vapeur, à la ville de Recey-sur-Ource. Cette source d'eau potable présente un débit de 80 m^3 par jour en période de sécheresse et de 250 à 280 m^3 en situation normale ; elle alimente en partie la commune de Recey-sur-Ource.

A l'époque de la traction à vapeur, la source alimentait le réservoir de 100 m^3 de la gare, son trop-plein étant mis à disposition de la commune de Recey-sur-Ource par convention avec le chemin de fer.

En gare de Recey-sur-Ource, le 26 juin 1966. L'autorail X 5500 pour Châtillon croise le train de marchandises pour Gray, tracté par une 130 B. Les chefs de gare et de train, ainsi que les colis sur le quai font encore partie de la scène ferroviaire. Un jalon d'arrêt réglementaire est planté au niveau du passage planchéié. Photo François Fontaine.

L'autorail X 5500 du train 2525 s'apprête à quitter Châtillon-sur-Seine pour Is-sur-Tille au cours de l'hiver 1969, peu avant l'abandon du service voyageurs qui sera effectif le 3 mars de cette même année. Photo Jean-Bernard Lemoine.

Dernier hiver d'une petite « Micheline »

En ce mois de février 1969, l'ambiance est morose sur les « Economiques » : en effet, l'annonce de la suppression du service voyageurs le lundi 3 mars sur la section Châtillon-sur-Seine – Is-sur-Tille – Gray n'est guère réjouissante pour l'avenir de la ligne.

Pourtant, le petit autorail unifiée de 150 ch rouge et crème, surnommé « mobylette » par les cheminots, continue à assurer sa mission de service public en milieu rural. Le climat est rude au coeur du mois de février : la neige recouvre de sa belle robe blanche la ligne de Châtillon-sur-Seine à Gray, et elle est même parfois trop généreuse !

Lorsque la « Micheline » quitte la gare de Châtillon-sur-Seine à 5 h 41 pour assurer le train 2503 à destination d'Is-sur-Tille, le climat neigeux, venteux et glacial n'est pas des plus encourageants.

L'arrivée à Recey-sur-Ource se fait dans des conditions délicates, et la situation devient inquiétante pour la montée jusqu'à Poinson-Beneuvre. L'autorail y arrive cependant, avec un retard certain. A la sortie de la gare, la ligne traverse une longue tranchée percée dans la roche, qui lui confère une réelle beauté. Après quelques centaines de mètres, le « 150 ch » ne peut faire face aux congères de neige hautes de plus d'un mètre. Le chef de train Pierre Hernandez retourne en se frayant un passage au milieu de la neige, jusqu'en gare de Poinson afin d'aviser le chef de gare.

Celui-ci attend l'arrivée pour 9h45 du marchandises (le 22505 à destination de Gray) avec la 140 C 216. Ce sont encore les 140 C qui assurent la totalité des trains de marchandises à cette époque. Le TOM arrive, la décision, prise rapidement en concertation avec le chef de train, sera de pousser l'autorail en détresse jusqu'à la gare suivante de Pavillon-les-Grancey. Libéré de son emprise neigeuse, le petit autorail repartira sans problème jusqu'à son terminus d'Is-sur-Tille.

Quelques jours plus tard, le samedi 1er mars 1969, le « 150 ch » quittera à tout jamais ce service tri-hebdomadaire, en assurant le mouvement 2544 Is-sur-Tille – Châtillon, pour être remplacé par un autocar à tarification SNCF lui-même aujourd'hui disparu !

ERREUR D'AIGUILLAGE !

Vers 1950, par une soirée d'hiver, un accident qui aurait pu avoir des conséquences dramatiques eut lieu au niveau du PN de La Tannerie, situé au carrefour des CD 954 et CD 102, à la sortie de Recey-sur-Ource. La locomotive à vapeur, une 130 B conduite par le mécanicien Ménétrier assurant le train de voyageurs 2544, quittait Recey-sur-Ource vers 19 h 15 pour Châtillon, alors qu'il faisait nuit.

Une erreur d'aiguillage (dont la position à la suite de manœuvres de wagons n'avait pas été correctement rétablie) conduisit directement le train sur un butoir de la voie en impasse. Le butoir et la locomotive vinrent s'encastrer sur le côté de la maisonnette de la garde-barrières, madame Madza ; le train, fort heureusement, n'allait pas vite puisqu'il venait de quitter la gare distante de seulement quelques 300 mètres, et tous en furent quitte pour une grande frayeur !

Le bâtiment fortement lézardé dut être étayé dès le lendemain pour permettre de sortir la locomotive, tractée par l'arrière par une de ses sœurs. Il fut partiellement démoli avant d'être reconstruit, ce qui s'est longtemps remarqué pour l'œil averti.

Bien évidemment, le lendemain, tout Recey était sur les lieux, chacun y allant de ses commentaires... parvenus jusqu'à nous !

Arrivée à Marey-sur-Tille de l'autorail omnibus 2525 Châtillon – Is-sur-Tille en début d'année 1969, peu avant la suppression du service voyageurs. Photo Jean-Bernard Lemoine.

Gaëtan Pronier, chef de train principal à la CFTA, pose en gare de Vanvey-Villiers au début des années soixante-dix. Collection Gaëtan Pronier.

Ci-dessous, l'autorail 2525 Châtillon – Is-sur-Tille marque l'arrêt en gare de Marey-sur-Tille au début de l'année 1969. Photo Jean-Bernard Lemoine.

LES LIGNES VOSGIENNES
de Charmes à Rambervillers et de Mont-sur-Meurthe à Bruyères

La compagnie de l'Est exploitait jadis les lignes autour de Rambervillers, où elle a imposé ses plans-types de bâtiments, ses règlements et surtout une certaine rigueur assez légendaire chez les gens de l'Est et chez les Vosgiens en particulier, attitude estimable et indissociable de l'exploitation du chemin de fer.

A partir du 1er janvier 1934, lorsque les CFS ont repris ces lignes, ils conservèrent tout naturellement le même sérieux pour l'organisation du service des trains et l'entretien du matériel et des installations. Un sens aigu de la hiérarchie se traduisait par un service de qualité, apprécié par la compagnie de l'Est et plus tard par la SNCF. Tant à Lunéville qu'à Bruyères, les « Rambers » étaient considérés à juste titre comme des cheminots à part entière.

Le train MV Rambervillers – Bruyères marque l'arrêt dans la bucolique station d'Autrey-Sainte-Hélène le 13 avril 1960. Le bâtiment de gare type B correspond aux constructions tardives, très soignées, de la compagnie de l'Est. L'imposante basilique sert de chapelle au petit séminaire de Saint-Dié, situé au cœur de ce village vosgien. Gageons que les seules distractions temporelles de ces collégiens aux professeurs ensoutanés furent les sifflets des locomotives à vapeur et l'avertisseur des autorails ! Photo Jacques-Henri Renaud.

RAMBERVILLERS. - Pont sur la ligne de Bruyères
E. Mamet, Bazar Parisien

Ci-contre, à Rambervillers en 1912, des cheminots posent avec une 3500 Est (future 230 B) sur le pont de la ligne de Bruyères qui vient d'être construite. Collection Didier Leroy.

Présentation

De Lunéville à Bruyères, la ligne de la vallée de la Mortagne a vu le jour en différentes étapes, tant les discussions furent âpres quant à son tracé et à la desserte des localités.

Ainsi, des programmes grandioses jamais réalisés ont-ils été envisagés dès les années 1850 : Nancy – Rambervillers – Epinal – Gray – Méditerranée (!) ou Lunéville – Rambervillers – Etival – Saint-Dié. Puis, d'autres projets plus modestes, comme celui d'un tramway à chevaux entre Epinal et Rambervillers restèrent également en l'état.

Ce sont les industries de la fin du XIXème siècle, usines de métallurgie, scieries et manufactures de textile florissantes, qui amenèrent le chemin de fer à desservir cette région des Vosges demeurée à l'écart des grands axes de transport.

Curieusement, le rail n'a pas d'abord atteint Rambervillers par la vallée de la Mortagne en suivant la rivière, mais par l'ouest en empruntant la contrée vallonnée qui la sépare de la vallée de la Moselle.

Par traité du 25 août 1866, l'exploitation d'une voie ferrée d'intérêt local joignant Charmes à Rambervillers, fut concédée à la Compagnie des Chemins de Fer de l'Est, mandatée par un groupe d'industriels propriétaires du « Chemin de Fer de Rambervillers à Charmes ». La mise en service eut lieu le 16 septembre 1871, au lendemain de la défaite face aux Prussiens. Rambervillers, petite ville industrielle vosgienne, possédant à cette époque une présence militaire conséquente, fut ainsi reliée à l'importante ligne de Blainville-Damelevières (Nancy) à Epinal, distante de 28 kilomètres.

Les localités traversées par le chemin de fer depuis Charmes étaient peu nombreuses et de faible importance, sans atout touristique ou industriel. C'est la raison pour laquelle cette ligne fut classée d'intérêt local, construite cependant à voie normale. Les échanges avec les grandes compagnies furent facilités grâce à ce choix.

Peu après, un banquier et industriel belge, M. Parent-Pecher, obtient le 8 août 1873 la concession d'un autre embranchement d'intérêt local de 9,7 km destiné à relier la localité de Gerbéviller à la grande artère de Paris à Strasbourg. Mais comme rien n'était entrepris sept ans plus tard, l'Etat résilia la concession le 13 janvier 1881 et confia la réalisation de la ligne à la compagnie de l'Est, qui l'ouvrit à l'exploitation le 28 octobre 1882.

Entre-temps, cette antenne avait été reclassée d'intérêt général et son prolongement vers le sud était décidé, pour relier Gerbéviller à Rambervillers et à Bruyères, petite ville en plein essor située sur la ligne d'Epinal à Saint-Dié et Strasbourg.

Les discussions se prolongèrent durant une décennie, pour aboutir à la mise en service du tronçon de Rambervillers à Bruyères le 10 octobre 1902. Près de dix années furent encore nécessaires afin de relier Rambervillers à Gerbéviller, ce tronçon entrant en service le 28 décembre 1911 !

En gare de Bruyères le 27 octobre 1914, le commandant Stoutter, un ancien « colonial » retraité de Saint-Dié, a repris du service en qualité de commissaire militaire de la gare. La tenue d'infanterie se complète d'un bandeau blanc sur le noir du képi, caractérisant les commissions militaires de gare.
Collection Jean-Claude Fombaron.

Une unité d'infanterie sur le quai de la gare d'Autrey-Sainte-Hélène au cours de l'hiver 1915.
Collection Jean-Claude Fombaron.

LES PÉRIODES SOMBRES

Lors des combats de La Chipotte durant la 1ère guerre mondiale, le wagon personnel du maréchal Joffre aurait stationné en gare de Rambervillers.

Sur la ligne de la vallée de la Mortagne, peu de faits de guerre entraînèrent des destructions ou des interruptions importantes du trafic, si ce n'est celles de juin au début juillet 1940.

Bien évidemment, cette ligne servit massivement aux transports militaires, principalement à celui des troupes (comme en témoigne le cliché de la gare d'Autrey-Saint-Hélène en 1915). Pendant ces périodes difficiles, le chemin de fer fut l'unique moyen de communication au service des populations locales. La gare, au sein du village, représentait à elle seule les joies et les souffrances de ceux qu'elle voyait ou ne verrait plus.

Le pont de Mont-sur-Meurthe fut détruit à deux reprises à une vingtaine d'années d'intervalle :
- 1ère destruction lors de la première guerre mondiale,
- 2ème destruction en 1944 lors des combats de la libération, avec report de la tête de ligne au PN 2 de Mont-sur-Meurthe pendant deux ans, comme l'atteste l'indicateur horaire Chaix de 1946. Le service avait par ailleurs été totalement interrompu lors de la campagne de France, de début juin au 8 juillet 1940.

Lors des alertes, se souvenait le mécanicien Albert Blin, les cheminots et leurs familles partaient se cacher avec une automotrice sur la ligne de Charmes, dans les bois de la forêt du Terne.

184								(NANCY) **LUNÉVILLE** ⟷ **BRUYÈRES**							
...	...	...	...	...	...	33	dép. 100	[NANCY-Ville .... arr.	...	...	...	...	...	...	...
...	...	...	...	...	...	»	arr. 100	[LUNÉVILLE .... dép.	...	...	...	...	...	...	...
2375 AUTOR 3e cl.	2377 AUTOR 3e cl.	2381 AUTOR 3e cl.		2385 AUTOR 3e cl.	2387 AUTOR 3e cl.	DIST.		STATIONS		2370 AUTOR 3e cl.	2372 AUTOR 3e cl.	2378 AUTOR 3e cl.		2384 AUTOR 3e cl.	2386 AUTOR 3e cl.
...	...	...		...	...	km	dép.	● LUNÉVILLE ... arr.		...	...	...		...	...
...	...	...		...	...	»	arr. aussi	● MONT-SUR-MEURTHE .. dép.		...	...	...		...	...
6g10	7g55	...		14g15	...	5	dép. 100		arr.	6g 5	6g59	11g45		17g30	19 35
6 16	8 1	14 21		18 51	20 21	8		XERMAMÉNIL-LAMATH ⌘ .		...	6 54	11 40		17 25	19 30
6 25	8 10	14 30		19 »	20 30	14		GERBÉVILLER		...	6 45	11 31		17 16	19 21
6 32	8 18	14 38		19 7	20 38	19		MOYEN		...	6 37	11 23		17 8	19 15
...	8 21	14 41		...	20 41	21		VALLOIS ⌘		5 48	...	11 18		17 3	...
...	8 25	14 45		...	20 45	23		MAGNIÈRES		5 43	...	11 15		17 »	...
2371 AUTOR 3e cl.	8 29	2379 AUTOR 3e cl.		14 49	20 49	26		DEINVILLERS ⌘		5 40	2374 AUTOR 3e cl.	11 9	2380 AUTOR 3e cl.	16 54	2388 AUTOR 3e cl.
	8 35			14 55	20 55	30		ROVILLE-ST-MAURICE.		5 34		11 3		16 48	
	8 39			14 59	20 59	33		ROMONT ⌘		5 28		10 57		16 42	
	8 47			15 7	21 7	37	arr. dép.	RAMBERVILLERS		5 22 5 15		10 50		16 35	
6 »	...	10 50		16 45	.....	38		BLANCHIFONTAINE ⌘ ...		.....	9 20	.....	12 25	.....	20 36
6 2	...	10 52		16 47	...	40		JEANMÉNIL ⌘		...	9 18	...	12 23	...	20 34
6 7	...	10 57		16 51	...	44		AUTREY-STE-HÉLÈNE.		...	9 14	...	12 19	...	20 30
6 12	...	11 2		16 57	...	47		FRÉMIFONTAINE ⌘		...	9 8	...	12 13	...	20 24
6 17	...	11 7		17 2	...	52		BROUVELIEURES		...	9 3	...	12 8	...	20 19
6 24	...	11 14		17 9	...	54		BELMONT ⌘		...	8 57	...	12 2	...	20 13
6 28	...	11 18		17 13	...	57		ROMONT ⌘		...	8 51	...	11 56	...	20 7
6 34	...	11 24		17 19	...	59	arr.	● BRUYÈRES (Voges)... dép.		...	8 45	...	11 50	...	20 1
g Passage à niveau.															

Indicateur Chaix du 15 décembre 1946.
Collection AFAC.

C'est dire que la naissance de la ligne de 54,6 kilomètres de Mont-sur-Meurthe à Bruyères a duré près de trente ans, soixante années ayant été nécessaires depuis les premiers débats !

A partir du moment où Rambervillers fut reliée à Bruyères et surtout à Mont-sur-Meurthe, la « petite » ligne de Charmes au faible trafic local connut un rapide déclin, entraînant son abandon dès 1937 pour les voyageurs et 1939 pour les marchandises.

Une 130 série 30.000 de l'Est marque l'arrêt en gare de La Verrerie-de-Portieux. Elle effectue un trajet tender en avant, la gare de Charmes n'ayant pas de possibilité de tournage.
Collection Didier Leroy.

Entre Charmes et Rambervillers, la 0.48 (série Est 0.33 à 0.62 construite en 1853), circulant elle aussi tender en avant, marque l'arrêt dans la petite gare de Moriville.
Collection Georges Mathieu.

Scène rurale dans la petite gare vosgienne de Rehaincourt vers 1930. Collection Didier Leroy.

Le profil

De Charmes à Rambervillers

Les 28 kilomètres de cette ligne qui s'éloigne de celle d'Epinal à hauteur de Langley, ont un profil ondulé en dents de scie, avec des déclivités maximales de 15 mm/m. Cette ligne très rurale traverse la forêt vosgienne du Terne, irriguée par plusieurs petits affluents de la Mortagne et de la Moselle.

De Mont-sur-Meurthe à Bruyères

Cette ligne de 54,616 kilomètres franchit tout d'abord, peu après la gare de Mont-sur-Meurthe, un pont mixte rail-route sur la Meurthe, et remonte la vallée de la Mortagne tantôt sur une rive, tantôt sur l'autre vers le sud. La continuité des rampes, variant de 3 à 15 mm/m, est effective jusqu'à la gare de Rambervillers ; seules les gares en courts paliers et le tronçon Gerbéviller – Moyen en pente de 6 mm/m permettent une pause. La cité rambuvetaise passée, les rampes se raidissent sérieusement après la gare de Brouvelieures, située à cinq kilomètres du terminus, pour atteindre 19 mm/m au niveau du PN halte de Belmont avec un petit faîte proche de 20 mm/m. La tranchée dite du Grébier, flanquée de murs en pierres encadrant la voie, permet à la ligne de s'acheminer en contournant l'Avison vers Bruyères, où elle rejoint la transversale Epinal – Strasbourg.

Ce tracé a été préféré à celui plus court de cinq km par la vallée de l'Arentèle, qui aurait conduit à des rampes continues de 20 mm/m. Le tracé a bien sûr été établi en voie unique, mais la plateforme a été partiellement construite au gabarit de la double voie entre Gerbéviller et Moyen, sans jamais être équipée en conséquence.

Pour la fête de l'Assomption 1963, le MV 22372 à destination de Rambervillers traverse la bucolique tranchée du Grébier avec la 130 B 467. Photo Jean Florin.

Document Est - collection Jean Florin.

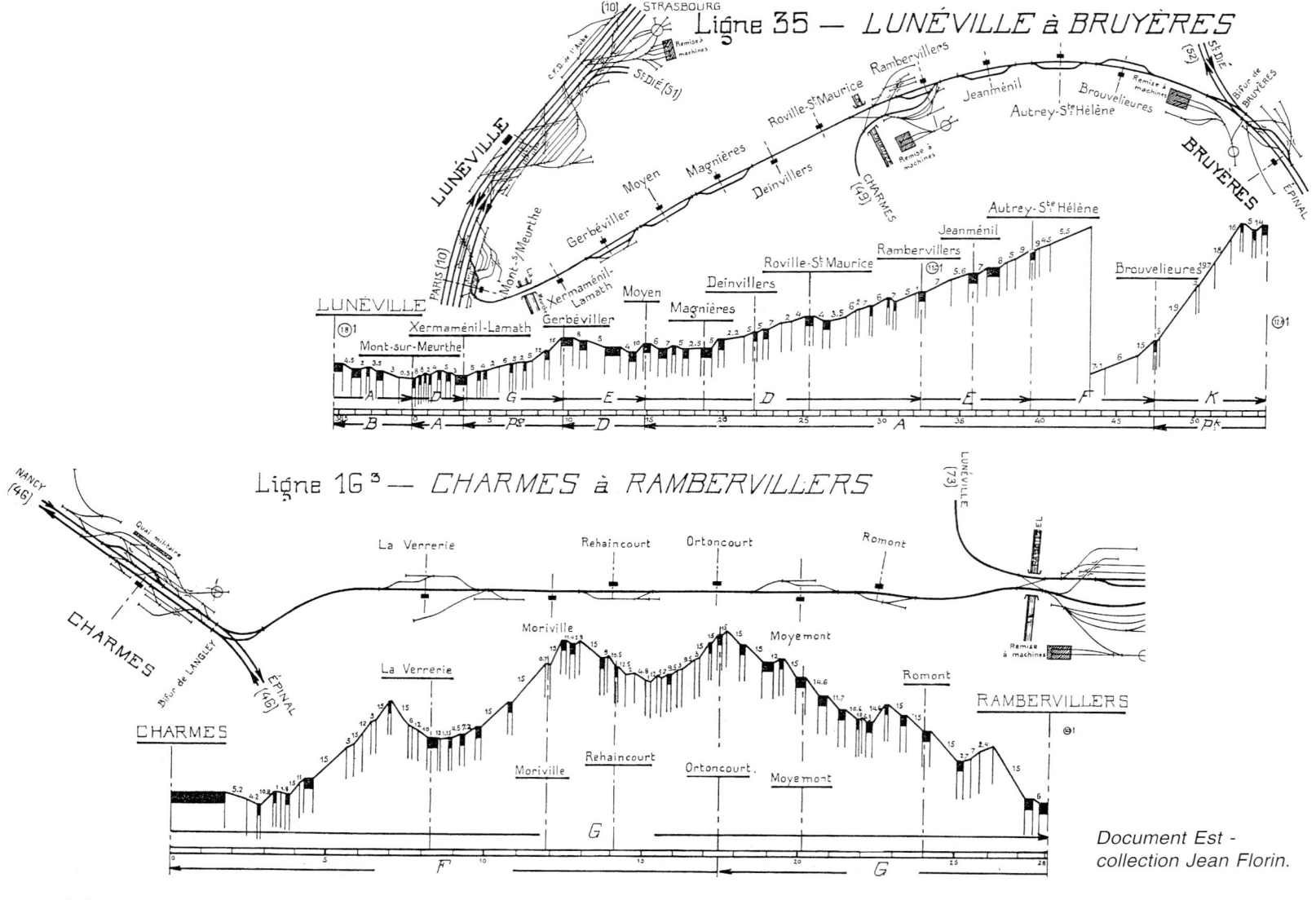

L'exploitation

La compagnie de l'Est exploitait les lignes suivant ses propres règlements, avec une particularité propre à la ligne de Charmes au statut un peu à part puisqu'elle ne fut reclassée de l'intérêt local à l'intérêt général qu'en 1914.

C'est probablement une des raisons qui ont poussé l'Est à s'en séparer en la confiant par contrat d'affermage aux CFS, qui exploitaient la ligne d'intérêt local à voie métrique de la Vallée de Celles dans les Vosges ; un certain nombre d'agents de cette ligne fut d'ailleurs muté à Rambervillers, suite à sa fermeture intervenue le 30 avril 1950.

La ligne de Charmes à Rambervillers fut exploitée dès le 1er janvier 1934 par les CFS qui n'assuraient que les transports à grande vitesse, la desserte petite vitesse de La-Verrerie-de-Portieux étant effectuée par la compagnie de l'Est sous le régime des embranchements particuliers. A la même époque, les CFS prirent en charge en affermage la ligne de Mont-sur-Meurthe à Bruyères.

Lors de l'arrivée des CFS, le service fut remanié et les dessertes voyageurs confiées en majorité aux autorails. Il s'agissait là d'une véritable modernisation, puisque ces engins étaient récemment sortis d'usine. La traction vapeur resta cependant utilisée pour les trains de desserte marchandises et certains jours d'affluence pour les voyageurs.

La direction des CFS fut installée à Rambervillers, avenue du 17ème Bataillon (actuelle gendarmerie), avec un chef d'Exploitation, un inspecteur Exploitation, un inspecteur Matériel et Traction, un chef de dépôt (qui avait son bureau au dépôt), un inspecteur et un chef de district VB, un service comptable et le secrétariat approprié.

Les autorails Billard BD 63 et Renault VH 23 au dépôt de Rambervillers le 16 septembre 1960.
Photo Bernard Rozé.

Rambervillers était également le centre d'entretien du matériel avec un petit dépôt comportant trois voies.

Le 1er juillet 1967, l'agence CFTA de Rambervillers prit administrativement en charge celle de Saint-Dizier qui gérait la ligne de Doulevant-le-Château.

Le 1er avril 1971, l'ex-agence de Saint-Dizier rejoignit le réseau de Franche-Comté à Gray. Le 14 juin 1971, l'agence CFTA de Rambervillers rejoignit également le réseau de Franche-Comté. C'est à cette occasion qu'elle quitta la grande maison de l'avenue du 17ème Bataillon pour s'installer dans la maisonnette du PN 36.

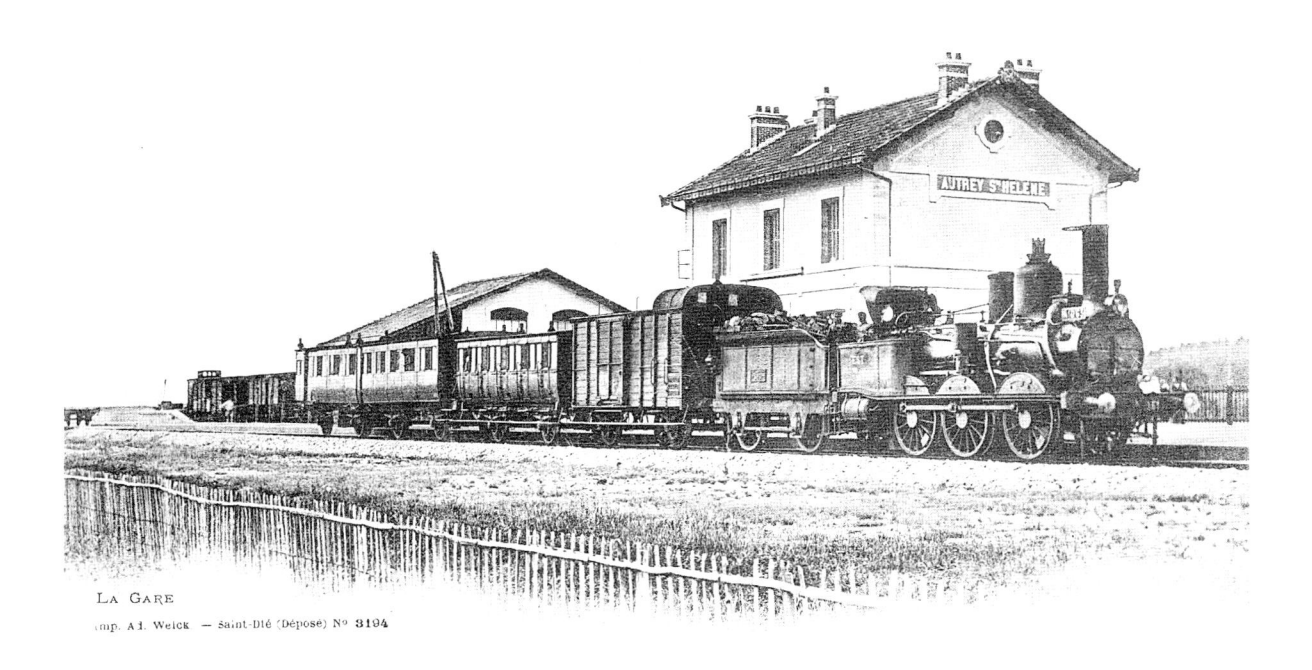

En 1903, un train à destination de Bruyères dessert la gare d'Autrey-Sainte-Hélène. Il est remorqué par la locomotive de type 030 n° 0.63 de 1854, modifiée pour le service des trains légers. La rame, freinée au frein continu, comprend un fourgon Vf, une voiture de 3ème classe à 50 places type 1885 et un couplage TR 051 à 056 constitué par deux voitures ex-Lérouville – Sedan.
Collection Didier Leroy.

La signalisation

Comme sur les lignes de la compagnie de l'Est formant le réseau de Franche-Comté, la ligne d'intérêt général de Mont-sur-Meurthe à Bruyères répondait au règlement d'exploitation des lignes à voie unique, avec des gares de type « voie directe » protégées par deux disques pour celles qui possédaient une voie d'évitement.

Avec l'affermage, dont le but était de diminuer le coût d'exploitation des lignes, les disques ont probablement disparu, hors ceux de Rambervillers qui restèrent en activité tant que la ligne de Charmes fut exploitée. Les lignes affermées aux CFS puis aux CFTA avaient en effet une réglementation spécifique, avec en particulier l'arrêt général pour tous les établissements comportant une aiguille, la vitesse étant limitée à 30 km/h à partir du chevron d'entrée. Seules les gares de Mont-sur-Meurthe, Rambervillers et Bruyères comportaient une pancarte « GARE »

Les établissements SS (sans sécurité) comportant des aiguilles étaient dotés d'une pancarte horizontale mi-blanche mi-noire.

LES PN DE LA LIGNE 23[7]

Le chemin de fer en milieu rural a de nombreux passages à niveau. La ligne 23 [7] n'y échappe pas puisque l'on y compte pas moins de soixante PN qui se décomposent en :

- vingt-quatre PN gardés sur les routes avec maison de garde, sauf trois tenus par les gares : ceux de Xermaménil-Lamath, Deinvillers et Rambervillers, et le PN 32 bis qui sera par la suite le seul équipé de la signalisation automatique lumineuse, installée en 1986 pour desservir un nouveau chemin ;

- vingt-six PN non gardés sur des chemins agricoles ;

- dix PN pour piétons sur des sentiers équipés de portillons.

Au cours de l'hiver 1967 entre Jeanménil et Autrey-Sainte-Hélène, la 130 B 467 assure le MV 22373 pour Bruyères. Photo Jean Florin.

Le trafic

Les gares suivantes expédiaient ou recevaient principalement en trafic de détail :

- Brouvelieures : au départ du bois, surtout constitué de bois de sciage ;
- Autrey-Sainte-Hélène : au départ du bois, et à l'arrivée du vin et du blé ;
- Jeanménil : au départ du bois, beaucoup de couverts puis ensuite des cadres rails-route (petits conteneurs) pour la poterie Froment, et à l'arrivée de la paille pour la poterie (chargement dans les wagons d'une rangée de pots intercalée entre deux lits de paille) ;
- Rambervillers : au départ du bois, (en particulier pour les mines de Lorraine), papier, tuyaux en grès et céramique, à l'arrivée du charbon et du coton pour l'entreprise Boussac, de la toile et de la pâte à papier pour la maison Boucher, de la terre glaise pour la céramique ;
- Roville-Saint-Maurice : au départ des canapés, et à l'arrivée du bois et du blé ;
- Magnières : au départ du fromage par la laiterie Saint-Hubert et du bois de mine ;
- Moyen : au départ des cartons ;
- Gerbéviller : au départ des porte-manteaux (en quantités très importantes entraînant fréquemment des problèmes de place) et à l'arrivée du bois et des engrais.

*Vers 1905, une 130 série 30.000 de l'Est passe le pont du Grébier, en tête d'un train de voyageurs proche de son terminus de Bruyères
Collection Claude Henry.*

La desserte « voyageurs »

De Charmes à Rambervillers :
- 1914 : 3 A/R 1ère, 2ème, 3ème classes et 1 mixte A/R 3ème classe.
- 1938 : 2 A/R classe unique, dont 3 uniquement les jeudi et vendredi et 1 dans un seul sens le dimanche.

De Lunéville à Bruyères (semaine) :
- Est 1914 : 4 Lunéville – Bruyères 1ère, 2ème, 3ème classes
  3 Lunéville – Gerbéviller 1ère, 2ème, 3ème classes
  6 Bruyères – Lunéville 1ère, 2ème, 3ème classes dont 3 terminus Rambervillers.
  1 Rambervillers – Lunéville 1ère, 2ème, 3ème classes
  3 Gerbéviller – Lunéville 1ère, 2ème, 3ème classes
- Est - CFS 1938 : 4 A/R 3ème classe Lunéville – Bruyères.
- SNCF - CFS 1961 : 4 A/R 2ème classe Lunéville – Rambervillers dont 2 jusqu'à Bruyères
  1 A/R 2ème classe MV Rambervillers – Bruyères.

Le mouvement matinal Bruyères – Lunéville (2372) a pour origine Gérardmer et terminus Sarrebourg. Le mouvement de fin de journée Lunéville – Bruyères (2387) a pour origine Lunéville et terminus Gérardmer, le parcours (1990) en provenance de Sarrebourg s'effectuant avec le même autorail, mais avec rupture de charge à Lunéville.
- SNCF - CFTA 1980 : 1 A/R 2ème classe Lunéville – Bruyères.

*En 1961, la gare de 3ème classe de Bruyères avec son bâtiment Est, son abri de quai, son poste d'aiguillage et ses voies de débords, est l'archétype de la petite station de bifurcation. L'autorail 1841 Epinal – Saint-Dié arrive au quai 1 et croise la 140 C 334 en charge du train de desserte 21816 St-Dié – Epinal, alors que le MV 22372 pour Rambervillers est en attente sur voie 4.
Photo François Fontaine.*

Embranchements. VI — EST 95

CHARMES A RAMBERVILLERS
Chemin de fer d'intérêt local exploité par la Compagnie de l'Est

DIST.	STATIONS	337 1re2e3e	349 1re2e3e	343 1re2e3e	STATIONS	328 1re2e3e	342 1re2e3e	334 1re2e3e
kil.	●Charmes (90)..dép.	6 8	11 12	18 2	●Ramberviliers..dép.	4 37	9 13	16 13
6	Portieux (halte)....	6 17	11 23	18 11	Romont............	4 46	9 23	16 23
9	La Verrerie........	6 28	11 35	18 21	Moyemont..........	4 53	9 31	16 31
12	Moriville (halte)....	6 36	11 45	18 29	Ortoncourt (halte)..	4 59	9 39	16 39
15	Rehaincourt........	6 42	11 56	18 35	Rehaincourt........	5 6	9 48	16 48
18	Ortoncourt (halte)..	6 50	12 5	18 43	Moriville (halte)....	5 11	9 54	16 54
21	Moyemont..........	6 56	12 15	18 48	La Verrerie........	5 19	10 8	17 9
24	Romont............	7 4	12 30	18 55	Portieux (halte)....	5 27	10 16	17 17
28	●Ramberviliers..arr.	7 12	12 39	19 3	●Charmes........arr.	5 35	10 27	17 28
	(95)							

LUNÉVILLE A RAMBERVILLERS ET A BRUYÈRES

DIST.	STATIONS	37	47	49	41	31	33	53
		(50, 92, 135, 136)						
kil.	●Lunéville....dép.	5 12	7 28	9 3	12 15	14 20	17 45	19 46
6	●Mont-sur-Meurthe.	5 22	7 42	9 14	12 27	14 32	17 55	19 55
9	Xermaménil-Lamath.	5 28	7 52	9 20	12 36	14 35	18 1	20 2
15	Gerbéviller........	5 47	8 6	9 32	12 50	14 48	18 15	20 13
20	Moyen............	5 56			9 40	14 58	18 23	
23	Vallois (P.N.)......	6 2			9 45	15 4	18 28	
24	Magnières.........	6 7			9 50	15 9	18 34	
27	Deinvillers (halte)..	6 13			9 56	15 15	18 40	
31	Roville-St-Maurice..	6 21			10 3	15 22	18 47	
34	Romont (P.N.).....	6 28			10 9	15 28	18 53	
38	●Ramberviliers..arr.	6 37			10 18	15 37	19 1	
	dép.	7 20			10 20	16 8	19 8	
41	Jeanménil.........	7 26			10 27	16 14	19 13	
45	Autrey-Ste-Hélène..	7 32			10 32	16 20	19 19	
48	Frémifontaine (P.N.).	7 39			10 39	16 27	19 26	
53	Brouvelieures......	7 47			10 47	16 36	19 34	
55	Belmont (P.N.).....	7 54			10 54	16 43	19 40	
60	●Bruyères......arr.	8 6			11 6	16 55	19 51	
	(92)							

BRUYÈRES A RAMBERVILLERS ET A LUNÉVILLE

DIST.	STATIONS	28	50	30	42	52	32	78	36	38	46
kil.	●Bruyères......dép.	...	6 15	8 29			13 17	14 32	17 20	...	21 33
6	Belmont (P.N.).....		6 22	8 36			13 25	14 42	17 28		21 40
8	Brouvelieures......		6 29	8 42			13 30	15 13	17 33		21 46
12	Frémifontaine (P.N.).		6 36	8 49			13 37	15 24	17 40		21 53
16	Autrey-Ste-Hélène..		6 42	8 55			13 43	15 35	17 46		21 59
19	Jeanménil.........		6 49	9 2			13 50	15 51	17 53		22 6
22	●Ramberviliers..arr.		6 55	9 8			13 56	15 59	17 59		22 12
	dép.	4 56	7 39				14		18 3		
27	Romont (P.N.).....	5 2	7 46				14 6		18 10		
30	Roville-St-Maurice..	5 9	7 57				14 12		18 17		
33	Deinvillers (halte)..	5 14	7 58				14 19		18 24		
36	Magnières.........	5 21	8 7				14 27		18 37		
38	Vallois (P.N.)......	5 24	8 10				11 30		18 40		
40	Moyen............	5 29	8 16				14 35		18 46		
45	Gerbéviller........	5 40	8 26	10 3	13 35		14 47		19 7	20 24	
52	Xermaménil-Lamath.	5 49	8 42	10 16	13 45		14 56		19 19	20 35	
55	●Mont-sur-Meurthe.	6 1	8 51	10 26	13 52	15 2			19 27	20 42	
60	●Lunéville......arr.	6 7	9 4	10 37		15 9			19 36	20 51	

NOTA. — Les trains ne s'arrêtent aux points suivis de l'indication (P.N.) que pour y prendre ou laisser des voyageurs sans bagages ni chiens.

Horaire 1914 - Collection Didier Leroy.

Ci-dessous, horaire d'hiver 1979-80 - Collection Editions du Cabri.

Horaire d'été 1961 - Collection Didier Leroy.

Lunéville ■——————■ Bruyères

103	33	Nancy		✕ 6 38	† 8 02		12 30	✕ 16 42		✕ 17 52	20 33
	0	Lunéville	A	✕ 7 00	† 8 32		12 50	✕ 17 22		18 14	† 21 09

		Identification du train		861 AUTOCAR	863 AUTOCAR	865 AUTOCAR	867 AUTOCAR	869 AUTOCAR	8387 AUTORAIL	875 AUTOCAR
		Prestations	Places assises Particularités	1	1	1	1	1	2	1
Tab	Km									
	0	Lunéville		✕ 7 35	† 9 21	13 05	✕ 17 40	17 45	18 29	† 21 14
103	28	Nancy		6 18			(2)17 00	(2)17 00	17 58	
	0	Mont-sur-Meurthe	A	7 02			17 32	17 32	18 25	
	5	Mont-sur-Meurthe		7 49	ƒ 9 32	I 13 16	I 17 51	17 56	18 35	ƒ 21 25
	8	Xermaménil-Lamath	⊙	I 7 55	I 9 36	I 13 20	I 17 55	I 18 00	18 39	I 21 29
	14	Gerbéviller		8 04	9 45	13 29	× 18 03	18 09	18 48	21 38
	19	Moyen	⊙	I 8 12	I 9 53	I 13 37		18 17	18 55	I 21 46
	21	Vallois	⊙	I 8 15	I 9 56	I 13 40		I 18 20	18 58	I 21 49
	23	Magnières	⊙	I 8 18	I 9 59	I 13 43		18 23	19 01	I 21 52
	26	Deinvillers	⊙	I 8 23	I 10 04	I 13 48		I 18 28	19 05	I 21 57
	30	Roville-St-Maurice	⊙	I 8 28	I 10 09	I 13 53		18 33	19 10	22 02
	33	Romont	⊙					I 19 14		
	37	Ramberviliers		8 41	10 20	14 03		× 18 43	19 20	† 22 12
	38	Blanchifontaine	⊙	I	I 10 26				19 25	
	40	Jeanménil			I 10 28				19 30	
	44	Autrey-Ste-Hélène	⊙		I 10 35				19 34	
	47	Frémifontaine	⊙		I 10 42				19 39	
	52	Brouvelieures			I 9 01	I 10 47				19 44	
	54	Belmont	⊙		I 9 09					19 49	
	59	Bruyères		A	✕ 9 19	† 10 57				19 52	

1 Autres localités desservies : Rehainviller ⊙ (4 km), St-Pierremont ⊙ (30 km)

		Identification du train		860 AUTOCAR	8282 AUTORAIL 2	8284 AUTORAIL 2	864 AUTOCAR	866 AUTOCAR	870 AUTOCAR
		Prestations	Places assises Particularités	1			1	1	1
Tab	Km								
	0	Bruyères		✕ 6 31	† 6 55	11 00			
	5	Belmont	⊙	I 7 01		I 11 06			
	7	Brouvelieures		6 41	† 7 05	I 11 10			
	12	Frémifontaine	⊙	I 6 46	I 7 10	I 11 17			
	15	Autrey-Ste-Hélène	⊙	I 6 50	7 14	I 11 21			
	19	Jeanménil		I 6 56	7 20	11 28			
	21	Blanchifontaine	⊙	I 6 59	I 7 23	I 11 31			
	22	Ramberviliers		✕ 5 39	7 02	7 26	11 38	15 29	† 19 22
	26	Romont	⊙	I	I 7 07	I 7 31			
	29	Roville-St-Maurice	⊙	I 5 49	I 7 11	I 7 35	I 11 43	I 15 39	I 19 27
	33	Deinvillers	⊙	I 5 54	I 7 19	I 7 39	I 11 53	I 15 44	I 19 37
	36	Magnières	⊙	I 5 59	I 7 19	I 7 43	I 11 49	I 15 49	I 19 42
	38	Vallois	⊙	I 6 02	I 7 23	I 7 47	I 12 01	I 15 47	I 19 45
	40	Moyen	⊙	I 6 06	I 7 26	I 7 50	I 12 05	I 15 51	I 19 49
	45	Gerbéviller			6 14	7 33	7 57	12 13	16 04	19 57
	51	Xermaménil-Lamath	⊙	I 6 22	I 7 42	I 8 06	(2)I 12 21	I 16 15	I 20 05
	54	Mont-sur-Meurthe	A	I 6 29	7 48	8 12	(2)I 12 28	16 19	I 20 09
103	0	Mont-sur-Meurthe			6 39			13 09		
	28	Nancy	A		7 12			13 44		
	59	Lunéville		✕ 6 42	✕ 7 54	8 18	12 41	16 32	† 20 20
103	59	Lunéville		✕ 6 53	† 8 24	8 26	13 04(2)	16 50	20 32
	92	Nancy			† 7 27	8 46	13 44(2)	17 08	21 04

2. Tous les jours sauf les 23, 24, 30, 31-XII, 6-IV et 25-V.

Une belle scène hivernale lorraine : rencontre en gare de Lunéville en 1960 entre un express tracté par une 231 G (« Pacific » ex-PLM venue finir sa carrière à l'Est) et un autorail Renault VH assurant la correspondance pour Rambervillers.
Photo Louis Pilloux - La Vie du Rail.

Ci-contre, deux « autorails rouges » Renault VH des CFS stationnent en gare de Lunéville en 1960.
Photo Louis Pilloux - La Vie du Rail.

Au cours de l'été 1964, la 130 B 467 et sa rame de voitures à portières latérales ex-DR assurant un remplacement d'autorail franchissent le pont mixte de Mont-sur-Meurthe. Cet ouvrage fut détruit en 1945, entraînant pendant quelque temps le report des départs et arrivées au PN au-delà du pont. Photo Jean Florin.

Le temps des régressions

La ligne de Charmes au trafic faiblissant vit son service voyageurs reporté sur route en application des décrets de coordination de 1937, puis en 1939 les trains de marchandises la désertèrent définitivement. La portion de Charmes à La Verrerie-de-Portieux, grâce à l'importante manufacture des « Verreries Royales », fut utilisée comme embranchement jusqu'en 1962. Aujourd'hui elle est totalement déposée et seuls les bâtiments des gares de La-Verrerie-de-Portieux, Rehaincourt et le PN halte de Portieux témoignent de son existence.

La ligne de Lunéville à Rambervillers a connu une plus grande longévité et une plus grande stabilité. De l'arrivée des CFS en 1934 et jusqu'en 1971, elle n'a pas subi de modification importante de ses dessertes.

A titre anecdotique, au cours du mois de mai 1968, quand la France était longuement paralysée par une grève générale, l'autorail Renault VH 24 a été le seul engin ferroviaire roulant dans le sillon du MV Rambervillers – Bruyères, sans toutefois entrer en gare de Bruyères !

A cette époque, un plan gouvernemental issu du « rapport Nora » de 1966 proposa purement et simplement la suppression de la plupart des services omnibus par fer avec substitution routière ou disparition totale. Les omnibus étant, suivant leurs détracteurs, la cause principale du déficit de la SNCF, des coupes claires dans leurs services devaient permettrent d'équilibrer les comptes... L'avenir a montré que cette vision étriquée a surtout servi des intérêts privés en favorisant les sociétés routières et n'a en aucune manière clarifié les comptes de la société nationale, bien au contraire ! Le résultat fut catastrophique puisqu'au cours des années 1969 à 1971, 3481 kilomètres de lignes ouvertes au service voyageurs omnibus par fer ont été supprimées. Encore faudrait-il y ajouter la réduction drastique des dessertes, comme ce fut le cas pour Lunéville – Bruyères avec le maintien d'un unique mouvement quotidien, et pour la ligne de Laveline-devant-Bruyères à Gérardmer !

La suppression totale de l'activité voyageurs sur la ligne 23[7] devait entrer en application le 27 septembre 1970 mais elle fut repoussée au 1er avril 1971 à la suite de nombreuses

En 1966, le train MV 22372 marque l'arrêt en gare de Rambervillers. Le retour de Bruyères s'effectuait tender en avant, comme cela se pratiquait déjà au temps de la compagnie de l'Est. La 130 B 439 est aujourd'hui conservée comme monument à Capdenac-Gare. Photo André Artur.

Scène pastorale en terre vosgienne à Autrey-Ste-Hélène. Le mardi 13 mai 1980, l'autorail X 3852 assure une des dernières dessertes voyageurs entre Lunéville et Bruyères via Rambervillers. Photo Jean-Louis Poggi.

oppositions des élus locaux et de la population. Elle n'intervint finalement que partiellement le 26 septembre 1971, car toutes les manifestations en faveur du rail permirent de conserver un A/R journalier sur la relation jugée la plus chargée, celle du matin et du soir. Pendant quelques années, les CFTA eurent en charge les transports routiers de substitution.

Le 1er juillet 1976, les gares de Roville-Saint-Maurice, Jeanménil, Autrey-Sainte-Hélène et Brouvelieures furent transformées de PAG [1] en GSG [2], ainsi que les établissements au nord de Rambervillers.

Puis le rapport Guillaumat, en reprenant les idées de son prédécesseur à l'intention des omnibus voyageurs qui avaient échappé aux suppressions précédentes, fut mis en pratique en 1980 par le gouvernement. Le samedi 31 mai, la ligne de la vallée de la Mortagne vit passer son dernier autorail « Picasso » sur la relation 8387 Lunéville – Bruyères. Des manifestations, avec torches à flammes rouges, marquèrent ce dernier voyage effectué par un temps froid et pluvieux, aussi désolant que l'événement en question.

Qu'hommage soit ici rendu à tous ceux qui se dépensèrent pour conserver un service voyageurs ferroviaire, qui connut un sursis de dix années !

[1] Point d'arrêt géré.
[2] Gare sans gérance.
[3] Acheminer les marchandises sur camions à la place des wagons.

A compter du 1er juin 1980, l'exploitation de l'unique desserte marchandises fut reprise par la SNCF pour la traction et l'accompagnement des trains, avec ce qui est assez rare, le maintien de la réglementation CFTA. A cette occasion, la ligne fut scindée en deux à Rambervillers, la partie nord avec desserte par le locotracteur de Lunéville et la partie sud par le train de marchandises en provenance de Saint-Dié, tracté par une BB 66400 ; cette relation avait lieu un jour sur deux, desservant Gérardmer l'autre jour.

Ce système en antenne étant inadapté, tous les mouvements disparurent le 1er juin 1988 avec la funeste vague de « fercamisation » [3]. La ligne fut fermée, déclassée et déposée partiellement.

Demeurée ouverte aux renseignements et aux billets, la gare de Rambervillers vit partir son dernier agent le 29 août 1989. Il fut désormais installé dans un bureau de ville, situé rue Henri Boucher près de l'Hôtel de Ville.

Le 4 juillet 1990, une exploitation touristique de draisines à pédales sur la partie située entre Deinvillers, Gerbéviller et Xermaménil-Lamath fut créée. La gare de Magnières, centre de l'exploitation des draisines, a été rachetée par la commune, qui l'a restaurée dans son état d'origine en conservant son petit guichet voyageurs. Une voiture DEV inox B ^{10} t, n° 50 87 20 77120 5 (ex-A^{9}tu avant 1969), transformée en restaurant « Le wagon du pré fleuri » est installée à proximité de la gare, partiellement garée sous l'ancienne halle de Dinozé dans les Vosges (datant de 1910), restaurée et remontée ici.

Le 10 novembre 1993, par décision ministérielle, la ligne fut déclassée au nord, c'est à dire de la gare de Rambervillers jusqu'à Mont-sur-Meurthe. Le département de Meurthe et Moselle racheta la partie se situant sur son territoire, la partie vosgienne étant déposée. Sur le sud, à partir de l'embranchement de l'entreprise Pannovosges jusqu'à Bruyères, la voie conservée disparaît sous la végétation.

A diverses occasions, des pourparlers concernant la réouverture de cette section pour desservir l'importante entreprise Pannovosges, qui utilise une flotte routière conséquente pour ses expéditions de bois, ont eu lieu mais n'ont jamais abouti, ce qui eut été pourtant une solution de bon sens !

Le dimanche 25 mai 1980, l'autorail « Picasso » pour Bruyères dessert la gare de Xermaménil-Lamath, dont le BV est curieusement réhaussé d'un étage. Photo Jean-Louis Poggi.

Le matériel et la traction

A l'époque de la compagnie de l'Est, les séries suivantes des machines du dépôt d'Epinal ont fréquenté la ligne 35 :
- 030 série 0.1 à 0.120 ;
- 021 série 441 à 485 ;
- 030 série 0.250 à 0.766 ;
- 031 série 613 à 742 et 131 V613 à 666 (transformation des précédentes) ;
- 120 série 501 à 562.
- 040 série 0.526 à 0.691
- 130 série 30.000
- 230 série 3500.

A compter de l'affermage des lignes au départ de Ramber-villers aux CFS le 1er janvier 1934, la compagnie fermière mit en service son propre matériel, pour l'exploitation des services voyageurs et marchandises. Le détail est traité au chapitre « La traction vapeur sur les lignes affermées des Vosges ».

Là est la différence avec les lignes de Franche-Comté, où en dehors des automotrices De Dion et de leurs remorques, des diesels Coferna arrivés tardivement, de quelques draisines et de l'apparition sporadique de locomotives diverses, le matériel moteur et remorqué était celui mis à disposition par l'Est et par la SNCF.

Tel ne fut donc pas le cas sur les lignes de Lorraine, où circulèrent beaucoup de matériels propres à la compagnie CFS. Leur diversité et leurs origines variées leur donnaient un caractère vraiment « secondaire », certains ne faisant qu'une brève apparition, d'autres au contraire arrivant neufs et restant longtemps en service, comme les autorails VH.

Deux locomotives à vapeur seulement furent louées au grand réseau, ainsi que pour peu de temps les automotrices ZZE 1 et ZZE 2. Au fil du temps apparurent une voiture affectée au train mixte après le retrait de celle appartenant aux CFS-NE, une rame de « remplacement d'autorail », des remorques à deux essieux Verney XR 9500, et à compter de 1965 des autorails unifiés de 300 ch (dont les X 3852, 4030, 4038) des dépôts de Nancy-Heillecourt puis de Chalindrey au cours de 1969, avec en cas de forcement, une remorque unifiée de type Decauville.

Il ne semble pas que les autorails unifiés de 150 ch de type X 5500 / X 5800 aient circulé sur la ligne 23[7]. Ces petits autorails au charme certain et au confort incertain ne convenaient pas, tant en capacité pour la partie nord qu'en puissance pour celle au sud.

Notons que les autorails, comme les locomotives diesels étaient engagés sur la ligne dans le cadre de leur roulement, et non plus détachés à Ramberviliers comme ce fut le cas pour les deux machines à vapeur SNCF.

Avec l'arrivée des X 3800, des compositions assez originales eurent lieu : par exemple, sur le train impair du soir Sarrebourg – Gérardmer, aux périodes d'affluence, une remorque Verney sur Lunéville – Ramberviliers et une seconde pour Bruyères. C'est d'ailleurs à partir de l'arrivée des « Picasso » que les remplacements d'autorails en rame tractée vapeur cessèrent.

En temps normal, une machine seule suffisait pour l'exploitation du service marchandises, la seconde était allumée pour effectuer les remplacements d'autorails [1] de la ligne. Ce type de train disparut semble-t-il en même temps que la traction vapeur.

Après le retrait de la traction à vapeur, qui s'est opéré avec la 131 TB 16 au soir du 14 décembre 1968, ce sont des BB 63000 des dépôts de Nancy-Heillecourt puis de Metz-Sablon qui prirent en charge le service marchandises (dont les

---

[1] Une rame de réserve était continuellement garée à Ramberviliers pour remplacer les autorails sur Lunéville le dimanche, le lundi matin, les veilles et lendemains de fête.

*La 130 B 439 à Mont-sur-Meurthe en tête de l'omnibus 2375 qui va démarrer à 7 h 19, dans la brume matinale du 12 avril 1966. Une ambiance vaporeuse à souhait, avec les fuites issues de la conduite de chauffage des voitures : il ne manque que le bruit et les odeurs...
Photo Pierre Debano.*

L'autorail X 3852 assurant le train 8387 pour Bruyères marque l'arrêt à Magnières, le mardi 13 mai 1980. Photo Dominique Seret.

*La station de Deinvillers, desservie par un autorail « Picasso » pour Bruyères vers la fin des années soixante.
Photo François Fontaine.*

*La 103 des CFS traverse la halte de Belmont le 13 avril 1960 en tête du train MV 22372 pour Rambervillers. Le photographe à l'œil averti a réalisé ici une superbe composition dans ce site bucolique.
Photo Jacques-Henri Renaud.*

*Le 25 mars 1967, samedi de Pâques, la 131 TB 16 traverse la tranchée du Grébier à Belmont avec un train mixte pour Bruyères. La mention « TB 16 » est peinte sur les caisses à eau, comme il était de règle sur les machines de la banlieue parisienne !
Photo Jean Florin.*

BB 63819 et 63861), et à partir du 1er juin 1980, date où la ligne fut scindée en deux, des BB 66400 et le locotracteur de Lunéville de type Y 7100 puis Y 8000.

Les voitures SNCF employées sur la ligne furent :
- pour le MV, d'abord une C^6 puis B^6 ex-Est, puis une $B^{31/2}$ t ex-Prussienne à lanterneau, soit une C^6 puis B^6 ex-Est et en dernier une « boîte à tonnerre » $B^{61/2}$ t 17813 ou B^7 t 17915 ;
- pour les remplacements d'autorails jusqu'en 1961, une rame de B^6 t Prussiennes à lanterneau accompagnée du fourgon Dqf 19465 a assuré très longtemps le service. Puis, après 1961, une rame de trois voitures ex-DR métalliques prises de guerre $B^{51/2}$ t à portières latérales avec le fourgon à deux essieux Dm 19990 a été attachée aux CFS à Rambervillers. Lors de la révision d'une des voitures de la rame, une B^8 métallisée Sud-Est vint faire connaissance avec la vallée de la Mortagne en renforcement de la rame ex-DR au milieu des années 1960.

Les automotrices

Automotrices ZZCE 1 et ZZCE 2 ex-PLM

Construites par la Compagnie Française de Matériel de Chemin de Fer, elles étaient aptes à la vitesse de 90 km/h pour la ZZCE 1 à transmission mécanique (17,4 tonnes et 36 places) et 95 km/h pour la ZZCE 2 à transmission électrique (18,1 tonnes et 38 places). Ces automotrices à deux essieux étaient dotées d'un moteur Saurer de 140 ch.

- La ZZCE1

Louée à la SNCF, elle fut affectée au dépôt de Rambervillers le 21 octobre 1938. Après des essais en ligne, elle fut déclarée apte à l'exploitation le 18 février 1939 sur le trajet de Rambervillers à Lunéville ; la partie sud de la ligne lui était interdite, à cause de la fameuse rampe de Belmont qui provoqua des ennuis de boîte de vitesse au cours des essais.

Sa présence fut des plus éphémères puisque des difficultés de shuntage des circuits de voies sur la ligne 1 entre Mont-sur-Meurthe et Lunéville l'ont obligée à être envoyée à Oullins (ateliers ex-PLM) pour révision le 17 mai 1939. Elle n'a jamais repris de service, semble t-il, car les événements marquant le pays entraînèrent peu après le garage de nombreux autorails.

- La ZZCE 2

Louée à la SNCF, elle arriva à Rambervillers le 22 novembre 1938 mutée de Laroche-Migennes, mais des difficultés similaires à celles de la ZZCE 1 la rendirent inapte au service sur la vallée de la Mortagne. Elle fut finalement garée puis envoyée à Hirson le 13 mai 1939, où elle remplaça sur la ligne de Saint-Quentin l'automotrice ZO 43.

Lors de leur passage en Lorraine, la ZZCE 1 a effectué 8886 km et la ZZCE 2 16788 km.

Blanc-Misseron BM 10 à 12

Elles furent construites par les CFS-NE en 1933 pour les lignes de Soissons et Evergnicourt – Guignicourt. Equipées d'un moteur diesel Unic Codra de 135 ch à l'origine, elles ont effectué des renforts ponctuels dans les Vosges.

La 130 B 439 en tête du train 2375 assurant un remplacement d'autorail le 12 avril 1966, entre Mont-sur-Meurthe et Rambervillers. Photo Pierre Debano.

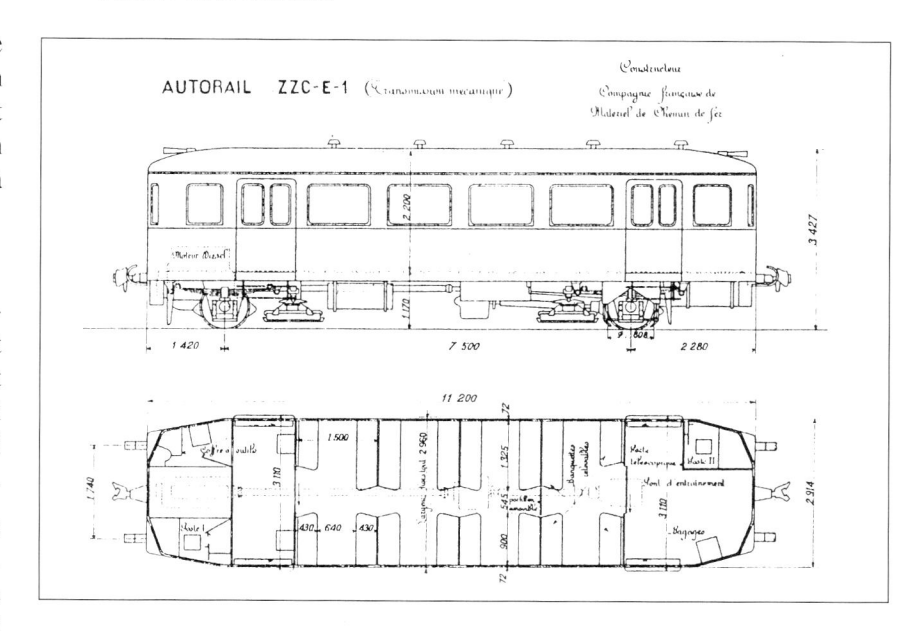

Diagramme de l'automotrice ZZCE 1 du PLM, employée par les CFS à Rambervillers en 1939. Collection André Artur.

Batignolles-Bacalan-Châtillon LBC 13 et 14

Montées aux ateliers CFS-NE de Soissons Saint-Waast, à partir des voitures Nord-Est Blanc-Misseron, elles furent dotées d'un moteur Unic Codra de 150 ch, puis d'un Renault de 240 ch. Ces automotrices de 23,5 t à bogies étaient munies de deux postes de conduite.

La LBC 13, mise en service en 1933 à Soissons, fut affectée à Rambervillers de 1935 à 1946, puis à Doulevant-le-Château jusqu'en 1960. La LBC 14 a une genèse identique à sa sœur n° 13, mais elle fit une courte escapade sur les réseaux « frères » à Provins en 1938 et à Soissons en 1944.

Toutes deux terminèrent leur carrière à partir de 1960 comme draisine sur le réseau du Güe – Ménaucourt, jusqu'à leur réforme intervenue en 1963.

Les automotrices Renault ZO 41 et Batignolles-Bacalan série LBC 11 à 13 au dépôt de Rambervillers en mars 1942. Photo Jacques Chapuis - collection FACS.

L'autorail Billard BD 63 vu à sa sortie d'usine à Tours en 1943. Cet engin effectuera la plus grande partie de son service à Rambervillers, dans la traditionnelle livrée « rouge Nord-Est » avec un élégant monogramme CSNE ovale au milieu de la caisse. Document Billard - collection Didier Leroy.

Renault ZO 41 et 42

Aptes à 90 km/h et propulsées par un moteur Unic de 110 ch, ces automotrices de neuf tonnes à deux essieux pouvaient transporter 35 personnes assises. Equipées de deux postes de conduite, elles arrivèrent au dépôt de Rambervillers en 1936.

La 41 avait été construite en 1935 et mise en service sur la ligne exploitée par les CFS de Saint-Dizier à Doulevant-le-Château. Elle termina sa carrière dans la vallée de la Mortagne. La 42 avait les mêmes origines que la 41, mais après avoir quitté les Vosges, elle rejoignit le dépôt CFS-NE de Provins.

Elles furent principalement en service sur la ligne de Charmes et sur la section de Rambervillers à Bruyères.

Billard BD 63 de type A 150 D 5

Avec 16,7 tonnes et un moteur Berliet de 150 ch, cette automotrice à bogies avec cinq baies sur chaque face, avait une capacité de 53 places.

La BD 63 avait été construite sur le type A 150 D 5 par les établissements Billard à Tours. Ces derniers furent les concepteurs, principalement pour les réseaux à voie métrique, d'automotrices réussies, offrant un confort inégalé (grâce en particulier à leurs bogies) pour des lignes faiblement armées. Le chauffage de l'automotrice était fourni par un fourneau rond au bois.

La BD 63 fut livrée neuve le 16 mars 1943 à Saint-Quentin, autre centre des CFS-NE, pour y rester jusqu'au 8 novembre 1952 où elle a gagné le centre de Rambervillers. Le 6 avril 1965, elle quitta définitivement les Vosges afin de rejoindre à Provins, où elle retrouva son homologue, la BD 62, en service sur les navettes de Longueville jusqu'en 1968. En Seine et Marne, elle fut garée au dépôt d'Esternay, semble t-il comme magasin de pièces, sans jamais reprendre de service.

Renault VH 22 à 24

Avec deux postes de conduites, aptes à la vitesse de 107,5 km/h et présentant une tare de 21 tonnes, ces automotrices de 56 places à bogies, avaient un moteur Renault à 12 cylindres en V de 220 puis 260 ch. Elles comportaient un compartiment à bagages de 4 m^2 et six baies vitrées, alors que celles en service sur les grands réseaux (excepté sur celui d'Alsace-Lorraine) n'en avaient que cinq et ne possédaient pas de toilettes.

La VH 22 était arrivée neuve sur le Réseau CFS-NE de Saint-Quentin en 1934 ; elle a rejoint Rambervillers en 1950 où elle effectua sans discontinuer le service voyageurs sur la ligne de la Mortagne jusqu'à sa réforme en 1966. C'est à Champigneulles, dans la banlieue de Nancy, qu'elle disparut, vendue à la société Est-Nord-Métaux.

La VH 23 fut affectée à sa sortie d'usine en 1935 sur les CFS-NE de Doulevant-le-Château, puis mutée à Rambervillers en 1946. La suite de sa carrière dans les Vosges est identique celle de la VH 22.

Ci-contre, l'autorail Billard BD 63 des CFS accompagné d'un Renault VH au dépôt de Rambervillers le 16 septembre 1960 : un matériel très « secondaire » pour de la voie normale ! Photo Bernard Rozé.

Le dépôt de Rambervillers, centre d'exploitation des CFS, est encore bien actif le 16 septembre 1960. On y voit ci-dessus ce jour-là l'autorail Renault VH 22, la 131 TB 16 et une 130 B.
Photo Bernard Rozé.

Ci-dessus à droite, l'autorail Renault VH 23 avec marquage Nord-Est, vu peu après son arrivée au dépôt de Rambervillers en 1946. L'échelle sert à la visite des radiateurs, dont une trappe est ouverte.
Collection Paul Michel.

La VH 24 est sortie des usines Renault de Billancourt le 2 mai 1935 sous le n° 99 et fut affectée neuve au centre de Rambervillers qu'elle ne quitta qu'en 1974 pour être restaurée à Gray. A partir de 1965, la VH 24 servit de réserve jusqu'en 1970. Elle est aujourd'hui utilisée sur la ligne touristique d'Anduze à Saint-Jean-du-Gard dans les Cévennes, par la CITEV.

Quelques transformations affectèrent les VH, particulièrement le remplacement du moteur d'origine par un Renault de 300 ch identiques à ceux des « Picasso ». A cette occasion le capot de protection fut retiré. La puissance fut augmentée certes, mais le bruit du moteur sans protection acoustique devint une nouvelle contrainte pour le conducteur qui se trouvait à proximité !

Le chauffage était procuré par une chaudière à charbon installée dans le compartiment fourgon, qui alimentait des radiateurs à ailettes placés sous les sièges.

On notera que dans l'entre-deux guerres, les CFS ne voulaient pas rester à l'écart d'un mouvement de modernisation, aussi l'arrivée à Rambervillers des automotrices VH à la belle livrée rouge-grenat apporta une cure de jouvence sur la ligne, les voyageurs appréciant les « autorails rouges ».

Ces derniers effectuèrent longtemps des services qui les éloignèrent des lignes affermées, puis qu'on les retrouvait sur la liaison quotidienne A/R Gérardmer – Bruyères – Rambervillers – Lunéville – Sarrebourg, et sur des courses Blainville – Lunéville A/R.

Ci-contre, en mars 1962 à Sarrebourg, un autorail Renault VH avec remorque à deux essieux va assurer l'omnibus 1990 pour Lunéville, au titre d'un concours de traction des CFS sur la grande ligne Paris – Strasbourg.
Photo Maurice Geiger.

Le mardi 4 avril 1961, vu près de Réchicourt-le-Château depuis la cabine de la BB 16040 en tête d'un express Strasbourg – Paris, un autorail VH des CFS attelé à une remorque Verney XR 9500 assure une liaison Gérardmer – Sarrebourg (train 151).
Photo François Fontaine.

Durant leur carrière sur les CFS, les VH furent toujours orientés bogie moteur côté aval de la ligne, ce qui les conduisait à monter la rampe de 19 mm/m à Belmont moteur à l'arrière, puis grâce au rebroussement de Bruyères, à affronter la longue montée vers Gérardmer moteur en tête, ce qui procurait un meilleur refroidissement de celui-ci.

Les draisines

Le service de la voie disposait d'une draisine garée dans un petit abri situé à Rambervillers en sortie de gare, juste derrière les bureaux de la direction, avant l'EP des Etablissements Huraux. A la fin de l'exploitation, elle a été remisée au dépôt, alors déserté par les autres engins.

Les voitures

Voiture Nord-Est n° 65

Elle provient d'un lot de belles voitures à bogies à plateformes extrêmes ouvertes construites en 1927 pour les lignes du centre de Saint-Quentin de la CFS-NE ; un cliché rare la montre en gare de Rambervillers en 1947.

Voitures C^4 du PLM

Deux voitures ex-PLM furent cédées au CFS qui les immatriculèrent sous les n° 38 et 39, avec autorisation de parcours en date du 27 avril 1936, sur les lignes de Saint-Dizier à Doulevant-le-Château et de Lunéville à Bruyères. Elles auraient été repeintes à cette occasion.

La voiture 39, ex-B^4 de 40 places construite entre 1873 et 1876 (transformation entre 1918 et 1922) fut retrouvée abandonnée à Valdoie près de Belfort, lors de l'évacuation de 1939. A la suite d'une demande de rapatriement, elle a transité par Laon le 10 septembre 1939 pour gagner le centre Nord-Est de Provins en septembre 1940. Par courrier du 1er octobre 1940, son affectation définitive à Provins fut décidée.

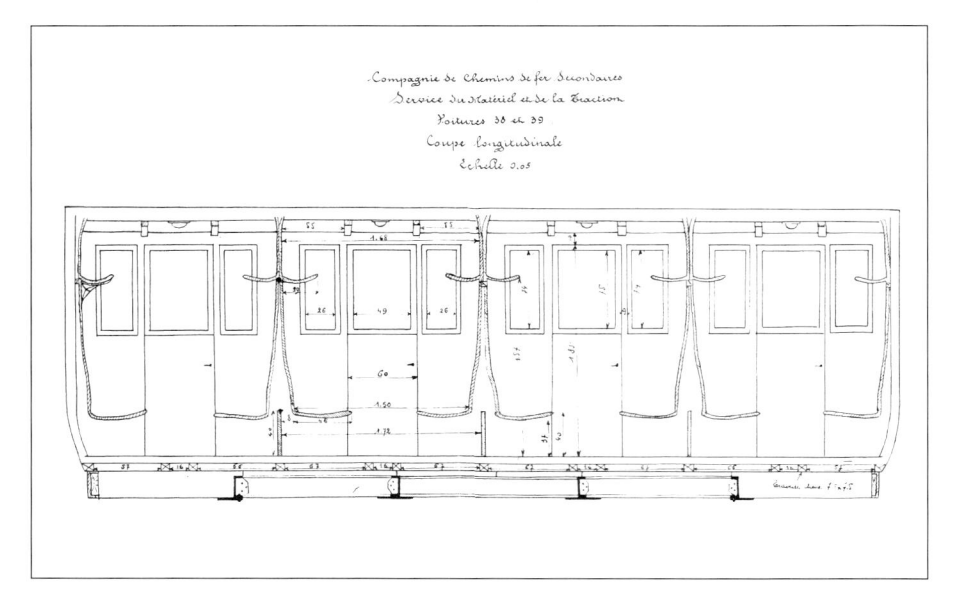

Coupe d'une voiture série 38 - 39 des CFS. Collection André Artur.

Le matériel préservé

La VH 24

Cet autorail Renault passa toute sa carrière (1935-1974) sur la ligne 23[7]. Il s'est trouvé lié à la ligne 25 par une proposition avortée de création d'un service Romilly-sur-Seine – Troyes – Bar-sur-Seine, à la suite d'une campagne électorale réussie, faites de promesses non tenues !

Muté à Gray pour révision, c'est à ce transfert que l'on doit sa survie et sa préservation ! Il fut donc restauré en 1974 et à cette occasion, il troqua sa couleur Nord-Est pour la livrée unifiée rouge et crème de la SNCF.

Avant d'être cédé à la CITEV en 1979, cet autorail resta pensionnaire du dépôt de Gray pendant plusieurs années, où il effectua seulement des trains spéciaux. Un temps à Sentheim sur le Chemin de fer touristique de la Vallée de la Doller, il gagna enfin Anduze où il assure un bon service touristique sur Saint-Jean-du-Gard. Restauré en 2003, il a judicieusement retrouvé sa couleur d'origine rouge Nord-Est.

La Meuse 51

Le chapitre consacré à la traction sur la ligne 23[7] apporte les informations nécessaires sur la locomotive n° 51.

Préservée sur le Chemin de fer touristique de la Vallée de la Doller, elle arbore aujourd'hui une livrée qui n'est pour le moins pas dans les canons du « Nord-Est » !

La 130 B 439

La 130 B 439 est issue de la reconstruction en 1914 par les Ateliers d'Epernay de la 030 n° 0.439.

Du temps de la région Est de la SNCF, elle était signalée au dépôt de Troyes en 1938 et d'Epinal en 1957. Elle fut mutée à celui de Blainville le 27 novembre 1960, pour être mise à la disposition des CFS de Rambervillers jusqu'au 1er mars 1967.

Elle est ensuite mutée au dépôt de Gray le 19 août 1967 et y demeure jusqu'en mai 1971 puis est garée bon état au dépôt de Chaumont ; son dernier tender est le 13 C 82. Ses quatre dernières révisions eurent lieu à Epernay le 31 mai 1949, Chalindrey le 20 février 1958, Blainville le 3 avril 1964 et Chaumont le 26 avril 1971.

Aujourd'hui exposée en monument à Capdenac-Gare, la 130 B 439 a depuis sa sauvegarde connu une histoire bien tumultueuse. Elle fut restaurée dans sa livrée Est noire à filets rouges par le dépôt de Chaumont, qui vivait ses dernières heures avec la disparition de la traction à vapeur, et son épreuve hydraulique décennale eut lieu le 26 avril 1971. La 30.439 effectua alors une marche de rodage en pression sur la ligne 4, avec un A/R haut-le-pied jusqu'à Bricon.

Pressentie un temps par la SNCF pour remplacer la Crampton, elle fut écartée au profit de la 230 G 353. La 30.439 aboutit au Musée de Mulhouse, installée provisoirement dans l'ancienne rotonde du dépôt de Mulhouse-Nord. En 1976, lors de la construction du musée actuel, la direction de l'époque n'a pas désiré la garder : la machine s'est donc trouvée sans affectation, alors qu'elle avait encore un potentiel de marche de cinq ans !

Le VH 24 en semptembre 1987, encore en livrée SNCF rouge et crème, sur les voies du Train à Vapeur des Cévennes Anduze – Saint-Jean-du-Gard. Photo Jean-Louis Poggi.

A l'issue de sa révision, la 130 B 439 a effectué une marche de rodage jusqu'à Bricon et rentre ici au dépôt de Chaumont en mai 1971. Photo Eric Martin.

La ville de Capdenac-Gare, au riche passé ferroviaire, se souvint tout d'un coup de son histoire locale et émit le désir auprès de la SNCF d'avoir une locomotive à vapeur pour la présenter en monument. La 30.439 fut proposée et acheminée à Capdenac ; sa livrée Est noire gênant sans doute quelque peu en Aveyron, elle fut repeinte d'un vert celtique en vigueur à la SNCF et présentée en monument sans aucune protection ! Elle arriva à Capdenac sans sa petite pompe Fives-Lille, démontée afin de la mettre sur la 140 C 344 que le musée désirait remettre en livrée Etat, la pompe réservée à cet effet ayant été égarée !

En 2000, l'état de la locomotive se dégradant, un abri fut enfin construit pour la protéger et ses tôles détériorées par les intempéries furent remplacées, mais non encore repeintes début 2004.

N'eut-il pas été plus judicieux de choisir pour la ville de Capdenac-Gare la 150 PO plus en rapport avec cette localité cheminote, et de proposer à la 30.439 de l'Est une retraite bien méritée en ses terres d'origine ?

RAMBERVILLERS. - Vue générale

La gare de Rambervillers vers 1910, avec une rame sur la voie 1 bis dite « voie de Charmes ». Le BV a subi un premier agrandissement avec une porte supplémentaire à chaque extrémité. Collection Didier Leroy.

La gare de Rambervillers vers 1936, avec une automotrice Renault ZO pour Charmes voie sur 1 bis, tandis que deux automotrices Blanc-Misseron stationnent sur la voie de halle. Les installations de la gare ont alors atteint leur extension maximale. Collection Didier Leroy.

Ci-dessous, document Est d'avril 1932. Collection AFAC.

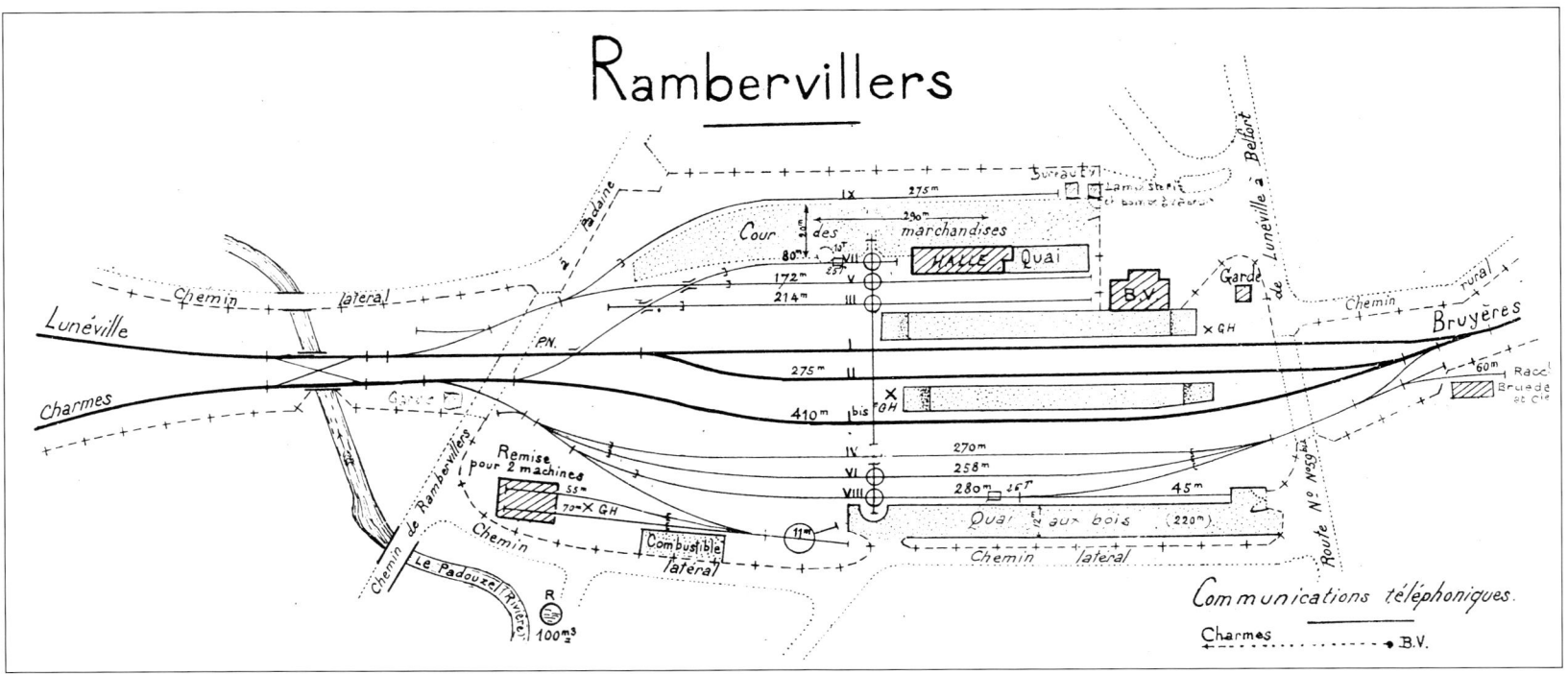

Rambervillers

LA GARE DE RAMBERVILLERS, CENTRE D'EXPLOITATION DE LA LIGNE

Chef-lieu de canton de 6177 habitants, la ville de Rambervillers, située à 287 mètres d'altitude est traversée par la rivière la Mortagne.

Cette ville marquée par son histoire religieuse est le lieu de passage entre la montagne vosgienne et le plateau lorrain, à équidistance des deux plus importantes villes des Vosges que sont Epinal et Saint-Dié.

La situation géographique de Rambervillers en a fait depuis longtemps le lieu principal de l'industrie et du commerce dans une région agricole source de foires et de marchés. L'argile, la pierre et surtout le bois, provenant de vastes et denses forêts environnantes, sont les principales matières premières de la contrée.

L'industrie du textile, avec de nombreux tissages et ateliers de confection, fut le fer de lance de l'économie locale jusqu'au milieu des années 70, période où de nombreuses usines s'effacèrent du paysage local, notamment « l'empire » Boussac.

L'activité découlant du bois à quant à elle mieux résisté aux vicissitudes économiques. La « Société des produits céramiques de Rambervillers », autrefois importante entreprise de fabrication de tuyaux en grès et de poteries, les grès flammés, ne subsiste qu'à travers la présence d'un petit atelier orienté vers l'art.

La Légion d'Honneur fut décernée par décret du 19 avril 1896 à la ville de Rambervillers, en reconnaissance de l'aide apportée par les francs-tireurs locaux à la garde nationale qui causa de nombreuses pertes à l'ennemi prussien, le 9 octobre 1870. La ville fut également récompensée pour le patriotisme de ses habitants par les Croix de Guerre 1914-1918 et 1939-1945. Deux importantes garnisons apportèrent la présence de nombreux militaires, jusqu'à leur disparition au milieu des années quatre-vingts.

Cette courte présentation nous amène tout naturellement au chemin de fer, qui a joué un rôle primordial pour le développement des manufactures, le transport des marchandises, les échanges faciles de la ville avec les villages et bourgs alentours et l'ouverture vers des destinations plus lointaines, surtout après la création de la partie nord de ligne qui permit les correspondances avec celle de Paris à Strasbourg.

Les emprises ferroviaires

Les emprises attribuées au chemin de fer à Rambervillers, sans être démesurées, n'en sont pas moins importantes. Elles se sont développées au fur et à mesure de l'arrivée des lignes :
- en 1871 pour la ligne de Charmes ;
- en 1902 pour celle de Bruyères ;
- en 1911 pour celle de Gerbéviller et sa continuation vers Lunéville.

A l'origine, la gare de Rambervillers n'a comporté qu'un BV de type B Est, avec pavillon central à deux portes, toit perpendiculaire aux voies et deux petites ailes à une porte au toit parallèle aux voies. Il a connu trois extensions correspondant aux dates ci dessus, lui conférant l'aspect qu'il eut pendant la presque totalité de son existence. L'ensemble se complétait d'une halle à marchandises et d'une remise à machine à une voie.

Ces installations sont intéressantes car Rambervillers, gare typique de bifurcation d'une petite ville, regroupait tous les services utiles au fonctionnement du chemin de fer, de manière réduite certes, mais effective.

Le plan de la page ci-contre permet de repérer aisément les différentes installations, composées de trois voies 1, 1 bis (appelée jusqu'à la fin de l'exploitation « voie de Charmes ») et 2, séparées par un unique trottoir central de 158 m. Le BV sans prétention architecturale comportait huit portes donnant

RAMBERVILLERS - Usine Céramique

Une vue de Rambervillers prise à hauteur du dépôt, dont on distingue la remise sur la gauche. On aperçoit la voie étroite reliant la « voie neuve » Est à l'usine de céramiques célèbre pour sa spécialité de grès flammés. Collection Paul Michel.

sur les voies et sept donnant sur la ville, avec un petit bâtiment d'aisance. La lampisterie se trouvait curieusement sur la gauche de la cour des voyageurs dans un petit bâtiment avec la pompe à incendie, proche du bureau PV (marchandises petite vitesse) séparé de la halle. Lorsque le bureau marchandises intégra la halle, l'emplacement libéré fut affecté à l'Économat du chemin de fer, le magasin destiné aux cheminots et à leur famille, tenu par un agent SNCF de Lunéville trois jours par semaine.

Pour le service des marchandises, on trouvait une halle de 48,15 m munie d'un bureau, un quai découvert de 26,85 m, sept voies de débord à la longueur généreuse pour la plupart, et une grue de 10 tonnes modèle PLM n°168 au niveau de la voie 7. La voie 9, dite voie neuve, se trouvait en correspondance avec la voie étroite de 0,60 m de la Société des produits céramiques de Rambervillers (« Les grès flammés ») qui possédait un petit réseau de wagonnets facilitant les échanges avec les wagons de l'Est. La gare de Rambervillers offrait ainsi de véritables possibilités de manœuvre.

Sept petites plaques tournantes de 4,50 m permettaient de déplacer facilement les wagons entre les voies 1 à 9 tout en traversant les principales qui, elles, n'avaient pas de plaques. Ces plaques disparurent progressivement juste après la création de la SNCF.

La présence militaire à Rambervillers fut importante : un quai militaire de 287,83 m en est la preuve. Il fut par la suite dénommé « quai aux bois » en raison de sa destination finale, car il servait en pratique d'embranchement particulier à la scierie « La Forestière », séparée du quai uniquement par la rue du Chemin d'Exploitation.

Au cours des années 60, des remorques rail-route système UFR ont été utilisées, avec une rampe de chargement installée au bout du « quai aux bois » sur la voie 8.

Vue d'ensemble du dépôt de Rambervillers le 12 avril 1966, avec les 130 B 439 à droite et 467 à gauche. On notera que cette dernière a reçu une porte de boîte à fumée plate.
Photo Pierre Debano.

Le dépôt vapeur

Le remise d'origine à une voie disparut pour laisser place à un dépôt de facture Est à deux voies permettant le garage de machines de type 130 A ou B, voire sur la fin de la vapeur à une 140 C venue en remplacement (type de machine éphémère sur la ligne 23[7]). Par la suite un bâtiment abritant une voie supplémentaire fut accolé au dépôt par les CFS, afin d'y remiser un autorail et dans les dernières années d'exploitation une draisine. Un magasin dans des bâtiments en bois latéraux, un atelier à son extrémité et un bureau à l'usage du chef de dépôt complétaient le tout. Un bâtiment à usage de dortoir et de réfectoire, indépendant de la remise et situé presque au niveau du chemin vicinal n° 5, devint par la suite la résidence du chef de dépôt.

Les installations comportaient trois grues hydrauliques Est à col simple et tête semi-ronde, l'une au dépôt entre les deux voies de la remise et les deux autre respectivement à l'extrémité ouest du premier quai et est du second. Un parc à combustible de 48 m sur 8,60 m était situé le long de la voie en bordure du « chemin d'exploitation ».

Une plaque tournante de 11,20 m actionnée manuellement, située sur une voie en impasse de 23,50 m à l'opposé de la remise, complétait les installations de traction.

L'alimentation en eau provenait d'un réservoir de 100 m³ installé à proximité de l'entreprise « La Forestière » à côté du dépôt. L'eau était captée sur le ruisseau du Padouzel, à l'origine probablement par une pompe actionnée par une machine à vapeur fixe et par la suite par un moteur électrique ; l'hiver des braseros au coke évitaient le gel.

La locomotive Fives-Lille n° 103 des CFS sur le pont tournant du dépôt de Rambervillers le 13 avril 1960. Au fond, la voiture ex-prussienne à lanterneau affectée au train MV local.
Photo Jacques-Henri Renaud.

*Le 12 avril 1966 au dépôt de Rambervillers, le chef de dépôt aide au tournage de la 130 B 467. Sur cette machine, la porte de boîte à fumée d'origine a été remplacée par une porte plate.
Photo Pierre Debano.*

*Autre vue du tournage à la main de la 130 B 467 (avec gros tender 20 A à trois essieux) sur le pont du dépôt de Rambervillers, le 12 avril 1966.
Photo Pierre Debano.*

*En 1964, la 131 TB 16 quitte Rambervillers pour Blainville et passe devant le dépôt. On note l'agrandissement du bâtiment dont la remise à autorails.
Photo Jean Florin.*

*En 1973, l'autorail Renault VH 24 est garé en bon état à l'intérieur du dépôt de Rambervillers. La fourgonnette Renault 4L appartient au centre CFTA de Gray, que le premier rejoindra bientôt !
Photo André Artur.*

*Atmosphère d'antan en 1947 à Rambervillers : l'homme d'équipe Joseph Michel décharge de nombreux petits colis du fourgon du train MV en provenance de Bruyères, et les charrie sur une brouette type « Etampes ». On notera les arbustes entourés de paille et la présence de la voiture Nord-Est n° 65.
Collection Paul Michel.*

Une solution de secours a existé lorsque des baisses d'eau intervenaient : le pompage de l'eau s'effectuait alors directement par un simple tuyau dans la rivière se situant après le pont de la Fosse aux Dames, sur le canal de fuite de l'usine Boussac de Blanchifontaine (dérivation de la Mortagne), au PK 33,2 en direction de Bruyères.

Les signaux

Trois disques protégeaient les mouvements en gare avec des jalons de protection :
- vers Charmes aux km 26,352 et km 26,986 ;
- vers Gerbéviller aux km 31,307 et km 31,707 ;
- vers Bruyères aux km 33,890 et km 33,290.

Le bâtiment des voyageurs (BV)

Le bâtiment à l'usage des voyageurs subit trois agrandissement, correspondant à l'ouverture de nouvelles relations, entraînant une augmentation du trafic. Dans un premier temps, les deux ailes furent allongées par la création d'une pièce supplémentaire et dans un second temps, une extension supplémentaire de l'aile côté Lunéville fut réalisée pour doubler sa surface, d'où sa dissymétrie définitive.

Côté voies, ce BV a donc eu quatre, six puis enfin huit portes. Cette dernière configuration a perduré jusqu'à sa fermeture définitive le 29 août 1989.

La distribution des locaux du bâtiment agrandi s'organise de la sorte :
- une salle des pas perdus ;
- un bureau pour les billets et le télégraphe ;
- un bureau pour le chef de gare ;
- une salle d'attente de 1ere et 2eme classes ;
- une salle d'attente de 3eme classe ;
- un bureau des bagages ;
- une salle des bagages et messageries ;
- une consigne.

La distribution des années soixante comportait de gauche à droite, face au BV :
- le local à bagages et petits colis comportant deux bascules ;
- un grand bureau commun avec des guichets en chêne munis de vaste baies vitrées équipées d'un hygiaphone (sauf un resté d'origine). On y trouvait la caisse, l'armoire à billets et sa réserve (en bois), le composteur noir à filets rouges, le service des messageries et le central téléphonique manuel à fiches ;
- la salle des pas-perdus avec un composteur orange à partir de 1978 ;
- le bureau des agents de train ;
- le bureau du chef de gare avec le coffre fort et le fichier wagons ;
- une salle d'attente.

*A Rambervillers le 16 septembre 1961, le chef de gare Robert Henry s'occupe des petits colis à côté de l'autorail VH 22 et sa remorque Verney XR 9500.
Photo Bernard Rozé.*

*Le personnel de la gare de Rambervillers le 1er février 1967. Tous se prénomment Jean ! A partir de la gauche : Jean Viriat, chef de train ; Jean Combeau, intérimaire ; Jean Guerrier, intérimaire ; Jean Dervau, sous-chef de gare ; au premier plan Jean Gérard, sous-chef de gare, avec la quille pour son départ en retraite. Les casquettes portent pour la plupart le monogramme CFS tandis que les vareuses ont des coins de col CFTA, excepté celle de l'intérimaire Guerrier : nous sommes en pleine période de transition !
Collection Paul Michel.*

Les passages à niveau (PN)

Deux maisonnettes pour les garde-barrières se trouvaient aux extrémités de la gare : celle du PN 35 à quatre voies sur le chemin vicinal n° 5 de Rambervillers à Padaine, et celle du PN 36 qui protège les quatre voies franchissant la route nationale 59 bis de Lunéville à Belfort. En 1971, cette maisonnette fut transformée en bureaux pour le chef de subdivision, le chef de district et la secrétaire, les barrières étant depuis longtemps actionnées par un agent de la gare.

Les embranchements particuliers (EP)

Ou plutôt, devrions-nous dire selon les termes en vigueur jadis, les raccordements :

Le premier, à la sortie de la gare en direction de Bruyères, était le raccordement Bord Barthélémy, devenu Huraux (entreprise de matériaux de construction).

Au cours des années 60, une aiguille en talon a été posée sur la voie 9, pour raccorder la « céramique » par un second EP, mais celui-ci ne fut jamais réalisé.

A la même époque, l'EP de la scierie Jung vit le jour. Il était situé en pleine voie au PK 34.30 entre Blanchifontaine et Jeanménil sur ce qui était l'amorce de la future zone industrielle de Rambervillers. Cet EP justifiait une desserte quasi-quotidienne, réalisée en fin de manœuvre après l'arrivée du train de marchandises, vers 10h00/10h30. Cette desserte s'effectuait forcément par refoulement depuis la cité rambuvetaise, puisqu'il n'y avait qu'une aiguille en pointe et la voie en tiroir, elle imposait de toute façon de rendre voie libre à l'autorail de 11h30.

Dans les années soixante-dix, l'entreprise Pannovosges, toujours au PK 34,30 mais du côté opposé au précédent, a été raccordée. S'ajoutait aux inconvénients dus au refoulement, une courbe très serrée et en pente, ce qui provoquait des « mariages » de tampons et donc des déraillements. Les wagons modernes aux dimensions plus importantes ne firent qu'accentuer ces problèmes. Un système de confection artisanale avec un crochet spécial, permettait avec beaucoup de précaution d'y remédier, mais augmentait les temps de manœuvres. Au fil des ans, la réduction à la portion congrue du plan de voies de la gare de Rambervillers ne permettait plus de recevoir des trains longs puisque la locomotive, qui devait obligatoirement se remettre en tête pour le retour sur Bruyères, ne pouvait emprunter l'aiguille engagée par la rame.

*En 1984, sur l'EP de l'entreprise Pannovosges, détail du dispositif spécial servant à allonger l'attelage des wagons et éviter le mariage des tampons.
Photo André Grandemange.*

*A Rambervillers en octobre 1981, une BB 66400 est en attente de départ pour Epinal via Bruyères tandis que le locotracteur Y 7100 assure la desserte vers Lunéville.
Photo Claude Henry.*

Le locotracteur Y 8000 de Lunéville en gare de Rambervillers en 1988, dans les derniers temps de la desserte marchandises. Collection Claude Henry.

Dès le milieu des années soixante-dix, avec la réduction du service voyageurs par fer, la gare de Rambervillers et ses emprises entrèrent dans une léthargie qui ira s'accentuant : réduction au strict minimum de l'entretien, suppression des lignes téléphoniques aériennes propres au chemin de fer dites « omnibus » [1] en 1986, simplification drastique du plan de voies ne permettant plus une exploitation satisfaisante, démantèlement de la plaque tournante et des grues hydrauliques, puis démolition au début des années 90 du dépôt, de la maisonnette du PN 36 et enfin en 2002 des toilettes, des quais et de la halle. Seuls le dortoir-réfectoire, devenu maison particulière, et l'ancienne lampisterie sont toujours présents.

Après dépose des voies suite au déclassement de la ligne vers le nord, les emprises furent rachetées par la commune, qui les a agrémentées d'un vaste espace vert totalement vierge. Le BV, également acquis par la ville et aujourd'hui muré, reste le seul témoin significatif de la présence du chemin de fer à Rambervillers.

Emettons le souhait de voir la gare conservée et restaurée... en cette ère de préservation du patrimoine !

Une scène émouvante le 14 décembre 1968 à 19h30 en gare de Rambervillers : le chef de gare Robert Henry donne le départ du dernier train 22372 pour Blainville assuré en traction à vapeur, avec la 131 TB 16 conduite par le mécanicien Collot et le chauffeur André.
Photo B. Utard - collection Claude Henry.

[1] Liaison téléphonique indépendante des PTT.

Collection Pierre-Guillaume Offret.

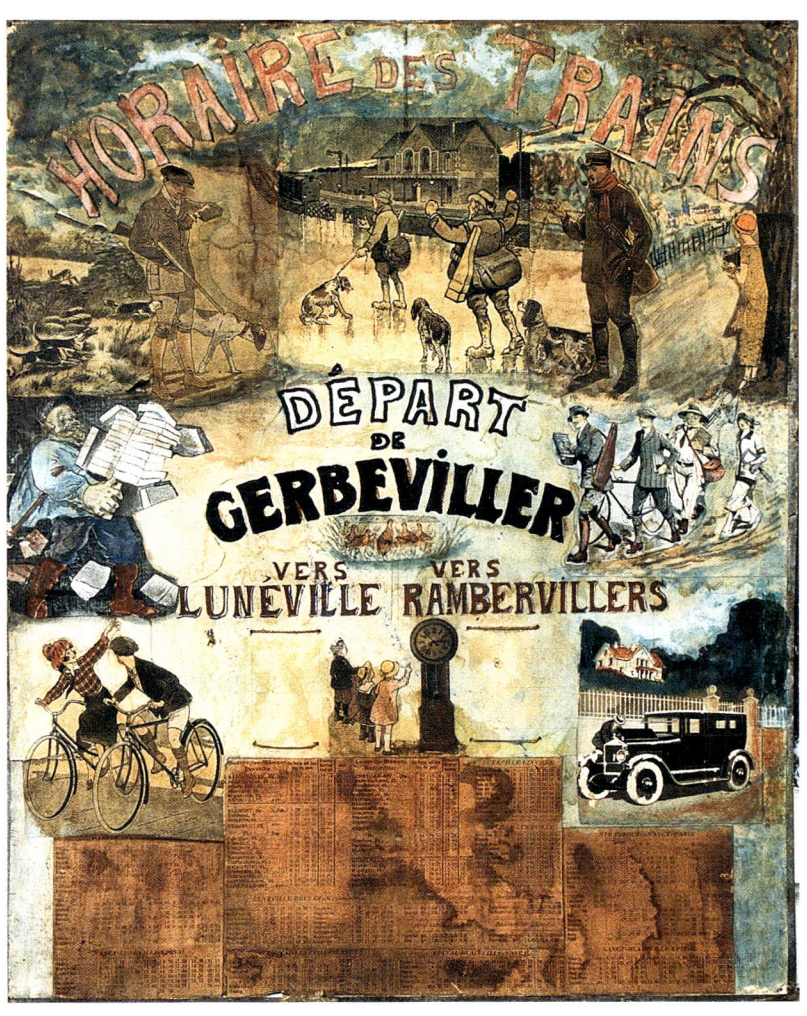

Tableau d'horaires des trains de la gare de Gerbéviller datant des années 1925, probablement de facture locale. Photo et collection Claude Hermann.

Plaque émaillée marquant les limites entre la SNCF et les CFS pour le service Voie & Bâtiments à proximité de Bruyères. Photo Claude Henry.

Souvenirs originaires de la gare de Gerbéviller : sur la brouette à bagages, à partir de la droite, une lanterne « pot tournant », une lampe « haute tige », une lanterne YP et une applique de quai AE bis de la compagnie de l'Est. Photo et collection Claude Hermann.

Bruyères, le 15 août 1963 vers 14 h 00. Le MV 22373 vient d'arriver et la 130 B 467 manoeuvre en gare.
Photo Jean Florin.

Rambervillers, le 13 juin 1964. Le mécanicien Albert Blin pose devant le tablier de la 130 B 467.
Photo Jean Florin.

Bruyères, le 20 mai 1965. La 230 B 790 du dépôt de Blainville remplace au MV 22372 une des machines louées aux CFSTA, probablement en cours de révision.
Photo Jean Florin.

Rambervillers, le 25 mars 1967. La 130 B 439 avec une rame de voitures ex-DR remplace l'autorail pour Lunéville, tandis que le MV 22373 pour Rambervillers est en attente voie 1bis.
Photo Jean Florin.

L'autorail Renault VH 23 en attente au quai 1 de la gare de Rambervillers en août 1964. On apprécie la livrée « rouge Nord-Est » et le marquage CFS « jaune bouton d'or ». Une variante de décoration a existé sur ce matériel, avec l'application d'un mince filet jaune au bas des baies vitrées sur le pourtour de la caisse.
Photo Guy Rannou.

Ci-dessus, Domfaing en mai 1980. L'autorail Picasso du soir monte la rampe de Belmont vers Bruyères.
Photo Claude Henry.

Vue prise depuis l'appartement de la gare de Rambervillers le 10 décembre 1967 par le fils du chef de gare, à l'heure du coucher de soleil. Le « couvert » stationné sur une voie de service sert de wagon de secours aux CFTA.
Photo Claude Henry.

Scène pastorale à Deinvillers, par un beau lever de soleil de mai 1980 à l'heure où l'autorail 8262 du matin marque l'arrêt pour quelques jours encore. Devant le BV de style « tardif » de la compagnie de l'Est, la gérante manœuvre la barrière du PN de cette petite station qui n'a reçu l'éclairage électrique que vers 1966.
Photo André Presle.

Passage de l'autorail 8282 pour Lunéville en gare de Brouvelieures, fin mai 1980.
Photo André Presle.

Le 25 septembre 1971, passage du dernier autorail Lunéville – Gérardmer, en gare de Rambervillers avec l'autorail X 3983. Collection Paul Michel.

Samedi 31 mai 1980 : malgré de nombreuses protestations, le dernier autorail « Picasso » en provenance de Lunéville arrive sous un temps de circonstance en gare de Bruyères. Photo Claude Henry.

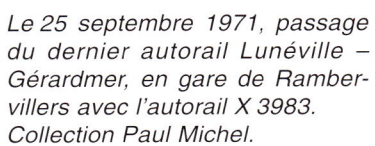

BROUVELIEURES, LA NOBLESSE D'UNE PETITE GARE

Brouvelieures est un village vosgien typique de 525 âmes, entouré de forêts de résineux, situé à 392 mètres d'altitude et traversé par la route nationale 420 d'Epinal à Saint-Dié.

En arrivant de Saint-Dié, sur la droite à l'entrée du village, le regard se porte sur un bâtiment aux toits agrémentés de seyantes petites lucarnes, flanqué d'une imposante tour, ressemblant étrangement à un manoir, qui laisserait planer un mystère sur son histoire. Seules des plaques bleues à lettres blanches placées sur le pignon et la façade en dévoile l'origine : il s'agit d'une gare.

Clin d'œil architectural que cet édifice public au style prestigieux et unique : la gare de Brouvelieures, grâce au voisinage du château de la comtesse Saporta, bénéficia d'une construction soignée ; la châtelaine local ayant désiré la plus belle des stations de chemin de fer pour la desserte de son village, elle alla même, paraît-il, jusqu'à offrir le surcoût des aménagements adéquats !

Avec la même angoisse empreinte d'impatience qu'il éprouvait enfant lors de sa descente de la « Caravelle » rouge et crème à la tombée du jour sur les lignes vosgiennes, l'auteur de ces lignes visita au cours de l'été 1997 la gare de Brouvelieures et rencontra l'ancien chef de gare et son épouse, monsieur et madame Defranoux.

Ensemble de petits matériels attachés à la gare de Brouvelieures : burette à long bec, guidon de départ métallique, timbre à date, cachet de retour et billet « Bruyères – Brouvelieures ».
Collections Didier Leroy & Paul-Henri Bellot.

Les cinq agents attachés à la gare de Brouvelieures posent en 1926 autour du chef de gare assis sur le banc, avec les deux facteurs-enregistrants de part et d'autre et les deux hommes d'équipe en arrière. Les deux fillettes habillées à l'identique et la dame sans chapeau sont sans doute de la famille du titulaire de la gare, alors qu'un couple de voyageurs avec leur fille ont été invités pour la photographie en attendant le train 49 de 10 h 47. A côté de l'applique d'éclairage du quai, on note la sonnerie d'annonce Damond à tintement lent.
Collection Didier Leroy.

En septembre 1964, la 130 B 439 passe en gare de Brouvelieures en tête du train « Marchandises-Voyageurs » pour Bruyères. Photo Jean Florin.

Gare de Brouvelieures, 2001 : guichets voyageurs et marchandises dans leur facture d'origine. Remarquer l'importance du guichet « billets » eu égard à ceux plus modestes de ce type d'établissement.
Photos Didier Leroy.

BROUVELIEURES (Vosges). – La Gare

*La gare de Brouvelieures dans les premières années de son exploitation (1902). Le chef de gare porte le pantalon en toile blanche de la tenue d'été.
Collection Jean-Pierre Rigouard.*

L'accueil par les anciens cheminots « CFS » de la gare de Brouvelieures fut des plus chaleureux. Le couple Defranoux, parti depuis pour un éternel voyage, a vécu dans sa belle gare des jours paisibles, depuis le 14 octobre 1953 lorsque Jean y fut nommé chef de gare, son épouse reprenant par la suite la gérance, au moment où les petites stations perdirent leur chef de gare. L'établissement fut supprimé le 30 mai 1976, Maria Defranoux conservant le gardiennage des barrières jusqu'à la fermeture définitive de la ligne le 31 mai 1988.

De cette époque où la gare était bien active, seuls les souvenirs et les photographies viennent éclairer les lieux de nos jours bien calmes. Le dernier autorail ayant circulé le samedi 31 mai 1980, les herbes folles reprirent après 1988 la place que les brigadiers de la compagnie de l'Est leur refusaient depuis 1902.

Avec les attachants propriétaires, nous visitâmes le rez-de-chaussée qui correspond aux locaux affectés à l'exploitation.

La station de Brouvelieures respecte le type B de la compagnie de l'Est. La gare, ce qui est inhabituel, a traversé les vicissitudes du temps en conservant intact ses locaux : la salle des pas-perdus avec ses guichets « billets » et « bagages-messageries » peints en marron foncé, la salle d'attente au haut plafond avec des banquettes en bois, rehaussées par des affiches vantant les voyages en chemin de fer, le petit poêle à charbon au long tuyau qui rappelle la rigueur des hivers vosgiens, le bureau du chef de gare au parquet en points de Hongrie, avec son meuble-caisse à petits tiroirs et

*Ci-dessus, le train MV 22373 pour Bruyères, tiré par la locomotive-tender à quatre essieux accouplés n° 103 des CFS, est dominé par la majestueuse tour de la gare de Brouvelieures le 13 avril 1960.
Photo Jacques-Henri Renaud.*

*Ci-contre à Brouvelieures le 13 avril 1960, le MV 22372 pour Rambervillers est composé de la 103 des CFS, d'un wagon couvert de tête d'origine Est (vigie supprimée), une voiture d'origine Prussienne ex-4ème classe, d'un wagon plat à bogies RRCyw d'origine PLM, d'un tombereau OCEM TTuw et d'un fourgon M ex-E Ouest.
Photo Jacques-Henri Renaud.*

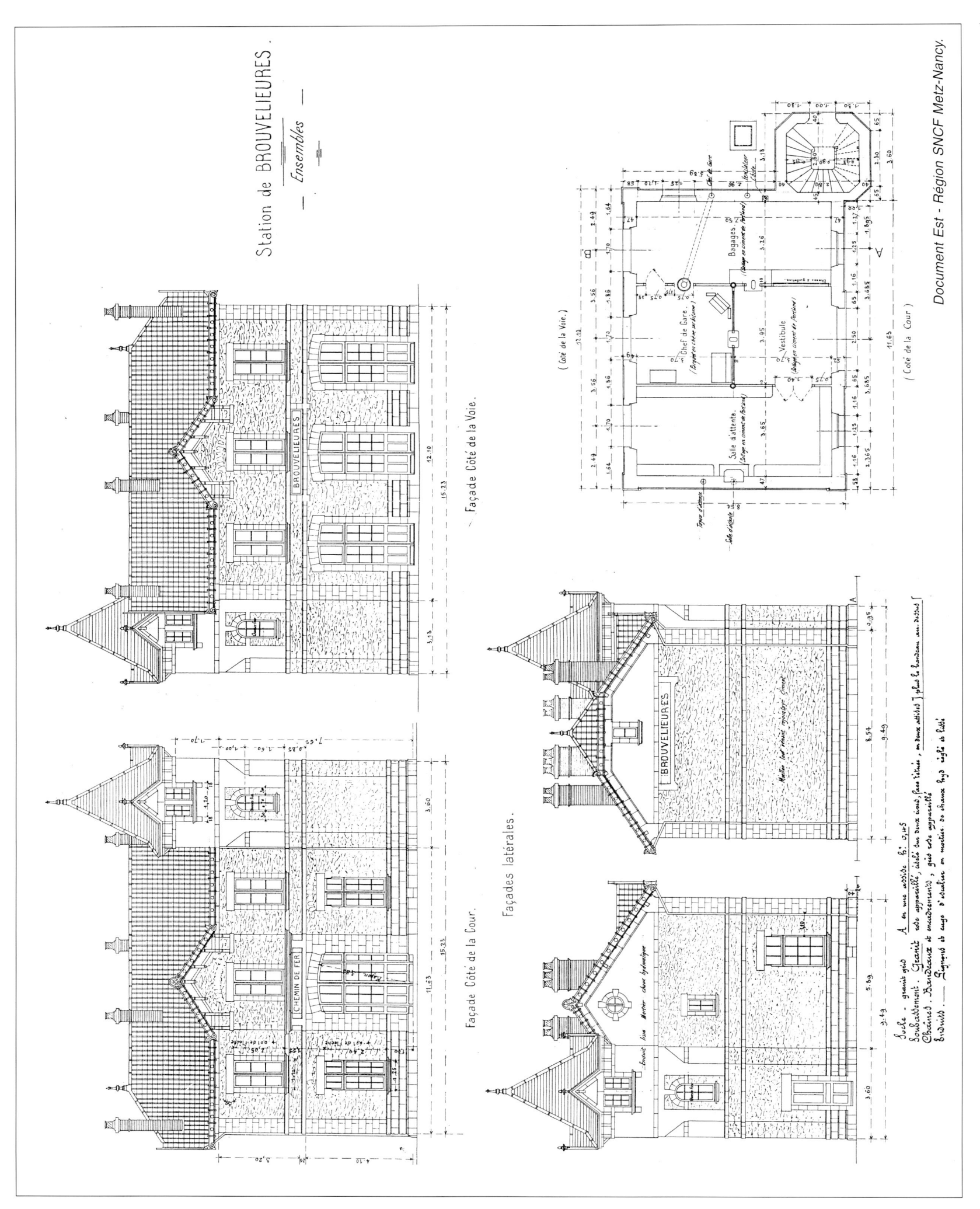

Station de BROUVELIEURES.
— Ensembles —

Façade Côté de la Voie.

Façade Côté de la Cour.

Façades latérales.

Document Est - Région SNCF Metz-Nancy.

la salle des messageries, avec la grande banque à bagages, aux guichets dont les ouvrants sont commandés par une corde glissant autour d'une poulie, à l'extrémité de laquelle se trouve un poids. Les casiers à étiquettes, aux destinations aujourd'hui oubliées et l'armoire à piles Est complètent ce lieu, en nous offrant la quiétude d'un passé pas si lointain.

A l'extérieur, le quai aux lampadaires en fonte, le bâtiment à usage de lampisterie et de toilettes, ainsi que la petite halle à marchandises à une porte, témoignent encore de la présence du service public ferroviaire en milieu rural...

Avec les époux Defranoux, devenus propriétaire de la gare et de la halle en 1998 lors de leur cession par la SNCF, nous nous remémorâmes l'existence des piles de bois de l'entreprise Baradel desservie par un embranchement particulier et dominée par une haute cheminée en brique rouge, quand de nombreux wagons quotidiens procuraient une activité importante.

Outre l'étiquetage, le pesage des petits colis et parfois le plombage des wagons avec la lourde pince au long manche, le quotidien de la gare était rythmé par le service des autorails de 6 h 42, 8 h 32, 11 h 24 et 19 h 48 en semaine [1].

[1] Horaires Chaix Est. Service des vacances 1961.

Le train mixte, conduit pendant trente ans par le mécanicien Albert Blin en particulier, circulait du lundi au samedi, avec son unique voiture à voyageurs. Il marquait à l'aller un arrêt de 7 minutes avant de repartir pour Bruyères à 13 h 04 ; au retour, 42 minutes étaient allouées pour les manœuvres de wagons de bois pour les scieries environnantes, le départ pour Rambervillers avait lieu à 17 h 18 [1].

Le mercredi, jour de marché à Bruyères, le composteur en fonte, à la forme de col de cygne dont la plaque en cuivre était toujours bien astiquée, poinçonnait avec un bruit sourd près de 75 de ces petits billets cartonnés, inventés par le chef de gare anglais Edmonson.

La visite du facteur local à la gare pour le transport du courrier rappelait, comme dans une célèbre chanson, un temps *« que les moins de vingt ans ne peuvent pas connaître »*, celui des petites gares bien vivantes et abondamment fleuries.

A Brouvelieures, petite gare au cœur frais des Vosges, ne manque désormais que la présence de voyageurs aux pas-perdus, dans l'attente d'un train qui eût été en d'autres temps annoncé par le sifflement d'une 130 B, l'avertisseur d'un « autorail rouge » ou d'un « Picasso ».

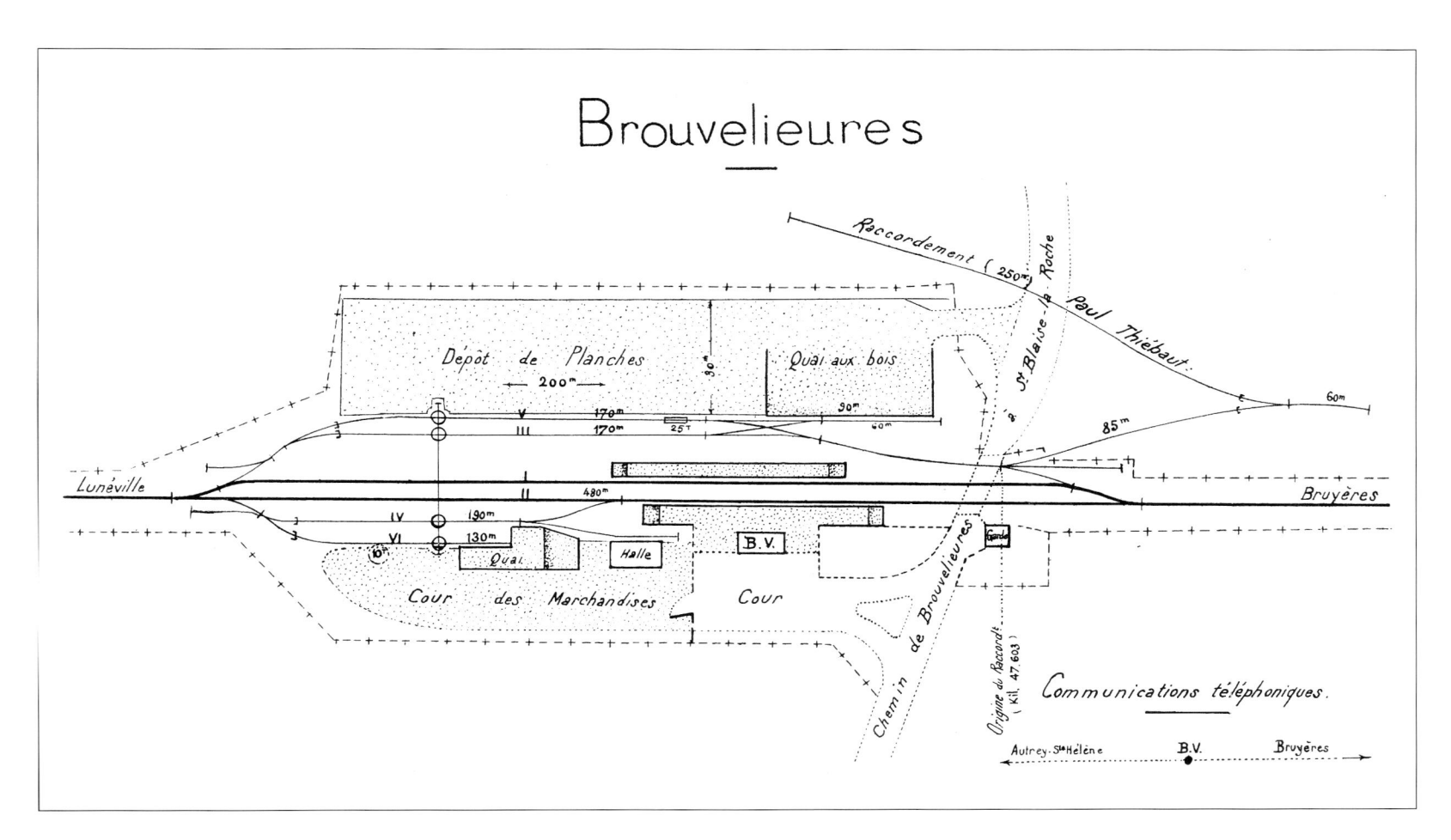

Document Est - Avril 1932 - Collection AFAC.

Apparition à Brouvelieures le 20 mai 1965 de la 230 B 780 de Blainville sur le MV 22373, en remplacement de la 130 B en révision. Photo Jean Florin.

L'EMBRANCHEMENT DE LA SCIERIE « GEORGES BARADEL ET CIE »

Créé en 1946, il est typique des embranchements particuliers liés aux lignes secondaires.

A l'origine, une seule voie desservait la scierie Baradel, complétée en mars 1977 par une seconde voie à l'occasion de sa remise aux normes. La fermeture de l'embranchement fut décidée le 28 février 1986, après différents changements de propriétaires de la scierie.

Au milieu des années 50, la desserte de l'embranchement particulier était effectuée une fois par jour sauf dimanche et fêtes, par le train de marchandises-voyageurs omnibus 22373 [1], lors des manœuvres au local. Les wagons étaient livrés et repris sur la section de voie de la seconde partie de l'embranchement.

Jour A : Livraison.

Jour B : Restitution des wagons, soit après une simple opération de chargement ou déchargement, ou après une double opération, c'est à dire déchargement et rechargement.

[1] Rambervillers – Bruyères, horaire Chaix du 30/09/1956 au 15/12/1956.

L'autorail X 3852 assurant le train 8387 Lunéville – Bruyères marque l'arrêt en gare de Brouvelieures le mardi 13 mai 1980, sous le regard de la gérante Maria Defranoux. Photo Dominique Seret.

LA TRACTION VAPEUR SUR LES LIGNES AFFERMÉES DES VOSGES

Jean Florin

Bien moins connues des amateurs que les lignes de l'étoile de Gray, les lignes affermées des Vosges, en fait Lunéville – Rambervillers – Bruyères et Rambervillers – Charmes, suscitèrent beaucoup moins d'intérêt et ne provoquèrent pas, à la fin de la vapeur, les mêmes passions : 1968 n'était pas 1975...

Cependant, à Rambervillers, on trouvait une ambiance particulière, sorte de symbiose entre le « vieil Est » et une compagnie privée.

Rambervillers, n'avait rien à voir avec Gray ! Gray possédait une grande gare voyageurs, d'immenses installations marchandises au trafic important, un grand dépôt-atelier à l'effectif conséquent, tant en hommes qu'en machines, le tout dans une région agricole vaste et riche, baignée par la grande et calme Saône, une région aux confins de l'Est et du PLM, déjà tournée vers la Bourgogne et la France du Centre.

A Rambervillers, l'échelle n'était pas la même. Une gare de très moyenne importance avec trois voies à quai, des installations marchandises correspondant à l'activité d'une petite ville, un petit dépôt et c'était tout, pour cette région rurale assez active certes, mais à l'échelon local des Vosges.

Bien sûr, il y avait beaucoup moins de cheminots qu'à Gray. Des hommes différents, non plus des Saônois au contact facile, mais des Vosgiens sans doute plus réservés mais viscéralement attachés à leur ligne. Qu'ils eussent appartenu à la Traction, à l'Exploitation ou à la Voie ne changeait rien : c'était leur chemin de fer. Leurs collègues de la SNCF les appelaient, sans la moindre connotation péjorative, les « Rambers » et les «Rambers», c'était spécial, c'était sérieux et ils le savaient.

A Gray déjà, en dépit de l'importance des effectifs et des installations, on éprouvait un certain sentiment d'indépendance, d'autonomie vis à vis de la Société Nationale. Or, à Rambervillers, ce sentiment, on l'éprouvait aussi, mais comme plus fort : ici, c'était vraiment « la ligne » d'une compagnie de chemin de fer privée.

La compagnie, ce n'était plus la SE : c'était les Chemins de Fer Secondaires, la CFS et sa branche le Nord-Est, dont le siège et les vastes exploitations se trouvaient à Saint-Quentin dans l'Aisne. Depuis l'affermage en 1934 des lignes vosgiennes considérées, le centre d'Exploitation, de la Traction et de la Voie était installé à Rambervillers.

La compagnie, pour ses propres lignes de l'Aisne et des régions avoisinantes, avait son propre matériel, revêtu de la livrée « rouge Nord-Est ». Aussi amena-t-elle dès 1934, ses propres machines et un peu de matériel roulant, le tout complété par des locomotives louées à l'Est, puis à la SNCF.

La présence sur la ligne de ces machines Nord-Est, d'au moins une grande voiture Nord-Est à bogies et à plateformes extrêmes, de quelques fourgons et wagons, combinée à celle du Billard et des autorails VH (rouges eux aussi), accentuait l'impression de se trouver sur une compagnie privée indépendante.

Curieusement, la cohabitation avec les machines et les voitures et wagons de la SNCF forcément omniprésents, n'atténuait pas du tout cette impression : on était vraiment sur le Nord-Est, pas sur le réseau national, bien que les installations fixes fussent évidemment typiquement Est.

Les locomotives du Nord-Est

Les Meuse n° 51 - 52 - 57

En 1908, la firme liegeoise « La Meuse » a livré au Nord-Est la locomotive-tender n° 5, de configuration 030, suivie en 1913 d'une autre à peu près identique (n° 6) et en 1914, d'une troisième, à peine différente mais un peu plus lourde, numérotée 51. Si les 5 et 6 étaient de bonnes locomotives, la 51, affectée sur Saint-Quentin – Guise, s'est avérée excellente à l'usage. Aussi, entre 1921 et 1923, le Nord-Est fit-il reproduire ce modèle à 17 exemplaires numérotés de 52 à 68. Ces machines étaient identiques à la 51, hormis la paroi arrière de l'abri, verticale sur la 51, alors que le bas était incliné sur le reste de la série (52 à 68), de façon à faciliter le maniement des outils à feu. Toutes étaient munies de l'élégant chapiteau de cheminée en laiton poli, signature de La Meuse.

Avec ses 18 machines, le Nord-Est disposait d'un parc homogène, simple, puissant, économique d'entretien. Elles étaient remarquablement bien équilibrées, ce qui leur a assuré une très bonne tenue de voie pour des 030.

Ce type « La Meuse » était, dans son genre modeste, si réussi que dans les années 50, 166 locomotives semblables existaient (peut-être plus), réparties dans toute la France en service privé ou industriel.

Le Nord-Est a affecté à Rambervillers les machines n° 51, 52 et 57. Elles prirent en charge une partie du service marchandises entre Rambervillers, Mont-sur-Meurthe et le triage de Blainville, ainsi que le trafic mixte entre Rambervillers et Bruyères. Il semble par contre qu'elles n'aient jamais circulé entre Charmes et Rambervillers. A partir de 1935, l'une d'entre elles allait périodiquement par ses propres moyens, mais avec un pilote Est, à Raon-l'Etape sur la ligne de Lunéville à Saint-Dié : le Nord-Est ayant en 1935 reçu l'affermage de la ligne à voie métrique de Raon-l'Etape à Raon-sur-Plaine au trafic marchandises très important, devait en effet assurer l'exploitation de l'embranchement à voie normale reliant Raon-l'Etape Est à Raon-Transit, en contournant la ville. Ce service, beaucoup plus chargé qu'on ne tendrait à l'imaginer aujourd'hui, était assuré par la 020 T Cockerill n° 0 à chaudière verticale du Nord-Est, affectée dans ce but à Raon. En cas d'indisponibilité de celle-ci, une Meuse de Rambervillers venait la remplacer.

Sur le parcours SNCF Mont-sur-Meurthe – Blainville, où les déclivités ne dépassaient pas 4 mm/m, les Meuse étaient autorisées à prendre 700 tonnes, contre 300 tonnes de Mont-sur-Meurthe à Rambervillers et Brouvelieures (rampes de 13 mm/m à 14,5 mm/m) et 120 tonnes de Brouvelieures à Bruyères (rampe de Belmont près de 20 mm/m, l'une des plus fortes de l'Est).

Les parcours sur la ligne 1 de Paris à Strasbourg avaient imposé l'installation d'indicateurs-enregistreurs Flaman, déposés par la suite, du moins sur la 51.

Les 52 et 57 repartirent dans l'Aisne en 1943-1944, tandis que la 51 était mutée à Provins où, durant un temps assez court, elle a tracté avec panache et énergie des navettes voyageurs Longueville – Provins, preuve de sa stabilité. La 51 quitta assez vite ce dépôt pour rouler sur Güe – Menau-court, puis sur le Robert-Espagne – Haironville, où sa carrière commerciale prit fin le 31 décembre 1971. Sauvegardée par le Chemin de fer touristique de la vallée de la Doller, elle roule toujours, ce qui est bien la preuve de son endurance.

La Cockerill n° 42 et la voiture n° 65 à Lunéville, vers 1946. Photo J. Vial - collection Jean Florin.

La Cockerill n° 42

Entre 1899 et 1910, la firme John Cockerill à Seraing (Belgique) a livré au Nord-Est en plusieurs tranches, une série de grosses locomotives-tender de configuration 120, à la silhouette aussi insolite qu'attachante. Ces machines de 36 tonnes en charge, en fait très réussies, montées sur des roues de 1 m 550, avaient leur soute à eau placée entre les longerons, la boîte à fumée en très fort porte-à-faux à l'avant, tandis que l'abri aux flancs dotés d'une élégante ouverture se trouvait à hauteur de la roue accouplée arrière, précédant une soute à combustible de bonne capacité.

La Cockerill n° 42 de 1910 (n° de construction 2755), précédemment utilisée entre Saint-Quentin et Ham, fut affectée à Rambervillers dès 1934. Très stable, excellente coureuse (généralement suivie de la voiture rouge Nord-Est n° 65 et d'un fourgon de couleur brun rouge), elle couvrait les services voyageurs les moins chargés, effectuant en fait le service d'un autorail entre Rambervillers et Lunéville. L'arrivée des autorails VH a diminué bien sûr ses prestations, reprises dès la déclaration de guerre en raison de la pénurie de gas-oil.

Après guerre, cette locomotive a été munie d'un indicateur-enregistreur Flaman afin de pouvoir circuler sur la ligne 1 de la région Est de la SNCF. Ses charges limites étaient de 140 tonnes sur le parcours SNCF et de 120 tonnes sur la ligne affermée. Elle ne se rendit pratiquement jamais à Brouvelieures, sauf peut-être pendant la guerre, le parcours de cette dernière gare à Bruyères lui étant interdit en raison de la rampe de Belmont.

Comme la Meuse, la Cockerill n° 42 quitta Rambervillers à la fin de la seconde guerre mondiale pour regagner sa région d'origine, l'Aisne.

La Fives-Lille n° 103

C'était une grosse locomotive-tender à huit roues couplées de 1,260 m de diamètre, de 65 tonnes en ordre de marche, type 144-R de la compagnie de Fives-Lille.

Pour sa ligne de Vendeuil à La Fère, le Nord-Est avait déjà, en 1926, commandé à la société Fives-Lille deux machines similaires, les 101 et 102. Satisfait de ces deux locomotives, il commanda en 1933 la 103 spécialement pour Rambervillers, où elle fut sans doute livrée neuve.

La 103 découlait d'une série bien au point (le type 144 avec des variantes), Fives-Lille ayant construit un grand nombre de ces grosses 040 affectées un peu partout en France et à l'étranger. L'une des rares survivantes, sinon l'unique, se trouvait toujours en 2004 dans une mine en Bosnie-Herzégovine.

La locomotive Fives-Lille n° 103 des CFS au repos au dépôt de Rambervillers. La grue hydraulique Est à col simple et tête circulaire possède encore son lampadaire d'origine, cependant électrifié. Collection Didier Leroy.

La 103 était une machine puissante et bien équilibrée, un peu agressive pour la voie comme toute 040 qui se respecte. A l'inverse des 040 D, elle n'était toutefois sujette ni au galop, ni au roulis.

Timbrée à 12 kg et dotée d'une grille bien conçue, « facile au gaz » et apte à brûler le plus terreux des charbons, elle était d'autant plus appréciée des mécaniciens qu'elle offrait, lors des manœuvres, une grande force de freinage.

Munie elle aussi d'un indicateur-enregistreur Flaman, la 103 était autorisée à enlever 1600 tonnes de Blainville à Mont-sur-Meurthe, 600 tonnes de cette gare à Rambervillers et Brouvelieures et 300 tonnes jusqu'à Bruyères.

Conjointement avec des 130 A et B, elle effectua également du service sur la petite ligne de Charmes jusqu'à sa fermeture. Utilisée aux marchandises les plus lourds et aux MV, à chute de timbre en juillet 1962, elle fut retirée du service après 29 années de travail au service des « Rambers ».

Les locomotives louées

Tout comme à Gray, le brassage de matériel qui suivit la fin de la guerre amena temporairement à Blainville, et de là à Rambervillers, une 230 A PLM dont le numéro n'a jamais pu être retrouvé.

Disons seulement, selon les témoignages concordants, que c'était un « petit numéro » (entendre par là un numéro à deux chiffres) et qu'elle avait des soupapes à balances ; techniquement, les deux choses correspondent pour les spécialistes !

Les « Rambers », qui l'appelaient « la salle de bal » à cause de la longueur de son tablier entre sa traverse et sa porte de boîte à fumée (« oh ! quand on vidangeait la boîte, il fallait s'y reprendre à deux fois pour balayer le fraisil »), l'utilisèrent sans problème durant sept ou huit mois.

Une 232 TB, ancienne T 17 de l'AL pour un temps exilée à Blainville, fit aussi un peu de service sur la ligne de la vallée de la Mortagne avant de regagner l'Alsace, sans qu'aucun « Ramber » n'eut vraiment trop le temps de se familiariser avec les subtilités de son appareil moteur système De Glehn. Il faut dire aussi qu'à cette époque les « Rambers » avaient rarement l'occasion d'utiliser des machines compound !

Avant d'aller plus loin dans cette évocation des machines louées, il est nécessaire de bien se replacer dans le contexte de Rambervillers : les besoins en machines étaient infiniment moindres qu'à Gray. Lorsque le Nord-Est disposait de ses propres machines, il n'y avait généralement besoin en appoint que d'une seule locomotive, presque toujours une 130 A ou B. Par la suite, après la fermeture de la ligne de Charmes et le départ des Meuse et de la Cockerill (elle avait tout de même assuré quelques « marchandises » peu chargés), il a suffi d'avoir recours à deux 30.000.

On retrouva ainsi, séparément ou simultanément, la 130 A 417, les 130 B 265, 439, 442, 471, 474 et 701, certaines pour peu de temps (442), d'autres pour un certain temps (439, 467).

Jamais aucune des machines louées à la SNCF ne porta à Rambervillers de marque distinctive de la compagnie, comme à Gray.

Une 130 B de Rambervillers avec étrave chasse-neige durant l'hiver vosgien, encore bien rude au milieu des années cinquante. Photo Jean Vial - collection Didier Leroy.

La 130 B 439 manœuvre en gare de Rambervillers le 12 avril 1966, avec un fourgon standard et un plat portant des conteneurs gris de la Compagnie Nouvelle des Cadres (CNC). Photo Pierre Debano.

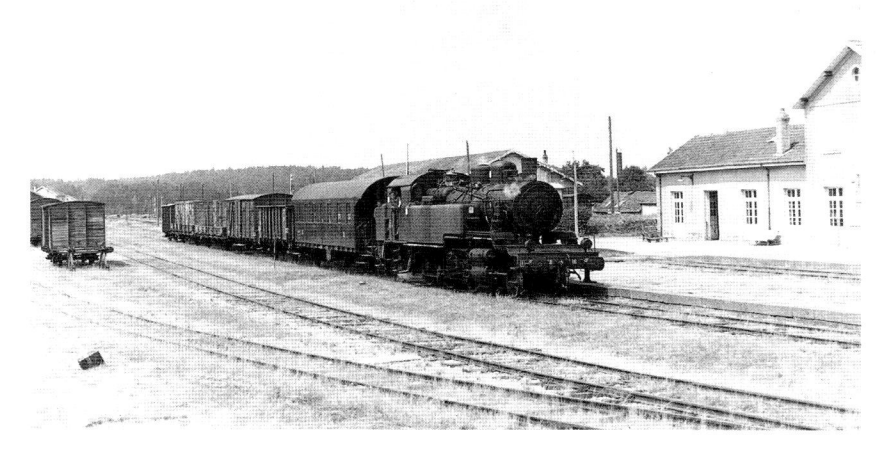

En 1967, la 131 TB 16 est prête en gare de Rambervillers pour assurer le train mixte vers Bruyères. Les voyageurs sont transportés dans une voiture à plateformes ouvertes B7t ex-DR. Photo André Artur.

La 131 TB 16 de Rambervillers stationne entre deux trains le 20 mars 1966 au dépôt de Blainville-Damelevières. Elle porte toujours son marquage « TB 16 » du temps où elle assurait des services sur la banlieue Est de Paris.
Photo Pierre Debano.

Un autre aspect de la question avait aussi son importance : Rambervillers, dépourvu de vrai atelier, ne pouvait effectuer que les opérations d'entretien courant. Les réparations et révisions se faisaient au grand dépôt SNCF de Blainville. Et bien sûr, il fallait que Blainville fournisse une machine de remplacement : c'est ainsi que les « Rambers » se retrouvaient aux commandes de machines compound prêtées, machines dont ils s'efforçaient bon gré mal gré de tirer le meilleur parti possible.

Il s'agissait en général de 230 B (revenaient souvent les 617, 739, 750, 780), assez simples à conduire tant qu'on ne les poussait pas dans leurs derniers retranchements. Mais il s'agissait aussi parfois de 140 A, puissantes mais délicates à manier. Curieusement, les 140 C, plus faciles à conduire, n'apparurent épisodiquement que plus tard (140 C 107), après l'extinction des dernières 230 B de Blainville en 1965.

Avant que ne s'éteigne la Fives-Lille 103, le Nord-Est demanda pour la remplacer à louer une 131 TB, type qu'il utilisait avec satisfaction sur ses lignes attachées à Provins. C'est ainsi que fut dégagée des effectifs du dépôt de Nogent-Vincennes la 131 TB 16, rendue disponible par l'affectation des premières 141 TB.

La 131 TB 16, que le service de la Voie vit arriver avec satisfaction, reprit sans problème le service de la 103 : train de marchandises-omnibus lourd sur Blainville le soir, avec retour le lendemain matin et parfois aussi le MV Rambervillers – Bruyères. Curieusement, elle n'a effectué qu'exceptionnellement le service des « remplacements d'autorails » du lundi matin ou des veilles de fêtes, service dévolu aux 130 B.

A Rambervillers comme à Gray, on avait considéré comme dangereuse sa tendance au patinage : on était persuadé qu'elle patinerait d'autant plus qu'on la ferait démarrer plus vite... Personne ne se posa jamais la question de savoir comment, à Nogent-Vincennes, « ils » pouvaient bien faire avec leurs 131 TB qui faisaient merveille sur la ligne de la Bastille.

Pour la petite histoire, disons que lorsque la TB arriva à Rambervillers en septembre 1961, sa traverse avant portait : le 1 de la région Est à gauche dans le sens de la marche et le monogramme SNCF à droite, à l'inverse de la disposition réglementaire.

Et, lorsqu'elle revint en 1965 de sa dernière révision effectuée au dépôt de Château-Thierry, elle arborait à l'avant de chacune de ses caisses à eau, un magnifique TB 16 en gros caractères ; faute d'instructions abrogatives, l'atelier de peinture avait continué à appliquer les instructions de 1955, lesquelles préconisaient de porter sur les soutes le numéro des machines de la banlieue Est, de façon à permettre leur identification à distance par les postes d'aiguillages de Paris-Est...

Début 1968, la 130 B 467 quitta Rambervillers pour Châlons-sur-Marne, d'où elle partit terminer sa carrière sur la ligne CFS de Saint-Dizier à Doulevant-le-Château.

La 140 C 269 de Blainville vint dès lors la remplacer et reprit son service. Les jours de la vapeur étant inexorablement comptés, elle s'en alla à son tour. Le 14 décembre en soirée, c'est la 131 TB 16 qui fit une ultime fois le chemin de Blainville.

C'était fini, la très belle et émouvante page de la vapeur était tournée dans la plus grande discrétion, à Rambervillers. Mais elle ne le fut pas dans le cœur des « Rambers », et longtemps, certains d'entre eux surent faire revivre par l'évocation de leurs souvenirs, la grande période du « Nord-Est » lorrain.

Bien des années plus tard, à Belfort lors d'une rencontre avec le regretté Marcel Danon, chef de traction-instructeur au dépôt belfortain, il en vint à évoquer ses souvenirs d'élève-mécanicien à Epinal, lorsqu'il montait à Gérardmer avec les 4400 de l'Est (141TB). Tout à coup, il dit : « *Et puis, à Bruyères, on retrouvait les « Rambers ». Ceux là, ils étaient fin fous. Avec leurs machines, ils auraient roulé jour et nuit si on leur avait demandé* ».

Un vieux tractionnaire de sa trempe ne pouvait rendre plus bel hommage aux « Rambers ».

La présence d'une 140 C au dépôt de Rambervillers ne fut qu'éphémère : ici la n° 269 venue prêter main forte en 1968.
Collection Paul Michel.

DES COULEURS ET DES TRAINS

La livrée extérieure des matériels les plus représentatifs rencontrés au cours de cet ouvrage est ici évoquée avec le souci de l'authenticité.

Les recherches concernant la livrée couramment en usage lorsque les engins étaient en service permettront peut-être d'éviter quelques erreurs, rencontrées parfois lors de la préservation de certains d'entre eux, voire même sur les modèles réduits les représentant.

Force est de constater que nombre de matériels restaurés y compris ceux inscrits à l'inventaire des monuments historiques, arborent des livrées pour le moins originales, qui dans d'autres domaines ne seraient pas permises par les autorités de tutelle.

Après sa remise en service par l'AJECTA, la locomotive 30.476 Est est vue le 7 juillet 1974 en gare de Richelieu (Indre & Loire) en tête d'une belle rame ancienne : une C^5tfp ex-AL, deux C^6tf anciennes AL ou Armistice, une C^6 ou C^7tfp ex-DR. Photo Jean Bazot.

La livrée des machines à l'Est et à la SNCF

A l'Est

La teinte des locomotives retenue est le noir.

Une note de la compagnie de l'Est, conservée par le regretté André Gibert, nous apporte des informations rigoureuses : le plan 34269 du Matériel et de la Traction en date du 5 août 1907 intitulé « Disposition des filets – Locomotives 3611 à 3770 », document complété par les séries « 3771 à 3790, 3791 à 3830, 3831 à 3890 » sur lequel se trouve le « nota » suivant :
- les lettres et les chiffres sont peints en blanc avec ombre rouge ou noire suivant que le fond du panneau est noir ou rouge pour la traverse avant ;
- pour l'abri, les lettres et les chiffres sont peints en jaune clair (jaune paille), composition 13° du cahier des charges 412 MT. Certaines locomotives comme les 241.000 et 150.000 avaient un jaune plus ocre.

Le plan joint d'une cabine « Est » apporte les cotes des lettres et filets. Ces derniers sont bien de 7 mm, ce qui dans les restaurations actuelles est très rarement respecté (les filets sont en général de 10 mm !), un détail certes, mais qui visuellement se remarque ; les filets de 7 mm sont plus sobres et rehaussent avec élégance la couleur de la locomotive.

A la SNCF

La teinte unifiée retenue pour les locomotives à vapeur est le vert foncé 306, le « vert vapeur », avec à l'Est des filets rouges de 7 mm et des plaques de numérotation peintes. Le nom du dépôt était vissé dans un cartouche rectangulaire (ou peint pour les établissements les plus

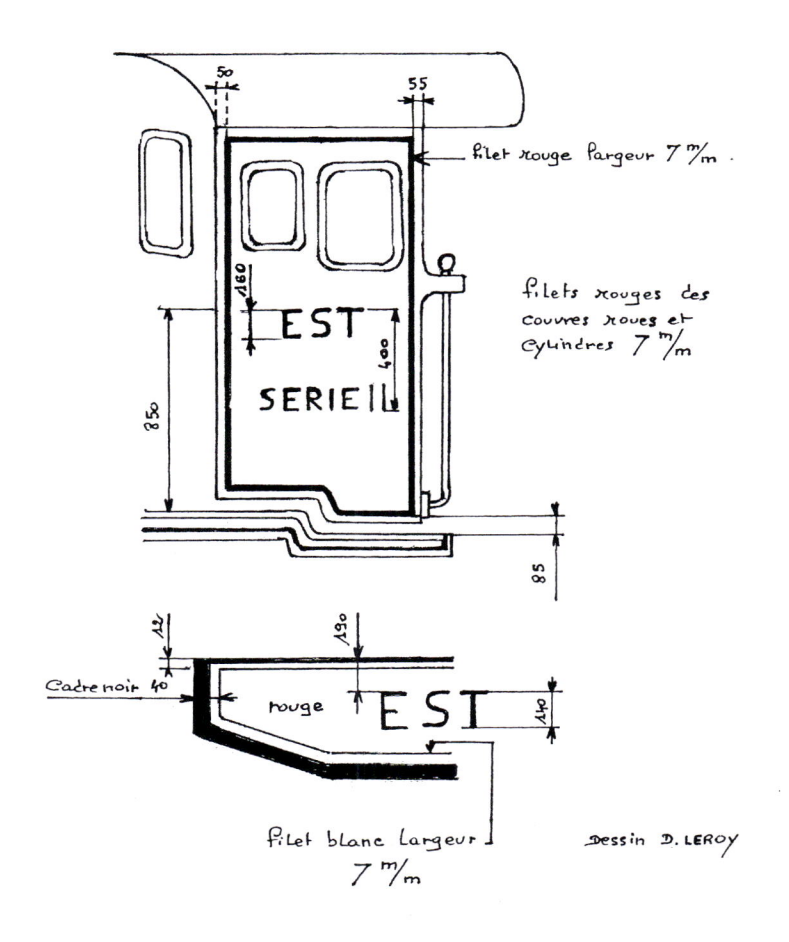

Fragments d'un schéma de décoration des locomotives de l'Est.

261

La 130 B 463 en révision au dépôt de Gray le 11 mai 1967. La machine et le tender sont peints en « vert vapeur », l'arceau du gabarit et le fond de la plaque du constructeur en rouge. Photo Claude Lambert.

Plaque unifiée avec peinture rouge vermillon et lettres blanches de la 140 C 39. Collection particulière.

modestes), avec des lettres en relief blanches ou couleur aluminium sur fond rouge (ou directement peintes au pochoir en blanc ombré de rouge sur l'abri). La traverse avant et celle du tender sont rouge vermillon avec inscriptions en lettres blanches avec sur la gauche le numéro 1 en cartouche (région Est) et le monogramme SNCF blanc ombré de noir sur la droite.

Notons que les 140 C dotées pour certaines d'une porte de boîte à fumée de type Nord à penture en Y, avaient au centre de celle-ci un petit macaron SNCF peint en lettres blanches ombrées de noir, sur une plaque en tôle ronde de couleur rouge. Elles ne reçurent pas le beau macaron en bronze, comme les machines d'express ou de rapides telles que les « Pacific Etat ». De même, elles ne possédaient pas de filets autour des cerclages de chaudière, et la cornière de rive du tablier n'était pas peinte.

Sur les Economiques, les machines louées ont eu, pour certaines, le monogramme CFE rond peint au pochoir ou à la main, en lettres blanches ombrées de rouge figurant sur le flanc de l'abri.

Dans l'immédiat après-guerre et jusqu'au début des années cinquante, selon les dépôts propriétaires, l'approvisionnement en peinture vert foncé manquait et certaines machines arborèrent la livrée noire de l'ancien Est. D'autre part, avant 1962, le vert foncé unifié 306 et le rouge vermillon se mariaient de façon seyante. A compter de l'application du « vert celtique 301 », après 1962, le rouge utilisé lors des dernières grandes révisions de locomotives à vapeur était plus foncé, la cheminée et la boîte à fumée étant peintes en noir, ce qui s'était déjà fait ponctuellement.

Vue à Gray le 11 mai 1967, la 140 C 39 (ex-dépôt de Vaires) sortie de révision depuis peu donne un juste aperçu de la livrée unifiée SNCF : vert foncé avec de légers filets rouges, marquage blanc ombré de rouge et plaques rouges à lettres blanches. Le gabarit de couleur rouge est apparu la dernière année de la vapeur.
Photo Claude Lambert.

La 140 C 38 vue au dépôt de Gray au cours de l'été 1968. On notera les fanaux à verre « blanc lunaire » et la livrée très sobre en « vert vapeur ».
Photo André Bret - collection Editions du Cabri.

A Rambervillers, les « autorails rouges »

La compagnie de Chemins de Fer Secondaires du Nord-Est avait choisi pour son matériel une livrée rouge foncé qui, pour la distinguer, fut nommée officieusement « rouge Nord-Est ».

Cette couleur, au demeurant attachante et originale pour une compagnie secondaire, semble de nos jours difficile à définir avec précision.

Beaucoup d'avis sont partagés sur la véritable teinte de ce rouge ! Les témoignages recueillis sont confrontés à la difficulté d'appréciation de la couleur : les clichés de l'époque sont pour la plupart en noir et blanc et les deux exemplaires en couleur connus publiés dans ce livre, des VH en 1960 et 1974 à Rambervillers, ne donnent qu'une idée approximative de la couleur réelle, les tons des photographies étant sujets aux variations des bains lors du développement.

Une rencontre avec l'ancien mécanicien de Rambervillers Albert Blin a permis de découvrir l'existence d'un coffret, dont l'intérieur était peint avec le rouge précité, avec de la peinture de récupération du dépôt de Rambervillers ! Nous étions donc en présence de la couleur authentique.

L'autorail Renault VH 24 au moment de son départ de Rambervillers pour Gray en juin 1974.
Photo Claude Henry.

Ci-dessous, le VH 24, aujourd'hui propriété du Train à Vapeur des Cévennes, admirablement restauré et repeint aux couleurs d'origine, musarde désormais dans la campagne cévenole.
Photo José Banaudo.

Monsieur Yves Blin, fils d'Albert, professeur d'arts plastique et artiste peintre, en réalisant un échantillon de la célèbre couleur, nous a permis de retrouver l'authentique laque « rouge Nord-Est ».

Yves Blin, très tôt attiré par les couleurs, se souvient de détails intéressants. Habitué de la ligne pour se rendre au collège de Lunéville et en revenir chaque semaine pendant sept ans, Yves remarquait la brillance et l'entretien soigné des autorails VH, repeints régulièrement en rouge par l'entreprise Lenoir de Rambervillers.

Le côté « secondaire » des « Rambers » était affirmé par la livrée mate et patinée du « petit » Billard tout bas qui se remarquait en gare de Lunéville, eu égard au matériel SNCF de la grande ligne de Paris à Strasbourg. L'autorail Billard BD 63 sur la ligne 23[7] (de son arrivée le 8 novembre 1952 à son départ le 6 avril 1965), n'assurait en effet que la réserve et les services supplémentaires Rambervillers – Lunéville du lundi matin et Lunéville – Rambervillers du samedi soir, principalement utilisés par les scolaires.

Le tracteur Coferna DE 1 au dépôt de Gray le 2 mai 1969, peu après son arrivée de l'ancien réseau CFTA de l'Hérault.
Photo Claude Lambert.

Nous émettons donc l'avis que, pendant les treize années passées à Rambervillers, le BD 63 peint en « rouge Nord-Est » n'a jamais subi de remise en peinture, d'où cette couleur mate et vieillie (le rouge est une couleur qui par nature résiste mal à l'usure du temps), qui lui conférait une allure beaucoup moins seyante que celle des autorails VH repeints régulièrement.

Le rouge de cadmium foncé de la maison Lefranc semble être le plus proche du « rouge Nord-Est », rouge foncé tirant sur le brun avec une légère pointe de violet.

Il reste cependant le mystère d'une 230 B, locomotive de l'Est par excellence, revêtue de cette couleur et vue vers 1950 en gare de Lunéville sur la voie des « Rambers », par notre ami et spécialiste des secondaires André Artur !

La livrée Nord-Est des locomotives

A Rambervillers, les machines d'origine Nord-Est ont toujours porté la livrée noire et rouge foncé propre à cette compagnie, nous précise Jean Florin, après ses nombreuses rencontres avec les anciens de cette compagnie.

Les Meuse avaient le châssis, les cylindres, le corps cylindrique, la cheminée, le dôme, la sablière, la face avant de l'abri et le dessus des caisses à eau en noir, les flancs de caisses à eau et d'abri et la façade arrière d'abri en « rouge Nord-Est ».

Au cours de la guerre, les chapiteaux de cheminée avaient été prudemment peints en noir, de manière à éviter leur réquisition en tant que métaux non-ferreux ; rappelons qu'ils étaient en laiton massif poli...

La Cockerill avait en « rouge Nord-Est » les seuls flancs d'abri et les trois côtés de sa caisse à combustible, la façade arrière d'abri portant les hublots étant noire comme le reste de la machine.

La 103 avait son châssis, ses cylindres, son corps cylindrique et tous ses attributs, le dessus des caisses à eau et les façades avant et arrière d'abri en noir, les flancs des caisses à eau, de l'abri ainsi que les trois faces de la soute arrière étant peint en « rouge Nord-Est ».

Toutes ces locomotives avaient les traverses avant et arrière peintes en rouge vermillon, les tampons noirs et les inscriptions blanches ombrées de noir. Conformément à la pratique NE, le chant des traverses ainsi que la cornière de rive des tabliers étaient peints en rouge vermillon.

Pour les Meuse ou pour la Cockerill, la cornière était donc rouge sur toute la longueur de la machine. Dans le cas de la 103, le rouge s'arrêtait bien entendu en même temps que la cornière, c'est à dire à hauteur de l'échancrure de l'abri pour l'arrière et un peu après l'axe vertical des cylindres pour l'avant.

Cette histoire de livrée rouge et noire peut sembler curieuse, mais il faut bien se représenter que :
- d'une part, le « rouge Nord-Est » était sombre, beaucoup plus que le rouge vermillon des traverses ou des cornières de rive,
- d'autre part, sur les machines, ce rouge avait forcément tendance à noircir, sous l'effet de la suie et des astiquages à l'huile mouvement.

Bien évidemment, sur une voiture ou sur un autorail, la teinte Nord-Est conservait beaucoup mieux sa nuance que sur une locomotive. Cependant, jamais la livrée Nord-Est ne donna une impression fantaisiste, à l'image de certains matériels préservés.

La voiture B^{5}t 17696 de « l'omnibus de Châtillon » en révision au dépôt de Gray pendant l'été 1968. Le marquage est effectué en caractères « jaune bouton d'or » ombré de noir.
Photo André Bret - collection Editions du Cabri.

Les deux voitures de réserve servant au forcement de la rame de l'omnibus de Troyes sont vues ci-dessus à Châtillon-sur-Seine le 12 septembre 1970. La première porte l'immatriculation classique B6t 17656, alors que la seconde a reçu la numérotation UIC postérieure à mai 1969.
Photo Bernard Bonnet.

La draisine CFTA n° 667 garée en août 1978 au dépôt de Rambervillers. Le cric de tournage est suspendu à l'avant.
Photo Claude Henry.

LES AGENTS

Pince de contrôle avec trèfle Est, empreinte sèche CFS et macaron de casquette CSNE.

Bouton d'uniforme de la compagnie de l'Est.

Boutons d'uniformes SE (Exploitation), Nord-Est, PLM et SNCF.

Fréquemment, force est de le constater, la technique prend une large place dans les études sur le chemin de fer, et ne laisse qu'une portion congrue à celles et ceux qui en furent les artisans. Tout au plus sont mentionnés les noms d'ingénieurs prestigieux. Quant aux agents les plus en contact avec le public et les plus nombreux, rares sont les livres qui leur laissent une place de choix ; de même la muséographie est restée souvent discrète à leurs égards, voire absente !

Nous ne voulions pas oublier ces employés qui purent nous accueillir jadis sur leurs lignes, lorsque nous prenions un de ces omnibus aux couleurs des Vosges, de la Champagne ou de la Bourgogne.

Comment ne pas alors consacrer quelques lignes à la présentation de leurs uniformes, qui sont dans nos esprits indissociables de la vie quotidienne de nos gares.

Tous les employés du service de l'Exploitation en contact avec le public portaient obligatoirement l'uniforme ou le brassard de la compagnie : chefs et sous-chefs de gare, facteurs, intérimaires, gérantes, chefs de train, contrôleurs, gardes-barrières...

Brassard de garde-barrières des Chemins de fer Economiques.

En gare de Gyé-sur-Seine vers 1910, cette vue d'ambiance montre quatre hommes d'équipe et le chef de gare. Celui-ci est en tunique, avec une casquette à broderies de feuilles de chêne argentées. La gare possède deux cloches d'annonce Siemens, des lanternes-appliques à pétrole type AE bis et un modèle suspendu type AF bis. Le nom de la commune est visible sur un papier collé derrière la vitre de la lanterne. La lampisterie se trouve dans le petit bâtiment qui abrite aussi les toilettes.
Collection Didier Leroy.

Vers 1920, trente-trois agents de la gare de Charmes posent fièrement avec le chef de gare au centre (sa casquette porte une étoile au milieu d'un grand feuillage de chêne) entouré des deux sous-chefs, des facteurs-chefs et d'un facteur-enregistrant (une étoile avec une petite branche de chêne), des employées féminines (en longue blouse noire) et de nombreux hommes d'équipe (casquette aux lettres Est), parmi lesquels de très jeunes élèves de l'Exploitation. Sous l'horloge, la plaque toponymique typique de l'Est indique entre autres : « Rambervillers 28 km ». Collection Didier Leroy.

Pour le service de la Traction, les agents les plus connus étaient les mécaniciens et chauffeurs avec le bleu de chauffe, la casquette de coton avec visière à l'arrière, le foulard bleu à petits pois blancs (avec des variantes suivants les dépôts), les célèbres lunettes et pour les conducteurs d'autorails et de locomotives diesel, la blouse en coton bleu.

Les personnels du service de la Voie et des Bâtiments portaient au travail la casquette d'uniforme comme seul signe distinctif.

Les photographies accompagnant ce texte représentent les personnels des diverses compagnies en tenue, à différentes époques.

La description des uniformes, sans être exhaustive, paraît intéressante tant elle traduit l'esprit ambiant : la rigueur, le sérieux pour l'exploitation des trains et la qualité du service public, se traduisaient jusque dans les tenues, qu'elles fussent liées aux « grandes » ou aux « petites » compagnies.

Les uniformes

Il ne s'agit pas ici d'une étude détaillée des tenues d'uniformes portées jusque au cours des années 70. Notre désir est plus particulièrement d'évoquer et de mettre en valeur les tenues les moins connues : celles des « petites » compagnies.

La cannetille

C'est un fil d'or ou d'argent retordu, servant à des travaux de broderie. Tous les branchages correspondant au grade des agents et les écussons, puis postérieurement les étoiles des casquettes, étaient réalisés à la main par une brodeuse, ce travail ne pouvant être effectué par des machines.

La cannetille disparut progressivement à partir de 1975, au profit d'étoiles métalliques brochées.

La compagnie de l'Est

Des origines jusqu'à la fin de la première guerre mondiale, pour l'Exploitation, l'uniforme le plus connu des usagers était constitué d'une tunique, d'un gilet, d'un pantalon avec passepoil rouge et d'une capote, le tout en drap noir ; pour l'été, un pantalon de coutil blanc pouvait remplacer celui d'hiver.

Les broderies du grade de l'agent figuraient sur la casquette (de forme tampon) qui avait en son centre une étoile à quatre branches, ainsi que sur les cols de la tunique.

Le personnel subalterne portait un dolman aux broderies de coton blanc ; la tenue des employés de la Voie comportaient également un dolman, mais avec pantalon au passepoil jaune. La casquette pour les agents d'exécution portait le nom « EST » et un galon en coton jaune doré.

La compagnie de l'Est avait choisi pour signifier le grade, les branches de chêne (dont la longueur variait en fonction du niveau), brodées en cannetille d'or ou d'argent, ou mixte.

A partir de 1892, le service du Matériel et de la Traction adopta une casquette identique à celle des autres services mais rehaussée d'une roue en son centre.

Les boutons (qui n'ont jamais changé) étaient galbés argent (Exploitation) ou or (Voie) et portaient en relief les armoiries de Paris (en haut) et de Strasbourg (en bas) et l'inscription « Chemin de Fer de l'Est ».

Par la suite, le costume avec vareuse droite à quatre puis à trois boutons sera adopté et les lettres « EST » entrelacées brodées en cannetille au milieu de la casquette (vers 1925), le passe-poil disparaissant du pantalon.

Ces détails paraissant insignifiants sont fort utiles pour qui veut dater un cliché des anciennes compagnies.

Quatre employés du PLM, dont le chef de gare à droite, en gare de Mantoche sur la ligne Gray – Auxonne en 1916. On notera le sémaphore double et le BV d'origine de la compagnie Paris – Lyon. Collection Georges et Christian Faivre.

En 1954, l'autorail De Dietrich XD 1021 (du type 210 ch dit « Glou-glou ») vient d'arriver à Gray sur le TA 2559 en provenance de Vesoul. C'est l'heure de la manutention des colis et du sac postal. Photo Yves Broncard.

En 1895, les agents de la gare de Mussy-sur-Seine posent fièrement autour du chef de gare. De gauche à droite : M. Robin, homme d'équipe commissionné ; Balson, homme d'équipe en régie ; Henry, chef de gare ; Chevry, facteur-enregistrant ; Giot, chef de district ; Doyen, facteur-aiguilleur.
Photo Albert Henry - collection La Vie du rail.

Le PLM

L'uniforme courant porté par les agents du PLM fut pendant de nombreuses années constitué d'une redingote de forme croisée et fermée par trois boutons boutonnants, d'un gilet et d'un pantalon noir, accompagnés d'une casquette de forme tampon.

Les broderies étaient soit en cannetille d'or ou d'argent, soit en laine blanche ou écarlate.

Le PLM, à l'opposé de l'Est, avait choisi différentes variétés de branchages pour signifier le grade de ses agents, avec des branches de chêne, de houx, d'olivier ou de laurier.

Vers 1935, la casquette rigide fut adoptée avec les étoiles comme insigne des grades.

La SNCF

Dès 1938, le port de l'uniforme à la SNCF est décrit par le règlement « PS 16 ». Il semble toutefois intéressant de signaler quelques points des modèles en vogue à la SNCF : les tenues ont repris celles du PLM, avec costume et capote bleu marine et la casquette rigide de type aviation et les étoiles comme insigne des grades.

Aux débuts de la SNCF, les tenues furent celles des anciennes compagnies, avec uniquement le sigle SNCF brodé ou repris sur une plaque émaillée. A compter de 1939, le monogramme rond de belle facture fut adopté. Il durera jusqu'à la fin des années 60, lors de l'apparition des lettres SNCF penchées encadrées d'un filet.

Les insignes des grades correspondant à l'échelle de l'agent furent fixés sur la casquette jusqu'au 1er janvier 1948, où une revalorisation des échelles, qui aurait imposé un changement de casquette, introduisit le système du bandeau amovible moins coûteux.

La SE

La tenue des agents, au moment de l'affermage en 1934 était ainsi composée :

Service des gares

- *Chefs de gare* : vareuse avec sur le col une broderie et les lettres SE en cannetille d'or, gilet et pantalon en drap fin noir, boutons de la vareuse et du gilet dorés, casquette avec broderie enveloppant les lettres SE, le tout en cannetille d'or.

Facteurs-chefs : mêmes vêtements que le chef de gare, mais en drap demi-fin, dit « drap de soldat » ; même casquette que le chef de gare, mais avec les initiales SE et des palmettes, le tout en cannetille d'or.

- *Facteurs* : mêmes vêtements que le facteur-chef, casquette et vareuse avec les initiales SE brodées en cannetille d'argent.

- *Hommes d'équipes, aiguilleurs* : blouse bleue avec col à revers rouge, casquette avec initiales SE brodées en laine rouge, ceinture de gymnastique.

- *Chef de station et de halte (femmes)* : blouse noire avec sur le col une broderie et les initiales SE en cannetille or, brassard noir avec initiale SE et broderie en cannetille or.

Service des trains

- *Chefs de train* : uniforme (vareuse avec sur le col une broderie et les lettres SE en cannetille d'or, gilet et pantalon) en drap demi-fin noir bleu, boutons dorés, casquette avec un galon doré et les initiales SE en cannetille d'or.

- *Serre-freins* : veston et gilet en molleton bleu et pantalon en coutil rayé bleu ; casquette avec initiales SE en cannetille d'or.

Service de la voie

- *Chefs cantonniers* : casquettes tampon avec liseré rouge et initiales SE en cannetille d'argent.

- *Cantonniers* : même casquette, avec initiales SE en laine rouge.

- *Gardes-barrières* : brassard rouge avec initiales SE en cannetille d'or.

Tenues vers 1950

A l'image de la SNCF, la SE a simplifié la tenue de ses employés et adopté les étoiles comme insigne des grades.

La casquette rigide pour les chefs de gare, sous-chefs, facteurs et intérimaires et souple pour les autres agents fut adoptée, avec une jugulaire noire, unie ou avec un liseré or ou argent suivant l'échelle.

Le costume fut dorénavant en drap bleu marine de forme croisée à deux boutons boutonnants, avec les initiales SE sur les coins de col.

Les brassards étaient bleu marine pour les chefs de station et de halte, et rouge pour les gardes-barrières aux lettres SE en cannetille d'argent pour les premiers et d'or pour les seconds.

Le personnel SNCF et CFTA s'est réuni autour de la 140 C 216 à Châtillon-sur-Seine le 27 mai 1972, pour la dernière journée de circulation en traction vapeur des omnibus voyageurs et marchandises sur la ligne de Troyes. De gauche à droite : mécanicien Drothier, chauffeur Demangel, facteur-enregistrant SNCF Gaspar, chef de gare SNCF de 3ème classe Menecier, chef de train CFTA Hernandez, chef de train CFTA Vion, homme d'équipe principal SNCF Fleuchey.
Photo Chambon - collection Jean Menecier.

Le personnel de la voie, trop souvent méconnu, pose en 1934 sur une draisine de la SE à Gray. A droite, à côté de la bicyclette, le chef de district Vincent.
Collection Roger Vincent.

Le chef de gare de Polisot, les plis de service sous le bras, vu le 24 juin 1966 depuis une voiture à portières latérales ex-DR du train 2539 Troyes – Châtillon. On aperçoit un wagon plat avec cadre CNC à l'arrière-plan.
Photo François Fontaine.

La cour de la gare de Champagne-sur-Vingeanne, avec le chef de gare, sa famille et un agent. Ce cliché du 13 mai 1957 montre le BV type B de la compagnie de l'Est, la halle à marchandises, l'édicule lampisterie-toilettes et les clôtures en bois caractéristiques.
Photo Combier conservée au Musée Nicéphore Niepce - Ville de Châlon-sur-Saône.

L'insigne des grades

Les étoiles en cannetille d'or ou d'argent ou en fil de laine rouge correspondaient selon leur nombre et leur couleur à l'échelle de l'agent.

Les grades les plus caractéristiques sont évoqués dans la description suivante :

Or :
- 4 étoiles : chef de gare de 1ère classe,
- 3 étoiles : chef de gare de 2ème classe.

Argent :
- 2 étoiles : facteur-mixte, chef de train.

Or et Argent :
- 4 étoiles or-argent-argent-or : sous-chef de gare, intérimaire,
- 3 étoiles argent-or-argent : facteur-chef, chef de train principal ou hors-classe.

Rouge :
- 2 étoiles : cantonnier.

Ci-contre, le personnel du train omnibus marchandises pour Troyes du 25 juin 1966 au départ de Châtillon-sur-Seine, devant la 130 B 465. De gauche à droite, mécanicien Douet, chauffeur Moussant, chef de train Raoul (portant encore la tenue SE) et serre-freins Scottez.
Photo François Fontaine.

*En gare de Rambervillers vers 1960, le chef de gare Robert Henry donne à 11 h 44 le départ de l'autorail Renault VH 23 au train 2378 pour Lunéville. A l'intérieur du compartiment à bagages se trouve le chef de train Marcel Morlot.
Collection Claude Henry.*

*Ci-dessous, vers 1947, le chef de train Genoud (en uniforme), le serre-freins Masson et le mécanicien Fiquemont posent devant le fourgon Est Dq 25743, une 130 B et son tender 10 A sur le train MV 22372 Bruyères – Ramber-villers.
Collection Didier Leroy.*

Les CFS et CFS-NE

Les tenues des employés de ces compagnies étaient pratiquement identiques à celles précédemment citées, à l'exception bien évidemment des initiales.

Il semble qu'un unique modèle de bouton argent ou or ait existé, avec les lettres « Nord-Est » entourées par les mots « Chemin de Fer Secondaire », comme l'atteste le cliché d'un bouton en provenance de Rambervillers. L'existence d'un modèle similaire avec uniquement les lettres « Chemin de Fer Secondaire » est plausible !

*Lucette Henry, secrétaire des CFS, à son bureau de la direction de Rambervillers en mars 1956. Les écritures sont encore effectuées au porte-plume.
Collection Claude Henry.*

*Ci-contre, le chef de train du MV Bruyères – Rambervillers dans un fourgon d'origine britannique « War Department ».
Collection Didier Leroy.*

La CFTA

Les uniformes des personnels de la CFTA de 1963 à 1980, date à laquelle disparurent les derniers services voyageurs ferroviaires, ont adopté le costume croisé bleu marine.

La casquette bleu marine était de forme rigide ou souple, avec les étoiles comme insigne des grades et le monogramme rond CFTA repris aussi sur les coins de col : la ressemblance est frappante avec celui de la SNCF.

Les boutons argent ou or furent toujours ceux de la SE, avant d'être à la fin des années 60 remplacés par des boutons neutres, le monogramme des coins de col disparaissant à la même période.

Des brassards bleu marine avec lettres droites CFTA en cannetille d'argent pour les chefs de stations ou de haltes faisaient toujours partie de la tenue.

Au cours des années soixante-dix fut créée une petite barrette avec le logotype CFTA en long entouré d'un filet, destinée à être fixée au niveau de la poche de la veste.

Le dernier train du sous-chef de gare Jean Gérard (avec la lanterne), le 1er février 1967 en gare de Rambervillers après l'arrivée du 2387 à 19 h 17. Collection Paul Michel.

Ci-contre, en gare de Châtillon-sur-Seine le 26 mars 1962, des agents de Gray et de Châtillon fêtent le départ en retraite de Louis Dieudonné (avec son cadeau), ouvrier professionnel de 1ère classe entré au dépôt de Gray en octobre 1935. A l'arrière-plan, la rame de l'omnibus de Troyes comporte une voiture B^6t et un fourgon Dq d'origine Est. Collection Didier Leroy.

Tous les uniformes décrits furent portés jusqu'au milieu des années soixante, avec la chemise blanche et cravate noire, par la suite bleue ciel avec cravate bleue marine. Au cours des années cinquante une tenue d'été fut portée, avec une chemise en serge de coton bleue marine, dotée du monogramme métallique épinglé au niveau de la poche gauche et cravate noire.

Dans le tableau en page ci-contre, concernant les insignes des grades, un certain nombre de termes typiques du chemin de fer ont changé, comme :
- chef de train : agent de train (voyageurs ou marchandises),
- cantonnier : agent d'entretien voie,
- chef de brigade : chef d'équipe.

Ces changements d'appellation sur la CFTA, qui conserva encore des termes anciens comme celui de facteur lié au début du chemin de fer, eurent lieu au milieu des années 70. A la SNCF, c'est après la réforme des structures du 1er janvier 1972 que les bouleversements intervinrent dans les définitions des métiers. L'usage courant, s'accommodant mal d'appellations devenues complexes alors qu'elles étaient simples, les conserva longtemps !

					CFTA - INSIGNES DES GRADES DE CASQUETTES - 1975	
Type	Ecusson	Jugulaire	Etoiles Argent	Etoiles Or	GRADES	
					Gares (Rigides)	Trains & VB (Souples)
1	Or	Noire	1		Agent de manœuvres	Serre-Frein Agent entretien voie
2	Or	Noire	2		Facteur aux écritures	Agent entretien voie
3	Or	Noire	3		Facteur mixte Sous-chef de manœuvres	Agent accomp. Marc. Agent de train Voy./March. Conducteur de draisine Conducteur de camion Ouvrier qualifié VB
4	Or	Noire	4		Receveur Chef de manœuvres	
5	Or	Argent	3		Facteur-chef Chef de gare 3ème classe Sous-chef de gare 2ème classe Receveur principal	Agent d'accompagnement March. 1ère classe Agent de train Voy./March.1ère classe Sous-Chef d'équipe Ouvrier qualifié
6	Or	Argent	4			Chef d'équipe
7	Or	Argent		2	Chef de gare 2ème classe Sous-chef de gare 1ère classe Contrôleur d'exploitation Facteur-chef 1ère classe	Agent de train Voy./March. Hors classe Surveillant de voie Chef d'équipe 1ère classe
8	Or	Or		3	Chef de gare 1ère classe	
9	Or	Or		4	Chef de gare Hors classe	

Carrières d'agents des chemins de fer

S'attacher à reconstituer quelques carrières, c'est comprendre la vie de ces cheminots des « petits réseaux » et par delà, l'âme de ces lignes du « Temps des Omnibus ». Nous en évoquons ci-après quelques-unes qui sont particulièrement significatives.

Georges Pain, mécanicien de 1ère classe

Au service de la traction, Georges Pain fut « le » mécanicien vapeur du dépôt de Poinson-Beneuvre et de la ligne de Langres.

Les dix-sept années passées en cette petite résidence située sur le plateau de Langres ont marqué la mémoire de ceux qui le connurent. Le mécanicien Georges Pain y est arrivé le 1er juillet 1941, en cette sombre période du second conflit mondial.

Georges Pain est né le 16 juillet 1901 à Chenoise, en Seine-et-Marne. Entré à la Société Générale des Chemins de fer Economiques sur le réseau de Seine-et-Marne le 21 août 1924, sa carrière débuta sur ce réseau à voie métrique, comme chauffeur à l'essai le 1er septembre 1924 à Verneuil-l'Etang. Ensuite, chauffeur à Melun-Ville le 23 février 1925, puis à Roux le 4 novembre 1926, il fut nommé chauffeur autorisé à Melun le 9 avril 1929.

Certains réseaux secondaires à voie métrique étaient déjà victimes de la concurrence routière, ce qui entraîna leur régression avec réductions de personnel. Telle fut la situation du réseau de la SE de Seine-et-Marne, d'où la nomination du mécanicien Pain sur le réseau à voie normale dit de Franche-Comté, que les Economiques venaient de recevoir en affermage.

Georges Pain arriva au dépôt de Gray, le 20 février 1934 comme chauffeur autorisé. Nommé mécanicien de 2ème classe au dépôt de Châtillon-sur-Seine le 20 janvier 1939, il fut muté

Le mécanicien Georges Pain quitte à vélo son domicile de Gray pour se rendre au dépôt, vers 1936. Collection Marcelle Fèvre.

le 1er juillet 1941 au petit dépôt de Poinson-Beneuvre comme mécanicien de 2ème classe, puis mécanicien de 1ère classe au 1er janvier 1946. Il y resta jusqu'à sa retraite le 1er avril 1958, avec maintien en service comme auxiliaire jusqu'au 30 avril.

Georges Pain résidait dans une petite maison jumelle toute proche du dépôt de Poinson ; à son travail de mécanicien s'ajoutait l'entretien et la chauffe (tous les deux jours) de la machine à vapeur fixe servant à l'alimentation du réservoir d'eau, tâche qu'il avait à cœur de mener à bien. D'après les souvenirs de sa fille, la machine fixe était toujours astiquée avec soin.

Camille Toussaint, chef de gare de Poinson-Beneuvre vers 1936. Collection Marcelle Fèvre.

Dans les années cinquante, un groupe d'agents SE du dépôt de Gray pose devant une 131T wurtembergeoise de la ligne de Provins (série 131 à 133 CFS) venue à Gray pour révision. Louis Card, chef d'atelier, est le deuxième en partant de la gauche. Collection Thibaut Reinhard.

[1] Les gares étaient classées suivant leur importance.

Camille Toussaint, chef de gare de 1ère série [1]

Camille Toussaint est né le 24 janvier 1897 à Damloup. Après avoir été ouvrier scieur, il débuta sa carrière au service de l'Exploitation le 17 juin 1924, comme homme d'équipe à l'essai à Eix-Abaucourt sur le réseau SE de la Meuse.

Chef de train à l'essai dans la même gare le 4 avril 1925, il fut nommé chef de train hors cadre à Commercy le 1er juillet 1925, puis facteur en cette gare le 17 octobre 1925. A Commercy, Camille Toussaint poursuivit sa carrière de facteur faisant fonction d'intérimaire, le 26 avril 1928. Nommé le 21 septembre 1932 à Vigneulles à ce grade, il fut facteur-chef faisant fonction de chef de gare de Thionville Saint-François le 9 mai 1933 (réseau de la Moselle).

Le 28 janvier 1935 intervint sa mutation sur le réseau de Franche-Comté, récemment confié par la compagnie de l'Est en affermage à la SE. Sa prise de service eut lieu le 9 mars 1935 à Mirebeau-sur-Bèze, comme facteur-chef dans un poste de facteur. La consécration de sa carrière arriva le 1er avril 1935 avec poste de chef de gare de 2ème série à Poinson-Beneuvre. Ci-contre, un cliché de cette époque nous montre en uniforme SE, le chef de gare Toussaint.

La qualité de son travail, en une période délicate s'il en fut, lui valut d'être promu chef de gare de 1ère série à titre personnel, le 1er janvier 1942.

Après quinze années passées à Poinson-Beneuvre, Camille Toussaint prit en charge la gare de Leuglay-Voulaines le 3 janvier 1950 ; à cette occasion l'échelle VII lui fut attribuée. Le chef de gare Toussaint fit valoir ses droits à la retraite le 1er août 1953, tout en restant en fonction jusqu'au 31 août en qualité d'auxiliaire.

Louis Card, chef d'atelier à Gray

Si certains services comme celui de la Traction furent connus du public, d'autres restèrent discrets, tout en ne participant pas moins au bon fonctionnement des réseaux.

A l'atelier du dépôt de Gray, la carrière de Louis Card fut un exemple de l'évolution des métiers au sein des Chemins de Fer Economiques dans la première moitié du XXème siècle.

Maréchal-ferrant originaire du Haut Doubs, Louis Card est entré à la SE, à Gray, en juin 1937 comme manœuvre. Il gravit ensuite rapidement les échelons suivants : ouvrier 1ère série, chef d'équipe, contremaître, contremaître de 1ère classe et chef d'atelier, avant de prendre sa retraite le 1er janvier 1965.

Les conditions de travail étaient parfois éprouvantes, surtout en l'hiver, lorsqu'il était appelé en pleine nuit pour dégeler les machines, à Gray et même à Châtillon. Le travail sur les locomotives à vapeur, dans l'atelier n'était pas non plus sans danger.

Des promotions furent offertes aux agents de la SE, au delà des nombreux grades inhérents à la variété des fonctions, qui paraissent aujourd'hui un peu surannés.

Force est de constater, que le fait d'être chef de gare ou mécanicien de locomotive conférait à celui qui en avait le titre une reconnaissance certaine ; le chemin de fer étant à l'époque le fer de lance des transports, ceci explique cela.

Liste des chefs de gares ou chefs de stations et haltes de la SE en septembre 1939

Lignes de Châtillon-sur-Seine à Gray et Culmont-Chalindrey

Prusly-Villotte	Mme Marie
Vanvey-Villiers	M. Robinet Alphonse
Leuglay-Voulaines	M. Friaud Ludovic
Recey-sur-Ource	M. Letendu Jacques
Villars-Santenoge	M. Lagarde Paul
Poinson-Beneuvre	M. Toussaint Camille
Pavillon-les-Grancey	M. Canton
Marey-sur-Tille	Mme Lefebre Maria
Villey-Crécey	Mme Brunet Berthe
Tilchatel	M. Perin Gabriel
Lux	Mme Vincent Augustine
Bèze	M. Jean Francis
Mirebeau-sur-Bèze	M. Coudevylle Michel
Oisilly-Renève	Mme Jeanton
Champagne-sur-Vingeanne	M. Jean
Autrey-les-Gray	M. Theveneau
Nantilly	Mme Rigondet Françoise
Gray	M. Neuviller (SNCF - Région Est)
Chargey-les-Gray	Mme Caillerez Jeanne
Oyrières	M. Grimet
Neuvelle-les-Champlitte	Mme Mecrin
Champlitte	M. Fauconnier
Leffond	Mme Tourneret
Maatz	M. Gosset Gabriel

Toutes les personnes de la SE (sauf Mme Tourneret, recrutée sur place) provenaient de ses différents réseaux en déclin ou en cours de fermeture, particulièrement ceux des départements de Meurthe-et-Moselle, Moselle, Meuse, Somme et Allier.

Des agents autres que les chefs de gare, de station ou de halte ci-dessus provenaient de ces mêmes départements, mais aussi des Landes, du Vaucluse et de Seine-et-Marne.

Ces renseignements nous viennent de Monsieur Roger Vincent, qui fut employé de la SE avant de rejoindre la SNCF à Metz où il termina sa carrière en 1981 comme responsable du service de mécanographie à la direction régionale. Les parents de Monsieur Vincent furent mutés du réseau SE de Toul à Thiaucourt, le 1er mars 1934. Monsieur Henri Vincent fut chef de district à Poinson-Beneuvre jusqu'à sa retraite. Madame Augustine Vincent fut chef de station à Nantilly puis à Lux jusqu'au terme de sa carrière. Ce sont des exemples typiques de mutations intervenues sur les réseaux d'intérêt local concédés par les départements.

*A la halte de Nantilly vers 1934, M. Vincent, chef de district SE, tient le levier du signal. Non loin de lui se tient la gérante en blouse noire, son épouse. Ce type de petit établissement correspond à une maison de garde-barrières agrandie par l'adjonction d'une salle d'attente dans laquelle se trouve un petit guichet. La halte de Nantilly a ultérieurement été pourvue d'une pièce supplémentaire au dessus de la salle des voyageurs, ce que l'on remarque par la différence du crépi de la façade.
Collection Roger Vincent.*

LES GARDES-BARRIÈRES ET LES PASSAGES À NIVEAU

Comment parler du temps des omnibus sans évoquer les barrières et leurs gardes ?

Ces agents subalternes faisaient partie intégrante de la vie des lignes, pour certaines d'entres elles jusqu'à leur disparition.

En 1975, aucun des passages à niveau des lignes concernées par ce livre n'était automatisé ; la ligne lorraine n'a connu qu'une barrière automatique, installée lors de la création d'une nouvelle voie routière en 1986, le PN 32 bis à Rambervillers, et les lignes du réseau de Franche-Comté ne virent se déployer la signalisation automatique lumineuse qu'à partir de 1985.

Une longue histoire...

La généralisation des passages à niveau gardés remonte à 1845. La loi du 15 juillet 1845 impose aux compagnies que « *partout où les chemins de fer croisent de niveau les routes de terre, des barrières seront établies et tenues fermées, conformément aux règlements* » et l'ordonnance du 15 novembre 1846 précise « *partout où le chemin de fer est traversé à niveau, soit par une route à voitures, soit par un chemin destiné au passage des piétons, il sera établi des barrières* ».

Nous comprenons ainsi les raisons pour lesquelles nos lignes de chemin de fer possèdent autant de barrières.

Sur le réseau national en 1938, 27000 passages à niveau étaient gardés, il en existait encore 16238 en 1969...

On se doute qu'au cours de l'histoire, le nombre de gardes fut impressionnant ; pourtant les gardes-barrières ne sont pas évoqués avec autant d'attention que d'autres métiers du rail.

Les barrières sur les lignes vosgiennes étaient métalliques, soit roulantes, soit oscillantes, tandis que sur l'étoile de Gray et de Châtillon se trouvaient aussi des barrières métalliques pivotantes, et même des barrières oscillantes en bois d'un modèle très ancien.

L'ordre de fermeture était du ressort de la caractéristique cloche d'annonce système Siemens, commandée par la gare amont, qui gratifiait l'oreille de son timbre clair, ou de celui de la sonnerie à « grelot » des PN de l'Est, commandée par une pédale. Toutes les barrières arboraient les couleurs rouge vermillon et blanche.

Les maisonnettes étaient des plus modestes, avec une unique pièce au rez-de-chaussée, voire deux dans le meilleur des cas, et deux pièces à l'étage. Beaucoup d'entres elles n'avaient pas l'eau courante, surtout celles se trouvant à l'écart d'un village ; l'éclairage au pétrole était encore familier pour certaines à la fin des années soixante. En France, en 1970, 222 maisons de garde ne possédaient toujours pas l'électricité et 1691 n'avaient pas l'eau courante !

En mars 1967, la 130 B 476 quitte la gare de Pothières pour Châtillon-sur-Seine en tête du TOM Troyes – Châtillon. Les barrières du PN sont du modèle pivotant.
Photo Dieudonné-Michel Costes.

Ci-dessus, la 140 C 287 quitte Mussy-sur-Seine au train 22522 pour Troyes, après avoir croisé le 22517 pour Châtillon en 1969.
Photo Guy Laforgerie - collection Didier Leroy.

Le diesel Coferna DE 2 va franchir le PN 171 muni de barrières oscillantes.
Photo Gilbert Dumus.

Le cantonnier Emile Corvée, avec sa casquette à deux étoiles et macaron CFTA en laine rouge, devant les barrières d'un PN tout récemment remis en peinture le 23 mai 1975.
Photo Jean Florin.

L'autorail VH 24 affrété pour le voyage spécial Châtillon – Dijon du 9 juin 1979, traverse le PN 148 muni de barrières roulantes.
Photo Gérard Samon.

*Le « Train tournant » 22552 du 19 juillet 1969, tracté par la 140 C 141, vient de quitter Gray pour Vesoul et traverse le PN 24. Cette maison de garde-barrières avec aile est caractéristique d'un type Est plus confortable que celui à pavillon unique. Comme de nombreux passages à niveau à cette époque, celui-ci est agréablement fleuri par sa gardienne.
Photo Claude Lambert.*

*Le 7 avril 1967 près de Vereux, le TA 2559 Vesoul – Gray est assuré par des autorails 150 ch avec remorques Verney, dans la composition suivante : remorque poussée en tête, motrice, remorque et motrice. Le crépi rose est caractéristique des gares et PN de la ligne de Vesoul.
Photo R. Siegenthaler.*

Pratiquement, les barrières étaient surtout tenues par des agents féminins ; leur revenus étaient les plus bas sur l'échelle des salaires, alors que leur responsabilité dans l'ordre de la sécurité était importante.

Certaines lignes avaient un trafic conséquent qui les immobilisait de l'aurore à la tombée du jour. Certes les gardes-barrières avaient des heures creuses au cours d'une journée, mais les temps libres étaient courts. Le travail effectué, avec la discipline qu'il imposait à son titulaire, fut accentué par la généralisation de l'automobile, l'augmentation de la vitesse, et il faut le reconnaître la trop fréquente négligence dans l'observance des règles de sécurité de la part des automobilistes.

Longtemps, sur la ligne de Châtillon à Gray, un tender réformé de 140 C servit à distribuer l'eau dans les maisonnettes des PN lors de l'assèchement des puits en périodes de sécheresse.

Les gardes-barrières sont entrées dans la légende du rail. A travers cette sympathie populaire se traduit l'existence laborieuse de celles qui firent partie du paysage ferroviaire de Lorraine et de Franche-Comté pendant plus d'un siècle. Nous devons garder une respectueuse mémoire de ces « cheminotes » précieuses, dont ces quelques images se veulent le témoignage.

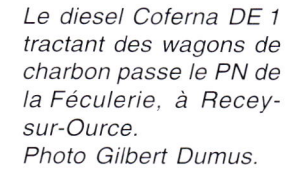

Le diesel Coferna DE 1 tractant des wagons de charbon passe le PN de la Féculerie, à Recey-sur-Ource.
Photo Gilbert Dumus.

Le lundi 27 mai 1991, cinq jours avant la fermeture de la ligne, la garde-barrière du PN 15 de Champlitte attend le passage du train Gray – Chalindrey tracté par la BB 4504 CFTA en unité multiple.
Photo Philippe Guillaume.

Dans le village vosgien d'Autrey-Sainte-Hélène, la chapelle du petit séminaire de Saint-Dié domine le passage à niveau de la ligne de la vallée de la Mortagne en 1979. Le portillon rouge et blanc, le lampadaire avec son support en ferronnerie et la plaque émaillée sont des éléments caractéristiques des passages à niveau gardés.
Photo Claude Henry.

Entre Leuglay-Voulaines et Recey-sur-Ource, la 140 C 141 en décembre 1970 en tête du train de marchandises pour Châtillon franchit le PN 98 dont on aperçoit la garde-barrières et la cloche d'annonce. Les deux « utilitaires » Citroën HY et Renault Goëlette sont typiques des années soixante. Photo Jean-Louis Poggi.

La 140 C 22 quitte Recey-sur-Ource le 13 mai 1975. On remarque l'importante nappe de fils téléphoniques avec la ligne SNCF « omnibus », ainsi que le PN à barrières oscillantes unifiées. Photo Jean Florin.

La 140 C 38, vue à la sortie de Bar-sur-Seine en 1975, rentre à Châtillon en solitaire et tender en avant. L'équipe a tendu une bâche pour se protéger de la poussière de charbon et du vent. Cliché Jacques Andreu.

DE L'UTILITÉ DES GARDES-BARRIÈRES

Voici, dans les termes exacts de l'époque, le compte-rendu d'un incident d'exploitation survenu à Polisot en 1975.

Rapport d'incident de circulation du 21 août 1975 entre Polisot et Bar-sur-Seine, entre une machine HLP 22518 et le train 22523

« En demandant la voie pour le 22523 à 11 h 45, le chef de gare de Bar-sur-Seine indiquait que ce train allait perdre 10 mn pour déchargement de rails à la sortie de la gare. Compte tenu de cette indication, et de l'arrivée de la machine HLP [1] 22518 à 11h53, je décidais de garer cette machine à l'entrée de l'EP Soufflet côté Troyes pour permettre son départ dès l'arrivée du 22523 [2], sans perte de temps. Pour effectuer cette manœuvre, j'ai fermé la barrière du PN 36 et me suis rendu à l'aiguille n° 1 muni d'un drapeau rouge, tandis que la machine s'arrêtait face au BV et que le facteur-chef M. retirait le drapeau jalon, que j'avais placé dans l'axe de la voie principale.

A ce moment, le mécanicien donna un léger coup de sifflet et je lui ai fait signe d'avancer vers moi. Arrivant au dégagement de l'aiguille, j'ai fait les signaux d'arrêt côté mécanicien. Puis, voyant 10, 20 puis 50 mètres parcourus sans obtenir l'arrêt, je me rendis compte que le mécanicien n'obtempérait pas aux signaux et qu'il partait pour Bar-sur-Seine. Réalisant le danger, j'ai crié au facteur-chef M. qui se trouvait sur le quai, s'apprêtant à recevoir le 22523, d'appeler d'urgence le garde du PN 35 en lui indiquant le départ intempestif de la machine et de faire tout en son pouvoir pour provoquer l'arrêt de chaque circulation.

Quelques minutes s'écoulent puis le garde nous a indiqué que la machine et le train s'étaient arrêtés sans se heurter au PK 202,190, et que la machine faisait marche arrière, suivie à vue par le train. Celle-ci a été garée sur l'EP Soufflet et a pu quitter la gare à 12h07 aussitôt l'arrivée du train 22523.

Le Chef de gare, signé Tremelet »

[1] 140 C circulant seule.
[2] TOM Troyes – Châtillon-sur-Seine avec BB 66000.

IL Y A 45 ANS...

Claude HENRY

A Rambervillers en 1960, le chef de gare Robert Henry et l'homme d'équipe Georges Hauer sont à côté de la 130 B 465 avec le mécanicien René Mangeolle et le chauffeur Renaudin, avant le départ du train mixte 22375 pour Bruyères. Collection Claude Henry.

Je suis né à la gare de Rambervillers, à l'heure où arrivait le dernier train, celui qui ne roulait que les dimanches soir et qui ramenait vers 22 h 00 les quelques rares promeneurs dominicaux parfois égarés. Bien sûr, cette naissance originale n'était due qu'à la profession de mes parents, tous deux agents de la compagnie... celle des « Secondaires » évidemment !

Cette particularité m'a valu d'être témoin privilégié de la vie ferroviaire d'alors, les distractions étant rares dans notre chef lieu de canton des années 60. Voici donc quelques souvenirs du petit garçon qui habita sur place pendant 13 ans et qui est devenu depuis un passionné de trains, allez savoir pourquoi ?

D'abord, les bruits, ceux-là même qui vous réveillent les souvenirs quand on les entend de nouveau dans les « musées vivants » actuels, où grâce au travail acharné de quelques amateurs bénévoles, on peut ainsi facilement se replonger dans l'époque du chemin de fer des décennies passées :

- l'échappement des engins moteurs, les locomotives à vapeur fumantes, accusées à l'époque de « salir », en particulier lorsque la lessive venait juste d'être faite et étendue derrière la buanderie :
- la 103 de la « compagnie », qui finit découpée sur la voie de la halle et dont les seuls morceaux lui ayant (un peu) survécu sont probablement la réglette de changement de marche, recyclée par mon ami Léon comme règle sur le bureau du « fichier wagons », ainsi qu'une belle plaque « CFS » conservée précieusement ;

- les 130 B de la SNCF, puis la 131 TB 16 remplaçante de la 103, qui avaient une « voix » de petites machines ; l'espoir était alors pour moi qu'une détresse de dernière minute de la machine titulaire eut imposé au dépôt de Blainville d'envoyer à Rambervillers une grosse machine : une 230 B, si possible avec de vrais pare-fumée « Est », faisant alors penser que nous avions enfin un grand train dans notre petite gare, surtout s'il s'agissait d'un remplacement d'autorail plutôt que du train de marchandises ;
- les coups de soupapes quand elles lâchaient la vapeur, les sifflets et les klaxons rythmant le fonctionnement courant, qui se faisaient entendre à coup sûr quand les engins passaient sur le crocodile d'entrée au dépôt ;
- le ronronnement des autorails, le plus souvent accompagné du son feutré des échappements doubles des VH ou du BD, remplacé ensuite par le bruit impressionnant de l'échappement unique et si caractéristique des 3800 faisant vibrer les vitres de la vieille gare ; le matériel CFS avait toujours le moteur situé coté Lunéville, afin de « monter à Gérardmer » avec le bogie moteur face à la rampe grâce au rebroussement à Bruyères ; ce n'était plus vrai avec le matériel SNCF orienté indifféremment au gré des provenances et des destinations ;
- les bruits propres à la gare, construite à une époque ignorant l'isolation phonique, qui se transmettaient allègrement dans tous les sens.

C'est ainsi que les pas des voyageurs dans le vestibule, juste en dessous de l'appartement du chef de gare, se mélangeaient au clic-clac du lourd composteur à billet, surtout vers 5 h / 5 h 30, avant le départ du premier autorail, ce qui servait de réveil au petit garçon !

C'est ainsi également que les employés pouvaient entendre le bruit plutôt assourdi du train Jouef que je faisais tourner inlassablement dans le grenier de l'aile au dessus du bureau du chef, avec en particulier, le « Picasso » que mes parents avaient acheté à l'économat, juste à côté de la lampisterie dont les odeurs de carbure transparaissaient.

Ensuite reviennent les souvenirs de l'activité de la gare, en dent de scie comme toute activité d'exploitation : aux périodes de calme relatif où l'on attend l'usager (qui n'était pas encore un client), succédaient des périodes de coup de feu, par exemple quand le « marchandises » arrivait et qu'il fallait procéder à la manœuvre pendant toute la matinée ; ou encore avant l'arrivée d'un autorail, lorsque les deux imprimeurs de la ville amenaient (toujours au dernier moment) leurs colis pleins de « tubes ».

Les « tubes » n'étaient pas une spécialité sidérurgique, mais des billets de loterie destinés aux fêtes foraines, conditionnés sous forme de petits tubes de papier enlacés par une minuscule bague en plastique, dont les imprimeurs précités s'étaient fait une spécialité. C'était alors la course contre la montre pour peser, enregistrer, étiqueter les colis, les placer sur le chariot ou sur les grosses brouettes à deux roues afin de les embarquer à temps dans le fourgon de l'autorail. A cette époque, le courrier prenait le train, et le préposé des PTT venait à l'arrivée de l'autorail remplir son chariot jaune à trois roues qu'il poussait ensuite par la rue Félix Faure et la rue Carnot, jusqu'à la Poste.

Un coup de chapeau à mon ami responsable du fichier wagons (l'homme qui m'a appris à faire du vélo, en démarrant d'une traverse entreposée dans la cour aux marchandises), qui alignait ses cartons multicolores, par wagon, par « cadre », ou par « rail-route » sur un grand tableau pour assurer leur suivi.

Pour l'enfant que j'étais, la gare demeurait un vaste terrain de jeux délimité par les butoirs en terre à l'extrémité de la « voie nouvelle » (en réalité, la voie n° 9), ou ceux des deux voies de la halle. Les marchepieds des wagons garés sur les voies de débord faisaient également partie des distractions, à condition de ne pas se faire repérer. Il y avait enfin plus loin, à côté du jardin du chef de gare, le petit réseau à voie de 60 des « Grès Flammés », qui, après avoir traversé la route du Calvaire, amenaient leurs chargement près de la « voie nouvelle ».

Parmi les grands moments de la matinée : la « manœuvre » évoquée ci-dessus. C'était le classement des wagons de marchandises sur les différentes voies de débord, réalisé « au lancer », les wagons étant dételés. La locomotive prenait de l'élan en poussant sa rame depuis le pont du Padouzel, puis freinait brutalement et laissait ses wagons continuer seuls jusqu'à leur emplacement. Si l'effort était bien dosé, ou si un sabot était placé judicieusement sur le rail, le choc sonore sur les wagons déjà en stationnement pouvait être évité, sinon... bang ! A cet exercice, les machines ayant des petites roues (la 103,

En juin 1970, peu avant son départ en retraite, Léon Laruelle donne le départ d'un jumelage d'autorails « Picasso » de Rambervillers pour Lunéville.
Collection Paul Michel.

les 130 B et la 131 TB) s'en tiraient évidemment mieux que celles taillées pour la course (les 230 B).

Outre la « voie nouvelle » déjà citée, se trouvait de l'autre côté de la cour aux marchandises la voie desservant la grue à main, puis celle qui allait « sous halle », réservée au trafic de détail à mettre à l'abri, et encore une autre pour les wagons vides en bordure du quai n° 1. De l'autre côté, à proximité du dépôt, la voie du « quai aux bois », quai militaire à l'origine et qui avait trouvé une vocation plus pacifique avec l'équipement « UFR », l'ancêtre du rail-route (on dirait maintenant combiné). C'est sur cette voie que se trouvait la bascule servant à peser les wagons.

Ensuite, il y avait la desserte des « raccordements » ou « embranchements particuliers » (de nos jours Installation Terminale Embranchée) : rarement chez Huraux (matériaux), tout près de la gare, entre la remise à draisine et les bureaux du chef d'exploitation, juste entre le PN de la Grande Rue et celui de la route de Saint-Gorgon ; fréquemment chez Jung (scierie), qui justifiait un trajet au-delà de Blanchifontaine, là où sera implantée plus tard la zone industrielle, le seul en pleine ligne.

Puis, c'était la mise en place sur « la voie de Charmes », c'est à dire la voie du 2ème quai qui jadis servait au trafic du Rambervillers – Charmes, de la rame du marchandises-voyageurs. Ce petit train prenait toute l'après-midi pour faire l'aller et retour vers Bruyères. Le retour s'effectuait tender en avant car il n'y avait plus de plaque tournante à Bruyères. Il fallait atteindre Rambervillers et sa plaque, où l'on tournait les machines en les poussant à la main pour qu'elles se retrouvent cheminée en avant.

Quant aux « pointes » en service voyageurs, je me souviens de plusieurs situations :
- Le dimanche soir entre 19h00 et 19h30, quand deux arrivées de Lunéville, un départ pour Gérardmer et un départ pour Lunéville se succédaient. C'était le seul moment où la complexité des mouvements nécessitait l'utilisation simultanée des deux quais et donc la mise en place de pancartes d'itinéraires sur des supports mobiles...
- Les remplacements d'autorails, entre Rambervillers et Lunéville : les voyageurs arrivant de Bruyères arrivaient au quai 1 avec l'autorail ; ils devaient descendre et aller prendre la rame ex-DR (renforcée d'une « trois pattes » métallisée Sud-Est) remorquée par une 130 B (mais j'ai fait une fois ce voyage avec la 131 TB 16) en attente au quai 2.

Les trains autorails renforcés avaient les compositions suivantes :
- jumelages de X 3800 ;
- X 3800 et remorque à bogies unifiées (Decauville) ;
- X 3800 Lunéville – Gérardmer, avec une remorque Verney, Lunéville – Rambervillers et une deuxième remorque Verney Lunéville – Bruyères.

Les trains spéciaux étaient rares sur cette petite ligne, je me souviens néanmoins de quelques cas :
- Un train pour la fête des jonquilles : Rambervillers - Gérardmer, avec 130 B et rame ex-DR ;
- Une inspection du directeur de la région Est SNCF, avec me semble-t-il un autorail AEK : mon père avait troqué ce jour-là sa chemise bleue habituelle pour une blanche, avec sa plus belle cravate et son uniforme le plus neuf ;
- Tous les ans : le train désherbeur, avec des compositions variées ;
- Rarement (heureusement) : le train de secours du dépôt de Blainville, pour un déraillement dû à une collision avec une vache, ou tout autre incident technique ;
- Plus tard, le service voyageurs ayant déjà disparu, un train militaire avec des voitures d'express Est et des porte-chars, tracté par une double traction de BB 63000.

La gare de Rambervillers était bien vivante, c'est maintenant une « friche industrielle »... Il faut avouer qu'avec les années, les temps de parcours, les rares autorails et surtout les médiocres correspondances avec la grande ligne à Lunéville étaient devenus dissuasifs !

Une vraie volonté de favoriser le train sur la ligne de la Mortagne, avec une voie renouvelée, des autorails modernes directs vers Nancy, une vraie politique favorable au rail pour le transport des marchandises, auraient pu changer cet épilogue ; mais la régionalisation pour le transport ferroviaire des voyageurs était encore trop loin en 1980 et ceux qui y croyaient n'ont pas été écoutés...

*La 131 TB 16 pendant l'été 1966, assure exceptionnellement le MV 22373 Rambervillers – Bruyères.
Photo Jean Florin.*

Annexe 1 : Roulement des dépôts de Gray et Châtillon-sur-Seine de la SE en 1957

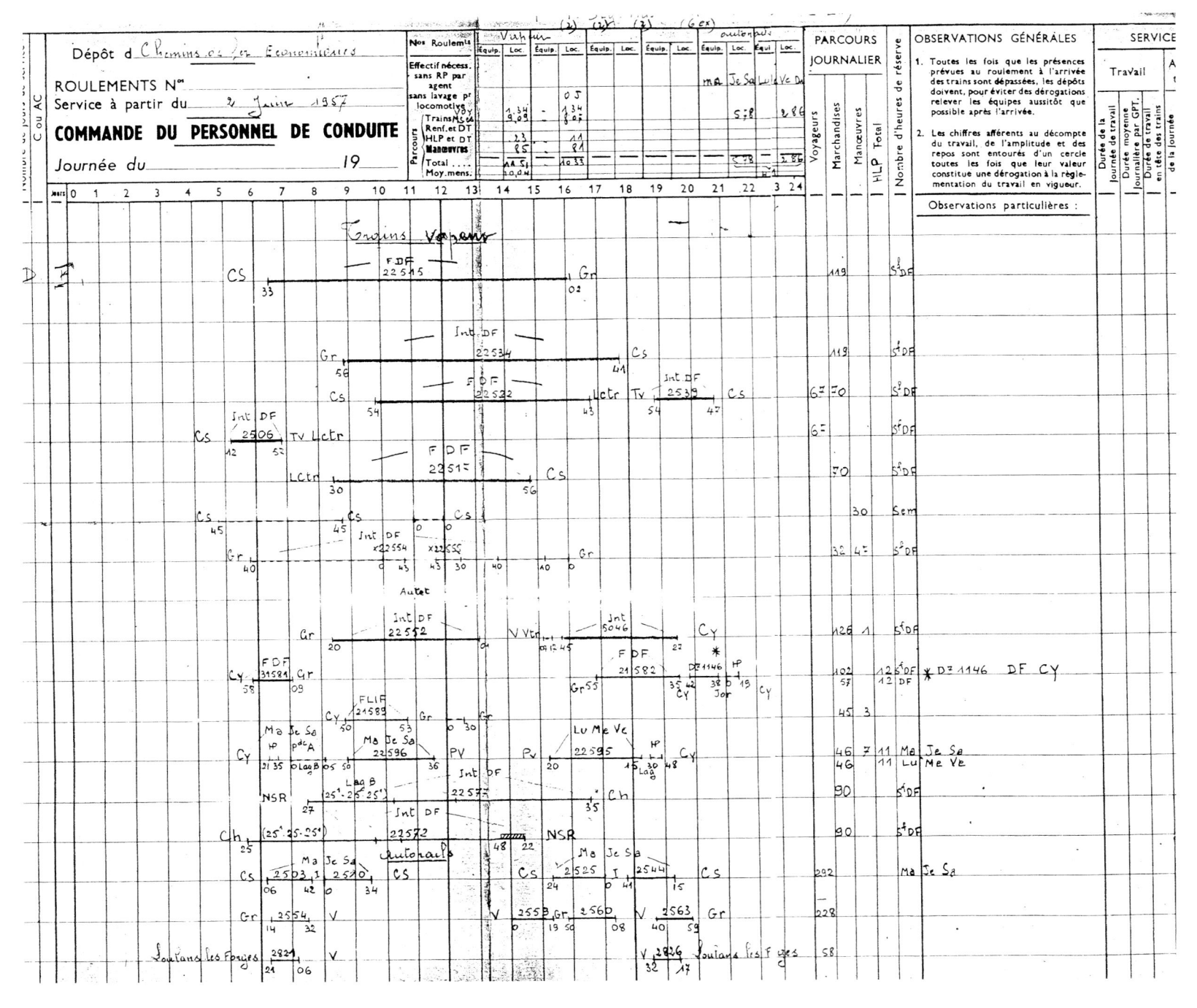

Abréviations du roulements de 1957 :

Bes : Besançon
CS : Châtillon-sur-Seine
Gr : Gray
Lctr : La Chapelle-Saint-Luc triage
Tv : Troyes-ville
V : Vesoul
Vtr : Vesoul triage
Lag B : Langres-Bonnelle
P^{de}A : Port-d'Atelier-Amance
PV : Poinson-Beneuvre
Lag : Langres
NSR : Nuits-sous-Ravières
Ch : Chaumont
I : Is-sur-Tille
Loulans-les-Forges

DZ 1146 : train inter-triages Belfort – Jorquenay-Garage

Collection Didier Leroy.

Annexe 2 :

*Une belle composition du début du XXème siècle en gare de Villars-Montroyer (renommée Villars-Santenoge), entre Châtillon-sur-Seine et Is-sur-Tille. On distingue à partir de la gauche une voiture Cf ou C type 1893 à baies de custode, une voiture A type 1889, une voiture B type 1888 avec une plaque (probablement « Dames »), une voiture C type 1878, un fourgon Df type 1878-1881 avec cabinet de toilette et vestibule.
Collection Jean-Pierre Rigouard*

*En gare de Veuxhaules-Montigny, sur la ligne Châtillon-sur-Seine – Chaumont, voyageurs et cheminots posent ensemble à l'occasion de la venue toujours remarquée d'un photographe. Il en est de même ci-dessous dans la modeste gare de Pothières, sur la ligne Châtillon-sur-Seine – Troyes ; l'herbe a envahi les voies et les quais en terre battue, mais le chef de gare se présente à l'objectif en grand uniforme.
Collection Jean Millot.*

L'activité notable des petites gares de l'Est illustrée par ces vues est démontrée par le tableau des pages suivantes. L'auteur y a retrouvé le trafic qu'elles assuraient en 1937.

Signalons toutefois que les gares de la ligne de Charmes (exclu) à Rambervillers (exclu), exploitée par le Réseau de l'Est, ne figurent pas dans ces tableaux.

NOMS DES GARES	VOYAGEURS	MARCHANDISES						SITUATION DES BATIMENTS AU 1/01/2002
(Les établissements en italique ont leur trafic rattaché avec la gare-centre indiquée entre parenthèses.)	Nombre de voyageurs au départ	Transport de 0 à 1000 Kg			Transport de plus de 1000 Kg			
		Nombre de tonnes						
		Expédiées	Reçues	Total	Expédiées	Reçues	Total	
Après-Flagey(Langres)	#	#	#	#	#	#	#	Particulier (T)
Aujeures (halte)(Langres)	#	#	#	#	#	#	#	Particulier (T)
Autet	5522	235	236	471	1350	2473	3823	Détruite
Autrey-les-Gray	2830	26	96	122	1293	860	2153	Particulier (EOG)
Autrey-Sainte-Hélène	6094	48	85	133	1689	1602	3291	Particulier (EOG)
Bar-sur-Seine	30568	668	743	1411	6096	17777	23873	SNCF(CFTA)(EOG)
Beaujeux-Prantigny (halte)	2585	1	12	13	#	#	#	Particulier (T)
Bèze	1748	55	81	136	963	570	1533	Particulier (EOG)
Brennes (halte)(Langres)	#	#	#	#	#	#	#	Particulier (EA)
Bricon	22707	267	647	914	1458	1997	3455	SNCF (EOG)
Brion-sur-Ource	5376	35	94	129	787	2282	3069	Particulier (EO)
Brouvelieures	10918	37	76	113	8724	533	9257	Particulier (EOG)
Bruyères	85900	1649	1439	3088	12509	42408	54917	SNCF (EOG)
Buchères-Verrières	15902	26	80	106	2381	3993	6374	Particulier (EO)
Champagne	4249	159	142	301	3634	4255	7889	SNCF (EOG)
Champlitte	9164	354	609	963	2696	5180	7876	Commune (EA)
Chargey-les-Gray (halte)	2564	54	21	75	#	#	#	Particulier (EO)
Charmes	65075	1495	1805	3300	24816	43820	68636	SNCF (EOG)
Château-Villain	15553	302	247	549	2466	1833	4299	Particulier (T)
Châtillon-sur-Seine	38787	816	616	1432	60340	74824	135164	SNCF (EOG)
Courban	4312	36	89	125	1573	501	2074	Particulier (EO)
Courtenot-Lanclos	14685	146	160	306	6242	2410	8652	Particulier (EO)
Deinvillers (halte)	3353	6	5	11	#	#	#	Particulier (EO)
Fouchères-Vaux	7511	26	68	94	1610	147	1757	Détruite
Fresnes-Saint-Mamès	8306	73	297	370	1220	1704	2924	Particulier (EO)
Gerbévillers	20615	164	166	330	424	1501	1925	Commune (EO)
Gray	60981	1354	2025	3379	239645	525565	765210	SNCF (T)
Gyé-sur-Seine	8304	284	153	437	4000	2397	6397	Particulier (EO)
Is-sur-Tille	335934	279	458	737	946766	2871301	3818067	SNCF (EOG)
Jeanménil	1357	17	58	75	4541	1105	5646	Particulier (T)
Langres	101988	951	2166	3117	11375	17424	28799	SNCF (EOG)
Langres-Bonnelle	3093	204	615	819	2781	7289	10070	Commune (EA)
Latrecey	8117	135	285	420	7153	2229	9382	Particulier (EA)
Leffond (halte)	2585	8	15	23	#	#	#	Détruite
Leuglay-Voulaines	5447	383	281	664	4837	3696	8533	Commune (EA))
Maatz	6859	62	88	150	882	437	1319	Particulier (T)
Magnières	5683	173	60	233	228	465	693	Commune (EOG)

	Nombre de voyageurs au départ	Transport de 0 à 1000 Kg			Transport de plus de 1000 Kg			
		Nombre de tonnes						
		Expédiées	Reçues	Total	Expédiées	Reçues	Total	
Marey-sur-Tille	3547	9	51	60	1765	68	1833	SNCF (EO)
Mirebeau-sur-Bèze	2691	141	312	453	1419	4064	5483	Particulier (EOG)
Mont-le-Vernois	7947	186	206	392	730	1378	2108	Particulier (EO)
Mont-sur-Meurthe	19959	65	90	155	714	2557	3271	Particulier (EOG)
Moyen	6994	14	23	37	10	111	121	Particulier (EOG)
Mussy-sur-Seine	15539	1035	327	1362	10117	16449	26566	SNCF (EOG)
Nantilly (halte)	1582	6	5	11	#	#	#	Particulier (EO)
Neuvelle-les-Champlitte (halte)	3686	223	25	248	#	#	#	Particulier (T)
Noidans-le-Ferroux	11572	1288	342	1630	3833	4801	8634	Particulier (EOG)
Oisilly-Renève	1340	38	36	74	440	218	658	Particulier (EO)
Oyrières	3744	26	61	87	2137	816	2953	SNCF (EO)
Pavillon-lès Grancey	3659	38	146	184	2384	1031	3415	SNCF (EA)
Plaines	4038	114	55	169	3012	6634	9646	Particulier (EO)
Poinson-Beneuvre	3142	33	68	101	1200	2161	3361	SNCF (EOG)
Polisot	23618	383	351	734	11550	7065	18615	Commune (EOG)
Pothières	4801	22	48	70	6860	601	7461	Détruite
Prusly-Villotte (halte)	2470	16	7	23	#	#	#	Particulier (EO)
Rambervillers	45670	1931	1559	3490	15929	33284	49213	Commune (EA)
Raze (halte) (Noidans-le-Ferroux)	#	#	#	#	#	#	#	Particulier (EO)
Recey-sur-Ource	9315	95	196	291	4324	2731	7055	Particulier (EOG)
Saint-Julien (halte)	8179	26	60	86	1709	1114	2823	Particulier (T)
Saint-Parres-les-Vaudes	24462	124	137	261	7564	5003	12567	Commune (EOG)
Saint-Thibault (halte)	10087	5	8	13	#	#	#	Détruite
Sainte-Colombe-sur-Seine	3663	81	157	238	3641	10538	14179	Particulier (EO)
Savoyeux-Mercey (halte)	5715	9	14	23	#	#	#	Particulier (EO)
Seveux	4328	47	142	189	1695	886	2581	Particulier (EOG)
Tilchâtel	4491	393	101	494	963	1490	2453	Particulier (EO)
Troyes	863887	17803	20227	38030	78313	263172	341485	SNCF (EO)
Vaillant (Langres)	#	#	#	#	#	#	#	Particulier (EO)
Vaivre	14751	22	24	46	821	362	1183	Commune (EO)
Vanvey-Villiers	4481	319	129	448	2631	1071	3702	Particulier (EO)
Vellexon	7541	462	235	697	2589	3587	6176	Particulier (T)
Vereux	2976	24	85	109	2050	1003	3053	Particulier (EO)
Vesoul	225759	2876	4061	6937	28490	110864	139354	SNCF (EO)
Veuxhaulles	8400	637	312	949	4682	4124	8806	Particulier (EO)
Villars-Santenoge	3713	74	192	266	7260	623	7883	Particulier (EO)
Villiers-le-Sec (halte)	13292	5	14	19	#	#	#	Détruite
Vivey-Chalmessin (Langres)	#	#	#	#	#	#	#	Particulier (EO)
Xermaménil-Lamath	8497	15	31	46	1677	286	1963	Particulier (EO)

EOG : Etat d'origine extérieur de la gare sans transformation notoire avec au moins à l'intérieur le guichet voyageurs.
EO : Etat d'origine extérieur de la gare sans transformation notoire.
T : Transformation du bâtiment.
EA : Etat d'abandon.

« Ralliez-vous à mon beau panache blanc » semble dire la 140 C 205 en quittant Troyes avec l'omnibus vespéral pour Châtillon-sur-Seine en mai 1971. Photo Jean-Louis Poggi.

EPILOGUE

Il pourrait paraître incongru de laisser le soin de clore ce livre à un jeune homme qui, certes épris de l'univers ferroviaire, n'a pas connu tous ces lieux en activité. Pourtant, je me suis attaché à leur histoire ; la richesse des textes rehaussés de témoignages et de photographies si vivantes suscite en moi de bien réels sentiments envers ces lignes.

Peut-être leur évocation me rappelle-t-elle, toutes proportions gardées, ma propre histoire de voyageur au quotidien ? C'est en tout cas ainsi, sur une ligne régionale, qu'est apparue ma passion pour le chemin de fer, lors de mes « années lycée », que l'on dit si importantes au tournant de l'adolescence. Pourquoi me suis-je alors attaché à ces vieux autorails rouge et crème qui nous emmenaient tous les jours au lycée de Mirecourt à 7 h 10 ? Pourquoi, alors que mes camarades avaient d'autres préoccupations, m'éprenais-je de nos « Caravelles » X 4300 ?

Beaucoup de souvenirs en tout cas... Ces matins se succédant sur le quai de départ, glacé en hiver, où nous attendions avec impatience la douce chaleur de l'autorail, ou éclairé d'un lever de soleil radieux aux beaux jours du mois de mai... Et ces heures passées le soir à Mirecourt, face à des emprises démesurées, sous la marquise du quai 1 paré de géraniums... Et invariablement cette sonnerie d'annonce qui signifiait pour nous le soulagement du retour, et faisait sortir le « chef de gare » allant manipuler de gros verrous et vérifier sur les cadrans des signes incompréhensibles... Et se dévoilait, d'abord lentement derrière les signaux mécaniques, puis nous saluant du crissement de ses freins, le couplage de deux Caravelles... Et l'animation sur ce quai 1, quand nous voulions tous monter les premiers... Et le sémaphore, que l'on pouvait voir s'abaisser depuis la dernière remorque, après un départ souvent enfumé... Et la gare d'Hymont-Mattaincourt si silencieuse, non loin de ce fantomatique support de signal de l'ancienne ligne d'Epinal... Et le trajet dans la campagne, sur les rails courts, quel que fut le temps, par les plus belles lumières d'un printemps vosgien ou dans le noir complet de l'hiver... Pour toujours entendre, à l'arrivée à 18 h 24, le chef de service à casquette blanche annoncer d'une voix forte : « Vittel, Vittel ! »...

Ainsi comprendrez-vous que ce n'est pas en ayant fait du vélorail sur la ligne de « Ramber » que je me suis attaché au VH rouge des CFS ! L'auteur s'en défendra peut-être, mais je crois que c'est le côté si convivial de ce chemin de fer, fait de moments simples de bien-être, lié à une certaine idée de la vie, qui nous a rapprochés autour de ces lignes de « l'Est ». C'est un réel plaisir de se plonger dans ce quotidien si ordinaire des lignes de Gray, Châtillon et Rambervillers, lui qui semble si extraordinaire à notre regard d'aujourd'hui.

Le travail effectué par Didier Leroy et ses collaborateurs est une occasion forte de transmettre le plaisir d'une certaine façon de voyager à tous ceux qui n'ont pas eu la chance d'avoir attendu un train omnibus à plateformes sur le quai d'une petite gare fleurie, ou goûté l'excitation des photographes lors des derniers panaches dont les gratifiait la vapeur...

En fait, c'est tout un monde inconnu qui revit pour un étudiant de 22 ans. Le pari est donc réussi : quelle meilleure façon d'assurer la mémoire de ces lignes qui refusent d'être oubliées, que de les ancrer dans le cœur des plus jeunes ?

Paul-Henri BELLOT
Octobre 2004

REMERCIEMENTS

Cet ouvrage est le fruit d'une amicale collaboration entre l'auteur, Didier Leroy, et deux passionnés : Jean Florin et Jean-Louis Poggi.

Jean Florin, inconditionnel de la traction à vapeur et modéliste reconnu, s'est attaché à faire revivre les dépôts et les locomotives de l'Est par ses études sur les petites lignes de la « Grande Compagnie »,

Jean-Louis Poggi, par ses talents de photographe, a immortalisé les derniers temps de la vapeur, rendus célèbres par les ultimes panaches franc-comtois. D'autre part, il a procédé à une relecture rigoureuse des textes, digne d'un instituteur de l'époque des 140 C qu'il affectionne tout particulièrement.

L'auteur les remercie sincèrement pour leur soutien en mémoire d'un chemin de fer attachant et humain.

***

L'auteur tient à remercier également toutes les personnes qui l'ont aidé dans ses nombreuses recherches, en mettant à sa disposition des documents, des photographies, des objets usuels caractéristiques des lignes concernées, ou lui ont consacré du temps pour lui rapporter nombre de souvenirs.

Les personnels en retraite des chemins de fer (les principales fonctions occupées sont mentionnées) :

Gabriel Bachet : communication SNCF à la direction régionale de Dijon,
Gérard Cances : chef de gare de Maatz et d'Autrey-les-Gray,
Paulette Casey : secrétaire à la CFTA à Châtillon-sur-Seine de 1962 à 2002,
Jean Defranoux [+] : chef de gare intérimaire à Rambervillers et son épouse Maria [+], gérante de la gare de Brouvelieures,
Raymond Douet [+] : ancien mécanicien vapeur/autorail et chef de réserve au dépôt de Châtillon-sur-Seine,
Georges Faivre : sous-chef de gare de Saint-Jean-de-Losne,
Marcelle Febvre : fille de Georges Pain, mécanicien vapeur au dépôt de Poinson-Beneuvre,
Alain Gernigon : ingénieur principal à la SNCF, spécialiste de la signalisation,
Anita Gillier : commise principale marchandises en gare de Châtillon-sur-Seine,
Roger Guillaume [+] (et son épouse) : chef de gare de Noidans-le-Ferroux,
Roger Habert [+] (et son épouse) : mécanicien vapeur au dépôt de Chaumont,
Claude Hermann : chef de gare de Gerbéviller,
Robert Lecornet [+] : chef de gare de Mussy-sur-Seine,
Marcel Leguay : sous-chef de gare à la SNCF,
Georges Mathieu : conducteur d'autorails au dépôt d'Epinal,
Paul Michel (et son épouse) : chef de gare de Rambervillers,
Jean Marquis (et son épouse) : conducteur d'autorails au dépôt de Vesoul,
Jean Ménecier : chef de gare de Châtillon-sur-Seine et d'Is-sur-Tille,
Louis Mouge : conducteur d'autorails et chef de dépôt à Noisy-le Sec,
Gaëtan Pronier : chef de train à Poinson-Beneuvre et à Châtillon-sur-Seine,
Jean-Marie Renaux : conducteur de route au dépôt de Blainville-Damelevières,
Bernard Rozé : inspecteur divisionnaire à la SNCF et photographe ferroviaire,
Jean-Louis Simon : chef de gare de Montbéliard,
Bernard Simonot : service de la communication de la région SNCF de Paris-Est,
Pierre Stimac (et son épouse) : mécanicien vapeur et chef de dépôt à Gray,
Robert Thill : agent du service électrique CFTA de Châtillon-sur-Seine,
François Tremelet (et son épouse) : chef des gares de Vanvey-Villiers, Recey-sur-Ource et Polisot,
Lucien Turot (et son épouse) : chef de gare de Buchères-Verrières,
Jean Vandewalle (et son épouse) : mécanicien vapeur et chef de dépôt à Gray,
Marie Villemaux : gérante de la gare de Seveux,
Francis Villemaux : conducteur de route au dépôt de Miramas,
Roger Vincent : agent de la SE et inspecteur divisionnaire à la SNCF.

Les personnels en activité des chemins de fer :

Les agents SNCF des gares de Bruyères, Châtillon-sur-seine et Gray,
L'agence Fret Agri SNCF de Dijon,
Le service des bâtiments de la direction régionale SNCF de Dijon,
Le responsable de l'agence CFTA de Gray et de Châtillon-sur-Seine, Patrick Richard,
Les agents CFTA du réseau de Franche-Comté, particulièrement le responsable du centre de Châtillon-sur-Seine, Thierry Lebras, et de Bar-sur-Seine, Serge Migne.

Les photographes et collectionneurs qui ont contribué largement à l'illustration de ce livre en ouvrant leur fonds souvent inédits :

Jacques Andreu,
André Artur,
Gabriel Bachet,
M. Bassinet,
José Banaudo,
Jean Bazot et son épouse Monique,
Bernard Bonnet,
André Bret[+],
Yves Broncard,
Gérard Chambard,
Pierre Debano,
Alain Demarez,
Gilbert Dumus,
Jean Florin et son épouse Betty,
Jean-Claude Fombaron,
Jean-Marc Frybourg,
François Fontaine et son épouse,
Roland Fournier,
Claude Garino,
Olivier Geerinck,
Maurice Geiger,
André Grandemange,
Vincent Hamel,
B. Hutard,
Daniel Juge,
Guy Laforgerie [+],
Claude Lambert,
Fabrice Lanoue,

Jacques Lefêvre,
Jean-Bernard Lemoine,
Laurent Manoha,
Georges Marchais,
Eric Martin,
Georges Mathieu,
Jean Metz,
Bernard Minot,
Philippe Morel,
Claude Nicollier et son épouse Andrée,
Robert Nobecourt,
Jean-François Noël,
Jean-Louis Poggi,
André Presle[+],
Guy Rannou,
Pascal et Thibaut Reinhard,
Jacques-Henri Renaud,
Maurice Riffault,
Jean-Pierre Rigouard,
Luc Robert,
Claude-Bernard Rossinelli,
Bernard Rozé,
Gérard Samon,
Yves Séligour,
Dominique Seret,
Docteur R. Siegenthaler,
Laurent Tessier,
Francis Villemaux.

Les organismes et associations suivants :

Les Archives Départementales de la Côte d'Or,
Les Archives Départementales des Vosges,
La Bibliothèque de l'AFAC,
La Bibliothèque municipale de Gray,
Le Centre des archives SNCF du Mans,
Le Centre audiovisuel de la SNCF de Saint-Ouen, particulièrement M. François Desmé,
La FACS, particulièrement M. André de Marco,
Le Musée de la photographie Nicéphore Niepce de Châlon-sur-Saône,
Le Musée du cheminot d'Ambérieu-en-Bugey,
Le Service historique de l'Armée de Terre de Vincennes,
Le 15ème BSMAT de Besançon.

Les entreprises suivantes :

> France Bois Imprégnés à Gray,
> John Deere à Arc les Gray,
> S.A. Giroux et Fils à Oyrières,
> Simu à Arc-les-Gray,
> SNPE Groupe Nobel à Vonges,
> Transports Baulard, Daniel Cornu à Gray.

Un grand remerciement à :

> Monsieur Bernard Collardey, inspecteur divisionnaire honoraire à la SNCF, pour ses recherches sur les états des dépôts et la mutation des machines,
> Monsieur Francis-Henri Courroy, président honoraire de la Société d'émulation des Vosges, pour ses conseils et la mise à disposition de sa vaste collection de documents et d'objets,
> Monsieur Christian Fonnet de la photothèque de la Vie du Rail, spécialiste de la compagnie de l'Est, pour ses recherches et ses conseils,
> Monsieur André Jacquot, inspecteur divisionnaire honoraire à la SNCF, pour la consultation de ses dossiers d'archives et ses conseils,
> Monsieur Robert Le Pennec, ingénieur principal honoraire à la SNCF, pour son aide constante et sa disponibilité,
> Monsieur Jean Millot, président de l'association « Images Châtillonnaises »,
> Monsieur André Presle [+], amateur et photographe inconditionnel de la traction à vapeur, pour sa générosité,
> Monsieur Alain Rambaud [+], ingénieur en construction ferroviaire.

Un remerciement tout particulier revient aux personnes suivantes :

> Paul-Henri Bellot, attaché à l'histoire vivante de ces lignes et de leurs gares, pour les nombreuses soirées passées à la mise en place des clichés et à la relectures des textes.
>
> Frank Destouesse, pour la réalisation du dessin de couverture et ses conseils avisés.
>
> Rémi Français, de l'agence des gares SNCF, pour ses recherches d'archives sur les gares.
>
> Claude Henry, pour ses recherches sur la partie vosgienne de ce livre et sa disponibilité, sans oublier l'accueil chaleureux qu'il m'a toujours réservé avec son épouse Cécile.
>
> Pascal Reinhard, dirigeant de proximité infrastructure à Provins, pour son aide et son travail sur la gare de Gray à laquelle il est très attaché.

Un remerciement tout aussi sincère à Michel Braun, directeur des Editions du Cabri, pour sa confiance envers l'initiateur de ce livre, son épouse Hélène, ainsi qu'à leur collaborateur José Banaudo, précieux historien ferroviaire.

Tous les documents et objets présentés dans ce livre font partie de la collection de l'auteur, sauf mention particulière.

L'auteur lance un appel particulier à toutes les personnes possédant des clichés, documents ou objets concernant les sujets traités dans cet ouvrage ; qu'elles aient l'amabilité de bien vouloir le contacter, par l'intermédiaire des Editions du Cabri.

BIBLIOGRAPHIE

Ouvrages

ANONYME. *Les archives d'un collectionneur, Vapeur à l'Est, la collection Albert Henry*, Editions La Vie du Rail, Paris, 1983.
ANONYME. *L'œuvre des services de la SNCF et des Entreprises Françaises*. Juillet 1940-juillet 1942.
J. BANAUDO. *Les autorails unifiés de 300 ch - X 3800*, Les Editions du Cabri, Breil-sur-Roya, 1991.
J. BANAUDO. *Les locomotives 140 C*, Les Editions du Cabri, Breil-sur-Roya, 1987.
J. BANAUDO. *Trains Oubliés Volume 2 : Le PLM*, Les Editions du Cabri, Menton, 1981.
BARON ERNOUF. *Histoire des chemins de fer français pendant la guerre franco-prussienne 1870-1871*, La Librairie Générale, 1874, Nouvelle édition réalisée pour La Vie du Rail par Les Editions du Layet, Paris - Cavalière, 1980.
Y. BRONCARD – Y. MACHEFERT-TASSIN – A. RAMBAUD. *Autorails de France, Tome 2*, La Vie du Rail et des Transports, Paris, 1994.
J. CHAINTREAU – J. CUYNET – G. MATHIEU. *Les chemins de fer PLM*, co-Edition La Vie du Rail et La Régordane, Paris – Chanac, 1993.
COLLECTIF. *Encyclopédie Générale des Transports*, Chemins de Fer, III (Haute-Saône) et II (Haute-Marne), Editions de l'Ormet, Valignat, 1987-1997.
J. CUYNET. *Bataille du rail en Franche-Comté*, Editions La Taillanderie, Châtillon-sur-Chalaronne, 1997.
J. CUYNET. *Histoire du rail en Franche-Comté*, La Régordane-Editions, Saint-Laurent-du-Var, 1989.
H. DOMENGIE – J. BANAUDO. *Les petits trains de jadis Tome 4 : Est de la France*, Les Editions du Cabri, Breil-sur-Roya, 1995.
P. DUMONT – J. BANAUDO. *Les locomotives diesel mixtes BB 63000 / 63500 et leurs dérivées*, Les Editions Du Cabri, Breil-sur-Roya, 1998.
P.H. EMANGARD – B. COLLARDEY – P. ZEMBRI. *Des Omnibus aux TER*, Editions La Vie du Rail et des Transports, Paris, 2002.
A. FICK. *Gray à l'heure Allemande, 1940 – 1944*. Editions Gueniot, Langres, 1998.
GASCON – CHEVEAU – THEVENOT. *En tramway de Dijon à Fontaine-Française et à Champlitte*. Editions de la Petite Boutique, Fontaine, 1985.
A. GERNIGON. *Histoire de la signalisation ferroviaire française*, Editions La Vie du Rail et des Transports, Paris, 1999.
A. GIBERT. *Les Locomotives-tender de route – T 3, Les 131 T série 32.000 de l'Est*, Les Editions du Cabri, Breil-sur-Roya, 1986.
A. GIBERT – J. BANAUDO. *Trains oubliés volume 1 : L'Alsace-Lorraine – L'Est*, Les Editions du Cabri, Menton, 1981.
J. GILLOT. *Les locomotives à Vapeur de la SNCF Région Est*, Editions Picador (2ème édition), Levallois-Perret, 1985.
J.C. GRANDHAY. *La Haute-Saône dans la seconde guerre mondiale, tome 1*, Editions Erti, Paris.
A. JACQUOT. *100 ans de voitures sur le réseau de l'Est*, Editions de l'Ormet, Valignat, 1998.
LEGATIN – BESSON corrigé par GODARD. *Histoire de Gray*, Imp. Firmin-Didot, Paris, 1882.
M. MAILLET. *Les chemins de fer d'intérêt local de l'Hérault*, Les Editions du Cabri, Breil-sur-Roya, 1985.
E. MARTIN – G. NICKSON. *Le chemin de fer du Blanc à Argent*, Les Editions Du Cabri, Breil-sur-Roya, 1989.
ŒUVRE COLLECTIVE. *Gray, reflet de son histoire*, Société des Amis de la bibliothèque, Gray, 1991.
M. PENNANEACH'H. *Les locomotives 140 américaines de la première guerre mondiale – 140 G et H de la SNCF*, Les Editions du Cabri, Breil-sur-Roya, 1993.
A. RAMBAUD – J.M. DUPUIS. *Encyclopédie des voitures SNCF*, La Vie du Rail, Paris, 1990.
B. SANREY. *De Langres à Poinson-Beneuvre. Le petit train de la montagne haut-marnaise*, S.L. 1990.
A. SCHONTZ – A. FELTEN – M. GOURLOT. *Le chemin de fer en Lorraine*, Editions Serpenoise, Metz, 1999.

Règlements

CFTA. Règlement Général n° 1 – Signaux, 1966.
CHEMINS DE FER DE l'EST. Exploitation - Ordre Général n°4 relatif à la composition et la circulation des trains, S.L., Edition de juin 1914 - Réimpression de Février 1937.
COMPAGNIE DES CHEMINS DE FER DE L'EST. Service de la voie et des travaux (Signaux et enclenchements) II bis Tables d'itinéraires – Généralités, 1929.
PLM. Profils en long des lignes du réseau PLM, réédition de 1985.
SNCF. Carnet de profils et schémas, SNCF région Est, 1962.

Périodiques

M. ABRY in *Bulletin PLM*, Nos autorails, novembre 1936.
J. BANAUDO in *Riviérail*, L'homme à la locomotive d'or, n° 15, décembre 1975 (p...).
Y. BAUDE in *Loco Revue*, CFTA : L'enseignement secondaire, n° 610, janvier 1998 (pp. 14-19).
P. BEGUINOT in *La Vie du Rail*, La table d'itinéraire de Clérey, n° 1423, 30 décembre 1973 (p. 51).
H. BERNARD in *Voies Ferrées*, Les CFTA, n°66, juillet - août 1991 (pp. 6-15).
Lieutenant-Colonel BOIGEY in *L'Est Républicain*, Les Forces Françaises de l'Intérieur dans la bataille pour la Libération, 10 septembre 1954.
J. CASAL in *Ferrovia Midi*, Le réseau de Franche-Comté, 1972, n° 47.
B. COLLARDEY in *La Vie du Rail*, Un événement marquant dans lhistoire de la locomotive à vapeur, n° 1302, 25 juillet 1971 (pp. 5 et 6).
B. COLLARDEY in *La Vie du Rail*, LES 140 C... Une retraite bien méritée, n° 1534, 14 mars 1976 (pp. 4-9).
B. COLLARDEY in *La Vie du Rail*, Une ville, une gare, Troyes, n° 1486, 30 mars 1975 (pp. 11-21 et 38-42).
J. COLIN in *La Vie du Rail*, Le réseau CFTA DE Franche-Comté, n° 1457, 8 septembre 1974 (pp. 8-13).
A. FICK in *La Presse de Gray*, Articles, 1980 – 1981.
J. FLORIN in *Loco Revue*, Le monde à part des CFE, n° 563, octobre 1993 (pp. 664-669).
J. FLORIN in *Loco Revue*, Mes amis « Les Rambers », n° 587 & n° 588, décembre 1995 (pp. 714-720) & janvier 1996 (pp. 46-51).
A. HENRY in *Notre Métier*, Nos anciens de l'Est, 12 mars 1951, n° 290 (pp. 28-33).
J.H. LAVIE – M. LEGUAY, in *Loco Revue*, Fiche documentaire – Nouvelle série, n° 0337, 2002.
A. LEPAGE in *Voies Ferrées*, Crampton 80 : « Le continent », n° 42, juillet – août 1987 (pp. 2-11).
D. LEROY in *Correspondances*, Cheminots à Gérardmer en 1902, mai-juin 2002, n° 1.
C. MARACHE (Préface) in *Les Cahiers de l'Institut*, Institut d'histoire sociale de la fédération des travailleurs et techniciens des chemins de fer français CGT, L'histoire vraie des gardes-barrières, 2ème trimestre 2002, n° 16 spécial.
G. J. MICHEL in *Bulletin de la Société d'agriculture*, lettres, sciences et arts de la Haute-Saône, L'établissement des lignes de chemin de fer en Haute-Saône, nouvelle série n°11, 1977 (pp. 39-63).
J.C. RIFFAUD in *MTVS*, Les automotrices Billard, n° 24, 1982 – 4.

Lors des journées vapeur des 24 et 25 avril 1982 à Gray, la 140 C 27 assure une navette pour Gray depuis Autet, avec une belle rame de voitures d'express Est.
Photo Jean-Marc Frybourg.

TABLE DES MATIERES

A mes grands-pères 2
Préface 3
Avant propos 5
Ambiance au temps des omnibus 8
Les sociétés privées d'exploitation 11
    Les régimes d'exploitation 11
        L'affermage 11
        Le forfait 11
    Les sociétés concernées 11
        La SE 11
        La CFS-NE 12
        La CFS 12
        La CFSTA 12
        Les CFTA 12
    Les lignes affermées 12
Le réseau de Franche-Comté 14
    Présentation 14
    Le profil 15
    L'exploitation 18
        Troyes – Châtillon-sur-Seine 18
        Nuits-sous-Ravières – Châtillon-sur-Seine 21
        Châtillon-sur-Seine – Chaumont 22
        Châtillon-sur-Seine – Is-sur-Tille 24
        Is-sur-Tille – Gray 27
        Chalindrey – Gray 29
        Gray – Auxonne 31
        Gray – Besançon 32
        Gray – Vesoul 33
        Vesoul – Besançon 35
    La signalisation 36
    La table de direction de Clérey 36
    Le trafic 43
        Autour de Châtillon-sur-Seine 43
        Autour de Poinson-Beneuvre 45
        Autour de Gray 45
    Les horaires 47
    Le temps des régressions 52
    L'essor des céréales, le temps du renouveau ? 54
    Les dernières circulations vapeur sur le réseau de Franche-Comté 55
    Les trains spéciaux 59
    Les films 64
    Le matériel préservé 67
    Le Matériel et la Traction 67
        Généralités 67
        Quelques états du matériel 70
        Les matériels SE et CFTA 71
            Les autorails De Dion 71
            Les locomotives BB Coferna DE 1 à 6 73
            Les locomotives BB General-Electric DE 4028 à 4037 et CFD BB 551 74
            Les BB 4500 et BB 4800 Brissonneau & Lotz 75

Les gares centres d'exploitation du Réseau de Franche-Comté	77
La gare de Châtillon-sur-Seine	77
Le personnel en 1968	79
Quelques statistiques	80
Les emprises ferroviaires	81
Le bâtiment-voyageurs (BV)	82
La halle à marchandises	85
Le dépôt des locomotives	85
La gare de Gray	90
L'emplacement de la gare	90
L'étoile de Gray et son exploitation	91
Gray – Chalindrey	91
Gray – Vesoul	91
Gray – Is-sur-Tille	92
Gray – Auxonne	93
Gray – Besançon	94
Les installations	94
Evolutions	97
Modifications des bâtiments	99
Modifications des voies et de la signalisation	99
Manœuvres en gare de Gray	99
Les industriels et le rail	100
Révision du matériel	100
L'avenir ?	101
Des lignes dans la tourmente	102
1870-1871	102
1914-1918	102
La catastrophe de Chargey-les-Gray	103
1939-1945	104
La « drôle de guerre »	104
Après l'armistice	105
La gare de Gray de 1940 à 1944	107
Le « plan vert »	109
Lux : le quotidien d'une petite gare rurale de l'Est en 1938	111
La sécurité	111
Le service commercial	112
Voyageurs	112
Marchandises	112
La comptabilité	113
L'entretien	113
Divers	113
Autour de la ligne de Langres à Poinson-Beneuvre	114
Le train de la Sainte Catherine	118
La traction vapeur sur les lignes affermées de Franche Comté	119
Des débuts de l'affermage à la fin de la guerre de 1939-1945	119
De l'immédiat après-guerre à la fin de la vapeur	122
La 230 A du PLM	123
Les 230 C du PO	123
Les 230 A de l'Est	124
Les 040 D (G8[1])	125
Les trois « coucous » de Gray	127
La « machine inconnue »	127

La 3062 de la SE	127
La 3061 de la SE	127
La 131 TB 6	127
Les 130 B	127
Les 140 C	131

La Crampton 80 136
Le mythique train omnibus voyageurs Troyes – Châtillon-sur-Seine 139
 La traction 139
 Le matériel remorqué 139
  Voitures à deux essieux à portières latérales, avec couloir latéral et toilettes ... 140
  Voitures à deux essieux « prises de guerre » 140
  Voitures à portières latérales $B^{5\ 1/2}t$ (ai) 140
  Voitures à plateformes ouvertes ou fermées 142
  Voitures PLM à 3 essieux métallisées B^6tm, B^8tm, B^7tm, B^4Dtm 143
  Voitures à bogies Est métallisées « Romilly » Btmyp ($B^{9/2}tz$), BDtmy (B^7Dt) 143
  Les fourgons 144
   Les fourgons « Est » 144
   Les fourgons « prises de guerre » ex DR 28/29 (1928/1929) 144
Le « train tournant » 152
Le train mythique Troyes – Châtillon-sur-Seine en couleurs 145
Ambiance rurale 160
Troyes – Châtillon 161
Châtillon – Nuits-sous-Ravières 170
Châtillon – Chaumont 170
Châtillon – Gray 171
Chalindrey – Gray 182
Gray – Vesoul 185
Gray – Auxonne 187
Gray, sa gare, son dépôt 188
Vapeurs franc-comtoises en couleurs 195
Châtillon-sur-Seine, dernier dépôt vapeur de France 199
Trains spéciaux 202
Une gare typique de la Compagnie de l'Est 209
 Disposition des bâtiments destinés aux voyageurs 210
 La disposition des bâtiments destinés aux marchandises 210
 Objets mobiliers et petit matériel 210
Vapeurs et autorails 213
 Souvenirs de voyage entre Is-sur-Tille et Recey-sur-Ource 213
 Rupture d'attelage 215
 La source de la compagnie de l'Est à Recey-sur-Ource 215
 Erreur d'aiguillage 216
 Dernier hiver d'une petite « Micheline » 216
Les lignes vosgiennes de Charmes à Rambervillers et de Mont sur Meurthe à Bruyères 218
 Présentation 218
 Le profil 221
  De Charmes à Rambervillers 221
  De Mont-sur-Meurthe à Bruyères 221
 L'exploitation 222
 La signalisation 224
 Le trafic 224
 Le temps des régressions 228
 Le matériel et la traction 230

Les automotrices	233
Automotrices ZZCE 1 et ZZCE 2 ex PLM	233
Automotricse Blanc-Misseron BM 10 à 12	233
Automotrices Batignolles-Bacalan-Châtillon LBC 13 et 14	233
Renault ZO 41 et 42	234
Billard BD 63 de type A 150 D 5	234
Renault VH 22 à 24	234
Les draisines	236
Les voitures	236
Voiture Nord-Est	236
Voitures C^4 du PLM	236
Le matériel préservé	236
La VH 24	236
La Meuse 51	236
La 130 B 439	236
La gare de Rambervillers, centre d'exploitation de la ligne	239
Les emprises ferroviaires	239
Le dépôt vapeur	241
Les signaux	242
Le bâtiment des voyageurs (BV)	242
Les passages à niveau	242
Les embranchements particuliers (EP)	243
Brouvelieures, la noblesse d'une petite gare	251
La traction à vapeur sur les lignes affermées des Vosges	257
Les locomotives du Nord-Est	257
Les Meuse n° 51 - 52 - 54	257
La Cockerill n° 42	258
La Fives-Lille n° 103	258
Les locomotives louées	259
Des couleurs et des trains	261
La livrée des machines à l'Est et à la SNCF	261
A l'Est	261
A la SNCF	261
A Rambervillers, les « autorails rouges »	264
La livrée Nord-Est des locomotives	265
Les Agents	267
Les uniformes	269
La Cannetille	269
La compagnie de l'Est	269
Le PLM	270
La SNCF	270
La SE	271
Les CFS et CFS-NE	273
La CFTA	274
Carrières d'agents des chemins de fer	275
Les gardes-barrières et les passages à niveau	278
Une longue histoire	278
De l'utilité des gardes-barrières	284
Il y a 45 ans	285
Epilogue	293
Remerciements	294
Bibliographie	297

« Je meurs, le progrès m'a tué » peut-on lire sur le tender de la 140 C 208, le 30 septembre 1972 en gare de Vesoul, alors qu'elle est en route pour Chalindrey avec le dernier « train tournant ». Sur la porte de la boîte à fumée, le mécanicien Guinet a écrit : « Ma chère vapeur, malgré ma douleur et mes pleurs, tu resteras gravée dans mon coeur »... Photo Jean-Louis Poggi.

Cet ouvrage est édité par

LES EDITIONS DU CABRI
Directeur Michel BRAUN
Quartier Giandola
06540 - Breil-sur-Roya
(France)
tél : 04-93-04-46-91
fax : 04-93-04-92-23
http://www.cabri.fr
Email : info@cabri.fr

Achevé d'imprimer en avril 2005
sur les presses de
l'imprimerie T.T.G.
zone Industrielle du Haut-Careï
06500 - Menton

Composition et maquette
LES EDITIONS DU CABRI

Dépôt légal : 2° trimestre 2005
ISBN: 2-914603-12-6

Pour la Belgique et le Luxembourg :
LES EDITIONS DU CABRI
13 rue Warichet
B - 1401 Baulers

Pour la Suisse :
LES EDITIONS DU CABRI
Case postale
CH - 3210 Kerzers

* * * *

Liste de nos publications envoyée sur simple demande